Ο Ρόλος του Πνεύματος στην Προσωπική Σου Μεταμόρφωση

Η ΔΙΑΜΟΡΦΩΣΗ από τον *Abba*

Kerry Wood
με την Chiqui Wood

Ηλεκτρονική Έκδοση
Copyright © 2024 Kerry Wood
ISBN: 979-8-8692-0708-1

English Print Version
Copyright © 2018 Kerry Wood
ISBN: 978-1-940359-65-6
Αριθμός Βιβλιοθήκης Κογκρέσου: 201894098
Εκδόθηκε στις Ηνωμένες Πολιτείες Αμερικής

Τίτλος του αγγλικού πρωτοτύπου: *The Abba FORMATION*
Μετάφραση: Μελίνα Σταμάτη, Παναγιώτα Καπετανικόλα

Με την επιφύλαξη παντός νόμιμου δικαιώματος βάσει του νόμου 1976 περί πνευματικών δικαιωμάτων των Η.Π.Α. Δεν επιτρέπεται η χρήση ή αναπαραγωγή του παρόντος βιβλίου, εν όλω ή εν μέρει, με οποιοδήποτε μέσο και μορφή, γραπτώς, ηλεκτρονικώς, μηχανικώς, μέσω φωτοτύπησης, ηχογράφησης, βιντεοσκόπησης ή άλλου συστήματος αποθήκευσης και ανάκτησης πληροφοριών, χωρίς τη ρητή γραπτή άδεια του συγγραφέα και του εκδότη.

Για τα εδάφια της Αγίας Γραφής χρησιμοποιείται η Αγία Γραφή στη Δημοτική του Σπύρου Φίλου, εκτός αν αναγράφεται διαφορετικά.

Στο πρωτότυπο κείμενο χρησιμοποιούνται κατόπιν άδειας οι εξής μεταφράσεις και αποδόσεις της Αγίας Γραφής στην αγγλική:

New King James Version® (NKJV). Copyright © 1982 by Thomas Nelson. Used by permission. All rights reserved.

THE HOLY BIBLE, NEW INTERNATIONAL VERSION®, NIV® Copyright © 1973, 1978, 1984, 2011 by Biblica, Inc.® Used by permission. All rights reserved worldwide.

The Message. Copyright © 1993, 1994, 1995, 1996, 2000, 2001, 2002 by Eugene H. Peterson.

The Amplified Bible. Copyright © 1954, 1958, 1962, 1964, 1965, 1987 by The Lockman Foundation

Σχεδιασμός Εξωφύλλου: Ivethe Zambrano-Fernández
www.designbytwo.com

Φωτογραφία των Συγγραφέων από τον John Choate

Bedford, Texas

Ευχαριστίες

Η σύζυγός μου, Τσίκι, θεωρεί πολύ σημαντική τη σωστή διαχείριση κάθε αλήθειας που μου έχει δείξει ο Κύριος. Γι' αυτό (και επειδή μας αρέσει να ακονίζουμε ο ένας τον άλλον) πολλές φορές με προκαλεί να αναδιατυπώσω τις ιδέες μου καλύτερα. Αυτό είναι μεγάλο δώρο για μένα, αλλά και για σένα, ως αναγνώστη. Δεν έχω λόγια για να εκφράσω την εκτίμησή μου στη σύντροφο της ζωής μου, που είναι πάντα γεμάτη χαρά. Επιπλέον, θέλω να ευχαριστήσω ιδιαίτερα την Πάτσι Μουρ, τον Φιλ Στρίκλαντ, και τη Ντόνα Μπέρλεϊ για τα σχόλια και τη συνεισφορά τους στην επεξεργασία κειμένου, καθώς και τον Τιμ Τέιλορ από τις εκδόσεις «Burkhart Books», έναν συνεργάτη που εξυπηρετεί πολλούς και το κάνει καλά.

Εάν δεν τα έχεις ήδη, είμαι σίγουρος ότι θα θέλεις να προμηθευτείς τα δύο προηγούμενα τεύχη της τριλογίας που συγγράψαμε με την Τσίκι. Το πρώτο βιβλίο της σειράς είναι Το Θεμέλιο του *Abba* (το θεολογικό θεμέλιο των όσων αναφέρω στα άλλα δυο βιβλία, γραμμένο από τη δρα Τσίκι Γουντ). Το βιβλίο που έγραψε η Τσίκι είναι καθοριστικής σημασίας διότι, αν δεν έχουμε ορθή οπτική του χαρακτήρα του Πατέρα, υπάρχει κίνδυνος να συνδυάσουμε λανθασμένα τις έννοιες του ορφανού και του γιου. Η ουσία κάθε αληθινού γιου, εξάλλου, έχει να κάνει με τη σχέση του με τον Πατέρα. Το δεύτερο βιβλίο είναι *Ο Ρόλος του Abba*, στο οποίο αντιπαραβάλλουμε το ορφανό πνεύμα με το πνεύμα ενός αληθινού γιου με πολλά παραδείγματα. Το τρίτο βιβλίο που κρατάς στα χέρια σου, φεύγει από τα αίτια και τα εξωτερικά αποτελέσματα, και εστιάζει στον ρόλο του Αγίου Πνεύματος στην εσωτερική διαδικασία της μεταμόρφωσής μας. Αυτή η τριλογία είναι εξαιρετική για την προσωπική σου μελέτη της Αγίας Γραφής ή για ομαδική μελέτη. Υπάρχει, επίσης, ένα τετράδιο εργασίας με τίτλο Το Ταξίδι με τον *Abba*, που περιέχει επιπλέον ερωτήσεις και συμπληρωματικό υλικό.

Τέλος, χρωστώ ένα μεγάλο ευχαριστώ στον Τοντ και την Τάμι Γουίλιαμς που με γενναιοδωρία μας παραχώρησαν την πολυτελή καμπίνα τους Οι Δώδεκα Πέτρες (στο Μπρόκεν Μπόου της Οκλαχόμα), ως το συγγραφικό μας καταφύγιο. Το δώρο της φιλοξενίας τους ήταν αναζωογονητικό για την ψυχή μας.

Περιεχόμενα

Ευχαριστίες
Αφιέρωση
Στον ποιμένα Τζακ Χέιφορντ
Πρόλογος
Εισαγωγή

Ένα - Άβυσσος Προσκαλεί Άβυσσο	17
Δύο - Μια Εσωτερική Δουλειά	37
Τρία - Πίσω στην Παιδικότητα	57
Τέσσερα - Ο Κηπουρός της Ψυχής	77
Πέντε - Η Γλώσσα ενός Αληθινού Γιου	99
Έξι - Το «Ενεργό Συστατικό» της Μεταμόρφωσης	119
Επτά - Τα Οφέλη της Προσευχής στο Πνεύμα	137
Οκτώ - Τα Χαρακτηριστικά της Προσευχής ενός Γιου	159
Εννιά - Σε Αποστολή Μαζί με τον Τριαδικό Θεό	181
Δέκα - Ο Σκοπός της Μεταμόρφωσης	201
Έντεκα - Λες Ότι Θέλεις Επανάσταση	223
Υπόμνημα	251
Σχετικά με τον Συγγραφέα	

Αφιέρωση
Στον ποιμένα Τζακ Χέιφορντ

Ο ποιμένας Τζακ, όπως τον αποκαλούν χαϊδευτικά, τιμήθηκε από πολλούς για τον αντίκτυπο που είχε στο σώμα του Χριστού, τις σχέσεις μεταξύ χριστιανών και Εβραίων, τις σχέσεις μεταξύ φυλών και δογμάτων, όπως και για τις προσπάθειές του να γεφυρώσει το χάσμα μεταξύ των δογμάτων των αναγεννημένων πιστών. Είναι γνωστός ως πρωτοπόρος στο κίνημα για την ενεργοποίηση των χριστιανών ανδρών σε στάδια σε όλη την Αμερική, αλλά και για την επιρροή του στην τοπική κοινότητα πιστών και επιχειρηματιών στην ευρύτερη περιοχή του Λος Άντζελες.

Γνωρίζω τον ποιμένα Τζακ εδώ και σαράντα χρόνια, ως μια υγιή φωνή που συνδυάζει την πίστη και τη λογική, το πάθος και τη νηφαλιότητα, την ισορροπία μεταξύ του Λόγου και του Πνεύματος. Στα πρώτα χρόνια της διακονίας μου—στη διακονία νέων συγκεκριμένα—είχα επηρεαστεί έντονα από ένα ρεύμα της Χαρισματικής Κίνησης, γνωστό ως «το κίνημα του Λόγου». Δινόταν μεγάλη έμφαση στη διδασκαλία του Λόγου του Θεού με επιβεβαίωση της δύναμης του Θεού. Λίγο αργότερα, όμως, άρχισα να ζητώ από τον Κύριο να μου δώσει μια ευρύτερη έκφραση του Λόγου Του. Έψαχνα έναν τρόπο για να διακηρύξω την αλήθεια του Πνεύματος και του Λόγου με τρόπους που διερευνούσαν όλη την Αγία Γραφή, κάθε βιβλίο της, από την αρχή μέχρι το τέλος.

Τον Τζακ Χέιφορντ τον είδα για πρώτη φορά στη χριστιανική τηλεόραση, και όπως φαντάζομαι ότι συνέβη με πολλούς άλλους, η ποιμενική του προσέγγιση σε συνδυασμό με το πάθος του για την πληρότητα του Πνεύματος, ξύπνησαν μέσα μου την επιθυμία να ακούσω κι άλλα. Έγινα μέλος της λέσχης της εκκλησίας του The Church On The Way, όπου κάθε μήνα μας έστελναν ένα κήρυγμα σε κασέτα. Στο τέλος έφτασα να έχω κούτες γεμάτες κασέτες και σειρές κηρυγμάτων. Αυτό το υλικό έγινε το καθημερινό μου ψωμί, γι' αυτό θεωρώ ότι ο ποιμένας Τζακ είναι ο ποιμένας μου εδώ και αρκετές δεκαετίες.

Κάποια στιγμή, τελικά, παρακολούθησα ένα Φθινοπωρινό Συνέδριο Ηγεσίας του ποιμένα Τζακ. Αυτή ήταν η πρώτη μου επίσκεψη στη διάσημη εκκλησία του. Αυτό το συνέδριο με παρακίνησε να παρακολουθήσω το Σχολείο Ποιμενικής Φροντίδας, το οποίο με οδήγησε στο Μεταπτυχιακό πρόγραμμα Θεολογίας στο πανεπιστήμιο The King's University, το οποίο με οδήγησε στο Διδακτορικό Διακονίας και Ποιμενικού Έργου στο ίδιο πανεπιστήμιο (λίγο πριν μεταφερθεί η κύρια πανεπιστημιούπολη στο Σάουθλεϊκ του Τέξας και στην εκκλησία Γκέιτγουεϊ).

Γιατί αναφέρω την προσωπική μου ιστορία; Διότι κανείς δεν είχε μεγαλύτερη επιρροή στη ζωή μου από τον ποιμένα Τζακ—με εξαίρεση τον πατέρα μου. Το σπίτι του ήταν πάντα ανοιχτό για μας τους σπουδαστές του. Και η καρδιά του ήταν πάντα ανοιχτή να δώσει απλόχερα ό,τι είχε λάβει. Δεκάδες χιλιάδες ποιμένες έχουν αγγιχθεί απ' αυτόν, ανάμεσά τους κι εγώ, όμως ποτέ δεν έστρεψε τα μάτια μας στον εαυτό του, αλλά πάντα στον Ιησού. Το μήνυμα της ζωής του ήταν η ακεραιότητα της καρδιάς και η επιθυμία για μια γεμάτη ζωή. Αναλαμβάνω πλήρως την ευθύνη για τα λόγια, τις σκέψεις και τη θεολογία που εκφράζω στα κείμενά μου, ξέροντας ότι ποτέ δεν θα είμαι όσο σαφής ή εύγλωττος ήταν ο ποιμένας Τζακ, όμως ελπίζω, αγαπητέ αναγνώστη, να καταλάβεις ότι έμαθα πολλά απ' αυτόν, ακόμα κι αν ήθελα να μάθω περισσότερα. Ποτέ δεν επεδίωξε τον έπαινο ή την αποδοχή των ανθρώπων, αλλά εγώ θα είμαι αιώνια ευγνώμων που ο Κύριος απάντησε την προσευχή μου, να βρω κάποιον που θα μπορούσε να με πάει πιο βαθιά. Σε ευχαριστώ, ποιμένα Τζακ, για την ταπεινότητα, το πάθος, την ακεραιότητα και τη ζωντανή ομολογία σου, που ξεκίνησες και τελείωσες τον αγώνα σου με επιτυχία. Δίνεις σε όλους μας την ίδια ελπίδα.

Πρόλογος

Κάθε φορά που ο Θεός δίνει τον εαυτό Του, δύο πράγματα μπορεί να συμβούν: είτε η σάρκα εμπνέεται, είτε το Πνεύμα ενσαρκώνεται. Στην Παλαιά Διαθήκη, το πνεύμα του ανθρώπου είχε τη φύση του θανάτου και δεν μπορούσε να φιλοξενήσει τη δόξα του Θεού. Το Πνεύμα του Θεού ερχόταν μεν επάνω στους προφήτες και τους ενέπνεε να μιλήσουν ή να εργαστούν, αλλά δεν κατοικούσε μέσα τους. Η αγάπη του Θεού, όμως, απαιτεί απόλυτη ένωση με τον άνθρωπο, ως Παράκλητος, πράγμα που μπορεί να πραγματοποιηθεί μόνο μέσω της ενσάρκωσης. Στην Καινή Διαθήκη, μετά την ανάσταση του Χριστού, ο Ιησούς φύσηξε στους μαθητές Του στο ανώγειο της Καπερναούμ, είπε, «Λάβετε Άγιο Πνεύμα» (Κατά Ιωάννη 20:22) και αναγεννήθηκαν. Ήταν μια επανάληψη, ένα ριπλέι της «πρώτης πνοής», όταν ο Θεός μόρφωσε τον Αδάμ από το χώμα της γης και του εμφύσησε πνοή ζωής (Γένεση 2:7). Το Πνεύμα του Θεού δεν ενέπνευσε τους μαθητές που ήταν εκεί (και όλους εμάς αργότερα), αλλά ήρθε και κατοίκησε μέσα τους.

Εγώ κι εσύ δεν ζούμε για μια περιστασιακή στιγμή έμπνευσης από τον Θεό, αλλά για να είμαστε η διαρκής κατοικία—η ενσάρκωση—του Πνεύματος.

Ο Θεός μας δεν στέκεται μειλίχια αποστασιοποιημένος, αυτάρκης μέσα στην απρόσιτη διαφορετικότητά Του. Ο Πατέρας, ο Γιος και το Άγιο Πνεύμα είναι αποφασισμένοι, με υπομονή και επιμονή, να εμποτίσουν όλη τη δημιουργία με το Πνεύμα, μέχρις ότου οι πέτρες, τα δέντρα και τα αστέρια να μη στενάζουν πια, αλλά να σφύζουν από ζωή μέσα στην ένδοξη και αιώνια αρμονία του σκοπού τους (ήταν καλή η ιδέα του Τ.Ρ.Ρ. Τόλκιν και του Κ.Σ. Λιούις να αναπαραστήσουν στοιχεία της φύσης ως κινούμενους χαρακτήρες). Παρόλα αυτά, ο Θεός προτίμησε να περιμένει, ώστε να δει τα δημιουργήματά Του να παίρνουν ζωή, μέσα από τη φανέρωση των γιων Του, αυτών που είχε ορίσει εξαρχής να κυριαρχήσουν μαζί Του πάνω σε «όλα τα έργα των χεριών Του». (Ψαλμός 8:3-8). Είναι προφανές ότι ο Θεός αγαπά την ελεύθερη βούλησή μας σύμφωνα με το Imago Dei (εικόνα Θεού), όπως αγαπά και την ενσάρκωση.

Εκεί δημιουργείται η δική μας τριβή, μέσα στον χρόνο, την ιστορία και τους εσωτερικούς στεναγμούς μας (Ρωμαίους 8:22-23). Ο Θεός δεν αγχώνεται από τον χρόνο, υπάρχει ανεξάρτητα απ' αυτόν, αλλά επιλέγει από αγάπη να δουλέψει μέσα στα όριά του. Το αποτέλεσμα ήταν η ανάσταση, και ταυτόχρονα, η αποκάλυψη ότι η ένωση σώματος και πνεύματος, ανθρώπινου και θεϊκού στοιχείου, είναι αιώνια. Η κτίση ακόμα στενάζει, περιμένοντας τους γιους και τις κόρες του Θεού να σηκωθούν και να πάρουν τη θέση τους. Το Άγιο Πνεύμα εργάζεται επίμονα, υπομονετικά, σχεδόν ανεπαίσθητα για να μας φέρει σ' αυτή τη θέση. Πιστεύω ότι οι σελίδες που ακολουθούν περιέχουν κάποια εργαλεία για να μπορέσουμε να επιταχύνουμε αυτή τη διαδικασία μεταμόρφωσης—δηλαδή να συνεργαστούμε με το Άγιο Πνεύμα σ' αυτό το έργο—ώστε να μην αρκούμαστε σε περιστασιακές στιγμές έμπνευσης, αλλά να ζούμε σε μια νέα πραγματικότητα ενσάρκωσης, στην αποκάλυψη ότι το Πνεύμα κατοικεί μέσα στους αληθινούς γιους του Θεού.

Οι γιοι του Θεού περπατούν και πάλι στη γη, και κάθε στεναγμός θα γίνει δοξολογία.

Κέρι Γουντ

Εισαγωγή

Η ζωή με τον Χριστό ξεκινάει από μέσα προς τα έξω. Ξεκινάει από το βαθύτερο μέρος το εαυτού σου και ξεχειλίζει στο υπόλοιπο είναι σου, γιατί το ίδιο Πνεύμα που ανέστησε τον Χριστό από τους νεκρούς, ζει μέσα μας και είναι η γενεσιουργός δύναμη της ζωής μας. Δεν ποιμαίνουμε την παλιά φύση μας. Δεν κάνουμε συμβουλευτική σε ένα πτώμα. Ζούμε σε ένα τελείως καινούργιο μέρος, κι αυτό το μέρος είναι ένα Πρόσωπο. Δεν δουλεύουμε κατά βάση στο ψυχολογικό επίπεδο, αλλά πάμε ακόμα πιο βαθιά, στον πυρήνα της καρδιάς, στο πνεύμα του ανθρώπου. Μαθαίνουμε να πλένουμε το μυαλό μας με τα ζωντανά νερά που ξεχειλίζουν από το πνεύμα μας, όχι με τη δύναμη της θέλησης, αλλά με την άπειρη δύναμη του Πνεύματος του Θεού που υπερχειλίζει μέσα μας. Αυτό είναι *Η Μεταμόρφωση από τον Abba*.

Ελπίζω να έχεις ήδη διαβάσει τα βιβλία Ο Ρόλος του Abba και Το Θεμέλιο του Abba και να είσαι έτοιμος να προχωρήσουμε πιο βαθιά στην ουσιαστική διαδικασία της μεταμόρφωσης. Αυτό το βιβλίο βασίζεται στο θεμέλιο των δύο προηγούμενων, γι' αυτό σου προτείνω, αν μπορείς, να διαβάσεις τουλάχιστον *Τον Ρόλο του Abba* προτού συνεχίσεις. Η Διαμόρφωση από τον Abba πηγαίνει κατευθείαν στον εσωτερικό κόσμο του πνεύματός μας και εμβαθύνει στο έργο του Αγίου Πνεύματος που κατοικεί μέσα μας. Είναι Αυτός που φροντίζει με αγάπη αλλά και επιμονή το χώμα της ψυχής μας, ξεριζώνοντας τα ζιζάνια που έχει σπείρει ο εχθρός (για να χρησιμοποιήσω τους ίδιους συμβολισμούς με τον Ιησού), χτίζοντας και καλλιεργώντας όλα αυτά που ετοίμασε για μας ο Πατέρας.

Θα πάμε μαζί σε κάποια εδάφια που σπάνια τα συζητάμε—στην Α' Κορινθίους 2—όπου ο Παύλος διατυπώνει με σαφήνεια την αντίθεση ανάμεσα στο επίπεδο που μπορούσε να φτάσει κάποιος στην Παλαιά Διαθήκη, και σ' αυτό που μας αποκαλύπτεται τώρα στην Καινή Διαθήκη με τον ερχομό του Πνεύματος. Θα εξετάσουμε δύο είδη γνώσης: τη γνώση που δίνει ζωή και τη γνώση που είναι παραπλανητική και κενή.

Στο Κεφάλαιο Τρία θα μελετήσουμε τι είχε στο μυαλό του ο Ιησούς όταν μας καλούσε να επιστρέψουμε στην παιδικότητα: θα δούμε ότι αυτό το έργο του Πνεύματος ουσιαστικά μας επαναφέρει σε ένα επίπεδο ευφυΐας που δεν συνειδητοποιούμε ότι το χάσαμε. Θα εξετάσουμε πρόσφατες επιστημονικές μελέτες που δείχνουν τις σοβαρές βλάβες στον εγκέφαλο, στο σώμα, ακόμη και στο DNA των παιδιών που βιώνουν τραυματικές καταστάσεις ως παιδιά, αλλά και τις μακροχρόνιες επιπτώσεις στην υγεία τους όταν ενηλικιωθούν. Οι επιπτώσεις είναι τόσο βαθιές και διάχυτες, που οδηγούμαστε στο ερώτημα: «Μπορεί να μεταμορφωθεί πραγματικά ένας άνθρωπος, όταν έχει υποστεί τόσο έντονη βλάβη;» Αν και δεν είμαι ούτε επιστήμονας ούτε ψυχολόγος, θα εισηγηθώ ότι η επιβεβαίωση των φυσικών επιπτώσεων στην παιδική ηλικία από τους επιστήμονες, θα μας βοηθήσει να κατανοήσουμε κάποιες πνευματικές αλήθειες.

Στο Κεφάλαιο Τέσσερα θα δούμε ότι η μεταμόρφωση δεν έχει να κάνει με τη δύναμη της θέλησης. Ο Κηπουρός της Ψυχής μας είναι Αυτός που ξεριζώνει τους παλιούς τρόπους σκέψης. Τα Κεφάλαια Πέντε έως Επτά εξετάζουν την πρακτική σύνδεση ανάμεσα στο πνεύμα μας και τα λόγια μας ως εργαλεία σχεδιασμένα από τον Θεό για να γεμίζουν ζωή και να απελευθερώνουν ζωή αντίστοιχα. Τα τελευταία κεφάλαια αναφέρονται στον τρόπο με τον οποίο αυτή η νέα ζωή μας οδηγεί προς τον σκοπό μας—που είναι να συνεργαστούμε με τον Πατέρα στην αποστολή Του, για να δούμε πολλούς γιους να επιστρέφουν σ' Αυτόν.

Η πιο βασική αλήθεια για κάθε πραγματικό γιο, είναι ότι όταν μιλάμε για τη λύτρωση, μιλάμε για ένα τελείως καινούργιο δημιούργημα, και ένα μεγάλο κομμάτι αυτής της λύτρωσης είναι μια διαδικασία. Γι' αυτό, ο στόχος αυτού του βιβλίου είναι να ξεδιπλώσει μπροστά μας πρακτικούς τρόπους που θα μας βοηθήσουν να καλλιεργούμε μια συνεχή μεταμόρφωση στη ζωή μας, που θα φέρει κάθε φόβο, αποτυχία και οχυρό του παρελθόντος μας στο στόχαστρο του Αγίου Πνεύματος. Πριν μιλήσουμε για τη διαδικασία της μεταμόρφωσης, θέλω να δεις πόσο αντίθετο θα είναι το τελικό αποτέλεσμα.

Ανασκόπηση: Η Αντίθεση μεταξύ Γιων και Ορφανών

	Η Νοοτροπία ενός Γιου	Η Νοοτροπία ενός Ορφανού
Η εικόνα που έχει για τον Θεό	Βλέπει τον Θεό ως έναν Πατέρα γεμάτο αγάπη	Βλέπει τον Θεό ως αφεντικό
Οι σχέσεις του	Έχει αλληλεξάρτηση, αναγνωρίζει τις ανάγκες του	Θέλει ανεξαρτησία και αυτοδυναμία
Πνευματικός προσανατολισμός	Ο νόμος της αγάπης	Η αγάπη για τον νόμο

Συναισθηματικός προσανατολισμός	Ανάπαυση και ειρήνη	Ανασφάλεια, έλλειψη ειρήνης, κρύβεται πίσω από πολλές ασχολίες
Η ανάγκη για αποδοχή	Ξέρει ότι είναι αποδεκτός μέσα στην αγάπη του Θεού	Παλεύει να κερδίσει έπαινο, έγκριση και αποδοχή από τους άλλους
Το κίνητρο της υπηρεσίας	Βαθιά ευγνωμοσύνη για την άνευ όρων αγάπη του Θεού	Θέλει να έχει προσωπικά επιτεύγματα για να εντυπωσιάσει τους άλλους και να αποκτήσει μια θέση
Το κίνητρο για τις χριστιανικές πρακτικές	Χαίρεται και απολαμβάνει να είναι μαζί με τον Πατέρα	Ενεργεί από καθήκον, υποχρέωση ή δεν έχει κανένα κίνητρο
Το κίνητρο της αγνότητας	Να προστατέψει ως γιος τη σχέση του με τον Πατέρα	Ένα μέσο για να κερδίσει την ευλογία του Θεού
Η αυτοεικόνα του	Θετική και βέβαιη, η αξία του είναι δοσμένη απ' τον Θεό	Έχει ρίζα απόρριψης ή υπερηφάνειας από τη συνεχή σύγκρισή του με άλλους
Η πηγή της παρηγοριάς του	Η αγκαλιά του Πατέρα μέσα σε ησυχία και λατρεία	Ψάχνει παρηγοριά σε ψευδο-αγάπες όπως: ο πλούτος, τα αξιώματα, τα πάθη ή η δύναμη
Οι σχέσεις του με ομότιμούς του	Ταπεινότητα: εκτιμά τους άλλους ως γιους, χαίρεται με την ευλογία και την επιτυχία τους	Ανταγωνισμός: έχθρα, ζήλια, κακή κριτική για την επιτυχία ή την ευλογία των άλλων

Αντίδραση στα λάθη των άλλων	Συμπόνια: καλύπτει με αγάπη και επιδιώκει την αποκατάσταση με πραότητα	Έκθεση: για να φανεί συγκριτικά καλύτερος, ψάχνει και ξεσκεπάζει τα λάθη των άλλων
Η σχέση του με ανθρώπους εξουσίας	Σεβασμός: τους τιμά ως προεκτάσεις της αγάπης του Πατέρα	Καχυποψία: θεωρεί ότι του προξενούν πόνο, η καρδιά του δεν υποτάσσεται
Διόρθωση	Τη δέχεται ως μέσο που τον ωριμάζει στη συνεργασία του στο έργο του Πατέρα	Ευθιξία: εφόσον όλα είναι θέμα επιδόσεων γι' αυτόν, θέλει να έχει πάντα δίκιο
Εκφράσεις αγάπης	Εγκάρδιες, ειλικρινείς, γεμάτες φροντίδα	Προσεκτικές και πάντα υπό προϋποθέσεις
Τρόπος σκέψης	Ελεύθερος και θαρραλέος	Δεμένος, αναιδής, δειλός
Όραμα ζωής	Να απολαμβάνει την αγάπη του Πατέρα και να τη δίνει σε άλλους	Φιλοδοξία: αγωνίζεται για αναγνώριση και επιτυχίες για να κερδίσει μια θέση ανάμεσα στους γιους
Στόχος	Να απολαμβάνει τον Πατέρα ως κληρονομιά του	Να πάρει και να ξοδέψει την κληρονομιά του

Στο βιβλίο Ο Ρόλος του Abba εξετάσαμε σε βάθος τη διαδικασία που μας οδηγεί στο ορφανό πνεύμα, όπως και τη διαδικασία του Αγίου Πνεύματος που μας μεταμορφώνει ώστε να καταλάβουμε ότι είμαστε γιοι. Τελικά, αυτό που ισχύει στο πνεύμα μας μέσα από τη νέα γέννηση (που είναι ένας νέος τρόπος ζωής), πρέπει να γίνει τρόπος πίστης και συμπεριφοράς. Δεν είναι αρκετό να έχουμε καλή διδασκαλία για το τι σημαίνει γιος και ορφανός. Δεν είναι αρκετό να εξοικειωθούμε με αυτή την ορολογία και να θεωρούμε ότι επειδή ακούσαμε κάτι με το μυαλό μας, άρα αυτόματα μεταμορφώθηκε και το πνεύμα μας. Η διδασκαλία από μόνη της, ακόμη και η ανάγνωση αυτού του βιβλίου, δεν μπορεί να αλλάξει τα εσωτερικά «θέλω» μας, δεν μπορεί να σταματήσει το παρελθόν από το να μας κυνηγάει στις σκέψεις μας, στις αναμνήσεις ή στις επιθυμίες μας. Αυτό προϋποθέτει καθημερινή συνεργασία με το Άγιο Πνεύμα. Ίσως μεγάλωσες ακούγοντας ελάχιστα για το Άγιο Πνεύμα. Δεν είσαι ο μόνος. Τον έχουμε αγνοήσει τόσο πολύ, που ονομάστηκε από κάποιον «ο Ξεχασμένος Θεός»[1]. Ο Ιησούς, όμως, μίλησε ξεκάθαρα γι' Αυτόν, και είπε σε όλους τους ακόλουθούς Του ότι η σχέση μας με το Άγιο Πνεύμα είναι απαραίτητη, αν θέλουμε να εκπληρώσουμε την αποστολή και τη διακονία μας (Κατά Ιωάννη 16:7-11).

*Η ελευθερία δεν είναι κάτι
που προσπαθείς
να το φτάσεις,
αλλά ένας τρόπος ζωής
και ένα μέρος στο οποίο ανήκεις,
και είναι ήδη δικά σου.*

Η Διαμόρφωση από τον *Abba* θέλει να σε οδηγήσει σε μια καθημερινή σχέση, εφοδιασμένη με καθημερινές πρακτικές (αφορμές για να Τον συναντάς), που θα σε κρατούν γεμάτο και θα σε κάνουν να υπερχειλίζεις και να καρποφορείς. Η προσευχή μου για σένα είναι, διαμέσου του Πνεύματος, να αγκαλιάσεις αυτή την αλήθεια: η ελευθερία δεν είναι κάτι που προσπαθείς να το φτάσεις, αλλά ένας τρόπος ζωής και ένα μέρος στο οποίο ανήκεις, και είναι ήδη δικά σου. Μπορεί να φαίνεται ότι δεν ισχύει ακόμα, αλλά:

Τώρα είμαστε παιδιά του Θεού.
Α' Ιωάννη 3:2

Ο Παύλος λέει:

Επειδή γνωρίζουμε ότι, ολόκληρη η κτίση συστενάζει και συμπάσχει με ωδίνες, μέχρι και τώρα. Και όχι μονάχα αυτή, αλλά και εμείς οι ίδιοι που έχουμε την απαρχή του Πνεύματος, και εμείς οι ίδιοι στενάζουμε μέσα μας, περιμένοντας την υιοθεσία.
Ρωμαίους 8:22-23

Μου αρέσει το σχόλιο του Τζον Μπερτράμ Φίλιπς σ' αυτό το εδάφιο: «...που σημαίνει ότι επιτέλους θα συνειδητοποιήσουμε ότι είμαστε ολοκληρωτικά δικοί Του γιοι».

Μια τελευταία σημείωση: η βασική μας ορολογία είναι στο αρσενικό γένος (π.χ. γιος ή γιοι), αλλά δεν αποκλείει τις γυναίκες. Οι αλήθειες που περιγράφουμε, ισχύουν εξίσου για τις γυναίκες και για τους άνδρες. Επίσης, η χρήση των αρσενικών αντωνυμιών στο παρόν βιβλίο είναι καθαρά για λόγους εκφραστικής συντομίας (για να μη χρειάζεται να λέμε κάθε φορά αυτός/αυτή, του/της), ώστε να μπορούμε να επικεντρωθούμε ευκολότερα σ' αυτό που μας λέει το Άγιο Πνεύμα.

Τέλος, σε προειδοποιώ ότι θα με δεις να επαναλαμβάνομαι σε κάποια σημεία της διαδρομής μας. Κάνε υπομονή, σε παρακαλώ, όταν ξυπνάει το ένστικτο του δασκάλου μέσα μου, γιατί θέλω απλώς να εμπεδώσουμε βαθιά κάποια πράγματα. Πάμε, λοιπόν – ας αρχίσουμε να ανοίγουμε τα ανεκτίμητα δώρα που μας έχουν ήδη δοθεί.

Ένα

Άβυσσος Προσκαλεί Άβυσσο

*Άβυσσος προσκαλεί άβυσσο στον ήχο των καταρρακτών σου.
Όλα τα κύματά σου και οι τρικυμίες σου πέρασαν επάνω μου.*
– Ψαλμός 42:7

Τί ακριβώς είναι η κραυγή προς τον Abba; Οι λέξεις Abba (Μπαμπάς) και Imma (Μαμά) είναι αραμαϊκές λέξεις που χρησιμοποιούνται και στην εβραϊκή κουλτούρα. Είναι οι πρώτες λέξεις που μάθαινε ένα αραμαϊκόφωνο παιδί και προφανώς, είναι οι πιο χαρακτηριστικές λέξεις της γλώσσας της νηπιακής ηλικίας. Ο Γκόρντον Φι υποστηρίζει ότι η κραυγή προς τον Abba μάς συνοδεύει για όλη μας τη ζωή και είναι η κραυγή της καρδιάς μας προς τον Θεό, τον ουράνιο Πατέρα μας. Ήταν, όπως λέει, ένας «τρυφερός όρος που τα παιδιά όλων των ηλικιών συνέχιζαν να χρησιμοποιούν, για να εκφράσουν την οικειότητα που ένιωθαν και τη στενή συγγένειά τους. Μπορεί να ξεκινάει σαν βρεφική λεξούλα, αλλά δεν υπάρχει λόγος να την ξεπεράσουμε μεγαλώνοντας, ίσα ίσα, τη μαθαίνουμε καλύτερα, όσο μεγαλώνουμε»[2]. Είμαστε τα αγαπημένα παιδιά του αιώνιου Θεού, κι αυτή είναι μια αλήθεια που εκχέεται στις καρδιές μας από το Άγιο Πνεύμα (Ρωμαίους 5:5), και εκφράζεται από το ίδιο Πνεύμα, μέσα απ' την καρδιά μας προς τον Θεό, τον ουράνιο Abba μας[3].

Η Κραυγή προς τον *Abba* Αντικαθιστά τα Ψέματα

Ας ξεκινήσουμε με μια πολύ σημαντική ιστορία για μια κληρονομιά που χάθηκε και έπειτα αποκαταστάθηκε. Θυμάσαι την ιστορία του Μεμφιβοσθέ; Ίσως όχι. Ήταν ένας άγνωστος, κοινός άνθρωπος. Μπορούσε να είχε γίνει σπουδαίος, αλλά στην ουσία ήταν ο κανένας. Μπορούσε, έπρεπε και θα γινόταν σπουδαίος... εάν δεν είχε πεθάνει πρόωρα ο μπαμπάς του. Ο μπαμπάς του ήταν ο Ιωνάθαν, ο γιος του βασιλιά Σαούλ. Άρα ο Μεμφιβοσθέ μια μέρα μπορεί να γινόταν βασιλιάς. Είχε βασιλικό αίμα, αλλά όταν διαβάζουμε την ιστορία του στο Β' Σαμουήλ 9, τον βρίσκουμε σε μια ζωή απόλυτης αθλιότητας[4].

Ο Μεμφιβοσθέ είναι η πιο ενδεικτική εικόνα του ορφανού πνεύματος. Μεγάλωσε χωρίς πατέρα στην παιδική του ηλικία, και από το κείμενο της Βίβλου, δεν έχουμε καμία ένδειξη ότι μεγάλωσε με μητέρα. Όλη του η ζωή καθοδηγούνταν από τα κακόβουλα σχόλια ανθρώπων που δεν γνώριζαν ούτε εμπιστεύονταν τον Δαυίδ. Και οι τραυματικές εμπειρίες που είχε ως παιδί ήταν σαν να επιβεβαίωναν αυτό που του έλεγαν όλοι, ότι αυτός ήταν το θύμα. Μεγάλωσε σε μια ερημιά, πολλή διαφορετική από αυτό που αναλογούσε στην αριστοκρατική καταγωγή του. Έμαθε να είναι καχύποπτος προς την εξουσία και χειριστικός στις σχέσεις του. Στην πόλη που κατέφυγε, όπου το σύνθημα ήταν «μεταξύ κατεργαρέων καμία ειλικρίνεια», έμαθε να κοιτάζει μόνο τον εαυτό του. Η ζωή του ήταν υπό τον έλεγχο του φόβου, αλλά μάλλον έδινε σε όλους την εντύπωση ότι αυτός «είχε τον έλεγχο». Όλα τα βήματα προς το ορφανό πνεύμα είναι κυριολεκτικά χαραγμένα πάνω στον Μεμφιβοσθέ (δες το βιβλίο *Ο Ρόλος του Abba*, κεφάλαια 5 και 6).

Εάν είσαι για καιρό στην εκκλησία, σίγουρα έχεις ακούσει την ιστορία του Δαυίδ, την άνοδό του στην εξουσία με τη χάρη του Θεού, και τη διαθήκη καρδιάς που έκανε με τον Ιωνάθαν, τον γιο του βασιλιά Σαούλ. Η Αγία Γραφή λέει πως ο Δαυίδ και ο Ιωνάθαν αγαπούσαν τόσο πολύ ο ένας τον άλλον, που ήταν σαν μία ψυχή, γι' αυτό και σύναψαν διαθήκη μεταξύ τους. Ήταν μια εβραϊκή διαθήκη που μαρτυρούσε ότι τα δύο μέλη της θεωρούσαν την οικογένεια του άλλου σαν δική τους. Στην ουσία έλεγε, «Εάν βρεθώ σε μάχη, εσύ θα πολεμήσεις για μένα, και εάν βρεθείς σε μάχη, θα πολεμήσω εγώ για σένα». Με αυτή τη διαθήκη αδελφικής αγάπης δήλωναν πως «Ό,τι είναι δικό σου είναι και δικό μου, και ό,τι είναι δικό μου είναι και δικό σου». Ο Ιωνάθαν και ο Δαυίδ ήταν αδέρφια διαθήκης.

Ο Ιωνάθαν και ο Σαούλ, όμως, πέθαναν πρόωρα. Και επειδή ο Σαούλ ήταν φοβερά ανασφαλής, είχαν διαδοθεί πολλά ψέματα στο παλάτι για τον Δαυίδ και για το τι θα έκανε στη βασιλική οικογένεια εάν τους έπιανε[5]. Πράγματι, έτσι γινόταν τότε. Όταν ανέβαινε στον θρόνο ένας νέος βασιλιάς, που δεν ανήκε στη βασιλική γραμμή αίματος, συνήθως έσφαζε όλα τα εν ζωή μέλη της οικογένειας του προηγούμενου βασιλιά, για να εξουδετερώσει κάθε εναντίωση. Μόλις μαθεύτηκε η είδηση του θανάτου του Σαούλ και του ερχομού του Δαυίδ, οι υπηρέτες του παλατιού τράπηκαν σε φυγή και ο μικρός γιος του Ιωνάθαν, ο Μεμφιβοσθέ, έπεσε από τα χέρια της τροφού που τον κρατούσε. Εξαιτίας αυτού του τραυματισμού, το παιδί μεγάλωσε ανάπηρο. Έκτοτε η ζωή του ήταν ένα

Η ΔΙΑΜΟΡΦΩΣΗ από τον *Abba*

συνεχές κρυφτό, έχοντας βρει καταφύγιο σε μια μικρή πόλη καταφυγής που ονομαζόταν Λοδεβάρ[6].

Λοδεβάρ σημαίνει «άγονη γη, χωρίς βοσκοτόπια, έρημος τόπος»[7]. Στις πόλεις καταφυγής υπήρχε ελάχιστη εμπιστοσύνη στην εξουσία. Ο καθένας κοίταζε την πάρτη του— ήταν κρησφύγετα ληστών και κλεφτών, σαν συμμορίες που ο ένας έχει τον νου του στον άλλον, αλλά όλοι κοιτούν κυρίως το συμφέρον τους. Η κοινή γλώσσα των φυγάδων είναι το ψέμα. Όλη τους τη ζωή πιστεύουν και διαδίδουν ψέματα για τους γονείς τους, την κυβέρνηση, τον βασιλιά και τον εαυτό τους. Αν επαναλαμβάνεις ένα ψέμα συνεχώς, στο τέλος θα το πιστέψεις κι εσύ ο ίδιος. Αυτή η πόλη καταφυγής ήταν μια χαμένη ερημιά—δεν υπήρχε βοσκή εκεί, μόνο χαμένα όνειρα και χαμένες ζωές. Σκέψου μόνο τι άκουγε ο Μεμφιβοσθέ όλη του τη ζωή για τον βασιλιά Δαυίδ. Στο Β' Σαμουήλ 9 τον βρίσκουμε να ζει σ' αυτές τις άθλιες συνθήκες, χωρίς να ξέρει ότι η μοίρα του πρόκειται να αλλάξει για πάντα.

> **Ιδού η ειρωνεία: Ο Μεμφιβοσθέ είχε διαθήκη με τον βασιλιά του Ισραήλ, αλλά δεν το ήξερε.**

Λίγο καιρό μετά την άνοδό του στον θρόνο, ο Δαυίδ ξυπνάει ένα πρωί με έναν πόνο στην ψυχή του για τον Ιωνάθαν, τον αποθανόντα φίλο και αδελφό του, βάση της διαθήκης τους. Ρωτάει τους υπηρέτες του, «Απομένει κάποιος ακόμα από την οικογένεια του Σαούλ, για να κάνω έλεος σ' αυτόν χάρη του Ιωνάθαν;» (Β' Σαμουήλ 9:1). Καλούν έναν από τους πρώην υπηρέτες του Σαούλ, τον Σιβά, ο οποίος ενημερώνει τον βασιλιά ότι ο Μεμφιβοσθέ είναι ζωντανός και βρίσκεται σε μια πόλη καταφυγής που λέγεται Λοδεβάρ, στην έρημο.

Πολύ σύντομα, γίνεται αυτό που πάντα φοβόταν ο Μεμφιβοσθέ. Ακούει ένα χτύπημα στην πόρτα του. Προσπαθεί να δει μέσα απ' τη χαραμάδα. Είναι κάποιος απ' έξω και λέει, «Είμαι υπηρέτης του βασιλιά!». Η καρδιά του Μεμφιβοσθέ χτυπάει από φόβο, και είναι βέβαιος ότι όπου να 'ναι, θα χάσει το κεφάλι του. Όλη του τη ζωή ακούει να λένε πόσο αιμοδιψής είναι ο βασιλιάς Δαυίδ. Εσύ τι λες; Υπήρχε περίπτωση να ήξερε κάποιος ή να μπήκε στον κόπο να του πει, ότι ο Δαυίδ είχε διαθήκη με τον Ιωνάθαν; Και μάλιστα, ότι ο Δαυίδ είχε δεσμευτεί να φροντίσει την οικογένεια και το μέλλον του γένους του Ιωνάθαν; Ιδού η ειρωνεία: Ο Μεμφιβοσθέ είχε διαθήκη με τον βασιλιά του Ισραήλ, αλλά δεν το ήξερε. Είχε πιστέψει ένα ψέμα και είχε γύρω του πολλές φωνές που του παρουσίαζαν την εξουσία σαν κάτι που θα τον απορρίψει.

Όμως, ο υπάκουος υπηρέτης, ο Σιβά, ήρθε για να φέρει τον Μεμφιβοσθέ στον βασιλιά. Τον μεταφέρουν με τη βασιλική άμαξα πίσω στο παλάτι του βασιλιά. Στηριζόμενος στις πατερίτσες του και με μάτια γεμάτα φόβο, ο Μεμφιβοσθέ μπαίνει στην αίθουσα του θρόνου. Μόλις βλέπει τον Δαυίδ, πέφτει στο έδαφος και λέει, «Είμαι ένα νεκρό σκυλί. Είμαι ανάξιος. Ό,τι είναι να μου κάνεις, κάν' το γρήγορα».

Θέλω να σημειώσεις το γεγονός ότι όταν είμαστε κάτω από έντονη πίεση, αυτό που θα βγει από μέσα μας, είναι αυτό που πραγματικά πιστεύουμε για τον εαυτό μας. Αλλά, τη στιγμή που ο Μεμφιβοσθέ ομολογεί με ειλικρίνεια αυτά που πιστεύει τόσο καιρό (που είναι ψέματα), έρχεται η πραγματική αλήθεια—τα πιο αδιανόητα και απίστευτα καλά νέα—να συγκλονίσει τον ανυποψίαστο ορφανό.

Μπορείς να φανταστείς για ένα λεπτό το σοκ και την έκπληξη που ένιωσε ο Μεμφιβοσθέ εκείνη τη στιγμή; Ο Δαυίδ, με ένα στοργικό χαμόγελο στο πρόσωπό του τον σηκώνει, τον βάζει να καθίσει σε μια καρέκλα και του λέει, «Αυτό το παλάτι είναι το σπίτι σου. Θα τρως στο τραπέζι μου για όλη την υπόλοιπη ζωή σου. Και όχι μόνο αυτό, όλη τη γη που ανήκε στον πατέρα σου και στον πατέρα του πατέρα σου, την έχω φυλάξει για σένα. Είναι όλη δική σου, και δεν θα χρειαστεί να δουλέψεις ούτε μια μέρα για να την αποκτήσεις. Οι υπηρέτες μου θα σε φροντίζουν και θα τρως μέχρι να χορτάσεις. Από τώρα είσαι γιος μου». Είμαι σίγουρος ότι το ορφανό μυαλό του Μεμφιβοσθέ παραζαλίστηκε.

Όλοι Είμαστε Ανάπηροι

Η ενσάρκωση, δηλαδή η αιώνια διαθήκη του Θεού να είναι μαζί με τον άνθρωπο και με το μέρος του ανθρώπου, δεν μπορεί να καταργηθεί ποτέ.

Η αλήθεια είναι ότι όλοι, ως απόγονοι του Αδάμ, ήρθαμε στον κόσμο ανάπηροι—αποχωρισμένοι από τον Θεό και επιρρεπείς στα ψέματα που λέγονται γι' Αυτόν. Όλοι αμάρτησαν και στερούνται τη δόξα Του (Ρωμαίους 3:23). Υπάρχει ένας απατεώνας που έχει τυφλώσει το μυαλό των ανθρώπων, για να μη μπορούμε να δούμε τα Καλά Νέα και το ένδοξο φως τους. Αυτός ο απατεώνας διαδίδει ψέματα για τον Θεό, ώστε να τυλίξει όλον τον κόσμο με το σκοτάδι της εξαπάτησης. «Αν υπάρχει Θεός» λέει ο πατέρας του ψεύδους, «υπάρχει μόνο για να σε τιμωρεί για τις αμαρτίες σου». Δεν έχει σημασία πόσο καλή ήταν η ζωή σου μεγαλώνοντας, πάντα υπάρχει ένα κατάλοιπο της νοοτροπίας της ερήμου Λοδεβάρ, που υποκινείται από τον «θεό αυτού του κόσμου».

Αν όμως, τώρα είναι σκεπασμένο το ευαγγέλιό μας, είναι σκεπασμένο σ' αυτούς που χάνονται. Στους οποίους καθώς είναι άπιστοι, ο θεός τούτου του κόσμου τύφλωσε τον νου, για να μη λάμψει επάνω σ' αυτούς ο φωτισμός του ευαγγελίου της δόξας του Χριστού, που είναι η εικόνα του Θεού.

Β' Κορινθίους 4:3-4

Όπως ο Δαυίδ έκανε διαθήκη με τον Ιωνάθαν, έτσι κι ο Ιησούς πήρε ανθρώπινη μορφή και έγινε η ενσάρκωση της ένωσης Θεού και ανθρώπου. Εφόσον ο Ιησούς ήταν τέλειος Θεός και τέλειος άνθρωπος, το σώμα Του θα έδινε το αίμα που θα σφράγιζε τη διαθήκη, και θα άνοιγε τον δρόμο για να επιστρέψουν οι ορφανοί στο σπίτι τους. Φίλε και φίλη μου, ποτέ μην υποτιμήσεις τη δύναμη και την πολυτιμότητα της ενσάρκωσης του Χριστού. Ο Θεός, μέσα από τον Ιησού, τον Γιο του Θεού που ήρθε στον κόσμο και έγινε γιος ανθρώπου, δέσμευσε για πάντα τον εαυτό Του με τον άνθρωπο. Και επιπλέον, η ενσάρκωση, δηλαδή η αιώνια διαθήκη του Θεού να είναι μαζί με τον άνθρωπο και με το μέρος του ανθρώπου, δεν μπορεί να καταργηθεί ποτέ.

Το Άγιο Πνεύμα χτυπάει την πόρτα μας ευγενικά και μας φέρνει πίσω στο παλάτι του Βασιλιά, ως γιους και κόρες που ακόμα σκεφτόμαστε σαν ορφανοί. Το Άγιο Πνεύμα είναι Αυτός που μας δείχνει την αλήθεια για μια πραγματικότητα που δεν τολμούσαμε να πιστέψουμε ή να φανταστούμε—ότι γεννηθήκαμε για να βασιλεύουμε. Το Άγιο Πνεύμα (που απεικονίζεται με τον Σιβά) είναι Αυτός που θα μας φροντίσει και σιγά σιγά θα μεταμορφώσει το ορφανό μυαλό μας, ώστε να σκεφτόμαστε ως γιοι και βασιλιάδες. Το Άγιο Πνεύμα έχει ήδη αρχίσει να μας μοιράζει τα δώρα της κληρονομιάς μας, και αυτό είναι μόνο η προκαταβολή για όσα έχει ετοιμάσει για τους γιους και τις κόρες του Θεού στην αιωνιότητα.

Εσύ κι εγώ ξέρουμε πώς είναι να μοιραζόμαστε αυτό το μήνυμα με άλλους. Έχουμε έναν υπέροχο Πατέρα που, με την άφθονη αγάπη Του, δημιούργησε έναν πανέμορφο και πλούσιο κόσμο για τα παιδιά Του. Όλοι ταυτιζόμαστε με το σημείο της ιστορίας του Μεμφιβοσθέ που λέει ότι εξαρχής κάτι δεν πήγε καλά. Όλοι έχουμε νιώσει παράλυτοι στη ζωή κατά κάποιο τρόπο, το ερώτημα, όμως, είναι αν θα πιστέψουμε

> Ο βαθύτερος πυρήνας του ανθρώπου δεν είναι στον εγκέφαλό του, καθότι ο εγκέφαλος είναι φυσική ύλη, αλλά στην άυλη φύση του που ονομάζεται «πνεύμα».

τη συνέχεια της ιστορίας. Εσύ, μπορείς να ακούσεις το χτύπημα στην πόρτα σου; Τολμάς να κρυφοκοιτάξεις και να δεις ότι το Άγιο Πνεύμα ήρθε για να σε φέρει στο παλάτι; Κάποιοι ίσως μου πουν, «Πιστεύω ότι αυτή η ιστορία είναι αληθινή. Πιστεύω ότι αυτό συμβαίνει και σε μένα. Οι εμπειρίες της ζωής μου με έκαναν ανάπηρο, αλλά υπάρχει κάτι μέσα μου που μου λέει ότι έχω μια σχέση με τον Βασιλιά της γης. Ζω σε μια ερημιά, αλλά ξέρω ότι ανήκω σε ένα παλάτι». Υπάρχουν και κάποιοι πιο σκεπτικιστές, που θα μου πουν, «Ποιον πας να κοροϊδέψεις; Έχεις μπλεχτεί σ' αυτές τις θρησκευτικές ιδέες, γιατί ψάχνεις για δεκανίκια. Δεν ξέρεις ότι για να τα καταφέρεις σ' αυτόν τον κόσμο πρέπει να γίνεις σκληρός και να παλέψεις μόνος σου;».

Πώς Να Αντικαταστήσω Ένα Ψέμα;

Η αλήθεια είναι ότι το ψέμα δεν μπορείς να το αντικαταστήσεις. Η ματαιότητα της ουμανιστικής ψυχολογίας (παρότι η ψυχολογία δεν ασκείται πάντα ουμανιστικά) βρίσκεται στην ιδέα ότι μπορώ, κατά κάποιο τρόπο, να κάνω τον εαυτό μου, με καλή θέληση και καλή εκπαίδευση, να σκέφτεται διαφορετικά. «Απλώς χρησιμοποίησε τη δύναμη της θέλησης και της αποφασιστικότητάς σου, και άλλαξε τον τρόπο που σκέφτεσαι» λέει το μάντρα του ουμανισμού.

> Το Άγιο Πνεύμα είναι Αυτός που εκτοπίζει τα ψέματα που πιστεύουμε, μας δυναμώνει καθώς βιώνουμε την Αλήθεια, κι έτσι καλλιεργεί μέσα μας τις σωστές επιθυμίες και τη δύναμη να κάνουμε αυτό που είναι ευάρεστο στον Πατέρα (Φιλιππησίους 2:13).

Το ίδιο μπορεί να ακούσεις και από κάποιους άμβωνες, «Άλλαξε τις σκέψεις σου, για να αλλάξεις τις συνήθειές σου. Αν μπορείς να συλλάβεις κάτι, μπορείς να το πετύχεις» σου λένε. Ακούγεται καλό. Έχει δυναμισμό και απήχηση γιατί δημιουργηθήκαμε για να είμαστε δυνατοί. Η αλήθεια είναι, όμως, ότι αν είχες τη δύναμη να αντικαταστήσεις το ψέμα, θα το είχες κάνει μέχρι τώρα. Η δύναμη της ανθρώπινης θέλησης κάποτε εξαντλείται, γιατί ο άνθρωπος δεν σχεδιάστηκε για να ζει με τη δύναμη της

Η ΔΙΑΜΟΡΦΩΣΗ από τον *Abba*

δικής του θέλησης. Είμαστε πρωτίστως πνευματικά όντα στον πυρήνα μας, όχι βουλητικά/συναισθηματικά. Είσαι πνεύμα. Δημιουργήθηκες για να λειτουργείς με τη δύναμη του πνεύματος, όχι με τη δύναμη της θέλησης. Εάν ο άνθρωπος μπορούσε να εξαλείψει μόνος του τις κακές επιθυμίες του, οι κοινωνίες μας θα πήγαιναν απ' το καλό στο καλύτερο.

Η σημαντική συνεισφορά της ψυχολογίας είναι η παραδοχή ότι η αλλαγή του τρόπου σκέψης για τον εαυτό μας είναι μια διαδικασία. Αυτή η αλλαγή σπάνια θα έρθει με μια στιγμιαία έκβαση εξ ουρανού, που θα μας κάνει ξαφνικά να βλέπουμε καθαρά και να έχουμε έναν ανανεωμένο τρόπο σκέψης για τη σωτηρία μας. Ο Μεμφιβοσθέ εκείνη την ημέρα κάθισε στο τραπέζι του βασιλιά Δαυίδ, αλλά έχεις την εντύπωση ότι ξέχασε αμέσως όλα τα ψέματα με τα οποία είχε μεγαλώσει, και ότι απέκτησε αυτόματα απόλυτη εμπιστοσύνη προς τον Δαυίδ; Όχι. Ενώ, όμως, η ψυχολογία προσπαθεί να μας αναδιαμορφώσει στο επίπεδο του «νου», το Άγιο Πνεύμα έρχεται να μας μεταμορφώσει εκεί που λαμβάνει χώρα η πραγματική μεταμόρφωση—στο επίπεδο της καρδιάς, το κομμάτι του εαυτού σου που είναι ο «γνώστης».

Γι' αυτό οι αποφάσεις που παίρνεις την Πρωτοχρονιά δεν διαρκούν πολύ, όλοι το ξέρουμε. Οι δίαιτες δεν οδηγούν σε μόνιμες αλλαγές, όλοι το ξέρουμε. Καμία θετική σκέψη δεν μπορείς να κάνεις όταν είσαι υπό πίεση, όλοι το ξέρουμε. Απλώς δεν ξέρουμε το γιατί. Η δική μου πρόταση είναι ότι από τη στιγμή που η κουλτούρα μας αποδέχτηκε το θεμελιώδες ψέμα ότι είμαστε ψυχολογικά όντα και προϊόντα κάποιας α-θεϊστικής εξέλιξης, εγκαταλείψαμε τη θεμελιώδη αλήθεια ότι είμαστε αιώνια πνευματικά όντα, που δημιουργηθήκαμε σύμφωνα με την εικόνα του Θεού. Αν πιστεύουμε ότι ο βαθύτερος πυρήνας του ανθρώπου είναι ο εγκέφαλός του, είναι αναμενόμενο ότι στο επίκεντρο της ζωής μας θα βρίσκεται ο υλισμός (και όχι το πνεύμα).

Ο Θεός είναι πνεύμα (Κατά Ιωάννη 4:24) και Τον λατρεύουμε με πνεύμα και με αλήθεια, επειδή κι εμείς είμαστε πνεύμα. Προτού δημιουργηθεί το υλικό σύμπαν, ο Θεός προϋπήρχε. Ο Θεός εμφύσησε πνεύμα μέσα στον άνθρωπο, εδραιώνοντας μια αιώνια συσχέτιση μεταξύ των δύο. Γι' αυτό, ο βαθύτερος πυρήνας του ανθρώπου δεν είναι στον εγκέφαλό του, καθότι ο εγκέφαλος είναι φυσική ύλη, αλλά στην άυλη φύση του που ονομάζεται «πνεύμα». Η Καινή Διαθήκη το αποκαλεί «ο κρυφός άνθρωπος της καρδιάς» (Α' Πέτρου 3:4), «ο εσωτερικός άνθρωπος» (Β' Κορινθίους 4:16), ή απλώς «το πνεύμα» (Α' Θεσσαλονικείς 5:23). Εκεί έρχεται και κατοικεί το Πνεύμα του Θεού, και έτσι ο άνθρωπος ξαναγεννιέται. Ο Ιησούς είπε ότι ο άνθρωπος γεννιέται από σάρκα (φυσική γέννα) και από το Πνεύμα (πνευματική γέννα) (Κατά Ιωάννη 3:6). Εκεί ακριβώς συμβαίνει η πραγματική μας μεταμόρφωση. Το Άγιο Πνεύμα είναι Αυτός που εκτοπίζει τα ψέματα που πιστεύουμε, μας δυναμώνει καθώς βιώνουμε την Αλήθεια, κι έτσι καλλιεργεί μέσα μας τις σωστές επιθυμίες και τη δύναμη να κάνουμε αυτό που είναι ευάρεστο στον Πατέρα (Φιλιππησίους 2:13).

Η Δύναμη της Θέλησης Είναι Ανεπαρκής

Η κύρια μέθοδος του Παύλου για να βοηθήσει τους πιστούς να καταλάβουν τι σημαίνει να είσαι «εν Χριστώ», είναι να μας δείχνει ότι η ανθρώπινη θέληση αδυνατεί να επιβληθεί στην πνευματική δύναμη της αμαρτίας. Εξ ου και το γνωστό εδάφιο από το κεφάλαιο 7 της προς Ρωμαίους επιστολής: «Αυτό που θέλω να κάνω, δεν μπορώ να το κάνω, και ακριβώς αυτό που δεν θέλω να κάνω, καταλήγω να το κάνω...», πράγμα που αποδεικνύει ότι είναι μάταιο να προσπαθούμε να υπακούσουμε στον Νόμο του Θεού με τη δύναμη της θέλησής μας. Χωρίς το Άγιο Πνεύμα, κανείς δεν μπορεί να τηρήσει τον Νόμο. Η ρητορική ερώτηση του Παύλου στο τέλος του κεφαλαίου, «Ω τι ταλαίπωρος άνθρωπος είμαι εγώ; Ποιος θα με λυτρώσει από αυτό το σώμα του θανάτου;», θα απαντηθεί αμέσως μετά:

Ο νόμος του πνεύματος της ζωής που είναι στον Ιησού Χριστό,
με ελευθέρωσε από τον νόμο της αμαρτίας και του θανάτου.
Ρωμαίους 8:2

Με άλλα λόγια, η δύναμη της θέλησής σου μαζί με τις ειλικρινείς προθέσεις σου, δεν μπορούν να ανταγωνιστούν τους πειρασμούς του Σατανά. Ανάθεσε, λοιπόν, αυτή τη μάχη στο Αιώνιο Πνεύμα, το Άγιο Πνεύμα, το Πνεύμα που κατοικεί μέσα σου, Αυτόν που δεν κουράζεται ποτέ, Αυτόν που σου δίνει πνεύμα πίστης, για να μπορείς να θανατώνεις τα έργα και τις επιθυμίες της σάρκας διαμέσου του Πνεύματος (και όχι με τη δύναμη της θέλησης).

Ο Απόστολος Ιωάννης λέει ότι το Άγιο Πνεύμα μας διδάσκει βαθύτερα από τις συνειδητές σκέψεις μας. Λέει:

Η ΔΙΑΜΟΡΦΩΣΗ από τον *Abba*

Και εσείς έχετε χρίσμα από τον Άγιο, και τα γνωρίζετε όλα... Και εσείς το χρίσμα που λάβατε απ' αυτόν, μένει μέσα σας και δεν έχετε ανάγκη κάποιος να σας διδάσκει.
Α' Ιωάννη 2:20, 27

Επιπλέον, ο ίδιος ο Ιησούς λέει:

Είναι γραμμένο στους προφήτες: Και όλοι θα είναι διδακτοί του Θεού.
Κατά Ιωάννη 6:45

Οι πληροφορίες μέσα στο μυαλό σου (διάνοια) δεν έχουν τη δύναμη να σε μεταμορφώσουν. Μόνο η αποκάλυψη μέσα στο πνεύμα σου διαμέσου του Αγίου Πνεύματος μπορεί να σε μεταμορφώσει από μέσα προς τα έξω.

Φαντάσου ότι είσαι φοιτητής και παρακολουθείς ένα από τα μαθήματα που διδάσκω στο Πανεπιστήμιο. Εγώ στέλνω στη θέση μου έναν αναπληρωτή για να κάνει όλες τις διαλέξεις μου και να σας δώσει την ύλη της εξεταστικής. Το πρόβλημα είναι ότι ο αναπληρωτής καθηγητής μιλάει μόνο μια γλώσσα, την οποία εσύ δεν καταλαβαίνεις. Για την ακρίβεια, δεν την καταλαβαίνει κανείς σε όλο το αμφιθέατρο! Θα πήγαινες να διαμαρτυρηθείς, έτσι δεν είναι; Πώς θα παρακολουθήσεις το μάθημα; Πώς θα ξέρεις την ύλη των τελικών εξετάσεων; Σ' αυτήν ακριβώς τη θέση βρίσκεται η ανθρωπότητα. Η σφαίρα του πνεύματος είναι η αληθινή πραγματικότητα, αλλά εμείς προσπαθούμε να μάθουμε ποιοι είμαστε και τι κάνουμε με τη γλώσσα του φυσικού κόσμου. Συμβιβαστήκαμε με κάτι που είναι απλά η σκιά του πραγματικού, και είμαστε πολύ εκνευρισμένοι που αυτή η σκιά δεν μας γεμίζει. Οι απαντήσεις στα προβλήματα της ανθρωπότητας βρίσκονται «στο Πνεύμα». Όσο επιμένουμε να χτίζουμε πύργους της Βαβέλ για να αποδείξουμε ότι μπορούμε να λύσουμε τα προβλήματά μας και να πετύχουμε την κοινωνική εξέλιξη που φανταζόμαστε, τόσο θα μεγεθύνονται τα προβλήματά μας και τόσο περισσότερο θα απελπίζεται κάθε νέα γενιά. Υπάρχει ένας άλλος τρόπος, ένας άλλος δρόμος γνώσης.

Δύο Είδη Γνώσης, Δύο Μέρη

Εάν παίρνουμε την Αγία Γραφή στα σοβαρά, πρέπει να καταλάβουμε ότι υπάρχουν δύο είδη γνώσης για μας. Υπάρχει η γνώση στο νοητικό

> **Το Ευαγγέλιο του Ιησού δεν κηρύττεται ολοκληρωμένα, αν δεν εφαρμόζεται ταυτόχρονα, γιατί είναι ένα Ευαγγέλιο δύναμης διαμέσου του Αγίου Πνεύματος.**

επίπεδο (στην ψυχή) που είναι συνειδητή και γνωστική, και η γνώση στο πνευματικό επίπεδο (στο πνεύμα) που είναι υποσυνείδητη και μάλιστα, προηγείται της εννοιολογικής. Υπάρχουν αντίστοιχα δύο κατηγορίες πληροφοριών—οι φυσικές πληροφορίες, τις οποίες λαμβάνουμε μέσω των πέντε φυσικών αισθήσεων, και οι πνευματικές πληροφορίες, τις οποίες λαμβάνουμε με το πνεύμα μας από το Άγιο Πνεύμα. Ο Ιησούς είπε:

Τα λόγια που εγώ σας μιλάω είναι πνεύμα και είναι ζωή.
Κατά Ιωάννη 6:63

Ο Θεός μας μιλάει εξαρχής γι' αυτή τη διπλή πραγματικότητα μέσα στον Λόγο Του, συστήνοντας το Δέντρο της Ζωής και το Δέντρο της Γνώσης του Καλού και του Κακού. Το ένα δίνει ζωή, το άλλο σκοτώνει. Ο Παύλος λέει κάτι παρόμοιο:

Το γράμμα θανατώνει, ενώ το Πνεύμα δίνει ζωή.
Β' Κορινθίους 3:6

Παρότι τα εδάφια μιλούν με σαφήνεια γι' αυτό, και παρότι ο Ιησούς ήταν ξεκάθαρος ότι το Άγιο Πνεύμα θα έρθει μέσα στο πνεύμα μας για να μας διδάξει (Κατά Ιωάννη 16:12-15), εμείς συνεχίζουμε, εντός και εκτός Εκκλησίας, να ψάχνουμε να βρούμε πνευματική ζωή και προσωπική μεταμόρφωση μέσα από τη διανοητική γνώση και μέσα από τις πληροφορίες που λαμβάνουμε από τις φυσικές μας αισθήσεις.

> **Το Άγιο Πνεύμα χρησιμοποιεί δυνατές εμπειρίες με τον Θεό για να αντικαταστήσει αυτά τα ψέματα με την Αλήθεια.**

Πόσα συνέδρια και σεμινάρια πρέπει να παρακολουθήσουμε για να συνειδητοποιήσουμε ότι το κλειδί της «επιτυχίας» δεν βρίσκεται στις καλύτερες πρακτικές, μεθόδους και μετρήσεις, αλλά στην υπακοή μας σε έναν ζωντανό λόγο από τον Θεό, που παίρνει ζωή μέσα στην καρδιά μας διαμέσου του Αγίου Πνεύματος, και φέρνει αιώνια ζωή σε όποιον Τον ακούει;

Θέλω να σου μιλήσω ανοιχτά: οι πληροφορίες μέσα στο μυαλό σου (διάνοια) δεν έχουν τη δύναμη να σε μεταμορφώσουν. Μόνο η αποκάλυψη μέσα στο πνεύμα σου διαμέσου του Αγίου Πνεύματος μπορεί να σε μεταμορφώσει από μέσα προς τα έξω. Δεν το λέω για να σε τρομάξω. Τα καλά νέα είναι ότι όλο αυτό δεν μπορείς να το κάνεις εσύ, αλλά το Άγιο Πνεύμα που σε μόρφωσε μέσα στην κοιλιά της μητέρας σου, ξέρει ακριβώς τι πρέπει να κάνει και πώς να το κάνει. Εσύ πρέπει απλώς να μάθεις να ακούς.

Σ' αυτό το σημείο ίσως σκέφτεσαι: «Εντάξει, το κατάλαβα. Το *Abba*-τέτοιο έχει να κάνει με το Άγιο Πνεύμα, οπότε πες μου τι πρέπει να κάνω εγώ. Ας το πάρει το ποτάμι! Ποια είναι τα τρία εύκολα βήματα για να γίνει όλο αυτό;». Αυτές οι ερωτήσεις είναι λάθος. Πρώτον, γιατί πάλι ζητάμε πληροφορίες που θα κατευνάσουν το διερευνητικό μυαλό μας. Και δεύτερον, γιατί η απάντηση δεν είναι το τι και το πώς, αλλά το Ποιος. Πάμε να δούμε με ποιον τρόπο το Άγιο Πνεύμα μας αποκαλύπτει, μας διδάσκει και αντικαθιστά τα ψέματα που πιστεύαμε με την αλήθεια, ώστε να χτίσει μέσα μας την πεποίθηση ότι είμαστε γιοι. (Ελπίζω ότι θα μείνεις μαζί μου, αλλά αν θέλεις να προτρέξεις στο κεφάλαιο που εξηγεί το «πώς», πήγαινε στο Κεφάλαιο 5, Η Γλώσσα Ενός Αληθινού Γιου, και μετά γύρνα ξανά στο Ποιος. Εάν καταλάβεις το Ποιος, Αυτός θα σε οδηγήσει στο τι και στο πώς).

Αλλαγή Στρατηγικής

Το πιο ξεκάθαρο παράδειγμα για το πώς λειτουργεί όλο αυτό, μας το δίνει ο Απόστολος Παύλος, ο οποίος ήξερε πολύ καλά πόσο θανατηφόρος μπορεί να γίνει ο Νόμος. Στην επιστολή που έγραψε προς στους Κορίνθιους πιστούς, εξιστορεί την πρώτη φορά που τους επισκέφθηκε. Μόλις είχε επιστρέψει από τον Άρειο Πάγο στην Αθήνα, όπου χρησιμοποίησε τις ρητορικές του δεξιότητες με σοφία για να προσεγγίσει τους λάτρεις της φιλοσοφίας στην Αθήνα. Τους κήρυξε για τον «άγνωστο θεό» (Πράξεις 17). Ήταν έξυπνη στρατηγική, από ανθρώπινης πλευράς, αλλά ο πνευματικός καρπός ήταν μικρός. Κάποιοι τον αποκάλεσαν φλύαρο, κάποιοι κοροϊδέψαν, και κάποιοι λίγοι ενώθηκαν μαζί του (Πράξεις 17:34). Έπειτα, ο Παύλος έφυγε από την Αθήνα και πήγε στην Κόρινθο.

Στον δρόμο προς την Κόρινθο, κάτι άλλαξε στην καρδιά του Παύλου, γιατί όταν έφτασε, άλλαξε τακτική. Αντί να χρησιμοποιήσει τον εύγλωττο λόγο που είχε χρησιμοποιήσει στον Άρειο Πάγο, ακολούθησε διαφορετική προσέγγιση. Το εξηγεί ο ίδιος:

> *Επειδή αποφάσισα να μη ξέρω ανάμεσά σας τίποτε άλλο, παρά μονάχα τον Ιησού Χριστό, και αυτόν σταυρωμένον...Και ο λόγος μου και το κήρυγμά μου δεν γίνονταν με πειστικά λόγια ανθρώπινης σοφίας, αλλά με απόδειξη Πνεύματος και δύναμης.*
>
> Α' Κορινθίους 2:2,4

Ναι, θα μπορούσαμε να πούμε ότι ο Παύλος καταλάβαινε σε ποιο κοινό μιλάει κάθε φορά, οπότε άλλαξε στρατηγική στην Κόρινθο, επειδή ήταν άλλο το ακροατήριο, αλλά αυτό δεν μας εξηγεί γιατί είπε αυτό που είπε στο εδάφιο 5:

> *...ώστε η πίστη σας να είναι όχι διαμέσου της σοφίας των ανθρώπων, αλλά διαμέσου της δύναμης του Θεού.*
>
> Α' Κορινθίους 2:5

Ο Παύλος είδε ότι το κήρυγμα του Ευαγγελίου είναι κάτι παραπάνω από το να αφηγείσαι μια ιστορία και να συσχετίζεις τον Ιησού με τον πολιτισμό. Κατάλαβε ότι το Ευαγγέλιο του Ιησού δεν κηρύττεται ολοκληρωμένα, αν δεν εφαρμόζεται ταυτόχρονα, γιατί είναι ένα Ευαγγέλιο δύναμης που φανερώνεται διαμέσου του Αγίου Πνεύματος.

Σε παρακαλώ, μη χάσεις τη σύνδεση που ενώνει τη φανέρωση της δύναμης του Θεού με την αναγκαία συναισθηματική εμπειρία που συνοδεύει μια τέτοια φανέρωση. Ο εχθρός χρησιμοποιεί εμπειρίες για να σου πει ψέματα για το ποιος είσαι. Αντίθετα, το Άγιο Πνεύμα χρησιμοποιεί δυνατές εμπειρίες με τον Θεό για να αντικαταστήσει αυτά τα ψέματα με την Αλήθεια.

Αν θέλουμε να καταλάβουμε με ποιον τρόπο εργάζεται το Άγιο Πνεύμα για να φέρει στη συνείδηση ότι είμαστε γιοι, αυτό που λέει ο Παύλος στη συνέχεια είναι καθοριστικής σημασίας. Γι' αυτό, θα σου ζητήσω να το διαβάσεις σαν να είναι η πρώτη φορά που το βλέπεις.

Στην Παλαιά Διαθήκη, τα πνευματικά μας μάτια δεν έβλεπαν, ούτε τα πνευματικά μας αυτιά άκουγαν. Ήμασταν «νεκροί» μέσα στα λάθη και τις αμαρτίες μας.

Και ο λόγος μου και το κήρυγμά μου δεν γίνονταν με πειστικά λόγια ανθρώπινης σοφίας, αλλά με απόδειξη Πνεύματος και δύναμης. Ώστε η πίστη σας να είναι όχι διαμέσου της σοφίας των ανθρώπων, αλλά διαμέσου της δύναμης του Θεού.

Μιλάμε δε σοφία ανάμεσα στους τελείους. Σοφία, όμως, όχι τούτου του αιώνα, ούτε των αρχόντων τούτου του αιώνα που φθείρονται. Αλλά μιλάμε σοφία Θεού, μυστηριώδη, που ήταν κρυμμένη, την οποία ο Θεός προόρισε πριν από τους αιώνες προς δική μας δόξα, την οποία κανένας από τους άρχοντες τούτου του αιώνα δεν γνώρισε, επειδή αν θα γνώριζαν δεν θα σταύρωναν τον Κύριο της δόξας.

Αλλά καθώς είναι γραμμένο: «Εκείνα που μάτι δεν είδε, και αυτί δεν άκουσε, και σε καρδιά ανθρώπου δεν ανέβηκαν, τα οποία ο Θεός ετοίμασε γι' αυτούς που τον αγαπούν» [Ησαΐας 64:4].

Σε μας, όμως, ο Θεός τα αποκάλυψε διαμέσου του Πνεύματος του. Δεδομένου ότι το Πνεύμα ερευνάει τα πάντα, και τα βάθη του Θεού. Επειδή ποιος από τους ανθρώπους γνωρίζει αυτά που είναι μέσα στον άνθρωπο, παρά μονάχα το πνεύμα του ανθρώπου που είναι μέσα του; Έτσι και εκείνα που είναι μέσα στον Θεό δεν τα γνωρίζει κανένας, παρά μονάχα το Πνεύμα του Θεού. Εμείς, όμως, δεν λάβαμε το πνεύμα του κόσμου, αλλά το πνεύμα που προέρχεται από τον Θεό, για να γνωρίσουμε εκείνα που χαρίστηκαν σε μας από τον Θεό.

Τα οποία και μιλάμε όχι με διδασκόμενα λόγια ανθρώπινης σοφίας, αλλά διδασκόμενα από το Άγιο Πνεύμα, συγκρίνοντας τα πνευματικά προς τα πνευματικά. Ο φυσικός άνθρωπος, όμως, δεν δέχεται αυτά που ανήκουν στο Πνεύμα του Θεού, επειδή είναι μωρία σ' αυτόν και δεν μπορεί να τα γνωρίσει. Για τον λόγο ότι ανακρίνονται με πνευματικό τρόπο. Ο δε πνευματικός άνθρωπος ανακρίνει μεν τα πάντα, αυτός όμως δεν ανακρίνεται από κανέναν. Επειδή: «Ποιος γνώρισε τον νου του Κυρίου, ώστε να τον διδάξει;». εμείς, όμως, έχουμε νουν Χριστού.

Α' Κορινθίους 2:4-16

Το Άγιο Πνεύμα χρησιμοποιεί δυνατές εμπειρίες με τον Θεό για να αντικαταστήσει αυτά τα ψέματα με την Αλήθεια.

Ο Παύλος εξηγεί στους Κορινθίους ότι υπάρχει μια διαστρεβλωμένη εκδοχή της σοφίας, η περίφημη ελληνική ιδέα του ελιτισμού, την οποία συγχέουν με τα χαρίσματα του Πνεύματος ανάμεσά τους. Οι Κορίνθιοι φαίνεται ότι είχαν άφθονα χαρίσματα «λόγων και γνώσης» (Α' Κορινθίους 1:5-7), αλλά τα μπέρδευαν με μια ειδωλολατρική αντίληψη που έφερνε διχασμό μεταξύ τους, μεταξύ των ανθρώπων του Θεού (των πνευματικών), αντί να τους φέρνει σε μια ολοκληρωμένη ενότητα μέσα απ' τη διαφορετικότητά τους. Τους τονίζει ξανά ότι το Ευαγγέλιο που κηρύττει είναι η αληθινή σοφία από τον Θεό που απευθύνεται σε ανθρώπους που έχουν αποκάλυψη από το Άγιο Πνεύμα, και βλέπουν τι έκανε γι' αυτούς ο Θεός διαμέσου του Χριστού (δηλαδή ότι τους έβγαλε από το σκοτάδι και τους έφερε μέσα στο φως, τους έκανε από ορφανούς, γιους). Οι άρχοντες αυτού του αιώνα (μεταξύ των οποίων οι αρχές και εξουσίες) πράγματι δεν μπορούν να τα συλλάβουν όλα αυτά, επειδή δεν γεννήθηκαν από το Πνεύμα.

Κάτι Έχει Αλλάξει Δραστικά

Πρόσεξε, τώρα, ότι ο Παύλος, αφότου έβαλε τις ελληνικές φιλοσοφικές αντιλήψεις στη θέση τους, κάνει μια αναφορά από την Παλαιά Διαθήκη, όχι μόνο για να συμπεριλάβει τους Ιουδαίους πιστούς που ήταν στην εκκλησία της Κορίνθου, αλλά και για να αντιπαραβάλλει μια σημαντική διαφορά μεταξύ Παλαιάς και Καινής Διαθήκης.

Ο Παύλος αναφέρει το εδάφιο του Ησαΐα 64:6:

Εκείνα που μάτι δεν είδε, και αυτί δεν άκουσε και σε καρδιά ανθρώπου δεν ανέβηκαν, τα οποία ο Θεός ετοίμασε για αυτούς που Τον αγαπούν.

Α' Κορινθίους 2:9

Εάν ο Παύλος σταματούσε εδώ, θα ήταν σαν να επιβεβαιώνει αυτό που ίσχυε στην Παλαιά Διαθήκη, την αποσύνδεση που υπήρχε ανάμεσα στο ανθρώπινο πνεύμα και στο Πνεύμα του Θεού. Τώρα, όμως, κάτι έχει αλλάξει. Τώρα υπάρχει μια νέα πραγματικότητα. Το Άγιο Πνεύμα ήρθε σε μας με τη νέα γέννηση (Κατά Ιωάννη 20:22) και έχει εκχυθεί (Πράξεις 2:1-4) για να εκπληρώσει αυτό που είπε ο Ιησούς:

Η ΔΙΑΜΟΡΦΩΣΗ από τον *Abba*

Αυτός [το Πνεύμα] μένει μαζί σας και θα είναι μέσα σας.
Κατά Ιωάννη 14:17

Στην Παλαιά Διαθήκη, τα πνευματικά μας μάτια δεν έβλεπαν, ούτε τα πνευματικά μας αυτιά άκουγαν. Ήμασταν «νεκροί» μέσα στα λάθη και τις αμαρτίες μας. Οι καρδιές μας ήταν σκοτεινές και ήμασταν ξένοι προς τη Ζωή του Θεού. Οι άγιοι της Παλαιάς Διαθήκης δεν μπορούσαν να μιλήσουν τη γλώσσα του Θεού—θα λέγαμε—επειδή δεν είχαν το Πνεύμα Του μέσα στο πνεύμα τους. Ο Παύλος, όμως, λέει, «Έτσι ήταν τότε, τώρα ισχύει κάτι άλλο». Πρόσεξε το εδάφιο 10:

Σε εμάς, όμως, ο Θεός τα αποκάλυψε διαμέσου του Πνεύματός του.
Α' Κορινθίους 2:10

Ποια είναι «αυτά» που μας αποκάλυψε, τώρα που είμαστε άνθρωποι του Πνεύματος; Τα «αυτά» είναι όλα αυτά που ετοίμασε ο Θεός γι' αυτούς που Τον αγαπούν. Ξέρω ότι η επανάληψη ίσως κουράζει, αλλά το κάνω επίτηδες γιατί θέλω να σου μείνει: ο Θεός ήρθε με το Πνεύμα Του μέσα στο πνεύμα σου, για να μπορεί να σου αποκαλύψει «όλα αυτά» που έχει ετοιμάσει για σένα, «όλα αυτά» που στο παρελθόν ήταν κρυμμένα από τα μάτια της καρδιάς μας, αλλά τώρα το Άγιο Πνεύμα μας τα αποκαλύπτει. «Όλα αυτά» είναι τα σχέδια και οι βουλές του Θεού για τους γιους και τις κόρες Του. «Όλα αυτά» είναι η ασύλληπτη πραγματικότητα της ζωής που έχουμε ως «κληρονόμοι του Θεού και συγκληρονόμοι του Χριστού» (Ρωμαίους 8:17).

Ο Θεός Δεν Κρύβεται, Αλλά Αποκαλύπτεται σε Σένα

Έχουμε δύο σημαντικά στοιχεία από το εδάφιο 10. **Πρώτον, ο Θεός δεν σου κρύβει ούτε συγκαλύπτει από σένα αυτά που σχεδίασε για σένα.** Σου τα αποκαλύπτει διαμέσου του Πνεύματός Του που έχει βάλει μέσα σου. (Ξέρω, όλη σου τη ζωή ακούς ότι, «Κανείς δεν ξέρει τι θα κάνει ο Θεός», αλλά είναι κι αυτό ένα ακόμα ψέμα). Ο Θεός μας είναι Θεός σχέσης. Αγαπάει τη συνεργασία. Του αρέσει να λέει στα παιδιά Του τι έχει ετοιμάσει για αυτά!

Θυμήσου την ιστορία που είπε ο Ιησούς για τον άσωτο γιο. Στην πραγματικότητα, η ιστορία δεν έχει να κάνει τόσο με τον γιο, όσο με την αποκάλυψη της καρδιάς του Πατέρα προς τα παιδιά Του. Ο γιος επιστρέφει στο σπίτι και ο πατέρας είναι πανευτυχής! Ο πατέρας στην ιστορία του Ιησού δεν ψιθύρισε στους υπηρέτες για να μην ακούσει ο άσωτος: «Σσσς... μην το πείτε σε κανέναν, πηγαίνετε να σφάξετε το παχύ μοσχάρι, ετοιμάστε τον χιτώνα, τα σανδάλια, το δαχτυλίδι... αλλά μην του πείτε ότι τον καλωσορίζουμε σπίτι. Ίσως το παρεξηγήσει. Ίσως πιστέψει ότι όντως τον θέλω εδώ. Η καλύτερα, ας κρατήσουμε το πάρτι κρυφό για να δούμε αν θα το καταλάβει». Όχι βέβαια! Το φώναξε σε όλους: «Θα κάνουμε πάρτι! Ο γιος μου που ήταν νεκρός είναι ζωντανός και επέστρεψε σπίτι!». Δες πόσο χαρούμενος είναι ο Θεός, πόσο σε αγαπάει, πώς γελάει, πώς χορεύει, πόσο Του αρέσει να λούζει τα παιδιά Του με την καλοσύνη Του!

Ο Πατέρας θέλει να σου δείξει αυτά που ετοίμασε για σένα—τα σχέδιά Του και τους σκοπούς Του για τη ζωή σου. Σου τα δείχνει όλα σε μια στιγμή; Όχι, το κάνει σιγά σιγά. Ειδάλλως δεν θα μπορούσαμε να διαχειριστούμε το μέγεθος της καλοσύνης Του. Κάποιος είπε, «Ο Θεός επινόησε τον χρόνο για να μην μας συμβεί όλη η ζωή μας ταυτόχρονα». Η πνευματική πείνα πολλές φορές επηρεάζει τον χρόνο, τον τρόπο και τη στιγμή που αποκαλύπτεται ο Θεός.

Δεύτερον, ο Θεός επικοινωνεί μαζί μας, αλλά πρωτίστως όχι στο μυαλό μας. Ο Θεός δεν είναι νους, αλλά πνεύμα (Κατά Ιωάννη 4:24), και έβαλε το Πνεύμα Του μέσα στο πνεύμα μας για να έχει επαφή και επικοινωνία μαζί μας, Πνεύμα προς πνεύμα.

> *Επειδή όσοι διοικούνται από το Πνεύμα του Θεού, αυτοί είναι γιοι του Θεού.*
>
> Ρωμαίους 8:14

Αυτή η αποκάλυψη θα αλλάξει πολλά πράγματα στη ζωή σου. Σκέψου πόσες φορές ο εχθρός σου λέει ψέματα, ότι όλοι ακούνε τον Θεό εκτός από εσένα. Κι εσύ κλαις και λες, «Θεέ μου, γιατί δεν μπορώ να ακούσω τη φωνή Σου;». Η αλήθεια είναι ότι ο Θεός δεν μιλάει στο μυαλό σου. Μιλάει στο πνεύμα σου, μέσα από το Άγιο Πνεύμα. Το λάθος μας είναι ότι περιμένουμε τη φωνή Του από αλλού. Πολλοί πιστοί δεν έχουν εντοπίσει ποτέ τον πνευματικό τους άνθρωπο, επειδή δεν προσεύχονται εν πνεύματι, δεν ψάλλουν εν πνεύματι, ή δεν λατρεύουν μέσα από το πνεύμα τους. Ο Παύλος δηλώνει ότι όταν προσευχόμαστε σε μια άγνωστη γλώσσα, προσεύχεται το πνεύμα μας (Α' Κορινθίους 14:14). Θα πούμε περισσότερα σε επόμενο κεφάλαιο, αλλά γενικά όσο περισσότερο αφήνεις το Άγιο Πνεύμα να προσευχηθεί, να ψάλλει και να λατρεύσει μέσα από το πνεύμα σου, τόσο περισσότερο θα μάθεις να ξεχωρίζεις τη φωνή του μυαλού σου από τη φωνή του πνεύματός σου, και θα δεις ότι πράγματι ο Θεός συνεχώς μας μιλάει (Κατά Ματθαίο 4:4).

Ο ψαλτωδός είχε μια μικρή γεύση από όλα αυτά που μας δόθηκαν αργότερα—τα ποτάμια της γνώσης του Αγίου Πνεύματος μέσα στο πνεύμα μας— γι' αυτό και είπε:

*Άβυσσος προσκαλεί άβυσσο στον ήχο των καταρρακτών σου.
Όλα τα κύματά σου και οι τρικυμίες σου πέρασαν επάνω μου.
Την ημέρα ο Κύριος θα προστάξει το έλεός του και τη νύχτα το
τραγούδι του θα είναι μαζί μου, η προσευχή μου προς τον Θεό
της ζωής μου.*

Ψαλμός 42:7-8

Ελπίζω να καταλάβεις τι συνέβαινε τόσο καιρό: ζούσαμε με τον αέρα του Διαφωτισμού (που εξυψώνει την επιστημονική προσέγγιση της πραγματικότητας μέσα από εμπειρικά δεδομένα και τη λογική), και δεν συνειδητοποιήσαμε ότι προσπαθούσαμε να εξαναγκάσουμε τον Θεό να μας μιλήσει και να κινηθεί με τους δικούς μας όρους. Επιμένουμε ότι δεν θα πιστέψουμε τίποτε, αν πρώτα δεν αναλύσουμε με το πεπερασμένο μυαλό μας τα εξακριβωμένα δεδομένα των πέντε αισθήσεών μας, υποβάλλοντας ακόμη και τη Βίβλο σε διανοητικά κριτήρια που καταπνίγουν την υπερφυσική πραγματικότητα του πνευματικού κόσμου, ο οποίος προηγήθηκε του φυσικού. Κι όμως, ο Θεός εξακολουθεί να μας μιλάει και να μας προσκαλεί σε μια συζήτηση μέσω του Πνεύματός Του. Στο επόμενο κεφάλαιο θα δούμε με ποιο τρόπο μας συγχρονίζει το Άγιο Πνεύμα με τα πράγματα του Θεού, για να αρχίσουμε να «ακολουθούμε τις εξελίξεις» αυτού που κάνει ο Θεός μέσα μας, για χάρη μας, και μέσα από εμάς. Αυτή η δουλειά ξεκινάει από μέσα.

Τι Είπαμε Μέχρι Τώρα;

Ο Μεμφιβοσθέ είναι μια χαρακτηριστική ιστορία του ορφανού πνεύματος. Παρότι γεννήθηκε και προοριζόταν για το παλάτι του βασιλιά, άρχισε να πιστεύει ψέματα για τον Βασιλιά και για τον εαυτό του, και έτσι ζούσε μέσα στην αθλιότητα και τον πόνο. Η ζωή του, όμως, αρχίζει να αλλάζει, τη στιγμή που ο υπηρέτης του βασιλιά τον φέρει πίσω στο σπίτι.

Η δύναμη της θέλησής μας δεν επαρκεί για να αντικαταστήσει τα ψέματα που πιστεύαμε για τον Θεό και τον εαυτό μας. Οι πληροφορίες δεν έχουν τη δύναμη να φέρουν μόνιμες αλλαγές.

Ο Παύλος άλλαξε στρατηγική. Κατάλαβε ότι η μεταμόρφωση ενός ανθρώπου δεν έρχεται από τα ωραία λόγια της ανθρώπινης σοφίας. Αντίθετα, για να έρθει μόνιμη αλλαγή, η φανέρωση της δύναμης του Πνεύματος είναι αναγκαία.

Όλα αυτά που δεν μπορούσαμε να δούμε, να ακούσουμε ή να αντιληφθούμε πνευματικά στην Παλαιά Διαθήκη, τώρα είναι διαθέσιμα, επειδή το Άγιο Πνεύμα ήρθε σε μας, κατοικεί μέσα στις καρδιές των πιστών, και μας διδάσκει τα πάντα. Άβυσσος προσκαλεί άβυσσο.

Τα καλά νέα είναι ότι ο Θεός δεν μας κρύβει το θέλημα και τις βουλές Του. Μας τα αποκαλύπτει διαμέσου του Πνεύματός Του. Οι γιοι και οι κόρες του Θεού οδηγούνται από το Άγιο Πνεύμα σε έναν εντελώς καινούργιο κόσμο, στην κληρονομιά του Θεού.

ΠΡΟΣΕΥΧΗ

Abba, βλέπω ότι από πολλές απόψεις είμαι σαν τον Μεμφιβοσθέ. Πίστεψα ψέματα για το Ποιος είσαι και για το τι σκέφτεσαι για μένα. Ζούσα σε μια ερημιά και κατά κάποιο τρόπο πίστευα ότι αυτό ήταν το σχέδιό Σου για τη ζωή μου. Μετανοώ για κάθε κριτική, εχθρότητα ή δυσαρέσκεια απέναντί Σου. Σε ευχαριστώ που έστειλες τον υπηρέτη Σου, το Άγιο Πνεύμα, για να με οδηγήσει πίσω στο Παλάτι του Βασιλιά. Σε ευχαριστώ για τα ανεξιχνίαστα πλούτη και τη μεγάλη κληρονομιά που έχεις φυλάξει για όλους όσους είναι μέσα στον Ιησού. Το μυαλό μου δεν μπορεί να το κατανοήσει, αλλά μου το δείχνεις στο πνεύμα μου διαμέσου του Αγίου Πνεύματος. Σε ευχαριστώ, Άγιο Πνεύμα, γιατί τώρα τα πνευματικά μάτια μου μπορούν να δουν, και τα πνευματικά αυτιά μου αρχίζουν να ακούν όλα όσα ετοίμασε για μένα ο Πατέρας διαμέσου του Γιου, του μεγάλου αδελφού μου, του Ιησού. Αμήν.

ΓΙΑ ΟΜΑΔΙΚΗ ΣΥΖΗΤΗΣΗ

1. Σε ποια σημεία βλέπεις ότι η ιστορία του Μεμφιβοσθέ θυμίζει την ιστορία όλης της ανθρωπότητας; Εσύ, προσωπικά, πώς ταυτίζεσαι μ' αυτήν;

2. Γιατί δεν αρκεί η δύναμη της θέλησης και η δύναμη του νου (εκπαίδευση) για να λύσουμε τα προβλήματά μας ή να δούμε μόνιμη μεταμόρφωση στη ζωή μας;

3. Γιατί πήγε ο Παύλος στην Κόρινθο και τους είπε (παραφράζω): «Δεν θέλω να γνωρίζω τίποτα, παρά μόνο τον Ιησού Χριστό και Αυτόν σταυρωμένο. Το κήρυγμά μου δεν είναι απλώς λόγια που σας πείθουν, αλλά η φανέρωση της δύναμης του Πνεύματος»;

4. Σύμφωνα με την Α' Κορινθίους 2:9-10, πώς μπορούμε να έχουμε «μάτια που ακούνε και αυτιά που βλέπουν», ενώ οι άγιοι της Παλαιάς Διαθήκης δεν μπορούσαν;

Δύο

Μια Εσωτερική Δουλειά

Ο Χριστός δεν είναι στη σφαίρα του αφηρημένου, αλλά του απόλυτα χειροπιαστού. Εφόσον ο Θεός είναι αγάπη, ο Χριστός είναι αγάπη που απευθύνεται προσωπικά σ' αυτόν τον άνθρωπο, σ' αυτό το μέρος, στη δεδομένη χρονική στιγμή της ύπαρξης και της φθοράς του.

– Κριστιάν Γουίμαμ

Θέλεις να δεις πώς λειτουργεί η Αγία Τριάδα—να ρίξεις μια ματιά στη σχέση που έχουν ο Πατέρας, ο Υιός και το Άγιο Πνεύμα; Ο Παύλος, μέσα από τις πολλές αποκαλύψεις που είχε, μας δίνει στοιχεία για τον τρόπο λειτουργίας της Αγίας Τριάδας, ειδικά όταν λέει με ποιο τρόπο μας τα αποκαλύπτει ο Θεός διαμέσου του Αγίου Πνεύματος. Λέει:

Δεδομένου ότι, το Πνεύμα ερευνάει τα πάντα και τα βάθη του Θεού.
Α' Κορινθίους 2:10

Η μετάφραση «Amplified» της Βίβλου το αποδίδει ως εξής:

Το Άγιο Πνεύμα ερευνάει [επιμελώς] τα πάντα, [ζυγίζει και βυθομετράει] μέχρι και τα [πιο εμβριθή] βάθη του Θεού [τη θεία βουλή και νόηση που ξεπερνά τον ανθρώπινο νου].
Α' Κορινθίους 2:10 (AMP)

Η απόδοση «The Message» της Βίβλου παραφράζει:

Το Άγιο Πνεύμα, που ποτέ δεν αρκείται στα επιφανειακά, βυθίζεται στα βάθη του Θεού και αναδύει αυτά που είχε σχεδιάσει ο Θεός εξαρχής.
Α' Κορινθίους 2:10 (MSG)

Βρισκόμαστε ήδη σε πολύ βαθιά νερά, καθώς το μυαλό μας προσπαθεί να καταλάβει με ποιον τρόπο το Πνεύμα του Θεού εισχωρεί και διερευνάει τα βάθη της βούλησης του Πατέρα για κάθε ένα από τα παιδιά Του. Η σκέψη από μόνη της είναι συγκλονιστική. Το γεγονός ότι ο Θεός θέλει να μας γνωρίσει και να Τον γνωρίσουμε σε τέτοιο βάθος, είναι ακόμα πιο ένδοξο! Αυτήν ακριβώς την αλληλεπίδραση σχέσης (το γνωρίζειν) περιέγραφε ο Ιησούς, όταν είπε ότι:

> *[Το Άγιο Πνεύμα] δεν θα μιλήσει από τον εαυτό Του, αλλά θα μιλήσει όσα πρόκειται να ακούσει, και θα σας αναγγείλει τα μέλλοντα... Επειδή από το δικό Μου θα πάρει, και θα το αναγγείλει σε σας. Όλα όσα έχει ο Πατέρας, είναι δικά Μου, γι' αυτό σας είπα ότι [το Άγιο Πνεύμα] από το δικό Μου θα πάρει και θα σας το αναγγείλει.*
>
> Κατά Ιωάννη 16:13-15

Μέσα στη Συνομιλία της Αγίας Τριάδας

Είναι πολύ εύκολο να χάσουμε τη σημασία όλου αυτού. Η ορφανή νοοτροπία μας, ειδικά αν έχουμε το θρησκευτικό πέπλο ενός επικριτικού Θεού που έχει εμμονή με την τήρηση κανόνων, θα μας κάνει να εξισώνουμε τον αγιασμό με την τελειομανία και τις υψηλές επιδόσεις, αντί να τον εξισώνουμε με την πληρότητα που πηγάζει από μια σχέση. Και τότε θα είναι δύσκολο να αντιληφθούμε ότι μας δόθηκε η πρόσκληση να συμμετέχουμε στην αιώνια συνομιλία της Αγίας Τριάδας. Άκου προσεκτικά τα λόγια του Ιησού:

> *Δεν σας λέω πλέον δούλους, επειδή ο δούλος δεν ξέρει τι κάνει ο κύριός του. Εσάς όμως, σας αποκάλεσα φίλους, επειδή όλα όσα άκουσα από τον Πατέρα μου, σας τα φανέρωσα.*
>
> Κατά Ιωάννη 15:15

Από την πλευρά του Ιησού, είμαστε κι εμείς μέσα σ' αυτή τη συνομιλία της Αγίας Τριάδας. Το έργο της λύτρωσης είναι μια δουλειά εκ των έσω, εσωτερική, λαμβάνει χώρα μέσα στα Άγια των Αγίων, στον πιο στενό, εσωτερικό κύκλο του πιο στενού, εσωτερικού κύκλου. Ο Πατέρας αποκαλύπτει συνεχώς την καρδιά Του, τα σχέδια και τις βουλές Του στον Ιησού, και είναι απόλυτα φυσικό ο Ιησούς, ως Κεφαλή της Εκκλησίας, να θέλει να έχει τα σχέδια και τις βουλές του Πατέρα για τους μαθητές Του. Ο Ιησούς στη συνέχεια τα μοιράζεται όλα αυτά με το Άγιο Πνεύμα, ο οποίος με τη σειρά Του τα αποκαλύπτει σε εμάς, και όλο αυτό θυμίζει έναν ασταμάτητο, δυναμικό χορό χαράς και ασυγκράτητης γνώσης. Είναι ο πατέρας του άσωτου γιου που φωνάζει στους υπηρέτες, «Φέρτε το δαχτυλίδι, τον χιτώνα, τα σανδάλια! Έχω μεγάλα σχέδια! Ναι, βέβαια, το πιο παχύ μοσχάρι! Μεγάλα σχέδια!».

Αυτό δεν είναι η προσευχή; Μια πρόσκληση στη συνομιλία της Αγίας Τριάδας!

Άκου άλλη μια φορά τον Ιησού να το λέει:

> *Αλλά, όταν έρθει εκείνος, το Πνεύμα της αλήθειας, θα σας οδηγήσει σε όλη την αλήθεια. Επειδή δεν θα μιλήσει από τον εαυτό του, αλλά θα μιλήσει όσα πρόκειται να ακούσει, και θα σας αναγγείλει τα μέλλοντα. Εκείνος θα δοξάσει εμένα, επειδή από το δικό μου θα πάρει, και θα το αναγγείλει σε σας. Όλα όσα έχει ο Πατέρας, είναι δικά μου. Γι' αυτό σας είπα, ότι από το δικό μου θα πάρει και θα σας το αναγγείλει.*
>
> Κατά Ιωάννη 16:13-15

Εσύ κι εγώ βαπτιστήκαμε—δηλαδή μεταφερθήκαμε στη σφαίρα του Πατέρα, του Υιού και του Αγίου Πνεύματος. Το μυαλό μας αδυνατεί να το συλλάβει, αλλά βρισκόμαστε μέσα στη ζωή του Τριαδικού Θεού. Στην Παλαιά Διαθήκη, όπως είδαμε στο προηγούμενο κεφάλαιο, όλο αυτό αποτυπώνεται στη φράση, «Μεμφιβοσθέ, έχεις μια θέση στο τραπέζι μου, θα τρως από τα φαγητά μου, θα δειπνείς μαζί μου, θα έχεις ό,τι έχω».

Αυτό ακριβώς δεν είναι η προσευχή; Μια πρόσκληση στη συνομιλία της Αγίας Τριάδας! Μήπως, όμως, θεωρείς ότι ο Θεός είναι τόσο απόμακρος και αποστασιοποιημένος, ώστε η προσευχή σου είναι σαν να ρίχνεις ένα χαρτί στο κουτί που λέει «Πείτε μας τη γνώμη σας»; Αλήθεια, αυτό είναι η προσευχή; Να υποβάλλεις μια αίτηση και να περιμένεις καρτερικά αν θα γίνει κάτι; Ή μήπως έχει να κάνει με τη γλυκιά επικοινωνία μιας στενής σχέσης, όπου ο ένας ακούει τη φωνή του άλλου, και μοιράζεστε όνειρα και ελπίδες; Θα επανέλθουμε σ' αυτή την πτυχή της τριαδικής συνομιλίας στο Κεφάλαιο[8], *Τα Χαρακτηριστικά της Προσευχής ενός Γιου*.

Για να βεβαιωθώ ότι δεν μας ξέφυγε κάτι, θα συνοψίσω με κουκίδες όσα είπαμε:

- Το Άγιο Πνεύμα πηγαίνει στον Πατέρα (σε τριαδική επικοινωνία) και παίρνει τα σχέδια και τις βουλές του Πατέρα για σένα που είσαι παιδί Του (Α' Κορινθίους 2:10).

Δεν είναι το μυαλό του ανθρώπου... αλλά το πνεύμα του ανθρώπου που γνωρίζει τον άνθρωπο.

• Και ο Ιησούς παίρνει τα σχέδια και τις βουλές απευθείας από τον Πατέρα (σε τριαδική επικοινωνία) και τα μοιράζεται με το Άγιο Πνεύμα, ώστε το Άγιο Πνεύμα να τα μοιραστεί μαζί σου (Κατά Ιωάννη 16:13-15).

• Ο Ιησούς δεν μας ονομάζει πλέον υπηρέτες, αλλά φίλους, κυρίως επειδή θέλει να μας πει (μέσα από τριαδική επικοινωνία) τι λέει ο Πατέρας για μας και προς εμάς (Κατά Ιωάννη 15:15).

Γι' αυτό είναι τόσο σημαντική η λατρεία και η προσευχή στη ζωή ενός πιστού, αλλά και όλης της Εκκλησίας συνολικά. Η παρουσία Του είναι το μέρος όπου εκχέουμε την καρδιά μας σ' Αυτόν και συμμετέχουμε στην τριαδική συνομιλία μέσα από τη δοξολογία, τη λατρεία, την οικειότητα, τη μεσιτεία και την ικεσία. Είναι μια σύνδεση με όλη την Αγία Τριάδα, επειδή ερχόμαστε απευθείας στον Πατέρα, μέσα από τον Γιο, διαμέσου του Αγίου Πνεύματος (Κατά Ιωάννη 16:23). Στο μέρος της παρουσίας Του ακούμε τη φωνή Του, και προς έκπληξή μας, ο Πατέρας πιο πολύ μας λέει ποιοι είμαστε ως γιοι και κόρες Του (π.χ. «Αυτός είναι ο γιος Μου ο αγαπητός, στον οποίο ευαρεστήθηκα), παρά μας δίνει οδηγίες ή μας προστάζει και μας διορθώνει. Όσο Τον γνωρίζεις, θα διαπιστώσεις κι εσύ ότι για τον Θεό, είναι πιο σημαντικό το «ποιος», από το «τι» ή το «πότε».

Επιστρέφουμε στην Α' Κορινθίους 2, όπου ο Παύλος τονίζει κάτι που πρέπει να κατανοήσουμε καλά:

Επειδή ποιος από τους ανθρώπους γνωρίζει αυτά που είναι μέσα στον άνθρωπο, παρά μονάχα το πνεύμα του ανθρώπου που είναι μέσα του; Έτσι, και εκείνα που είναι μέσα στον Θεό δεν τα γνωρίζει κανένας, παρά μονάχα το Πνεύμα του Θεού.

Α' Κορινθίους 2:11

Πρόσεξε ότι ο Παύλος δεν βάζει την πεποίθησή του ούτε στη σάρκα ούτε στο μυαλό, παρότι είμαι σίγουρος ότι είχε τον υψηλότερο δείκτη νοημοσύνης απ' όλους, όπου κι αν βρισκόταν. Διότι ούτε το μυαλό, ούτε η φυσική δύναμη του ανθρώπου, αλλά μόνο το πνεύμα του ανθρώπου γνωρίζει τον άνθρωπο. Με τον ίδιο τρόπο (εφόσον είμαστε φτιαγμένοι σύμφωνα με την εικόνα του Θεού και σύμφωνα με το δικό Του σχέδιο), κανείς δεν μπορεί να κατανοήσει τον Θεό με τη δύναμη του νου του ή απλά μέσα από το φυσικό σύμπαν—αν και σίγουρα βγάζουμε κάποια συμπεράσματα παρατηρώντας όλα όσα έχει δημιουργήσει ο Θεός.

Στην Α' Κορινθίους 2:12, ο Παύλος ενώνει όλα τα κομμάτια του παζλ. Λέει ότι εφόσον μόνο το Πνεύμα του Θεού γνωρίζει πραγματικά τον Θεό, και το πνεύμα του ανθρώπου τον άνθρωπο, ο Θεός έστειλε το Πνεύμα Του στις καρδιές των πνευματικών ανθρώπων Του[8], ώστε να μπορούν να γνωρίσουν τα του Θεού! Το Πνεύμα του Θεού διδάσκει το πνεύμα του ανθρώπου για τον Θεό. Μπορούμε να γνωρίσουμε τον Θεό, αλλά αυτή η γνώση και η επικοινωνία γίνεται μόνο Πνεύμα προς πνεύμα.

Πώς Συγχρονίζεται το πνεύμα Μου με το Πνεύμα του Θεού

Ο Παύλος συνεχίζει στο ίδιο θέμα, αλλά το θέτει σε άλλη τροχιά. Μας εξηγεί με ποιον τρόπο ο Θεός φέρνει τον άνθρωπο στη δική Του ζωή, στον κύκλο της τριαδικής ζωής του Πατέρα, του Υιού και του Αγίου Πνεύματος.

Τα οποία και μιλάμε, όχι με διδασκόμενα λόγια ανθρώπινης σοφίας, αλλά διδασκόμενα από το Άγιο Πνεύμα, συγκρίνοντας τα πνευματικά προς τα πνευματικά.

Α' Κορινθίους 2:13

Εδώ τίθεται το ερώτημα: «Πώς με διδάσκει το Άγιο Πνεύμα στο πνεύμα μου; Πώς παίρνει αυτά που έδωσε ο Πατέρας στον Ιησού, και τα εναποθέτει ως πνευματικές πραγματικότητες στο πνεύμα μου και στο πνεύμα σου;». Αυτό ακριβώς είναι η διαμόρφωση από τον *Abba*.

Ο Παύλος χρησιμοποιεί μια πολύ εύστοχη λέξη εδώ, όπως και στη Β' Κορινθίους 10:12. Το σύνθετο ρήμα «συγκρίνω». «Συν» σημαίνει «μαζί» και «κρίνω» σημαίνει «διαχωρίζω ώστε να κάνω εκτίμηση και να αξιολογήσω»[9]. Ένα πρακτικό παράδειγμα είναι το αβοκάντο.

Συνήθως κόβουμε το αβοκάντο στη μέση, για να δούμε τα δύο κομμάτια από μέσα, να τα συγκρίνουμε και να αξιολογήσουμε την κατάστασή τους. Το παράδειγμα με το αβοκάντο είναι πετυχημένο, γιατί όταν το χωρίσουμε στα δύο, το τεράστιο κουκούτσι που έχει, φωλιάζει στο ένα κομμάτι, ενώ στο άλλο μένει μια όμορφη κενή κοιλότητα στη θέση που έμπαινε το κουκούτσι. Το έκανες εικόνα;

Αν το δούμε μεταφορικά, μπορούμε να πούμε ότι η μια πλευρά συμβολίζει τον Θεό, που έχει στον πυρήνα τον σπόρο, ως σύμβολο του Πνεύματος του Θεού. Το άλλο μισό είναι ο άνθρωπος, φτιαγμένος σύμφωνα με την εικόνα του Θεού, αλλά χωρίς το Πνεύμα. Και φυσικά, με ένα μεγάλο κενό στη θέση που ήταν ο σπόρος. Φέρε τώρα τα δύο μισά κοντά-κοντά, να ενωθούν ξανά, και κάνε το μεγάλο κουκούτσι να μετατοπιστεί από το ένα μισό στο άλλο. Αυτό απεικονίζει την ιδέα του Παύλου ότι ο Θεός στέλνει το Πνεύμα Του στις καρδιές μας. Στη φύση, ξέρουμε ότι το κουκούτσι του αβοκάντο προστατεύει όλον τον καρπό από την αποσύνθεση. Άλλος ένας ωραίος συμβολισμός για το έργο του Αγίου Πνεύματος στη ζωή μας. Τώρα, όμως, θα ασχοληθούμε με το πώς γίνεται ο συγχρονισμός μας με τα σχέδια και τους σκοπούς του Θεού για μας διαμέσου του Αγίου Πνεύματος. Ο Παύλος λέει:

Εμείς, όμως, ...[λάβαμε] το Πνεύμα που προέρχεται από τον Θεό, για να γνωρίσουμε εκείνα που χαρίστηκαν σε μας από τον Θεό.
Α' Κορινθίους 2:12

Εμείς ανοίγουμε στη μέση το αβοκάντο από περιέργεια, για να δούμε πώς είναι μέσα και να κρίνουμε αν τα δύο μισά είναι όμοια ή ανόμοια (*συγκρίνω*). Στην Α' Κορινθίους 2, η σύγκριση γίνεται μεταξύ του Πνεύματος του Θεού και του πνεύματος του ανθρώπου—μεταξύ όσων γνωρίζει ο Θεός για τον άνθρωπο, και όσων γνωρίζει ο άνθρωπος για τον εαυτό του. Το Πνεύμα του Θεού είναι Αυτός που καταγράφει τις σκέψεις του Θεού και αξιολογεί ποιες λείπουν από τις σκέψεις του ανθρώπου. Έπειτα, το Πνεύμα του Θεού «μεταφέρει τα αρχεία», ό,τι υπάρχει στην καρδιά του Θεού που λείπει από την καρδιά του ανθρώπου. Δηλαδή, όπως θα έλεγε και ο Παύλος, τα βαθύτερα επίπεδα γνώσης, σκέψης και πίστης του ανθρώπου (οι πόθοι, τα σχέδια, τα όνειρα και οι επιθυμίες του), συγχρονίζονται (*συγκρίνονται*) με τις σκέψεις, τα σχέδια και τους σκοπούς του Θεού (τους πόθους, το όραμα, τα όνειρα και τις επιθυμίες Του για τον άνθρωπο).

Μέσα από το Άγιο Πνεύμα, ο Θεός μπορεί να σε συγχρονίζει με τα σχέδια και τους σκοπούς Του και να σε βοηθά να φτάσεις την ταχύτητα που θέλει στη ζωή σου.

Η ΔΙΑΜΟΡΦΩΣΗ από τον *Abba*

Προσεύχομαι να μη χάσεις αυτό που λέμε. Ο Παύλος μας λέει ότι το ασταμάτητο έργο του Αγίου Πνεύματος μέσα σου είναι να συγχρονίζει το πνεύμα σου (τη γνώση, την πίστη, τη θέληση και τις επιθυμίες σου) με τις σκέψεις, τα σχέδια και τους σκοπούς του Θεού για σένα. Το Άγιο Πνεύμα θα λέγαμε ότι είναι η δραστική ουσία σε όλο αυτό – Αυτός κάνει τον συγχρονισμό μέσα σου. Αυτός αλλάζει και μεταμορφώνει τη γνώση σου, τα «θέλω» σου, την αντίληψή σου για τα σχέδια και τους σκοπούς του Θεού για σένα. Δεν γίνεται με το να παλεύεις με τα «θέλω» σου μέχρι τελικής πτώσης και να εξαναγκάζεσαι να τηρείς κάποιους κανόνες ή να πιέζεσαι να κάνεις πράγματα που στην ουσία δεν θέλεις. Μια τέτοια ζωή λειτουργεί από έξω προς τα μέσα. Αλλά η ζωή μέσα στο Άγιο Πνεύμα είναι από μέσα προς τα έξω. Δες τι λέει ο Απόστολος Παύλος στους Φιλιππησίους:

> *Επειδή [δεν είναι η δύναμή σας, αλλά είναι] ο Θεός που ενεργεί στην πραγματικότητα μέσα σας, το να θέλετε και να κάνετε [δηλαδή, σας δυναμώνει, σας ενεργοποιεί, και γεννά μέσα σας την επιθυμία και την ικανότητα να εκπληρώσετε τον σκοπό σας] σύμφωνα με τη χαρά του θελήματός Του.*
>
> Φιλιππησίους 2:13 (AMP)

Άρα όταν συγκρίνουμε τα δύο μέρη, δηλαδή αυτό που βλέπει το Άγιο Πνεύμα στον Θεό και αυτό που εργάζεται μέσα στους πιστούς, μπορούμε να πούμε απλώς ότι: το Πνεύμα του Θεού παίρνει τις σκέψεις, τα σχέδια και τους σκοπούς του Θεού, και τα εναποθέτει μέσα σου ώστε να ενισχύσουν, να ενεργοποιήσουν και να γεννήσουν μέσα σου τη επιθυμία και την ικανότητα να εκπληρώσεις το σκοπό σου και το υπέροχο θέλημα του Πατέρα. Το Πνεύμα του Θεού ενεργοποιεί τους γιους Του για να εκπληρώσουν τη δουλειά που τους άφησε ο Πατέρας, να γεμίσουν όλη τη γη με τη δόξα Του και να φέρουν και άλλους γιους σ' αυτή τη δόξα!

Το Κιβώτιο Ταχυτήτων του Πνεύματος

Πάμε να δούμε μια σύγχρονη παραβολή, αν θέλεις, έναν παραλληλισμό. Εάν οδηγείς αυτόματο αυτοκίνητο, η διαδικασία του

Στέκομαι γιατί θέλω συνεχώς την παρουσία του Αγίου Πνεύματος στη ζωή μου, θέλω να παραμείνω μαλακός, θέλω η καρδιά μου να ανταποκρίνεται.

συγχρονισμού γίνεται ασταμάτητα και αυτόματα. Ο κινητήρας του αυτοκινήτου παράγει χιλιάδες στροφές ανά λεπτό, και όλη αυτή η ισχύς πρέπει να μεταφερθεί ήρεμα και ομαλά στους τροχούς για να μπορέσει το αυτοκίνητο να κινηθεί. Ο μηχανισμός που συνδέει τον ισχυρό κινητήρα με τους τροχούς, είναι το διαφορικό και το κιβώτιο ταχυτήτων, το οποίο είναι μια σειρά από γρανάζια που συμπλέκονται. Το όχημα κινείται, επειδή η κίνηση μεταφέρεται από το ένα γρανάζι στο άλλο, και έτσι δίνεται η δυνατότητα στον κεντρικό άξονα και στις ρόδες να συγχρονίζονται με τις στροφές του κινητήρα. Καταλαβαίνεις, φαντάζομαι, πόση πίεση και θερμότητα παράγεται ανάμεσα στα γρανάζια, γι' αυτό και πρέπει να είναι συνεχώς καλυμμένα με ένα υγρό—ένα ειδικό λιπαντικό αυτόματων κιβωτίων. Αυτό το λιπαντικό αποτρέπει την υπερθέρμανση όλων των κινητών τμημάτων του αμαξιού σου. Και επίσης, χάρη σ' αυτό το λάδι που κυκλοφορεί μέσα σ' ένα περίπλοκο σύστημα γραναζιών, η μεταφορά της ισχύος από τον κινητήρα στους άξονες, είναι μια διαδικασία που περνάει απαρατήρητη στον οδηγό. Εάν οδηγείς αυτόματο αυτοκίνητο (δηλαδή δεν αλλάζεις ταχύτητες με το χέρι), μπορεί να μην αντιλαμβάνεσαι καν την αλλαγή των ταχυτήτων καθώς οδηγείς. Ακριβώς έτσι πρέπει να είναι η ζωή μας μέσα στο Άγιο Πνεύμα: τόσο απόλυτα συγχρονισμένη με τον Θεό, ώστε για μας «ο ζυγός Του να είναι καλός και το φορτίο Του ελαφρύ» (Κατά Ματθαίο 11:30).

 Προφανώς ο Παύλος δεν είχε στο μυαλό του τη λειτουργία ενός αμαξιού, σίγουρα, όμως, είχε καταλάβει ότι το Άγιο Πνεύμα που είναι στην καρδιά του πιστού δίνει τη δυνατότητα στον παντοδύναμο και άπειρο Θεό να εναποθέτει μέσα μας κάποια κομμάτια της άπειρης γνώσης και δύναμής Του, χωρίς να υπερθερμαινόμαστε από τη δόξα Του. Ας το πούμε και αλλιώς: Μέσα από το Άγιο Πνεύμα, ο Θεός μπορεί να σε συγχρονίζει με τα σχέδια και τους σκοπούς Του και να σε βοηθά να φτάσεις την ταχύτητα που θέλει στη ζωή σου, και άρα να σε ευθυγραμμίζει με τα σχέδιά Του. Ακριβώς όπως αλλάζεις συνεχώς ταχύτητες ακόμα και στην πιο απλή διαδρομή σου στο μπακάλικο, το Άγιο Πνεύμα κάνει συνεχώς τις κατάλληλες ρυθμίσεις, με κάθε σκέψη και απόφασή σου, για να σε κρατά συγχρονισμένο με το θέλημα του Θεού[10]. Ο λαός του Θεού έχει τη δύναμη να κινείται με διαφορετικές ταχύτητες, ώστε ο κόσμος γύρω μας να λέει, «Πώς το έκανες; Πώς έλυσες αυτό το πρόβλημα; Πώς σκέφτηκες αυτή την εφεύρεση; Πώς σχεδίασες ένα τέτοιο αρχιτεκτονικό θαύμα; Πώς έγραψες ένα τέτοιο τραγούδι;». Βλέπεις, λοιπόν, ότι η Εκκλησία πρέπει να πρωτοστατεί σε κάθε επιχειρηματική ή δημιουργική δραστηριότητα, χάρη στην ευφυΐα του Αγίου Πνεύματος που κατοικεί μέσα μας;

Ο Παύλος εφαρμόζει σε ένα άμεσο πρόβλημά του αυτή την ιδέα του συγχρονισμού. Από τη μια πλευρά, οι Ιουδαϊστές προσπαθούσαν να δελεάσουν τους πιστούς από τα έθνη στο να τηρούν τους κανόνες της Παλαιάς Διαθήκης. Από την άλλη, οι Γνωστικιστές προωθούσαν τη λαγνεία—δίδασκαν ότι εξαιτίας της χάρης του Θεού, μπορούμε να αμαρτάνουμε όσο θέλουμε. Ο Παύλος θέλει να δείξει και στις δύο πλευρές ότι το Άγιο Πνεύμα της Καινής Διαθήκης που κατοικεί μέσα στα παιδιά του Θεού, είναι ο μόνος τρόπος για να υπακούμε σε όλο τον Νόμο. Το Ευαγγέλιο δεν είναι ένα πρόγραμμα διαχείρισης της αμαρτίας, που χτίζει φράχτες γύρω από τις συμπεριφορές μας, ώστε να μην «ξεφεύγουμε». Ούτε βλέπουμε τον Παύλο να επιβάλλει εξωτερικούς ελέγχους και να διορίζει σε ποιον θα είναι υπόλογος ο καθένας, παρότι είναι σαφές ότι οι σχέσεις μας είναι πολύ σημαντικές αν θέλουμε να ζούμε πλήρεις Αγίου Πνεύματος (Κολοσσαείς 2:20-22).

Η Καινή Διαθήκη δεν στηρίζεται στη δική μας προσπάθεια να κρατήσουμε μια αυστηρή στάση ενάντια σε λάθος σκέψεις και κακές επιθυμίες. Κάτι τέτοιο θα μας έκανε θρησκόληπτους, κριτικούς και στενόμυαλους. Όχι. Ο Θεός έβαλε το Πνεύμα Του μέσα μας για να μας αλλάξει από μέσα, συγχρονίζοντας την καρδιά μας με τη δική Του, ώστε αυτό που θέλουμε, να είναι το ίδιο με αυτό που θέλει Εκείνος. Τα «θέλω» μου μπορούν να φτάσουν τα δικά Του «θέλω». Οι επιθυμίες μου μπορούν να συγχρονίζονται συνεχώς με τις δικές Του επιθυμίες διαμέσου του Αγίου Πνεύματος (Φιλιππησίους 2:13). Αυτό σημαίνει ότι στέκομαι με τον τρόπο που στέκομαι, επειδή έχω μια έντονη επιθυμία και εσωτερική παρακίνηση από το Άγιο Πνεύμα, και όχι ενάντια στη θέλησή μου ή ενάντια στον διάβολο. Στέκομαι γιατί θέλω συνεχώς την παρουσία του Αγίου Πνεύματος στη ζωή μου, θέλω να παραμείνω μαλακός, θέλω η καρδιά μου να ανταποκρίνεται σε κάθε απαλό ψίθυρο και κάθε λέξη που χρησιμοποιεί το Άγιο Πνεύμα για να με κρατήσει στον ρυθμό του Πατέρα για μένα. Αυτό θα πει να μεταμορφώνεσαι. Αυτό σημαίνει να σε *διαμορφώνει ο Abba*.

Ο Θεός μετακόμισε και κατοικεί πλέον μέσα στον λαό Του (την Εκκλησία), κι έτσι μας έκανε ανθρώπους του Π/πνεύματος (πνευματικούς) [11]. (Στο εξής θα χρησιμοποιώ την ασυνήθιστη γραφή *Π/πνεύμα* εννοώντας το Άγιο Πνεύμα που κατοικεί στο ανθρώπινο πνεύμα μας). Όταν ο Παύλος λέει ότι η ζωή εν Πνεύματι έχει εκπληρώσει το νόμο, το λέει για τους ανθρώπους του Π/πνεύματος (Ρωμαίους 8:4). Ξεκαθαρίζει, επίσης, ότι αν είμαστε γεμάτοι με το υπερχείλισμα της ζωής του Πνεύματος (δηλαδή τον «καρπό του Πνεύματος»), δεν θα παραβαίνουμε τους νόμους του Θεού (Γαλάτες 5:22), όχι επειδή έχουμε μάθει έξυπνα νοητικά κόλπα για να κρατάμε τον εαυτό μας υπό έλεγχο, αλλά επειδή οι επιθυμίες μας μεταμορφώνονται.

Το ζητούμενο τώρα είναι, πώς θα κρατήσουμε την πνευματική μας μετάδοση γεμάτη με το «ειδικό λιπαντικό υγρό», ώστε (1) το μεταμορφωτικό έργο του Αγίου Πνεύματος να συνεχίζεται χωρίς διακοπές και εμπόδια σε όλη τη διάρκεια της ζωής μας και (2) να μην φτάνουμε στα άκρα της υπερθέρμανσης ή κατάψυξης; Θα ασχοληθούμε σε επόμενα κεφάλαια με το «πώς», αλλά προς το παρόν ας εφαρμόσουμε την ιδέα του συγχρονισμού με άλλον έναν τρόπο.

Συγχρονισμός Πνεύματος, Ψυχής και Σώματος

Το Άγιο Πνεύμα όχι μόνο συνθέτει μέσα μας την αλήθεια και συγχρονίζει το πνεύμα μας με το θέλημα και τους τρόπους του Θεού, αλλά μας κάνει κυριολεκτικά πλήρεις, δηλαδή ό,τι έχει ραγίσει και διαλυθεί ανάμεσα στο πνεύμα, την ψυχή και το σώμα μας, το οδηγεί σε επανένταξη και ολοκλήρωση. Ο άνθρωπος είναι πλασμένος να ζει ως ολότητα, μια τριαδική, αλλά ενωμένη φύση, όπως ο Πατέρας, ο Υιός και το Άγιο Πνεύμα είναι τρεις και ένας.

Δες λίγο την προσευχή του Παύλου για τους Θεσσαλονικείς:

Αυτός δε ο Θεός της ειρήνης είθε να σας αγιάσει ολοκληρωτικά και να διατηρηθεί ολόκληρο το πνεύμα σας, και η ψυχή και το σώμα, άμεμπτα στην παρουσία του Κυρίου μας Ιησού Χριστού. Πιστός είναι εκείνος που σας καλεί, ο οποίος και θα το εκτελέσει.

Α' Θεσσαλονικείς 5:23-24

Η ανακαίνιση του μυαλού είναι έργο του Αγίου Πνεύματος, όχι μια διανοητική άσκηση του εαυτού μας.

1. Συγχρονισμένος στο πνεύμα. Ο Παύλος το κάνει ξεκάθαρο ότι ο στόχος του Αγίου Πνεύματος είναι ο ολοκληρωτικός αγιασμός μας (πνεύμα, ψυχή και σώμα). Ξεκινά πρώτα στο πνεύμα, και έπειτα επηρεάζει την ψυχή και το σώμα. Είναι ενδιαφέρον ότι λίγα εδάφια πιο πριν ο Παύλος λέει:

Η ΔΙΑΜΟΡΦΩΣΗ από τον *Abba*

Το Πνεύμα να μη το σβήνετε.
Α' Θεσσαλονικείς 5:19

Διότι όταν προσευχόμαστε στο Π/πνεύμα, το Άγιο Πνεύμα είναι Αυτός που προσεύχεται, Αυτός ψάλλει όταν ψάλλουμε στο Π/πνεύμα ή ευχαριστεί μέσα από εμάς τον Πατέρα (Α' Κορινθίους 14:14-16). Όταν είμαι γεμάτος με το Άγιο Πνεύμα, το πνεύμα μου γεμίζει με την αγάπη του Θεού (Ρωμαίους 5:5). Μπορώ να έχω «ανεκλάλητη χαρά», να ζω γεμάτος με τη δόξα του Θεού ακόμη και σε δύσκολες εποχές (Α' Πέτρου 1:8), και να ενδυναμώνομαι στην πίστη, υψώνοντας προσευχή διαμέσου του Πνεύματος που ζει μέσα στο πνεύμα μου (Ιούδα 20).

2. Συγχρονισμένος στην ψυχή (νους, θέληση και συναισθήματα). Οι επιπτώσεις λόγω χρόνιας ζημιάς γίνονται συνήθως πιο αισθητές στην ψυχή του ανθρώπου, ακόμα κι αφότου γνωρίσει τον Χριστό. Τη στιγμή που ένας άνθρωπος αναγεννάται, δηλαδή δέχεται το λυτρωτικό έργο του Χριστού, αυτό που συμβαίνει, είναι ένα στιγμιαίο έργο αναγέννησης στο πνεύμα του:

Γι' αυτό, αν κάποιος είναι εν Χριστώ, είναι ένα καινούριο κτίσμα.
Τα παλιά πέρασαν, δέστε, τα πάντα έγιναν καινούρια.
Β' Κορινθίους 5:17

Όμως, τα χαλάσματα της ορφανής ζωής μας παραμένουν στην ψυχή μας ως αναμνήσεις, προτιμήσεις, οχυρά, νοοτροπίες ορφανού και προσωπικές συνήθειες. Όπως οι στρατιώτες μετά τον πόλεμο έχουν να αντιμετωπίσουν τη Διαταραχή Μετατραυματικού Στρες (ΔΜΣ), έτσι και η ψυχή ενός πιστού μπορεί να είναι ραγισμένη, πληγωμένη και σε κατάσταση σοκ. Σίγουρα το πνεύμα μας βιώνει μια άμεση αναγέννηση όταν γεννιόμαστε από το Πνεύμα, αλλά το μυαλό, η θέληση και τα συναισθήματά μας πρέπει να περάσουν μια διαδικασία αποκατάστασης που απαιτεί χρόνο. Ο Παύλος περιγράφει αυτή τη διαδικασία:

Να ανανεώνεστε στο πνεύμα [νοοτροπίες]του νου σας.
Εφεσίους 4:23

Να μη συμμορφώνεστε με τούτο τον αιώνα, αλλά να
μεταμορφώνεστε διαμέσου της ανακαίνισης του νου σας.
Ρωμαίους 12:2

Αντί να βουλιάξει στην αυτολύπηση, συγχρονίστηκε με αυτό που ήταν στην καρδιά του Θεού.

Η μεταμόρφωση για την οποία μιλάει ο Παύλος δεν είναι μια κατά βάση νοητική άσκηση, λες και θα μπορούσαμε ποτέ να ανανεώσουμε το μυαλό μας με επιμελή προσπάθεια. Είναι ένα έργο που κάνει το Άγιο Πνεύμα και ξεκινάει από μέσα μας. Γιατί το πνεύμα μας ασκεί τη μεγαλύτερη επιρροή στο μυαλό μας. Η πεταλούδα δεν μεταμορφώνεται από το στάδιο της κάμπιας επειδή το προσπαθεί πολύ. Είναι στη φύση της να μεταμορφώνεται, εφόσον μεσολαβήσει το στάδιο μέσα στο κουκούλι: δηλαδή η περίοδος που παίρνουν σχήμα τα φτερά της. Η φύση της πεταλούδας είναι εντυπωμένη μέσα στη φύση της κάμπιας, πολύ πριν φτιάξει το κουκούλι της.

Η ανακαίνιση του μυαλού είναι έργο του Αγίου Πνεύματος, όχι μια διανοητική άσκηση του εαυτού μας. Ο πραγματική φύση και πλήρης προσωπικότητα ενός ατόμου ξεπηδούν σαν σιντριβάνια από το πνεύμα του ανθρώπου, μέσα από το έργο του Αγίου Πνεύματος. Για να χρησιμοποιήσουμε το παράδειγμα του αυτοκινήτου, η ανακαίνιση του μυαλού είναι απλώς μια αλλαγή ταχύτητας —δηλαδή το μυαλό καταφέρνει να φτάσει σ' αυτό που η καρδιά ήδη γνωρίζει μέσα στον Θεό. Αυτός ο συγχρονισμός έχει και μια συναισθηματική διάσταση, πράγμα που φαίνεται και στον καρπό του πνεύματος (αγάπη, χαρά, ειρήνη κ.λ.π.). Άρα δεν είναι κάτι που αφορά μόνο τη σφαίρα του νου ή της αντίληψης, αλλά και τη σφαίρα των συναισθημάτων. Επουλώνονται τα τραύματα, κλείνουν οι πληγές και τα ευάλωτα συναισθήματα γίνονται ξανά δυνατά.

Σκέψου πόσες φορές διαβάζουμε ότι ο Ιησούς «σπλαχνίστηκε» κάποιον. Όταν στάθηκε μπροστά στον τάφο του Λαζάρου, ο Ιησούς έκλαψε. Ζούσε και ενεργούσε με ευσπλαχνία και συμπόνια. Η ευσπλαχνία είναι ένα συναίσθημα που πηγάζει από το βαθύτερο μέρος της καρδιάς, από το πνεύμα στην ψυχή. Το Πνεύμα του Θεού απελευθερώνει την αγάπη του Θεού στην καρδιά μας—την εκχέει, δηλαδή μας πλημμυρίζει (Ρωμαίους 5:5)— σε τέτοιο βαθμό, που πλημμυρίζει και την ψυχή μας, και αγγίζει τα συναισθήματά μας. Έτσι συγχρονίζεται το πνεύμα και η ψυχή ενός ανθρώπου με το Πνεύμα του Θεού.

Η ΔΙΑΜΟΡΦΩΣΗ από τον *Abba*

Πώς Γίνεται Όλο Αυτό στην Πράξη

Ενώ έγραφα αυτό το βιβλίο, ένας φίλος μου ποιμένας, μου ανέφερε μια προσωπική του υπόθεση και τι πέρασε λόγω πλαστοπροσωπίας. Κάποιος πήρε τα προσωπικά του στοιχεία και έκανε διάφορα παριστάνοντας αυτόν, με αποτέλεσμα να εκδοθεί ένταλμα σύλληψης για τον φίλο μου! Αναγκάστηκε να πάει και να έρθει πολλές φορές στο δικαστήριο της κομητείας για να ασκήσει έφεση για το λάθος, και τότε ήταν που άρχισε να έχει κρίσεις άγχους. Μια μέρα, μετά από μια τέτοια κρίση, καθόταν στο αμάξι του στον χώρο στάθμευσης του δικαστηρίου, και είπε, «Κύριε, τι είναι όλο αυτό; Ποτέ στη ζωή μου δεν είχα τέτοιο θέμα». Ο Κύριος του έκανε μια απλή ερώτηση: «Μπορείς να φανταστείς πώς θα ένιωθες αν ήσουν στη φυλακή, βίωνες αυτό το άγχος, και δεν μπορούσες να απευθυνθείς σε κανέναν για βοήθεια;». Εκείνη τη στιγμή, ο φίλος μου θυμήθηκε μια κυρία στην εκκλησία του, που ο σύζυγος της εξέτινε τη μακρόχρονη ποινή του σε μια ομοσπονδιακή φυλακή λόγω ψευδών κατηγοριών. Ο ποιμένας ένιωσε προτροπή από τον Κύριο να δεσμευτεί να προσεύχεται για τον σύζυγο, και τον συνεπήρε μια έντονη συμπόνοια γι' αυτό το ζευγάρι που είχαν να δουν ο ένας τον άλλο αρκετά χρόνια. Μέσα σε πολύ σύντομο χρονικό διάστημα, ο κρατούμενος μεταφέρθηκε από τη φυλακή της Καλιφόρνιας στην πολιτεία της καταγωγής του, και μπορούσε να βλέπει τη γυναίκα του τακτικά.

Τι του συνέβη; Μόλις έστρεψε την κραυγή της καρδιάς του προς τον *Abba* του, τον Θεό, το Άγιο Πνεύμα συγχρόνισε την ψυχή του ποιμένα με το πνεύμα του, και τον παρακίνησε να στρέψει τα μάτια του σε κάποιον άλλον, ο οποίος ήταν σε χειρότερη κατάσταση από τη δική του. Αντί να βουλιάξει στην αυτολύπηση, συγχρονίστηκε με αυτό που ήταν στην καρδιά του Θεού. Στάθηκε στην προσευχή μεσιτεύοντας γι' αυτό το ζευγάρι, μέχρι που είδε κάτι να αλλάζει. Μια σημείωση: αυτός είναι ένας από τους σημαντικότερους δείκτες στο ταμπλό ενός αληθινού γιου. Το πνεύμα της υιοθεσίας θα σε κάνει να στρέψεις την προσοχή σου από τον εαυτό σου στους άλλους. Όπως θα δούμε παρακάτω, αυτό σημαίνει ότι ένας γιος ασχολείται με τη δουλειά του Πατέρα του.

Στα πρώτα χρόνια μου ως ποιμένας, σε μια δημόσια συνάθροιση, ένας ηλικιωμένος κύριος σηκώθηκε μπροστά σε όλους και είπε πολύ σκληρά πράγματα για μένα. (Σε κάποιο βαθμό μου άξιζε η κριτική, γιατί ήμουν ένας απλός εικοσάρης, και ανέλαβα να ποιμάνω ανθρώπους που είχαν τριπλάσια ηλικία από μένα. Μέχρι σήμερα προσεύχομαι για όλους εκείνους που υπέμειναν την αλαζονεία και φιλοδοξία της νιότης μου). Στην αρχή, ένιωσα χάρη από τον Θεό επάνω μου. Δεν με πλήγωσαν ιδιαίτερα οι κατηγορίες του. Μετά από λίγες μέρες, όμως, τα λόγια του άρχισαν να πονάνε στην ψυχή μου σαν πληγή που χειροτέρευε, και ένιωθα να φουντώνει μέσα μου ασυγχωρησία. Άρχισα να ζητάω βοήθεια από τον Θεό γι' αυτό, και ο Κύριος μου έδειξε τα βήματα που πρέπει να κάνω πέρα από την «προσευχή της συγχώρεσης» για να ευλογήσω αυτόν τον άνθρωπο. Δύο φορές τη μέρα προσευχόμουν γι' αυτόν, ευλογώντας τη ζωή του. Στην αρχή πιεζόμουν όταν το έκανα, αλλά μέσα σε μερικές εβδομάδες, τα συναισθήματά μου γιατρεύτηκαν και μεταμορφώθηκαν ολοκληρωτικά. Ώσπου, μια μέρα, ενώ περνούσα με το αμάξι κοντά στο σπίτι του, η καρδιά μου πλημμύρισε με τόση συμπόνια γι' αυτόν, που πάρκαρα στο σπίτι του και χτύπησα την πόρτα για να μοιραστώ μαζί του αυτό που ένιωθα. Εκείνη τη μέρα συμφιλιωθήκαμε, γιατί το Άγιο Πνεύμα συντόνισε την ψυχή με το πνεύμα μου — και με την καρδιά του Θεού για αυτόν τον άνθρωπο.

Όσο περισσότερο ενδίδεις στην πνευματική γλώσσα σου (δηλαδή προσεύχεσαι σε άγνωστη γλώσσα), δίνεις χώρο στο Άγιο Πνεύμα να προσευχηθεί, να ψάλλει και να λατρεύσει μέσα από το πνεύμα σου. Θα δεις σταδιακά το μυαλό, τη θέληση και τα συναισθήματά σου να μεταμορφώνονται. Είναι μια διαδικασία αγιασμού που διαρκεί για όλη μας τη ζωή, την ξεκινά το Άγιο Πνεύμα στο πνεύμα μας, και επηρεάζει την ανακαίνιση της ψυχής μας (του νου, της θέλησης και των συναισθημάτων). Αυτή η διαδικασία μπορεί να αλλάξει κυριολεκτικά τα νευρολογικά μοτίβα σου και τις ψυχοσωματικές αντιδράσεις σου, «ενεργοποιώντας» ή «απενεργοποιώντας» κάποια συγκεκριμένα γονίδια DNA που ρυθμίζουν τις χημικές αντιδράσεις που σχετίζονται με τις επιθυμίες, τις σκέψεις και τις συνήθειές σου. Στο Κεφάλαιο 4 θα μιλήσουμε για τη νευροεπιστήμη της Επιγενετικής και για το γεγονός ότι οι αμαρτίες που μεταβιβάζονται στην τρίτη και τέταρτη γενιά (πνευματικά, συναισθηματικά και γενετικά) μπορούν να μεταμορφωθούν όταν ζούμε μέσα στο Άγιο Πνεύμα. Το μόνο που θα πω εδώ είναι ότι είναι διαφορετικό να προσπαθείς να διαχειριστείς την αμαρτία σου με τη δύναμη της θέλησής σου, και είναι διαφορετικό να ξεριζώνεται τελείως η δύναμη της αμαρτίας από μέσα σου. Είναι ξεκάθαρο ότι η ανανέωση στο «πνεύμα του νου σου» συνδέεται άμεσα με τα «γυμνασμένα αισθητήριά σου» (φυσικές επιθυμίες) ώστε να διακρίνεις το καλό και

Η ΔΙΑΜΟΡΦΩΣΗ από τον *Abba*

το κακό» (Εβραίους 5:14). Σε πολύ λίγο, θα εξετάσουμε πιο προσεκτικά τον τρόπο με τον οποίο η επιστήμη επιβεβαιώνει την Αγία Γραφή μέσω της γενετικής, αλλά γενικά, η τελική κατάληξη της μεταμόρφωσης είναι να ζούμε τη νέα μας ζωή με τον Θεό, με τη δύναμη του Αγίου Πνεύματος να δυναμώνει μέχρι και το φυσικό μας σώμα.

3. Συγχρονισμένος στο σώμα. Όπως είπαμε και πριν, η *κραυγή προς τον Abba* πηγάζει από τον πνευματικό μας άνθρωπο και έχει να κάνει με το έργο του Αγίου Πνεύματος, ο οποίος μας διδάσκει και μας ξυπνάει στο ότι είμαστε γιοι του Θεού. Το ίδιο Πνεύμα που ανέστησε τον Ιησού από τους νεκρούς, το Άγιο Πνεύμα, ζωοποιεί τα θνητά μας σώματα με τη ζωή της ανάστασης (Ρωμαίους 8:11). Βέβαια, τα συμφραζόμενα αυτού του εδαφίου μιλούν για την τελική ανάσταση του σώματος, αλλά είναι μια αλήθεια που, σε έναν βαθμό, ισχύει από τώρα.

Το Άγιο Πνεύμα είναι η προκαταβολή της μελλοντικής ολοκλήρωσης στη βασιλεία του Θεού, όταν τα θνητά μας σώματα θα ντυθούν την αθανασία και τα φθαρτά μας σώματα θα ντυθούν την αφθαρσία (Α' Κορινθίους 15:53). Το ίδιο Άγιο Πνεύμα που έχρισε τον Ιησού από τη Ναζαρέτ—ο οποίος θεράπευε όλους όσους ήταν άρρωστοι (Πράξεις 10:38)— εξακολουθεί να θεραπεύει άρρωστα σώματα σήμερα. Ο Τριαδικός Θεός πλήρωσε το τίμημα και για τη σωματική θεραπεία σου, και για την ψυχική σου πληρότητα, και για την πνευματική σου αναγέννηση (Ησαΐας 53:3-5). Αυτός ο συγχρονισμός του σώματος με την ψυχή και το πνεύμα δεν αφορά μόνο τη σωματική θεραπεία, αν και συμβάλλει σημαντικά σ' αυτή. Έχει, όμως, να κάνει και με το αν το σώμα σου θα χρησιμοποιηθεί ως όπλο της δικαιοσύνης ή της αδικίας. Το έργο του Πνεύματος μέσα από την *κραυγή προς τον Abba* μέσα στο πνεύμα σου, είναι να σε δει να γίνεσαι πλήρης – στο πνεύμα, στην ψυχή και στο σώμα – ως γιος του Θεού. Αυτό πρακτικά σημαίνει ότι δεν θα δοξάζεις τον Θεό με το στόμα σου την Κυριακή και θα αμαρτάνεις με τα μάτια ή το σώμα σου τη Δευτέρα.

Ο Παύλος εναντιώθηκε σ' αυτή την ορφανή αντίληψη λέγοντας στους Ρωμαίους πιστούς:

> *Τι θα πούμε λοιπόν; Θα επιμένουμε στην αμαρτία για να περισσεύσει η χάρη; Μη γένοιτο εμείς που πεθάναμε ως προς την αμαρτία, πώς θα ζήσουμε πλέον μέσα σ' αυτή;*
>
> Ρωμαίους 6:1-2

Kerry Wood

Υπερνικώντας τον Πειρασμό διαμέσου Πνεύματος

Ο Κύριος με δίδαξε ένα μεγάλο μάθημα για το πώς να αντιμετωπίζω τους πειρασμούς που με πολεμούσαν ως πάθη μέσα στο σώμα μου. Όταν ήμουν γύρω στα είκοσι, είχα μπόλικες τέτοιες μάχες! Ο Κύριος χρησιμοποίησε το κεφάλαιο 6 της προς Ρωμαίους επιστολής, για να μου δείξει ότι μπορώ να συνεργάζομαι με το Άγιο Πνεύμα ενάντια στους σαρκικούς πειρασμούς, βάζοντας τον Λόγο Του στο στόμα μου ως δίκοπη μάχαιρα και ως ασπίδα πίστης ενάντια στα πύρινα βέλη του εχθρού (Εφεσίους 6:16-17). Μου είπε: «Βάλε τα λόγια Μου στο στόμα σου και θεώρησε το σώμα σου νεκρό προς την αμαρτία». Αυτή είναι η ορολογία του κεφαλαίου 6 της προς Ρωμαίους επιστολής.

Έγραψα όλη την Ρωμαίους 6 σε μικρές κάρτες και τις είχα πάντα στην τσέπη μου. Αναλογιζόμουν αυτά τα εδάφια αρκετές φορές μέσα στη μέρα, και κάθε φορά που ένιωθα μια αναλαμπή πειρασμού, έβγαζα τις κάρτες και άρχιζα να διακηρύττω τα εδάφια φωναχτά (η ακρόαση της φωνής μας μάς ενεργοποιεί σωματικά). Ξεκινούσα λέγοντας: «Τι θα πω απέναντι σ' αυτή την αμαρτία;». Και όπου υπήρχε η λέξη αμαρτία στο κεφάλαιο, εγώ ονόμαζα τον συγκεκριμένο πειρασμό. Έλεγα τον Λόγο του Θεού δυνατά στο πρώτο πρόσωπο, θεωρώντας (εφαρμόζοντας, λογαριάζοντας) τον θάνατο του Χριστού, την ταφή και την ανάστασή Του ως δικά μου (Γαλάτες 2:20).

Ανακάλυψα κάτι που άλλαξε όλη τη ζωή μου. Διαπίστωσα ότι όποτε μιλούσα με πίστη αυτόν τον συγκεκριμένο Λόγο, το Πνεύμα του Θεού ερχόταν επάνω μου, ακόμη και στο σώμα μου. Είδα ότι το Άγιο Πνεύμα έδιωχνε κυριολεκτικά αυτή την επιθυμία από το σώμα μου, αντικαθιστώντας τον πειρασμό με δοξολογία. Επειδή συνεργαζόμουν με το Άγιο Πνεύμα, είχα τη δύναμή Του να αντισταθώ στον πειρασμό. Ο Παύλος λέει:

Ούτε να παριστάνετε τα μέλη σας όπλα αδικίας στην αμαρτία. Αλλά να παραστήσετε τον εαυτό σας στον Θεό ως ζωντανούς μέσα από τους νεκρούς, και τα μέλη σας όπλα δικαιοσύνης στον Θεό. Επειδή η αμαρτία δεν θα σας κυριεύσει για τον λόγο ότι δεν είστε κάτω από νόμο, αλλά κάτω από χάρη.
Ρωμαίους 6:13-14

Η ΔΙΑΜΟΡΦΩΣΗ από τον *Abba*

Το Άγιο Πνεύμα θα σε βοηθήσει να συγχρονίσεις το σώμα σου με τα σχέδια, τους σκοπούς και τη δύναμη του Θεού. Η αμαρτία δεν θα κυριαρχεί πλέον πάνω σου. Ανακάλυψα τη σχέση μεταξύ του πνεύματός μου και του στόματός μου. Ανακάλυψα ότι υπάρχει μια γλώσσα που τη μιλούν μόνο οι γιοι, μια *κραυγή προς τον Abba* που συγχρονίζει το πνεύμα, την ψυχή και το σώμα σου με τα πράγματα του Θεού.

Ο Παύλος είπε ότι ο Θεός ενεργούσε μέσα του το να θέλει και το να ενεργεί σύμφωνα με την ευδοκία Του (Φιλιππησίους 2:13). Ήταν ένας άνθρωπος που εργάστηκε περισσότερο από όλους, εξαιτίας της χάρης του Θεού που εργαζόταν μέσα του, χάρη στο πολύτιμο Δώρο του Αγίου Πνεύματος.

Δια Βίου Συγχρονισμός και «Επαναπροσδιορισμός»

Όπως είπαμε και πριν, η *κραυγή προς τον Abba*, τον Θεό ως τον ουράνιο Πατέρα μας, μας συνοδεύει σε όλη τη ζωή μας. Όσο μεγαλώνουμε, δεν την ξεπερνάμε, αντίθετα, τη μαθαίνουμε καλύτερα. Το Πνεύμα της υιοθεσίας εργάζεται μέσα σε κάθε πιστό, συγχρονίζοντας συνεχώς τον εσωτερικό άνθρωπο και τις επιθυμίες μας σύμφωνα με το θέλημα και τον σκοπό του Θεού για μας. Είδαμε ότι το Άγιο Πνεύμα ερευνά σε βάθος την καρδιά του Θεού, συλλέγει τα «βάθη του Θεού»—τα σχέδια και τους σκοπούς Του για τη ζωή σου—και τα εναποθέτει μέσα στο πνεύμα σου. Με άλλα λόγια, το Άγιο Πνεύμα ρυθμίζει και επαναπροσδιορίζει αυτά που σκέφτεσαι για τον εαυτό σου με βάση αυτό που σχεδίασε για σένα ο Θεός. Σκέψου το λίγο. Ο Θεός λέει:

> *Επειδή, εγώ γνωρίζω τις βουλές που βουλεύομαι για σας, λέει ο Κύριος, βουλές ειρήνης, και όχι κακού, για να σας δώσω το προσδοκώμενο τέλος.*
>
> Ιερεμίας 29:11

Το Άγιο Πνεύμα έχει ως δουλειά Του να «πάρει τις σκέψεις Μου και να τις δώσει σε εσάς» (Κατά Ιωάννη 16:15). Όταν εσύ κι εγώ βάλουμε τη ζωή μας στα χέρια Του, Του ζητήσουμε να πάρει τον έλεγχο και πούμε: «Ας έρθει η βασιλεία Σου, ας γίνει το θέλημά Σου μέσα στη ζωή μου», τότε το Άγιο Πνεύμα συνεργάζεται με την προσευχή μας, και

Παραστήσετε τον εαυτό σας στον Θεό ως ζωντανούς μέσα από τους νεκρούς, και τα μέλη σας όπλα δικαιοσύνης στον Θεό.

Το Άγιο Πνεύμα συγχρονίζει, ρυθμίζει και επαναφέρει τη ζωή σου σε αρμονία με τη ζωή του ουρανού.

ρυθμίζει εκ νέου τις σκέψεις και τις επιθυμίες μας, ώστε να είναι σύμφωνες με αυτό που ευαρεστεί τον Πατέρα. Συγχρονίζει, ουσιαστικά, τα «θέλω» μας, ώστε να είναι στην ίδια ευθεία με τα «θέλω» Του για εμάς. Είναι σαν το σύστημα GPS μέσα στο αμάξι σου—όταν χάνεις μια στροφή ή παίρνεις λάθος δρόμο, σου λέει, «Επαναπροσδιορισμός διαδρομής!». Όσο εσύ και εγώ παραδίδουμε συνεχώς τη ζωή μας στον Κύριο, το Πνεύμα της υιοθεσίας προσδιορίζει εκ νέου την πορεία μας σύμφωνα με αυτό που ευαρεστεί τον Πατέρα. Το έργο Του μέσα μας γίνεται συνήθως χωρίς προειδοποίηση και χωρίς να το αντιληφθούμε. Το Άγιο Πνεύμα μπορεί απλώς να αναδύει καινούργιες ιδέες ή άλλες σκέψεις από το πνεύμα μας στο μυαλό μας. Ίσως μας έρχεται στο μυαλό ένα ενδεχόμενο που δεν είχαμε σκεφτεί πριν. Ίσως ξυπνάμε ένα πρωί με μια παρόρμηση να κάνουμε κάτι ή να μιλήσουμε σε κάποιον που δεν είχαμε σκεφτεί πριν. Ο Θεός σταθμίζει τα βήματά μας για να είναι σύμφωνα με τα δικά Του.

Ο εχθρός θέλει να σε παραλύσει με σκέψεις ανασφάλειας: «Κάνω το θέλημα του Θεού;» «Κάνω αυτό που πρέπει να κάνω;» «Θεέ μου, ποιο είναι το θέλημά Σου για τη ζωή μου;». Είναι η ώρα να ζήσεις ένα νέο είδος ανάπαυσης. Είναι η ώρα να γνωρίσεις ότι «αυτοί που οδηγούνται από το Πνεύμα του Θεού, αυτοί είναι γιοι του Θεού» (Ρωμαίους 8:14). Ό,τι πρέπει να ξέρεις και όταν πρέπει να το ξέρεις, θα το ξέρεις. Ό,τι χρειαστείς και όταν το χρειαστείς, θα το έχεις. Είσαι γιος του Θεού, και στους γιους τίποτα δεν συμβαίνει τυχαία. Δεν χρειάζεται να ζεις με τον φόβο ότι θα χάσεις το θέλημα του Θεού. Κράτησε την καρδιά σου ανοιχτή μπροστά Του και αναπαύσου ξέροντας ότι το Άγιο Πνεύμα εργάζεται συνεχώς χωρίς να το αντιλαμβάνεσαι, και συγχρονίζει το πνεύμα σου με τον Πατέρα. Δες τι λέει:

Και δεν θα διδάσκουν πλέον κάθε ένας τον κοντινό του, και κάθε ένας τον αδελφό του λέγοντας: Γνωρίστε τον Κύριο, επειδή όλοι αυτοί θα με γνωρίζουν, από τον πιο μικρό ανάμεσά τους μέχρι τον πιο μεγάλο ανάμεσά τους, λέει ο Κύριος. Επειδή, θα συγχωρήσω την ανομία τους και δεν θα θυμάμαι πλέον την αμαρτία τους.

Ιερεμίας 31:34

Το Άγιο Πνεύμα συγχρονίζει, ρυθμίζει και επαναφέρει τη ζωή σου σε αρμονία με τη ζωή του ουρανού. Αυτό γίνεται μέσα από την *κραυγή προς τον Abba* (που είναι η αποκάλυψη ότι είσαι γιος). Θα φτάσεις στο σημείο να ξέρεις ότι δεν χρειάζεται να φοβάσαι κάτι, να αποδείξεις κάτι, να κρύψεις κάτι, να χάσεις κάτι. Μπορείς να είσαι ακριβώς όπως σε έφτιαξε ο Θεός, δηλαδή κάτι πολύ καλό. Μπορείς να απελευθερώνεις τον παράδεισο εδώ στη γη με απόλυτη σιγουριά.

Τι Είπαμε Μέχρι Τώρα;

Η πνευματική μας ωριμότητα δεν είναι αποτέλεσμα της δικής μας προσπάθειας. Είναι μια δουλειά «εκ των έσω» στην οποία το Άγιο Πνεύμα μεταφέρει το θέλημα και το σχέδιο του Θεού στο πνεύμα μας.

Μας δόθηκε πρόσβαση στη συνομιλία της Αγίας Τριάδας—όπου το Πνεύμα και ο Γιος μοιράζονται μαζί μας αυτό που λέει ο Πατέρας για εμάς. Η προσευχή και η λατρεία μας είναι φυσικά καλοδεχούμενες σ' αυτή τη συνομιλία.

Στην Α' Κορινθίους 2, ο Παύλος χρησιμοποιεί την ιδέα του συγχρονισμού για να εξηγήσει με ποιο τρόπο μας «συγχρονίζει» το Άγιο Πνεύμα με το θέλημα και το σχέδιο του Θεού.

Δύο παραδείγματα για να καταλάβουμε πώς επιτυγχάνεται η διαμόρφωσή μας από τον *Abba*, είναι το μοίρασμα ενός αβοκάντο για να συγκρίνουμε τα δύο μέρη του, και η μετάδοση ενός αυτοκινήτου, που μεταφέρει σταδιακά την ισχύ του κινητήρα στον κινητήριο άξονα.

Το Άγιο Πνεύμα εργάζεται για να συγχρονίσει την καρδιά μας με την καρδιά του Θεού, αλλά και για να συγχρονίσει το πνεύμα, την ψυχή και το σώμα κάθε πιστού ώστε να είμαστε γεμάτοι και ολοκληρωμένοι.

ΠΡΟΣΕΥΧΗ

Ουάου, Θεέ μου! Εσύ μορφώνεις και ενεργοποιείς το πνεύμα μου μέσα από το Άγιο Πνεύμα Σου, για να Σε ευαρεστώ με κάθε τρόπο. Δεν έριξες σε μένα την ευθύνη να κάνω τον εαυτό μου πλήρη και πνευματικό. Σου ζητώ να με γεμίσεις ακόμα περισσότερο. Θέλω να μένω όλο και περισσότερο μέσα στην παρουσία Σου. Σου ζητώ να εκχέεις περισσότερο λάδι χαράς στη ζωή μου, και να με συγχρονίσεις με όλα αυτά που θέλεις να κάνεις στη ζωή μου. Δεν θα ανησυχώ μήπως χάσω το θέλημά Σου—θα μένω απλώς στην παρουσία Σου. Άγιο Πνεύμα, προσευχήσου μέσα από μένα, ψάλλε μέσα από μένα, λάτρευσε μέσα από μένα με κάθε τρόπο και με όποιον τρόπο επιθυμείς. Σε ευχαριστώ, Πατέρα, που με προσκάλεσες στη συζήτηση των σχεδίων και των σκοπών Σου, μέσα από τη χάρη του Ιησού και την κοινωνία του Αγίου Πνεύματος. Αμήν.

ΓΙΑ ΟΜΑΔΙΚΗ ΣΥΖΗΤΗΣΗ

1. Ποιες είναι οι διαφορές όταν ζεις «από μέσα προς τα έξω» σε σχέση με τη ζωή «από έξω προς τα μέσα»;

2. Πώς καταλαβαίνεις την εικόνα με το κομμένο αβοκάντο, που συμβολίζει τον συγχρονισμό (τη σύγκριση) που φέρνει το Άγιο Πνεύμα ανάμεσα στην καρδιά του Θεού και τη δική μας;

3. Πώς μπορεί να απεικονίσει η μετάδοση ενός αυτοκινήτου τον τρόπο που το Άγιο Πνεύμα μεταμορφώνει τη ζωή ενός πιστού;

4. Αν είμαστε γεμάτοι από το Άγιο Πνεύμα, πώς θα επηρεαστεί η ανάγκη μας να ξέρουμε το θέλημα του Θεού ή η ανησυχία μας για το αν είμαστε μέσα στο θέλημά Του;

5. Τι άλλο σου έκανε εντύπωση σ' αυτό το κεφάλαιο και θα ήθελες να το συζητήσουμε;

Τρία

Πίσω στην Παιδικότητα

Η σπουδαιότερη ομορφιά της παιδικής φύσης είναι η παντελής έλλειψη ανασφάλειας.

– Άντριου Μάρεϊ

Η Κραυγή προς τον *Abba* είναι η Γλώσσα ενός Παιδιού

Στο προηγούμενο κεφάλαιο κάναμε μια βαθιά βουτιά και είδαμε ότι το Άγιο Πνεύμα, που κατοικεί μέσα στο πνεύμα μας, ερευνά τα βάθη του Θεού. Το Άγιο Πνεύμα είναι Θεός και είναι ένα με τον Πατέρα και τον Υιό, γι' αυτό έχει άμεση πρόσβαση στο πνεύμα μας και στο πνεύμα του Θεού, και συγχρονίζει το πνεύμα μας σύμφωνα με τα καλά σχέδια και τον σκοπό του Πατέρα για μας. Όμως, έχουμε κάποια ιδέα για το τι να περιμένουμε; Υπάρχει κάποιο μοτίβο ή πρότυπο με βάση το οποίο δουλεύει ο Θεός; Μήπως υπάρχει μια εικόνα που να δείχνει «το πριν και το μετά»; Κάποιο προσχέδιο του Θεού για να καταλάβουμε το τελικό αποτέλεσμα; Από τι θα μας ελευθερώσει και πώς θα είμαστε μετά; Πώς θα μοιάζουμε μετά τον συγχρονισμό; Μήπως ο Ιησούς μας έδωσε κάποια στοιχεία γι' αυτό;

Τα βασικότερο στοιχείο που μας δίνει η Αγία Γραφή προέρχεται από τον Ιησού και από τον Απόστολο Παύλο. Όπως συζητήσαμε στα βιβλία «*Ο Ρόλος του Abba*» και «*Το Θεμέλιο του Abba*», Όταν οι μαθητές Του, ζήτησαν να τους διδάξει να προσεύχονται, ο Ιησούς τους έδωσε πρώτος μια γεύση από έναν άλλο τρόπο ζωής. Είπε:

Έτσι λοιπόν να προσεύχεστε εσείς:
Πατέρα μας που είσαι στους ουρανούς ας αγιαστεί το όνομά Σου.
Κατά Ματθαίο 6:9

Αυτή η στιγμή ήταν ορόσημο στην ανθρώπινη ιστορία—το πρώτο τεκμηριωμένο περιστατικό στο οποίο ο άνθρωπος προσκλήθηκε σε ένα νέο είδος σχέσης με τον Θεό. Ήταν σίγουρα κάτι πρωτόγνωρο για τους Εβραίους, οι οποίοι ποτέ δεν θα τολμούσαν να απευθυνθούν στον Παντοδύναμο Θεό με την αραμαϊκή λέξη «μπαμπάς» που χρησιμοποιούσαν τα μικρά παιδιά. Έπειτα, έρχεται ο Παύλος με αποκάλυψη, και υποστηρίζει τον όρο με εμφατικό τρόπο. Στις επιστολές του προς τους Ρωμαίους και τους Γαλάτες, λέει ότι τώρα πια μεταφερθήκαμε σε μια σχέση με τον Πατέρα, που ποτέ δεν φανταζόμασταν ότι θα είχαμε, ως γιοι και κόρες Του. Λέει, επίσης, ότι αυτή η υιοθεσία ολοκληρώνεται με τη συνεχή εσωτερική μας μεταμόρφωση, που επιτυγχάνεται μέσα από την κραυγή του πνεύματός μας διαμέσου του Αγίου Πνεύματος, που φωνάζει «*Abba*, Πατέρα!»[12].

Όλες αυτές οι αναφορές στον *Abba*, μας δίνουν μια ιδέα για το τι έχει στον νου Του ο Θεός. Θέλει να μας φέρει πίσω σε ένα μέρος εμπιστοσύνης, οικειότητας και αλληλεξάρτησης, που χαρακτηρίζουν την παιδικότητα. Ο Θεός θέλει να αναμετρηθεί με την υπεραναλυτικότητα, τον δυϊσμό (τα διλήμματα), τη γνώση του καλού και του κακού, και το πνεύμα της ανεξαρτησίας που έχουμε ως «ενήλικες». Μόλις καταλάβουμε ότι η παιδικότητα είναι ένας τρόπος ζωής και σκέψης, και όχι μια ηλικία, θα αρχίσουμε να βλέπουμε καθαρά και άλλα πράγματα που μας είπε ο Ιησούς. Για παράδειγμα, τι εννοούσε ο Ιησούς όταν έλεγε: «Αν δεν γίνετε (ξανά) σαν παιδιά, δεν θα μπείτε στη βασιλεία»; Αν, λοιπόν, η ουσία της ζωής μας βρίσκεται στην παιδικότητα, με ποια πρακτικά βήματα μπορώ να βγάλω από πάνω μου το ύφος του ενήλικα;

Επιστροφή στην Παιδικότητα

Άκουσα ότι οι Ιάπωνες έχουν μια συγκεκριμένη φράση που λένε σε κάθε ξένο που έρχεται στα μέρη τους. Του λένε, «Όσο τα μάτια σου είναι καινούργια, πες μας τι βλέπεις». Όταν βλέπουμε κάτι για πρώτη φορά, η άποψη που σχηματίζουμε είναι πιο αντικειμενική. Ενώ όσο το κοιτάμε ξανά και ξανά, αρχίζουμε να παραβλέπουμε κάποια πράγματα ή να βγάζουμε δικά μας συμπεράσματα. Το ίδιο συμβαίνει με την Αγία Γραφή.

Φαντάζομαι ότι είσαι εξοικειωμένος με το Κατά Ματθαίο 18, ξέρεις ότι μιλάει για τη συγχώρεση, την προσευχή της συμφωνίας, το να δένεις και να λύνεις. Όμως, τα συμφραζόμενα αυτής της διδασκαλίας του Ιησού μιλούν για την επαναφορά κάποιων παιδικών χαρακτηριστικών στην πεσμένη ανθρωπότητα, όπως η αθωότητα, ο αυθορμητισμός, η αφοβία και η εμπιστοσύνη. Υπήρξε μια εποχή που το παιδί δεν είχε μάθει να έχει φόβο, καχυποψία, προκαταλήψεις και κριτική μέσα του. Αυτό το κεφάλαιο μιλάει για το σχέδιο και τον σκοπό του Πατέρα να μας αποκαταστήσει ολοκληρωτικά, στην πληρότητα (shalom). Ας το διαβάσουμε με νέα μάτια:

Η ΔΙΑΜΟΡΦΩΣΗ από τον *Abba*

Κατά την ώρα εκείνη ήρθαν οι μαθητές στον Ιησού λέγοντας: Ποιος είναι άραγε μεγαλύτερος στη βασιλεία των ουρανών; Και ο Ιησούς, προσκαλώντας ένα παιδάκι το έστησε στο μέσον τους και είπε: Σας διαβεβαιώνω, αν δεν επιστρέψετε και γίνετε σαν τα μικρά παιδιά, δεν θα μπείτε μέσα στη βασιλεία των ουρανών. Όποιος, λοιπόν, ταπεινώσει τον εαυτό του σαν αυτό το παιδάκι, αυτός είναι ο μεγαλύτερος στη βασιλεία των ουρανών. Και όποιος δεχθεί ένα τέτοιο μικρό παιδί στο όνομά μου, δέχεται εμένα.

Κατά Ματθαίο 18:1-5

Δώσε προσοχή σ' αυτό το σημαντικό σημείο:

Όποιος, όμως, σκανδαλίσει ένα απ' αυτά τα μικρά, που πιστεύουν σε μένα, τον συμφέρει να κρεμάσει στο λαιμό του μια μυλόπετρα και να καταποντιστεί στο πέλαγος της θάλασσας.

Κατά Ματθαίο 18:6

Το Παιδί Σου Έχει Κάτι Που Χρειάζεσαι

Ποια είναι τα χαρακτηριστικά ενός παιδιού; Όλοι ξέρουμε ότι τα παιδιά γεννιούνται με αθωότητα, με αίσθηση εξάρτησης και μια ακόρεστη δίψα για μάθηση. Τα διάφορα χτυπήματα και τραύματα της ζωής θα αμαυρώσουν την αθωότητα, αλλά τις υπόλοιπες ιδιότητες, εμείς μαθαίνουμε σ' ένα παιδί να τις χάνει. Η φυσική ανάπτυξη ενός παιδιού κρύβει απίστευτο δυναμισμό, που μάλλον μαρτυρά την επιθυμία του Θεού να καταφέρουμε να μπούμε μέσα στη Βασιλεία Του. Έχω την αίσθηση ότι ο Ιησούς μας λέει περισσότερα απ' όσα νομίζαμε μέχρι τώρα.

Ίσως, αν καταλάβουμε την πρώιμη ανάπτυξη ενός παιδιού, να μπορέσουμε να αντιληφθούμε καλύτερα τι σημαίνει παιδικότητα. Χωρίς να μπλεχτούμε στα χωράφια της επιστήμης, καλό είναι να ξέρουμε ότι μόλις γεννιέται ένας βρέφος, το 25 τοις εκατό του συνολικού βάρους του μωρού, είναι ο εγκέφαλός του. Οι έρευνες δείχνουν ότι στα δύο πρώτα χρόνια ζωής, που ο εγκέφαλος κυριολεκτικά μεγαλώνει σε μέγεθος, τότε λαμβάνει χώρα το μεγαλύτερο μέρος της εγκεφαλικής ανάπτυξης, καθώς δημιουργούνται ισχυρές νευρολογικές συνδέσεις με βάση το περιβάλλον του παιδιού. Τη στιγμή της γέννησης, υπάρχουν ήδη περίπου 100 δισεκατομμύρια νευρώνες που έχουν αναπτυχθεί στον εγκέφαλο ενός παιδιού. Αυτοί οι νευρώνες είναι προσωρινές συνδέσεις,

> **Ο Παύλος συνδέει την πραγματική πνευματική μεταμόρφωση ενός ανθρώπου, με μια εμπειρία, ένα βίωμα.**

που θα γίνουν μόνιμες και θα ριζώσουν μέσα από τις εμπειρίες του παιδιού. Θα το επαναλάβω, γιατί είναι τεράστιο κλειδί με φοβερό παραλληλισμό στη διαμόρφωσή μας από τον *Abba*: οι νευρώνες που ξεκινούν ως δισεκατομμύρια προσωρινές συνδέσεις, αποκτούν μόνιμες ρίζες (γίνονται μόνιμα εγκεφαλικά «μονοπάτια» νευρο-επικοινωνίας) *μέσα από τις εμπειρίες του παιδιού*. Αυτές οι συνδέσεις θα ευθύνονται για τις πιο σοβαρές νοητικές και συναισθηματικές λειτουργίες του παιδιού, όπως η όραση, η ομιλία, τα συναισθήματα και οι κινητικές λειτουργίες. Στην πρώιμη αυτή περίοδο ανάπτυξης, η οποία συμβαίνει με έντονα ραγδαίους ρυθμούς, κάθε ένας από τους 100 δισεκατομμύρια νευρώνες, θα δημιουργήσει 15.000 συνδέσεις, μέχρι την ηλικία των δέκα ετών περίπου, όπου η διαδικασία τερματίζει. Από εκεί και έπειτα και για το υπόλοιπο της ζωής του παιδιού, οι νέες συνδέσεις που δημιουργούνται είναι λιγοστές. Οι ειδικοί αναπτυξιολόγοι υποστηρίζουν ότι μέχρι την ηλικία των τριών ετών, το 85 τοις εκατό των βασικών δομών γνώσης έχει ήδη διαμορφωθεί. Και μέχρι την ηλικία των δέκα, ένα παιδί έχει διπλάσιες νευρο-συνδέσεις από έναν ενήλικα.

Είναι αξιοσημείωτο ότι τα γενετικά θεμέλια του βρέφους, σε συνδυασμό με το περιβάλλον του (πρώιμες σχεσιακές εμπειρίες), είναι οι βασικοί καθοριστικοί παράγοντες στην ανάπτυξή του. Οι πρώιμες εμπειρίες μας παίζουν καταλυτικό ρόλο στη δομή του εγκεφάλου, στο είδος και στο εύρος των δεξιοτήτων που θα έχουμε ως ενήλικες. Δηλαδή, τα γεγονότα και οι αλληλεπιδράσεις της πρώιμης παιδικής ηλικίας δεν δημιουργούν απλώς ένα πλαίσιο ανάπτυξης, αλλά επηρεάζουν άμεσα την ανάπτυξη του εγκεφάλου.

Αν τυχόν με έχασες με όλες τις επιστημονικές λεπτομέρειες, επίτρεψέ μου να ενώσω κάποια κομμάτια. Στο προηγούμενο κεφάλαιο είδαμε ότι ο Παύλος πήγε στην Κόρινθο έχοντας καταλάβει ότι η νοητική γνώση (εύγλωττα και φιλοσοφημένα λόγια ανθρώπινης σοφίας), δεν απέδωσε υπερφυσικούς καρπούς. Ήρθε στην Κόρινθο έτοιμος να συνδυάσει το κήρυγμα και τη διδασκαλία του με φανερώσεις της δύναμης του Αγίου Πνεύματος (Α' Κορινθίους 1:4). Με άλλα λόγια, ο Παύλος συνδέει την πραγματική πνευματική μεταμόρφωση ενός ανθρώπου, με μια εμπειρία, ένα βίωμα. Κράτα το στο μυαλό σου, και πάμε να ενώσουμε κάποια κομμάτια.

Τα Χαρακτηριστικά ενός Παιδιού

Ο Ιησούς έφερε ένα παιδί και το έβαλε να σταθεί μπροστά Του— για να δώσει ένα απτό παράδειγμα καθώς δίδασκε. Όλη μας τη ζωή ερμηνεύουμε τα λόγια του Ιησού σαν να μας λέει: «Εάν δεν γίνετε ταπεινοί όπως αυτό το παιδί (και όπως όλα τα παιδιά), δεν θα έχετε πρόσβαση στο επίπεδο του Θεού» (Κατά Ματθαίο 18:4). Αυτό, όμως, αφήνει να εννοηθεί ότι πρέπει να δουλέψουμε γι' αυτό, να προσπαθήσουμε πιο σκληρά ή να τελειοποιηθούμε. Ο Ιησούς, όμως, δεν ανέδειξε κάποιο ιδιαίτερο χαρακτηριστικό που είχε το παιδί, κάτι για το οποίο είχε δουλέψει και το είχε καλλιεργήσει. Ίσα ίσα, ο Κύριος ήθελε να αναδείξει την έλλειψη πολυπλοκότητας που έχει ένα παιδί, την απουσία εμπειριών και χτυπημάτων από τη μοίρα. Στο βιβλίο του «Greek Word Studies», ο Βίνσεντ εξηγεί ότι αυτό το σημείο «δεν τονίζει ότι το παιδί ταπεινώνεται, αλλά ότι το παιδί είναι από τη φύση του διαφορετικό από εμάς»[13].

Τα παιδιά είναι αθώα, ατρόμητα, ειλικρινή, αμερόληπτα, γεμάτα φαντασία και ενέργεια, νιώθουν εξάρτηση, δεν έχουν ανασφάλειες και προκαταλήψεις, έχουν όρεξη για μάθηση, κάνουν όνειρα και ζούνε με βάση τις σχέσεις τους –για να αναφέρουμε μερικά. Για να μην ξεφύγουμε απ' το θέμα, θα εξετάσουμε μόνο τέσσερα απ' αυτά τα χαρακτηριστικά.

1. Τα Παιδιά είναι Ατρόμητα (μέχρι να τους μάθουμε να φοβούνται)

Η ταπεινότητα των μικρών παιδιών σχετίζεται άμεσα με την αθωότητά τους, με την έννοια ότι δεν νιώθουν φόβο. Δεν ξέρουν τι να φοβηθούν γιατί ο κόσμος τους έχει έκταση λίγων μέτρων. Δεν έχουν γευθεί τη «σκοτεινή πλευρά» της βαναυσότητας του κόσμου και έτσι δεν έχουν μάθει να φοβούνται. Είναι πολύ ανησυχητικό για τους γονείς, αλλά δεν παύει να ισχύει: τα παιδιά είναι ατρόμητα. Εμείς, ως ενήλικες, τους μαθαίνουμε να φοβούνται, όταν τους μιλάμε για τα άσχημα πράγματα που θα μπορούσαν να συμβούν. Μήπως κάτι προσπαθεί να μας πει ο Ιησούς για την απουσία του φόβου;

2. Τα Παιδιά είναι Ανέμελα και Αυθόρμητα

Σε γενικές γραμμές, τα παιδιά είναι πολύ κοινωνικά. Συνήθως δεν έχουν ανασφάλειες, γιατί δεν ξοδεύουν ώρες μπροστά στον καθρέφτη. Τσιρίζουν, κλαίνε, τραγουδούν, φλυαρούν και κλαίνε ξανά. Κάνουν πειράματα με τη φωνή τους. Γι' αυτό και είναι καταπληκτικοί συνδετικοί κρίκοι στις ανθρώπινες σχέσεις! Βλέπεις ένα κοριτσάκι να κάθεται στο καρότσι που είναι μπροστά σου στο ταμείο, καθώς η μαμά της βγάζει τα ψώνια απ' το καρότσι. Η μικρή δεν μπορεί να διανοηθεί ότι μπορεί κάποιος να μην τη συμπαθεί. Νιώθει ότι είναι το κέντρο του κόσμου. Χαιρετάει όποιον βλέπει, σου λέει «γεια», ξαφνικά πιάνεις τον εαυτό σου να λέει στη μαμά πόσο χαριτωμένη είναι η μικρή της, και καταλήγεις να κάνεις μια καινούργια φίλη, χάρη στην ελευθερία και τον αυθορμητισμό ενός παιδιού.

Από την άλλη, είναι εξίσου εύκολο να καταλάβεις αν ένα παιδί διδάχτηκε να φοβάται. Είναι ένα παιδί που βλέπει με καχυποψία κάθε καινούργιο πρόσωπο, δεν μιλάει, κρύβεται πίσω απ' τη μαμά ή τον μπαμπά όταν πλησιάζει ένας άγνωστος, και ούτω καθεξής. (Ας μην επεκταθούμε σε άλλους λόγους που μπορεί να συμβαίνει αυτό. Έκανα μια απλή γενίκευση για να καταλήξω κάπου.)

Η ανιψιά μας, η Νάτι, ήταν τόσο απονήρευτη όταν ήταν μικρή, που όταν έκανε κάτι που ήξερε ότι οι γονείς της δεν ενέκριναν, πήγαινε και τους το έλεγε αμέσως με ένα πλατύ χαμόγελο! Δεν περνούσε απ' το μυαλό της ότι κάποιος μπορεί να έπαυε να την αγαπάει. Ένιωθε τόση σιγουριά στην αγάπη της οικογένειάς της, που δεν κρατούσε τίποτε κρυφό. Δυστυχώς, αυτή η νοοτροπία άλλαξε πολύ σύντομα (όπως συμβαίνει σε όλους μας). Καθώς τα παιδιά μεγαλώνουν και δέχονται επιπλήξεις για τις παραβατικές συμπεριφορές τους, συνειδητοποιούν ότι κάποια πράγματα μπορεί να δυσαρεστούν τους άλλους. Έπειτα, μαθαίνουν το αίσθημα της απόρριψης, τη δύναμη που νιώθεις όταν είσαι αρεστός, και τι σημαίνει να προστατεύεις τον εαυτό σου. Μήπως ο Ιησούς θέλει να μας πει ότι μέσα στη Βασιλεία Του καλούμαστε να ζούμε αμέριμνοι και αυθόρμητοι—γιατί έτσι είμαστε πραγματικά—και όχι παμπόνηροι και υπολογιστικοί;

3. Τα Παιδιά έχουν Έμφυτη Εμπιστοσύνη

Κάθε μωρό ξεκινά το ταξίδι του στη ζωή με απόλυτη εξάρτηση από τους γονείς του και δεν έχει ιδέα πώς είναι να μην τους εμπιστεύεται. Δεν μπορεί να διανοηθεί ότι πρέπει να ανησυχεί για το επόμενο γεύμα του. Μπορεί να πεινάει από αμέλεια των γονιών, αλλά το μόνο που καταλαβαίνει είναι το «Πεινάω». Στην πορεία, όμως, όταν οι προσδοκίες του παιδιού δεν εκπληρωθούν ή οι υποσχέσεις που του δόθηκαν αθετηθούν, το μικρό παιδί μαθαίνει να φοβάται, να είναι καχύποπτο και δύσπιστο.

Ως άνθρωποι, ακόμη και οι πιο καλοί γονείς συχνά δημιουργούν προσδοκίες στο παιδί τους (κατά λάθος ή εσκεμμένα), οι οποίες δεν εκπληρώνονται. Μπορεί μια φορά ο γονιός να είπε τελείως άσοφα, «Θα σταματήσουμε για κρέπα», προκειμένου να ηρεμήσει το παιδί του, αλλά δεν έκανε σωστό προγραμματισμό του χρόνου, και με όλο το τρέξιμο, δεν σταμάτησαν τελικά. Το παιδί θα μάθει να είναι δύσπιστο.

Είναι εξαιρετικά ενδιαφέρον το γεγονός ότι ο Θεός δίνει μεγάλη έμφαση στην πιστότητα και την αξιοπιστία Του, ώστε να Τον πιστεύουμε όταν μας δίνει μια υπόσχεση. Διακηρύττει:

Ναι μίλησα και θα κάνω να γίνει. Βουλεύτηκα και θα το εκτελέσω.
Ησαΐας 46:11

Μήπως η πνευματική μας μεταμόρφωση έχει να κάνει με την αποκατάσταση της απόλυτης εμπιστοσύνης μας στον Πατέρα, ο Οποίος ξέρει τι χρειαζόμαστε προτού το ζητήσουμε; Μήπως τελικά το ότι είμαι γιος σημαίνει ότι ακούω τι λέει ο Πατέρας και υπακούω, αντί να το αναλύω;

4. Τα Παιδιά είναι από τη Φύση τους Δημιουργικά

Είναι εύκολο να προσπεράσεις την έμφυτη δημιουργικότητα των παιδιών, ειδικά όταν περιτριγυρίζονται με άπειρα παιχνίδια και τεχνολογικά εργαλεία που δεν τους αφήνουν να την ανακαλύψουν μόνα τους. Εάν επισκεφθείς αναπτυσσόμενες χώρες, όπου πολλά παιδιά μεγαλώνουν σε συνθήκες φτώχειας, θα δεις άφθονη δημιουργικότητα. Θα δεις αγόρια να παίζουν «μπέιζμπολ» με ένα κλαδί για ρόπαλο και ένα κουβάρι ή ένα τενεκεδάκι ή ό,τι άλλο μπορούν να τυλίξουν, αντί για μπάλα. Έχω δει έφηβους να στερεώνουν ένα τενεκεδένιο κουτί σε μια επίπεδη σανίδα, να βάζουν σύρματα κατά μήκος της σανίδας, και να παίζουν στην αυτοσχέδια κιθάρα τους. Και ποιος δεν έχει δει ένα παιδί να βάζει στη σειρά τις κούκλες του για να τους κάνει μάθημα ή κήρυγμα;

Μήπως το ότι είμαι γιος σημαίνει ότι ακούω τι λέει ο Πατέρας και υπακούω, αντί να το αναλύω;

> **Όταν το Πνεύμα της υιοθεσίας σε επαναφέρει στη θέση του παιδιού, επαναφέρει και τη δημιουργικότητά σου.**

Το ίδιο ισχύει και για την πνευματική δημιουργικότητα. Οι πιστοί θα έπρεπε να γράφουν τα πιο συγκλονιστικά τραγούδια στο κόσμο, να δημιουργούν τους πιο εντυπωσιακούς ήχους, και να πατεντάρουν τις μεγαλύτερες εφευρέσεις. Το Πνεύμα του Δημιουργού ζει μέσα μας — το ίδιο Πνεύμα που στην αρχή φερόταν πάνω από την επιφάνεια των νερών και περίμενε το άκουσμα ενός Λόγου. Δεν θα έπρεπε, λοιπόν, η Εκκλησία να οδηγεί τον κόσμο μέσα στο μεγαλείο του Θεού; Ο Πέτρος παρέθεσε την προφητεία του Ιωήλ θέλοντας να τονίσει ακριβώς το ίδιο πράγμα:

> *Και κατά τις έσχατες ημέρες, λέει ο Θεός, θα ξεχύσω το πνεύμα επάνω σε κάθε σάρκα και θα προφητεύσουν οι γιοι σας και οι θυγατέρες σας και οι νέοι σας θα δουν οράσεις, και οι πρεσβύτεροι σας θα δουν όνειρα.*
>
> Πράξεις 2:17

Όταν το Πνεύμα της υιοθεσίας σε επαναφέρει στη θέση του παιδιού, επαναφέρει και τη δημιουργικότητά σου.

Ο πρωταρχικός ρόλος του Αγίου Πνεύματος είναι να μας διδάξει και να μας δείξει την επαναφορά μας στη θέση του γιου—να μας κάνει ξανά παιδιά, αθώα, ατρόμητα, αυθόρμητα, ικανά να εμπιστευτούν. Και το πετυχαίνει γεννώντας μέσα στην καρδιά μας μια *κραυγή προς τον Abba* (Ρωμαίους 8:17, Γαλάτες 4:1-2). Ο Ιησούς είπε ότι το Άγιο Πνεύμα θα μας ελέγξει για τη δικαιοσύνη (Κατά Ιωάννη 16:8). Δηλαδή, θα μας επαναφέρει στη συνείδηση ότι είμαστε γιοι του Θεού και ότι ο Θεός είναι ένας καλός Πατέρας.

Πώς Χάνουμε την Παιδικότητά μας

Ο Ιησούς έφερε ένα παιδί μπροστά στο πλήθος και είπε:

> *Σας διαβεβαιώνω, αν δεν επιστρέψετε, και γίνετε σαν τα μικρά παιδιά, δεν θα μπείτε μέσα στη βασιλεία των ουρανών.*
>
> Κατά Ματθαίο 18:3

Συνέχισε μιλώντας για το πώς προσβάλλουμε ο ένας τον άλλον, πώς κάνουμε ο ένας τον άλλον να αμαρτήσει. Λέει ότι αν ένα μέλος του σώματός μας μας σκανδαλίζει πρέπει να το κόψουμε. Εξηγεί παραστατικά πόσο παροδική είναι αυτή η ζωή, αλλά πόσο αιώνιες μπορεί

«**Πουθενά δεν πήγε, απλώς σκεπάστηκε από τη φωνή της κριτικής**».

να είναι οι πληγές που προκαλούμε στους άλλους. Το κομμένο πόδι ή χέρι θα αποκατασταθεί όταν το σώμα μας αναστηθεί, αλλά η ζημιά που κάνουμε ο ένας στον άλλο, μπορεί να έχει αιώνιο αντίκτυπο. Ο Ιησούς, μάλιστα, λέει, ότι ο Θεός δεν ενοχλείται τόσο από τη σχέση αιτίας-αποτελέσματος στον διαλυμένο κόσμο μας, όσο από τις διαλυμένες σχέσεις μας μέσα στον κόσμο. Ο Θεός είναι από τη φύση Του Θεός σχέσης και θέλει οι σχέσεις μας να είναι πλήρεις. Γι' αυτό ο Ιησούς λέει στη συνέχεια:

Σας λέω ξανά, ότι αν δύο από σας συμφωνήσουν επάνω στη γη, για κάθε πράγμα, για το οποίο θα έκαναν αίτηση, θα γίνει σε αυτούς από τον Πατέρα μου που είναι στους ουρανούς.

Κατά Ματθαίο 18:19

Του αρέσει να βλέπει τους γιους και τις κόρες Του ζουν από κοινού μια ζωή συμφωνίας.

Κάθε γονιός που βλέπει τη ζωή του παιδιού του όπως τη βλέπει ο Θεός, βλέπει μια ζωή που έχει δυναμικό και προφητικές υποσχέσεις που περιμένουν να εκπληρωθούν. Ο Θεός έχει εναποθέσει σε κάθε άνθρωπο χαρίσματα και ταλέντα, που αν τα καλλιεργήσει, θα τον βοηθήσουν να φτάσει στον θεϊκό προορισμό του. Δυστυχώς, όμως, τα όνειρα και τα ταλέντα αυτά συνθλίβονται στην πορεία της ζωής του ανθρώπου, όταν τα αδέρφια του τον επικρίνουν, οι αγχωμένοι γονείς τον εξοργίζουν, οι συμμαθητές τον εκφοβίζουν, κι έτσι, τα τραύματα μαζεύονται στην παιδική καρδιά και πνίγουν την ανεμελιά και τα όνειρά του. Δεχόμαστε πιέσεις και μορφωνόμαστε μέσα στο καλούπι της κοινής γνώμης, του κομφορμισμού και αυτής της μεταδοτικής αρρώστιας που λέγεται κατεστημένο.

Πού Πήγε η «Ευφυΐα» Μας;

Τι μεσολαβεί μετά την πρώιμη αναπτυξιακή περίοδο, όπου τα παιδιά είναι ατρόμητα και γεμάτα όνειρα, και καταλήγουν μια μέρα να ζουν μέτριες και αναμενόμενες ζωές; Ο Χάουαρντ Γκάρντνερ, σε μια μελέτη του στο Πανεπιστήμιο του Χάρβαρντ με τίτλο Project Zero, επιχείρησε να αναπτύξει διάφορα τεστ νοημοσύνης για παιδιά βρεφικής και νηπιακής ηλικίας. Στην πορεία, όμως, ανακάλυψε κάτι αξιοσημείωτο. Η ερευνητική του ομάδα διαπίστωσε ότι σχεδόν όλα τα βρέφη και νήπια έως τεσσάρων ετών που εξετάστηκαν, έβγαλαν βαθμολογίες υψηλού δείκτη χαρισματικής ευφυΐας, με βάση τη θεωρία του για τα «πολλαπλά είδη νοημοσύνης» (την οπτική-χωρική, τη σωματική-κιναισθητική, τη μουσική-ρυθμική, τη διαπροσωπική, τη λογική-μαθηματική, την ενδοπροσωπική και τη γλωσσική-λεκτική). Μέχρι την ηλικία των δέκα ετών, όμως, το ποσοστό των παιδιών που έφταναν τους δείκτες της χαρισματικής ευφυΐας, έπεφτε στο 10 τοις εκατό. Και σε άτομα άνω των είκοσι ετών, έπεφτε στο μόλις δύο τοις εκατό[14].

Πού πήγε η ευφυΐα μας; Σε τι οφείλεται αυτή η κατρακύλα με το πέρασμα των χρόνων; Ο Μάικλ Ρέι, μετά από δική του έρευνα και σε συνέχεια της δουλειάς του Γκάρντνερ, απαντάει, «Πουθενά δεν πήγε, απλώς σκεπάστηκε από τη φωνή της κριτικής»[15]. Αυτή η φωνή της κριτικής, που αναφέρει ο Ρέι, είναι ο φόβος, η κριτική και η γελοιοποίηση που παίζει ασταμάτητα σαν κασέτα στο μυαλό μας, και πνίγει την ευφυΐα που υπάρχει μέσα σε κάθε άνθρωπο. «Τι χαζή ιδέα». «Ποτέ δεν θα καταφέρεις κάτι αξιόλογο». «Γιατί δεν είσαι σαν τον αδερφό σου;». «Πότε θα ξεκολλήσεις;». Ή ίσως κάτι πιο αθώο, όπως «Δεν γίνεται να σταματήσεις απ' τη δουλειά σου».

Σου θυμίζω ότι δεν επηρεάζουν τη ζωή μας μόνο τα γονίδια με τα οποία γεννηθήκαμε, αλλά και το περιβάλλον μας, οι σχέσεις αλληλεπίδρασης και η φροντίδα που δεχθήκαμε (ή στερηθήκαμε). Οι ειδικοί και οι κοινωνιολόγοι υποστηρίζουν ότι οι πρώιμες εμπειρίες μας παίζουν καθοριστικό ρόλο στη δομή του εγκεφάλου μας και στο εύρος και το είδος των δεξιοτήτων μας ως ενήλικες. Είναι προφανές ότι χρησιμοποιώ τα ευρήματα της αναπτυξιακής επιστήμης της παιδικής ηλικίας, όπως έκανε και ο Ιησούς, για να παραλληλίσω κάποιες πνευματικές αλήθειες. Πάμε να κάνουμε μαζί κάποιους παραλληλισμούς, αλλά ταυτόχρονα, κάνε κι εσύ τους δικούς σου.

Οι Απτές Επιπτώσεις της Κακοποίησης

Θα δούμε ότι τα τραύματα της παιδικής ηλικίας βλάπτουν την έμφυτη ευφυΐα ενός παιδιού, και θα δεις από μόνος σου πώς εφαρμόζεται πνευματικά όλο αυτό. Οι «Δυσμενείς Εμπειρίες της Παιδικής Ηλικίας» (ACEs) είναι ένας όρος που χρησιμοποιείται συχνά πλέον στη μελέτη των ψυχολογικών και σωματικών επιπτώσεων που έχουν τα παιδικά τραύματα στην ενήλικη ζωή μας[16]. Οι ερευνητές αυτής της μελέτης εξέτασαν 17.500 περιπτώσεις τα τελευταία είκοσι χρόνια, εστιάζοντας στις εξής τραυματικές εμπειρίες από την παιδική ηλικία: σωματική, συναισθηματική ή σεξουαλική κακοποίηση, σωματική ή συναισθηματική παραμέληση, ψυχική ασθένεια των γονιών, εξάρτηση από ουσίες, φυλάκιση, διαζύγιο ή διάσταση των γονέων, και ενδοοικογενειακή βία. Στη συνέχεια, η έρευνα εξέτασε σε ποιο βαθμό οι δυσμενείς αυτές εμπειρίες της παιδικής ηλικίας επηρέασαν την υγεία των ατόμων στην ενήλικη ή μετέπειτα ζωή τους. Η έρευνα έβγαλε στην επιφάνεια δύο εντυπωσιακά συμπεράσματα.

> Ο Σατανάς χρησιμοποιεί τις τραυματικές εμπειρίες της παιδικής μας ηλικίας ως σημεία εισόδου για να «κλέψει, να σκοτώσει και να εξολοθρεύσει» (Κατά Ιωάννη 10:10).

Πρώτον, ότι οι δυσμενείς αυτές εμπειρίες στην παιδική ηλικία είναι απίστευτα συχνό φαινόμενο. Το 67 τοις εκατό του δείγματος είχε τουλάχιστον ένα ή δύο παιδικά τραύματα από τη λίστα που αναφέραμε, ενώ το 12,6 τοις εκατό είχε βιώσει τέσσερα ή περισσότερα. Δεύτερον, παρατηρήθηκε μια σχέση «δόσης/απόκρισης» μεταξύ των δυσμενών εμπειριών και των προβλημάτων υγείας[17]. Όσο μεγαλύτερο ή εντονότερο ήταν το τραύμα της παιδικής ηλικίας, τόσο χειρότερη είναι η κατάσταση της υγείας του ατόμου στην ενήλικη ζωή του.

Αυτή είναι η σκληρή κοινωνιολογική αλήθεια που πρέπει να ταρακουνήσει την πνευματική μας αντίληψη. Ο Σατανάς χρησιμοποιεί τις τραυματικές εμπειρίες της παιδικής μας ηλικίας ως σημεία εισόδου για να «κλέψει, να σκοτώσει και να εξολοθρεύσει» (Κατά Ιωάννη 10:10). Οι ενήλικες που είχαν βιώσει τραύματα ως παιδιά σε τέσσερις ή περισσότερες από τις κατηγορίες που αναφέραμε, είχαν δυόμισι φορές περισσότερες πιθανότητες να πάσχουν από χρόνια αποφρακτική πνευμονοπάθεια (ΧΑΠ). Είχαν, επίσης, δυόμισι φορές περισσότερες πιθανότητες να προσβληθούν από ηπατίτιδα, τεσσεράμισι φορές περισσότερες πιθανότητες να αντιμετωπίσουν κατάθλιψη, και δώδεκα φορές περισσότερες πιθανότητες να έχουν αυτοκτονικές τάσεις. Τα αντικειμενικά γεγονότα έδειξαν, επίσης, ότι όσοι είχαν επτά ή περισσότερες δυσμενείς εμπειρίες ως παιδιά, εμφάνιζαν τριπλάσια ποσοστά καρκίνου του πνεύμονα και τρεισήμισι φορές περισσότερες καρδιακές παθήσεις (η πρώτη αιτία θανάτου στις ΗΠΑ)[18]. Σύμφωνα με τη Δρα Ναντίν Χάρις, «Τώρα είμαστε σε θέση να καταλάβουμε καλύτερα από ποτέ, ότι η έκθεση των παιδιών σε δυσμενείς εμπειρίες στην πρώιμη παιδική ηλικία, έχει σοβαρές επιπτώσεις στον εγκέφαλο και στο σώμα τους»[19].

Και όλα αυτά, χωρίς να εξετάσουμε καν το μεγαλύτερο κομμάτι της ανθρώπινης εξίσωσης—που είναι η καρδιά του ανθρώπου! Φαντάσου τον όλεθρο που προκαλεί ο εχθρός στον άνθρωπο μέσα από τις πληγές και τα τραύματα που αφορούν το πνεύμα και την ψυχή! Μήπως γι' αυτό ο Ιησούς δίνει μια τρομερή προειδοποίηση σε όποιον εμποδίζει τους άλλους να ζήσουν ως παιδιά;

Επαναλαμβάνω ότι δεν εννοώ τη φυσική παιδική ηλικία, παρότι οι ομοιότητες αιτίων/αποτελεσμάτων είναι σαφείς από τα δεδομένα μας. Μιλάω κυρίως για τον πνευματικό πόλεμο που δίνει ζωή στο ορφανό ψέμα μέσα μας—ο εχθρός έρχεται και δένει την ψυχή ενός ανθρώπου με κοφτερά λόγια που πληγώνουν. Αυτά τα λόγια, μαζί με τις πληγές τους, είναι σαν Δούρειος Ίππος, γιατί ο Σατανάς τα χρησιμοποιεί για να σε κάνει να πιστέψεις ψέματα σχετικά με το ποιος είναι ο Θεός και ποιος είσαι εσύ.

Πώς Σκανδαλίζουμε Ένα από Αυτά τα Μικρά;

- Σκανδαλίζουμε ένα πνευματικό παιδί όταν, **ενώ ήταν ατρόμητο, το εκπαιδεύουμε να φοβάται**, με ερωτήσεις όπως, «Τι θα σκεφτούν οι άλλοι για σένα αν το κάνεις αυτό;».
- Το σκανδαλίζουμε όταν, **ενώ σκεφτόταν τους γύρω του και ζούσε ανέμελα, εμείς το εκπαιδεύουμε να κοιτάει μόνο τον εαυτό του**. Πρόσεξες πόσα κηρύγματά μας σήμερα είναι κατά βάση εγωκεντρικά και μας προδιαθέτουν να σκανδαλιστούμε;
- Το σκανδαλίζουμε **όταν αμαυρώνουμε την αθωότητά του με ενοχές και ντροπή**.
- Το σκανδαλίζουμε **όταν υπονοούμε σε άλλους ότι αν δεν συμπεριφέρονται** με έναν συγκεκριμένο τρόπο, δεν θα τους αποδεχθούμε. Μήπως η χριστιανική μας ζωή είναι περισσότερο θέμα συμμόρφωσης σε μια νόρμα, παρά βίωμα και εμπειρίες μιας νέας ζωής;
- Το σκανδαλίζουμε **όταν προσπαθούμε να το διορθώσουμε έξω από το ασφαλές περιβάλλον** της άνευ όρων αγάπης (Γαλάτες 6:1-5).

- Το σκανδαλίζουμε **όταν χλευάζουμε τη δημιουργικότητά του, όταν αποφασίζουμε ότι υπάρχει μόνο ένας σωστός τρόπος να ζεις και να λειτουργείς**. Οι εκκλησίες μας πρέπει να είναι ασφαλή μέρη όπου η δημιουργικότητα θα μπορεί να καλλιεργείται και να εκτιμάται.
- Το σκανδαλίζουμε **όταν βάζουμε πάνω τους βάρη, ενώ απαλλάσσουμε τον εαυτό μας απ' αυτά**. Αυτό είναι ο Φαρισαϊσμός: όταν η διακονία εκτιμά περισσότερο αυτό που κάνουμε και το πώς το κάνουμε, και όχι το ποιοι είμαστε, αυτό σκανδαλίζει την παιδικότητα μέσα μας.

Όπως βλέπεις, αυτό δεν αφορά μόνο τα νήπια. Αυτό έχει να κάνει με το πώς συμπεριφερόμαστε ο ένας στον άλλον. Η προειδοποίηση που μας απευθύνει ο Κύριος είναι τρομακτική: η νέα μας πραγματικότητα στη Βασιλεία του Θεού είναι η παιδικότητα, και αυτό που θέλει να κάνει ο Σατανάς είναι να σημαδέψει και να καταστρέψει τη νέα δημιουργία. Είναι υψίστης σημασίας για τον Ιησού. Όταν έφερε εκείνο το παιδί μπροστά Του, είπε: «Είναι καλύτερα για σένα να κρεμάσεις μια μυλόπετρα στο λαιμό σου και να σε ρίξουν στη θάλασσα παρά να σκανδαλίσεις την παιδικότητα ενός μικρού παιδιού». Καταλαβαίνεις, τώρα, γιατί η Καινή Διαθήκη δίνει τόσο μεγάλη έμφαση στο να ενθαρρύνουμε και να επαινούμε ο ένας τον άλλον, αντί να συκοφαντούμε, να κουτσομπολεύουμε και να μιλάμε πίσω απ' την πλάτη;

Κάθε φορά που προσβάλλουμε, απορρίπτουμε, πληγώνουμε ή μειώνουμε κάποιον (ακόμα και κατά λάθος, χωρίς να καταλαβαίνουμε ότι ο Θεός τον έφτιαξε με μοναδικό τρόπο, διαφορετικό από εμάς), συμβάλλουμε κατά έναν τρόπο στην κλοπή της αθωότητας, της ελευθερίας και της αφοβίας της παιδικότητάς του. Τα λόγια μας προκαλούν μια πληγή στην ψυχή του αδελφού ή της αδελφής μας, η οποία γίνεται πόρτα εισόδου για τον Σατανά, που έρχεται να κλέψει την αφοβία, την εμπιστοσύνη και την πίστη τους. Το χειρότερο απ' όλα, υπό το πρίσμα της βασιλείας, είναι ότι αυτές οι πληγές οδηγούν σε απομόνωση και δυσπιστία. Το φταίξιμο και η ντροπή μάς απομακρύνουν περισσότερο τον έναν απ' τον άλλο (το αντίθετο από το σχέδιο της βασιλείας του Θεού), αλλά το Άγιο Πνεύμα έρχεται και δίνει ξανά

Τα λόγια και οι πληγές τους, είναι σαν Δούρειος Ίππος, γιατί ο Σατανάς τα χρησιμοποιεί για να σε κάνει να πιστέψεις ψέματα σχετικά με το ποιος είναι ο Θεός και ποιος είσαι εσύ.

παιδικά λόγια στην καρδιά μας, και επαναφέρει τις σχέσεις που μας κάνουν πλήρεις.

Μερικές Ιστορίες

Μια μέρα, ένας πετυχημένος επιχειρηματίας, στοργικός σύζυγος και πατέρας τεσσάρων υπέροχων παιδιών, με άκουσε να μιλάω για την αντίθεση μεταξύ ενός ορφανού και ενός γιου, και μου έστειλε το εξής:

Παλεύω με πολλές ανασφάλειες, και χθες το βράδυ, ενώ μιλούσες, είδα ξεκάθαρα ότι εμφανίζω τα συμπτώματα κάποιου με ορφανό πνεύμα. Επίσης, βλέπω ότι δεν ξέρω ποιος είμαι.

Είναι ένα δύσκολο θέμα για μένα, επειδή έχω παρακολουθήσει πολλά μαθήματα πνευματικής ελευθερίας που ασχολούνται με αυτά τα πράγματα, και έχω διαβάσει πολλά βιβλία πάνω σ' αυτό. Μπορώ άνετα να σου απαγγείλω 25 πράγματα που λέει η Βίβλος για την ταυτότητά μου, κι όμως δυσκολεύομαι να πιστέψω ότι όλα αυτά ισχύουν για μένα. Νιώθω ότι δεν πληρώ τις προϋποθέσεις. Φοβάμαι ότι θα περάσω την υπόλοιπη ζωή μου νιώθοντας έτσι, αβέβαιος για τη θέση μου μπροστά στον Θεό. Επιπλέον, δυσκολεύομαι να ξεχωρίσω την έμφαση που δίνει η Γραφή στην υπακοή, και στο ότι είναι πιο σημαντικό να καταλάβω ποιος είμαι εν Χριστώ. Δεν είναι ότι δεν θέλω να το πιστέψω. Απλά δεν καταλαβαίνω.

Δεν είναι μια μεμονωμένη, σπάνια περίπτωση. Ίσα ίσα, την αναφέρω επειδή είναι αντιπροσωπευτική. Διδάσκουμε την εκκλησία ότι εάν συμπεριφερόμαστε με συγκεκριμένους τρόπους, ο Θεός θα είναι ευχαριστημένος και εμείς θα είμαστε γεμάτοι και ευτυχισμένοι. Οπότε, κάνουμε αυτό που πρέπει να κάνουμε. Σφίγγουμε τα δόντια, διαβάζουμε τη Βίβλο, προσευχόμαστε κάθε μέρα και περιμένουμε να μεγαλώσουμε, να μεγαλώσουμε, να μεγαλώσουμε. Αυτό που μας λείπει, όμως, δεν είναι οι εξωτερικές καλές επιδόσεις, αλλά ο εσωτερικός μηχανισμός αλλαγής, αυτό που θα μας συνδέσει ξανά με τον πραγματικό, παιδικό εαυτό μας.

Κάθε φορά που προσβάλλουμε, απορρίπτουμε, πληγώνουμε ή μειώνουμε κάποιον, συμβάλλουμε κατά έναν τρόπο στην κλοπή της αθωότητας, της ελευθερίας και της αφοβίας της παιδικότητάς του.

Μήπως ισχύει κυριολεκτικά ότι «αν κάποιος είναι εν Χριστώ, είναι νέο κτίσμα. Τα παλιά παρήλθαν και όλα έγιναν καινούργια» (Β' Κορινθίους 5:17); Μήπως το θέμα δεν είναι «να προσπαθείς να γίνεις καλύτερος Χριστιανός» ή να «αγωνίζεσαι να το πιστέψεις»; Μήπως προσπαθούμε να εφαρμόσουμε τις αρχές και τα πρωτόκολλα του Δέντρου της Γνώσης του Καλού και του Κακού; Και μήπως είναι η ώρα να κατεβούμε από αυτό το δέντρο των καλών επιδόσεων, και να μάθουμε να αναπαυόμαστε στο Δέντρο της Ζωής; Μήπως υπάρχει τρόπος να ανακτήσεις την ευφυΐα της παιδικότητάς σου, που δεν έχει καμία σχέση με τη διανοητική σου αντίληψη; Είσαι ανοιχτός σε κάτι τέτοιο;

Πώς να Ανακτήσεις την Ευφυΐα σου

Στο προηγούμενο κεφάλαιο μελετήσαμε αρκετά εδάφια από την Α' Κορινθίους 2 για να δείξουμε ότι το Άγιο Πνεύμα που κατοικεί μέσα μας και ταυτόχρονα, μέσα στην Αγία Τριάδα, ερευνά την καρδιά του Πατέρα (τους σκοπούς και τα σχέδιά Του για εμάς), και στη συνέχεια τα εναποθέτει μέσα στο πνεύμα μας. Σ' αυτό το κεφάλαιο είδαμε ότι η *κραυγή προς τον Abba* μαρτυρά το σχέδιο του Κυρίου για μας, που είναι να ζούμε ως παιδιά. Εξηγήσαμε ότι ο εχθρός θέλει να καταστρέψει την παιδικότητά μας με τραυματικές εμπειρίες, λόγια συκοφαντίας και επικρίσεις που μας κάνουν να χάνουμε την εμπιστοσύνη, τον αυθορμητισμό, την αφοβία και τη δημιουργικότητά μας. Είπαμε ότι η «ευφυΐα» μας δεν χάθηκε, είναι ακόμα μέσα μας, και περιμένει να αποκατασταθεί και να απελευθερωθεί ξανά. Πάμε να σκάψουμε λίγο πιο βαθιά σ' αυτή τη σκέψη.

Τα δύο τελευταία εδάφια της Α' Κορινθίους 2 μας δίνουν τον βιβλικό ορισμό της «ευφυΐας», σύμφωνα με τον Θεό. Ο Παύλος λέει:

Ο πνευματικός άνθρωπος ανακρίνει μεν τα πάντα, αυτός όμως δεν ανακρίνεται από κανέναν.

Α' Κορινθίους 2:15

Σε παράφραση του Τ. Μ. Φίλιπς:

Ο άνθρωπος του Πνεύματος έχει διορατικότητα και βλέπει το νόημα κάθε πράγματος, αυτός, όμως, δεν γίνεται κατανοητός από τον άνθρωπο του κόσμου.

Α' Κορινθίους 2:15

> **Ο άνθρωπος του Πνεύματος έχει διορατικότητα και βλέπει το νόημα κάθε πράγματος, αυτός, όμως, δεν γίνεται κατανοητός από τον άνθρωπο του κόσμου.**

Ο άνθρωπος του Πνεύματος είναι ο «πνευματικός άνθρωπος», που είναι το κεντρικό σημείο του Παύλου σ' αυτό το απόσπασμα. Είναι ο άνθρωπος που διδάσκεται από το Άγιο Πνεύμα (εδ. 14), καθώς λαμβάνει στο πνεύμα του αυτά που εναποθέτει το Άγιο Πνεύμα—αυτά που μας δόθηκαν δωρεάν από τον Πατέρα (εδ. 10, 12).

Σκέψου λίγο. Ποιος είναι «ευφυής» κατά τη γνώμη σου; Κάποιος που είναι τόσο έξυπνος, που κανείς δεν μπορεί να καταλάβει πώς τα ξέρει όλα αυτά ή πώς τα κάνει όλα αυτά; Κάποιος που συνδυάζει φαινομενικά άσχετες μεταξύ τους έννοιες ή αρχές, και μόλις τα ενώσει, ξεπηδάει μια νέα ιδέα, εφεύρεση ή ανακάλυψη; Το λεξικό λέει ότι η ευφυΐα είναι «η εξαιρετική νοητική ή δημιουργική δύναμη ή άλλη φυσική ικανότητα». Σύγκρινέ το μ' αυτό που λέει ο Θεός. Ο ορισμός του Θεού για την «ευφυΐα» είναι να έχεις διορατικότητα σε όλα, αλλά να μην γίνεσαι κατανοητός από τη φυσική σκέψη. Ο άνθρωπος του Πνεύματος είναι τόσο μπροστά, που ούτε οι εξυπνότεροι από τους έξυπνους αυτού του κόσμου δεν μπορούν να τον προφτάσουν.

Η Ευφυΐα στην Πράξη

Θέλεις να δεις την ευφυΐα στην πράξη; Δες τον Ιησού να φτύνει στο χώμα, να φτιάχνει πηλό, να τον βάζει στα μάτια ενός τυφλού και ο τυφλός, ξαφνικά, να βλέπει. Δες τη λύση που έδωσε ο Ελισσαιέ σ' έναν απ' τους μαθητές του, που του έπεσε το σιδερένιο κομμάτι του τσεκουριού στον βυθό του ποταμού:

> *Και ο άνθρωπος του Θεού είπε: Πού έπεσε; Και του έδειξε το μέρος. Τότε έκοψε μία σχίζα από ξύλο, και την έριξε εκεί. Και το σιδερένιο κομμάτι επέπλευσε. Και είπε: Πάρ' το κοντά σου. Και απλώνοντας το χέρι του, το πήρε.*
>
> Β' Βασιλέων 6:6

Βρες τους πιο λαμπρούς φυσικούς επιστήμονες στον πλανήτη, και ρώτα τους πώς γίνεται αυτό!

Πήγαινε με τον Μωυσή στο παλάτι του Φαραώ, δες τον να ρίχνει κάτω το ραβδί του και να μετατρέπεται σε μεγάλο φίδι, μετά να μετατρέπει το νερό σε αίμα, και μετά να χωρίζει την Ερυθρά Θάλασσα. Το ίδιο ξύλινο ραβδί έσπασε έναν βράχο και άρχισε να βγάζει νερό. Και πάει λέγοντας.

Ο στόχος του Αγίου Πνεύματος είναι να αποκαταστήσει εσένα και εμένα στο δυναμικό μας και τον σκοπό που έχουμε μέσα στον Θεό!

Θέλω να δεις ότι η ευφυΐα σου ήταν, είναι και θα είναι για πάντα στερεωμένη στο Άγιο Πνεύμα μέσα στο πνεύμα σου. Τίποτα από αυτά δεν είναι δυνατό χωρίς τον Θεό, αλλά όλα είναι δυνατά με τον Θεό (Κατά Μάρκο 10:27). Δεν πρόκειται να δεις αυτό το είδος ευφυΐας να λειτουργεί, χωρίς να κινείται το Άγιο Πνεύμα. Ο Παύλος λέει ξεκάθαρα ότι ο άνθρωπος που μαθαίνει να συνεργάζεται με το Άγιο Πνεύμα θα έχει γνώσεις για τα πάντα, και όποιος δεν έχει το Πνεύμα, δεν θα μπορεί να καταλάβει πώς το κάνει αυτό που κάνει. Θα είναι σαν υπεράνθρωπος, ή μάλλον, σαν τον Αδάμ προτού αμαρτήσει και χάσει τη σχέση του με τον Θεό. Έχεις αναρωτηθεί ποτέ, πώς κατάφερε ο Αδάμ να εργάζεται σε όλη την περιοχή μεταξύ των ποταμών Τίγρη και Ευφράτη προτού αμαρτήσει; Είναι εντελώς υπερφυσικό σύμφωνα με τη φυσική μας αντίληψη.

Είναι εκπληκτικό, και μας δείχνει ότι ο στόχος του Αγίου Πνεύματος είναι να αποκαταστήσει εσένα και εμένα στο δυναμικό μας και τον σκοπό που έχουμε μέσα στον Θεό! Ο ποιμένας μου έλεγε: «Αν κάνεις παρέα με το Άγιο Πνεύμα, θα σε κάνει να φαίνεσαι έξυπνος». Ίσως αυτό εννοεί ο Απόστολος Ιωάννης όταν λέει:

Κι εσείς το χρίσμα που λάβατε απ' Αυτόν, μένει μέσα σας και δεν έχετε ανάγκη κάποιος να σας διδάσκει. Αλλά όπως σας διδάσκει το ίδιο το χρίσμα για όλα, έτσι και είναι αλήθεια και δεν είναι ψέμα, και καθώς σας δίδαξε, θα μένετε σ' Αυτόν.

Α' Ιωάννη 2:27

Το τελευταίο εδάφιο της Α' Κορινθίους 2 έχει παρεξηγηθεί κατά κόρον, αλλά μας δείχνει ουσιαστικά πώς λειτουργεί η εσωτερική ευφυΐα. Για άλλη μια φορά, ο Παύλος παραθέτει κάτι από την Παλαιά Διαθήκη (Ησαΐας 40:13), για να τονίσει την αντίθεση μεταξύ του παλιού και του νέου:

Επειδή: «Ποιος γνώρισε τον νου του Κυρίου, ώστε να τον διδάξει;». Εμείς όμως έχουμε νουν Χριστού.

Α' Κορινθίους 2:16

Η απόλυτη Ευφυΐα του σύμπαντος, το Άγιο Πνεύμα, ζει μέσα σου.

Ο Ιησούς είπε στους μαθητές Του: «Μην προσπαθήσετε να το κάνετε χωρίς πρώτα να γεμίσετε με το Πνεύμα» (Κατά Λουκά 24:49, Πράξεις 1:4), αλλά «όταν λάβετε το Πνεύμα, θα κάνετε τα ίδια πράγματα που βλέπετε Εμένα να κάνω» (Κατά Ιωάννη 14:12).

Πώς γίνεται αυτό; Η απάντηση του Παύλου είναι ότι τώρα έχουμε τον νου του Χριστού! Τα συμφραζόμενα όλου του κεφαλαίου, βέβαια, ξεκαθαρίζουν ότι ο νους του Χριστού δεν μεταφέρεται στο μυαλό μας (στον εγκέφαλό μας), όπως εσφαλμένα υπονοούμε, αλλά μέσα στο πνεύμα μας διαμέσου του Αγίου Πνεύματος που κατοικεί μέσα μας! Κάθε πρόταση σ' αυτό το απόσπασμα μιλάει για το πνεύμα του ανθρώπου, και όχι για το φυσικό του μυαλό.

Ο Παύλος λέει το ίδιο πράγμα που είπε ο Ιησούς, αλλά με διαφορετική ορολογία. Ο Ιησούς μας μεταδίδει όλα όσα έλαβε από τον Πατέρα διαμέσου του Αγίου Πνεύματος που κατοικεί μέσα Του. Ο «νους του Χριστού» είναι οι σκέψεις, η θέληση, το σχέδιο και ο σκοπός του Θεού, και τα μοιράζεται μαζί μας επειδή είμαστε γιοι και κόρες Του. Δεν είμαστε πια υπηρέτες, αλλά φίλοι, γιατί ο Κύριος μας λέει τι κάνει (Κατά Ιωάννη 15:15).

Η απόλυτη Ευφυΐα του σύμπαντος, το Άγιο Πνεύμα, ζει μέσα σου. Αυτός που περιφερόταν επάνω από το σκοτάδι, που πήρε τα λόγια του Θεού, «Ας γίνει φως», και δημιούργησε το φως, την ύλη, τους 100 δισεκατομμύρια γαλαξίες και κάθε ζωντανό ον. Έχεις το Άγιο Πνεύμα, Αυτόν που ξέρει πώς λειτουργούν τα πάντα στο σύμπαν, γιατί όλα είναι δικό Του δημιούργημα. Και μοιράζεται μαζί σου ό,τι πρέπει να ξέρεις για τα σχέδια και τους σκοπούς του Πατέρα για σένα, και «δεν θα στερήσει κανένα αγαθό από εκείνους που περπατούν με ευθύτητα» (Ψαλμός 84:11)!

Ίσως το μυαλό σου σου λέει, «Εντάξει, αυτό δεν νομίζω ότι ισχύει για μένα. Υπάρχουν πολλά πράγματα που δεν ξέρω, έχω προβλήματα για τα οποία δεν έχω απαντήσεις και δεν νομίζω ότι είμαι αρκετά έξυπνος για να βγάλω άκρη». Σωστό, εν μέρει. Καλό είναι να καταλάβουμε ότι το μυαλό μας ποτέ δεν θα έχει όλες τις απαντήσεις. Αλλά, θα πρέπει επίσης να καταλάβουμε ότι:

Έχουμε χρίσμα από τον Άγιο που κατοικεί μέσα μας και γνωρίζουμε τα πάντα. Έχουμε χρίσμα από τον Άγιο [μέσα στο πνεύμα μας], και δεν εξαρτόμαστε από τους περιορισμούς του φυσικού μας μυαλού.

Α' Ιωάννη 2:20, 27
(σε δική μου παράφραση)

Συνέχισε να διαβάζεις, για να ανακαλύψεις πώς να αποκτήσεις πρόσβαση σε όλα αυτά που είναι μέσα στο πνεύμα σου.

Τι Είπαμε Μέχρι Τώρα;

Ο Ιησούς έφερε ένα παιδί μπροστά Του και μας είπε ότι πρέπει να επιστρέψουμε στη θέση ενός παιδιού εδώ και τώρα, αν θέλουμε να ζήσουμε στη σφαίρα του Θεού.

Εξετάσαμε ορισμένα χαρακτηριστικά της παιδικότητας που το Άγιο Πνεύμα θέλει να επαναφέρει στους γιους και τις κόρες.

Ορισμένες κοινωνιολογικές και νευρολογικές μελέτες δείχνουν ότι η ευφυΐα είναι έμφυτη στον άνθρωπο.

Απαριθμήσαμε τρόπους με τους οποίους σκανδαλίζουμε τους άλλους και φράζουμε την παιδικότητά τους με ανασφάλειες.

Ο βιβλικός ορισμός της ευφυΐας βρίσκεται στην Α' Κορινθίους 2:15-16.

ΠΡΟΣΕΥΧΗ

Πατέρα, Σ' ευχαριστώ που έστειλες το Πνεύμα Σου για να επαναφέρει την παιδικότητά μου. Κάποιες φορές νιώθω ότι ζω την παροιμία «Η πολλή δουλειά τρώει τον αφέντη». Μπορείς να επαναφέρεις και πάλι τη χαρά μου; Έλα, Άγιο Πνεύμα, και χρίσε με, (και όλη την οικογένειά μου), με λάδι ευφροσύνης. Αποκατάστησε τη δημιουργικότητά μου, την αφοβία μου, τον παιδικό αυθορμητισμό μου. Ρίχνω τις μέριμνές μου επάνω Σου. Επιλέγω να χαίρομαι, επειδή η καλοσύνη και η αγάπη Σου δεν αποτυχαίνουν ποτέ! Κύριε, θέλω να είμαι όπως εκείνο το παιδί που στάθηκε μπροστά Σου, χωρίς να ανησυχώ για τις φροντίδες αυτού του κόσμου, αλλά να ζω ξέγνοιαστος όλα αυτά που ετοίμασες, και να απολαμβάνω τον τρόπο που εκπληρώνεις τα λόγια Σου στη ζωή μου. Κύριε Ιησού, Σου ζητώ να έρθεις και να με θεραπεύσεις στα σημεία που η ευφυΐα του Πνεύματος φιμώθηκε μέσα μου από τη συκοφαντία, την κριτική και τα σχόλια των ανθρώπων. Τους συγχωρώ. Συγχώρεσέ με όπου και όποτε με χρησιμοποίησε ο εχθρός για να βλάψει την παιδικότητα κάποιου άλλου. Ναι, θα το πω. Άγιο Πνεύμα, Σε παρακαλώ, επανάφερε μέσα μου την ευφυΐα που έδωσες εξαρχής. Γέμισε με, Κύριε, με το Πνεύμα Σου και δώσε μου όνειρα και οράσεις που είναι πέρα από τις φυσικές μου ικανότητες καθώς περπατώ στο Πνεύμα Σου. Σε εμπιστεύομαι. Εσύ επιταχύνεις κάθε υπόσχεση για να την εκπληρώσεις. Μήπως θέλεις να μου πεις κάτι αυτή τη στιγμή; Σε ακούω. Διάψαλμα.

ΓΙΑ ΟΜΑΔΙΚΗ ΣΥΖΗΤΗΣΗ

1. Όταν ο Ιησούς έφερε μπροστά σε όλους ένα παιδί, ως παράδειγμα για το πώς λειτουργεί η Βασιλεία του Θεού, τι ακριβώς ήθελε να πει;

2. Σημειώστε κάποια χαρακτηριστικά της παιδικότητας που το Άγιο Πνεύμα θέλει να επαναφέρει μέσα μας και συζητήστε γιατί είναι τόσο σημαντικά για την αποκατάστασή μας.

3. Δείτε ξανά τη λίστα με τους τρόπους που σκανδαλίζουμε ο ένας τον άλλον και βλάπτουμε την παιδικότητά μας. Ταυτίζεσαι με κάποιον απ' αυτούς στην προσωπική σου ιστορία;

4. Ποιος είναι ο βιβλικός ορισμός της ευφυΐας, σύμφωνα με το Α' Κορινθίους 2:15-16, και τι είδους ερωτήματα εγείρει μέσα σου;

Τέσσερα

Ο Κηπουρός της Ψυχής

Ο Μακ κοίταξε τον κήπο και είπε: «Αν και χρειάζεται αρκετή δουλειά ακόμα, κατά έναν περίεργο τρόπο, νιώθω σαν στο σπίτι μου εδώ, νιώθω άνετα». «Και πολύ καλά κάνεις, Μακένζι», είπε η Σάραγιου (Άγιο Πνεύμα), «γιατί αυτός ο κήπος είναι η ψυχή σου».
– Γ. Πολ Γιανγκ

Το Άγιο Πνεύμα είναι ο δραστικός παράγοντας που κινεί τη μεταμόρφωσή μας, γιατί Αυτός μας βοηθά να εκφραστούμε, δίνει τα σωστά λόγια στο πνεύμα μας και μας ελκύει κοντά Του ως συνεργάτες Του, καθώς μας μεταμορφώνει. Θα δανειστώ και μια άλλη συμβολική εικόνα για να περιγράψω τη μεταμόρφωσή μας: μου θυμίζει το υπομονετικό έργο ενός επιδέξιου κηπουρού, ο οποίος ξεριζώνει τα συναισθηματικά και πνευματικά ζιζάνια που πνίγουν τη ζωή μας, και φυτεύει τον κήπο του Θεού σε όποιον το θέλει[20].

Στο αριστουργηματικό μυθιστόρημα Η Καλύβα του Γουίλιαμ Πολ Γιανγκ, ο Μακ είναι ένας πατέρας βυθισμένος στην κατάθλιψη μετά την απαγωγή και δολοφονία της κόρης του. Καταλήγει βαθιά μέσα στο δάσος, στην καλύβα όπου δολοφονήθηκε η μικρή του, για να αντιμετωπίσει την απελπισία του ή ίσως για να βρει τον δολοφόνο. Εκεί συναντά την Αγία Τριάδα, αλλά με έναν τρόπο που καταρρίπτει όλα τα στερεότυπά του για τον Θεό. Στην εικόνα που μας περιγράφει ο Γιανγκ, το Άγιο Πνεύμα φοράει ρούχα εργασίας και δουλεύει σ' έναν κήπο. Ο Μακ σχολιάζει πόσο χαοτική είναι η κατάσταση του κήπου, χωρίς να γνωρίζει ότι ο κήπος είναι στην πραγματικότητα η ψυχή του[21].

Το Άγιο Πνεύμα (στο όνειρο απεικονίζεται ως μια μικροκαμωμένη Ασιάτισσα) αρχίζει να απαντά τις καχύποπτες ερωτήσεις του, και ταυτόχρονα, του ζητάει να σκάψει μια λακκούβα στον κήπο, η οποία θα αποκτήσει ιδιαίτερο νόημα στο τέλος της ιστορίας. Ο Μακ αγνοεί παντελώς το γεγονός ότι το Άγιο Πνεύμα φρόντιζε με προσοχή τον κήπο της καρδιάς του, καθάριζε τα ζιζάνια των πληγών και τα αγκάθια της ασυγχωρησίας, και προετοίμαζε το έδαφος για ένα νέο φύτεμα, πολύ πριν αρχίσει αυτός τις ερωτήσεις. Στο τέλος της ιστορίας, βλέπουμε ότι στον κήπο της ψυχής του Μακ, έχει ανθίσει ένα συγκλονιστικό λουλουδένιο υπερθέαμα, με άνθη σε υπέροχα σχήματα και χρώματα—η ομορφιά τους ξεπερνά τη φαντασία μας—που συμβολίζει τη θεραπεία που συνέβαινε μέσα στην καρδιά του Μακ στην πορεία της ιστορίας.

Το Άγιο Πνεύμα συνεχίζει τη διακονία του Ιησού, να θεραπεύει τους συντετριμμένους στην καρδιά και να ελευθερώνει τους αιχμαλώτους. Ξεριζώνει τα ψέματα που πίστευες για τον Θεό και, κατά συνέπεια, για τον εαυτό σου. Στη θέση όλων αυτών των ζιζανίων, φυτεύει όμορφες δημιουργίες μόνο για σένα. Η κηπουρική είναι ένα ακόμη παράδειγμα που εξηγεί αυτό που είπε ο Ιησούς στους μαθητές Του: «Σας επαναφέρω εκεί που ήσασταν ως παιδιά—στην αθωότητα, την ειλικρίνεια, τη συνδεσιμότητα, την ασφάλεια, το δυναμικό και την υπόσχεση». Και πώς ακριβώς μας είπε ο Ιησούς ότι θα συμβεί αυτό;

Ο Ιησούς σηκώθηκε στη συναγωγή το Σάββατο και άνοιξε το βιβλίο για να διαβάσει. Διάβασε από την προφητεία του Ησαΐα στο κεφάλαιο 61:

Πνεύμα Κυρίου είναι επάνω μου, γι' αυτό με έχρισε, με απέστειλε για να φέρνω χαρμόσυνα νέα στους φτωχούς, για να γιατρέψω τους συντετριμμένους στην καρδιά, για να κηρύξω ελευθερία στους αιχμαλώτους, και ανάβλεψη στους τυφλούς, να αποστείλω τους ψυχικά τσακισμένους σε ελευθερία, για να κηρύξω ευπρόσδεκτο χρόνο του Κυρίου.
Κατά Λουκά 4:18-19

Το Άγιο Πνεύμα εργάζεται μέσα σου. Είναι το Πνεύμα του Κυρίου που αναπαύεται επάνω σου και μέσα σου.

Δεν Κόβει Μόνο τις Άκρες

Η αλήθεια είναι ότι έχουμε υποτιμήσει πάρα πολύ τη δύναμη του καλού Πατέρα μας και τις προθέσεις που είχε όταν έστειλε τον Γιο Του. «Φάγαμε» το παραμύθι ότι ο Θεός είναι κατά κάποιο τρόπο μικρός, αδύναμος και αναιμικός, και δεν αντέχει την παρουσία της αμαρτίας, λες και η αμαρτία είναι πιο ισχυρή απ' Αυτόν. Παρερμηνεύουμε τα γραπτά της Παλαιάς Διαθήκης και παρουσιάζουμε έναν Θεό που πάσχει από μικροβιοφοβία και δεν μπορεί ούτε να σταθεί μπροστά στην αμαρτία ούτε ενδιαφέρεται να μας πλησιάσει επειδή είμαστε αμαρτωλοί—εξού και οι ατελείωτοι κανόνες που επιβάλλονται στα παιδιά Του να «μην αγγίξουν τίποτε ακάθαρτο». Είτε συνειδητά είτε υποσυνείδητα,

Η ΔΙΑΜΟΡΦΩΣΗ από τον *Abba*

σκεφτόμαστε ότι ο Θεός μάς απαγορεύει να καταναλώνουμε κάποιες «ακάθαρτες» τροφές ή να συναναστρεφόμαστε με λεπρούς, πόρνες και αμαρτωλούς, λόγω της τελειομανίας Του και όχι για την προστασία μας. Θεωρούμε ότι ο μαζεμένος Θεός μας αρκείται στο να κόβει λίγο τις ξεραμένες άκρες των φυτών μας για να διατηρεί την ωραία εικόνα μας, αντί να λερώσει τα χέρια Του στον κήπο της ψυχής μας.

Ο Ιησούς, όμως, ήρθε για να διορθώσει τις εσφαλμένες αντιλήψεις μας ως προς τον Θεό. Όταν συνάντησε τον λεπρό με τη μεταδοτική ασθένεια, δεν τον απέφυγε. Περπάτησε με τόλμη προς το μέρος του, έβαλε τα χέρια Του επάνω του και τον θεράπευσε. Αυτό δεν το είχε ξαναδεί κανείς. Αυτό μας αποκαλύπτει ότι ο Θεός δεν είναι μόνο παντοδύναμος, αλλά και γεμάτος αγάπη, ένας Θεός που θέλει να είναι μαζί σου, και ποτέ δεν σκόπευε ούτε ήθελε να ζει σε απόσταση από τον άνθρωπο. Ο Ιησούς εξέπληξε τους θρησκευόμενους, γιατί έτρωγε και μιλούσε πολύ συχνά με αμαρτωλούς, φοροεισπράκτορες, πόρνες, Σαμαρείτες, μέχρι και θρησκευόμενους! Ήταν τόσο σίγουρος για την ταυτότητά Του και είχε τόση πεποίθηση στη δύναμη της αγάπης Του, που μπορούσε να είναι άνετος και ανοιχτός με όλους. Υποτιμούμε πάρα πολύ τον Θεό και Τον παρουσιάζουμε σύμφωνα με τη δική μας εικόνα (ενώ ταυτόχρονα Του δίνουμε μυθολογικές διαστάσεις).

Παράλληλα, υποτιμούμε τον Θεό με τις αντιλήψεις μας για το τι είναι η σωτηρία. Για πολλούς Χριστιανούς, το Ευαγγέλιο δεν είναι κάτι περισσότερο από ένα εισιτήριο για τον Παράδεισο – μια απόδραση από αυτόν τον μολυσμένο κόσμο που είναι σάπιος, βρώμικος, και έχει ξεφύγει τόσο πολύ, ώστε δεν υπάρχει περίπτωση να λυτρωθεί. Δεν έχουμε καταλάβει ότι η σωτηρία περιλαμβάνει την ενδυνάμωση του πιστού, διαμέσου του Αγίου Πνεύματος που κατοικεί μέσα του, ώστε να κυριαρχήσει πάνω στην αμαρτία. Η χριστιανική ζωή έχει καταντήσει ένα παιχνίδι: πώς να πείσεις έναν αμαρτωλό να πει μια προσευχή, να αναγεννηθεί, και μετά να δέσει έναν κόμπο στην άκρη του σχοινιού και να κρατιέται εκεί μέχρι να πεθάνει ή μέχρι να έρθει ο Ιησούς. Δεν έχουμε αντιληφθεί τη δύναμη του σταυρού, ούτε τα άμεσα αποτελέσματα που έχει στο πνεύμα, την ψυχή και το σώμα μας. Δεν έχουμε κατανοήσει τη δήλωση του Παύλου, που λέει:

Έτσι κι εσείς να θεωρείτε τον εαυτό σας ότι είστε νεκροί μεν ως προς την αμαρτία, ζωντανοί όμως ως προς τον Θεό, διαμέσου του Ιησού Χριστού του Κυρίου μας. Ας μη βασιλεύει, λοιπόν, η

αμαρτία στο θνητό σας σώμα, ώστε να υπακούτε σ'αυτή σύμφωνα με τις επιθυμίες του....Επειδή η αμαρτία δεν θα σας κυριεύσει.
Ρωμαίους 6:11-14

Αποκατάσταση σε Γενετικό Επίπεδο

Ξέρουμε ότι το σώμα μας θα λυτρωθεί ολοκληρωτικά μόνο όταν η φθορά ντυθεί αφθαρσία, δηλαδή όταν επιστρέψει ο Ιησούς (Α' Κορινθίους 15:52-57). Παρόλα αυτά, πρέπει να ξέρουμε ότι το ίδιο Πνεύμα που ανέστησε τον Χριστό από τους νεκρούς—το Άγιο Πνεύμα—κατοικεί μέσα μας. Εάν ισχύει αυτό, πώς είναι δυνατόν ο Θεός που ζει μέσα μας να μην επηρεάζει ουσιαστικά και ρεαλιστικά κάθε κομμάτι της ύπαρξής μας, συμπεριλαμβανομένης της σωματικής μας υγείας;

Ενδιαφέρον προκαλεί η ανάπτυξη μια νέας, σύγχρονης επιστήμης, που ονομάζεται Επιγενετική. Το αντικείμενό της είναι ο τρόπος με τον οποίο τροποποιούνται τα γονίδιά μας από διάφορους παράγοντες, και ειδικά από τη διατροφή και το περιβάλλον μας. Μέχρι και πριν είκοσι χρόνια περίπου, ήταν κοινώς αποδεκτό ότι το DNA μας ήταν κάτι σταθερό και αναλλοίωτο. Ωστόσο, η έρευνα σχετικά με τις επιπτώσεις του Ολλανδικού Λιμού, αμέσως μετά τον Δεύτερο Παγκόσμιο Πόλεμο, αποκάλυψε ότι υπήρχαν αρκετοί περιβαλλοντικοί παράγοντες με μακροπρόθεσμες επιπτώσεις σε όσους γεννήθηκαν κατά τη διάρκεια του λιμού. Αυτό σημαίνει ότι οι ενέργειες και το περιβάλλον μιας γενιάς επηρεάζουν τις επόμενες γενιές. Οι νέες έρευνες, λοιπόν, θέτουν το ερώτημα, εάν κάτι τέτοιο μπορεί να ισχύει και στο κυτταρικό επίπεδο. Με αυτή την προοπτική, ότι μπορούν να υπάρξουν βιολογικές τροποποιήσεις σε κυτταρικό επίπεδο, ανοίγεται ένας νέος ορίζοντας πιθανοτήτων. Ο Ρίτσαρντ Φράνσις λέει ότι, «Οι επιγενετικές αλλαγές συμβαίνουν ως αποτέλεσμα της αλληλεπίδρασής μας με το περιβάλλον μας, τις τροφές που καταναλώνουμε, τους ρύπους στους οποίους εκτιθέμεθα, ακόμη και τις κοινωνικές μας συναναστροφές»[22]. Αυτό περιλαμβάνει και τις επαναλαμβανόμενες συμπεριφορές μας (συνήθειες), οι οποίες ενεργοποιούν ή απενεργοποιούν συγκεκριμένα γονίδια, γεγονός

Μπορεί το έργο του Αγίου Πνεύματος μέσα μου να σπάσει, κυριολεκτικά, τα μοτίβα της κακοποίησης και των δεσμών που υπάρχουν στην οικογένειά μου εδώ και γενιές;

που ενδέχεται να κάνει την επόμενη γενιά ή πιο επιρρεπή σε ορισμένες συνθήκες ή πιο ελεύθερη.

Για παράδειγμα, μήπως υπάρχουν βιολογικές επιπτώσεις σε έναν αλκοολικό, οι οποίες κάνουν τα παιδιά και τα εγγόνια του πιο επιρρεπή στον αλκοολισμό;

Όταν σπάω τον κύκλο της αμαρτίας στη ζωή μου, ετοιμάζω το έδαφος για να νικήσουν και οι γενιές μετά από μένα.

Πράγματι, έχουν εντοπιστεί ψυχολογικές επιπτώσεις σε επόμενες γενιές που οφείλονται στον αλκοολισμό των προηγούμενων[23]. Από τις μελέτες φυσιολογίας φαίνεται ότι το παιδί ενός αλκοολικού μπορεί να έχει μεγαλύτερη ανοχή στο αλκοόλ, γεγονός που ίσως το οδηγήσει σε αυξημένη κατανάλωση, χωρίς να αντιλαμβάνεται ότι βαδίζει στα χνάρια του αλκοολισμού, κι έτσι να επαναλαμβάνει τον φαύλο κύκλο. Τι γίνεται, κατ' επέκταση, με όσους πάσχουν από χρόνιο άγχος, όσους είναι εθισμένοι στην πορνογραφία ή σε κάποιες τροφές;

Η έρευνα της Επιγενετικής παρουσιάζει επίσης κάποιες πρώιμες ενδείξεις επιπτώσεων που περνούν από γενιά σε γενιά, άμεσα ή έμμεσα. «Μία από αυτές ονομάζεται *γονιδιωματική αποτύπωση*, κατά την οποία το αρχικό επιγενετικό χαρακτηριστικό του γονέα αναπαράγεται με μεγάλη πιστότητα στους απογόνους»[24]. Τι μπορεί να σημαίνει αυτό; Ότι οι επαναλαμβανόμενες πράξεις ή αντιδράσεις ενός ανθρώπου, μπορούν, κυριολεκτικά, να αναδιαμορφώσουν τη γενετική του σύνθεση, ενεργοποιώντας ή απενεργοποιώντας συγκεκριμένα γονίδια.

Εάν ισχύει αυτό, το εύλογο ερώτημα για μας είναι εάν η πνευματική μας λύτρωση μπορεί να έχει ανάλογες θετικές επιπτώσεις στο επίπεδο της φυσιολογίας μας. Δηλαδή, είμαι για πάντα άρρηκτα δεμένος με τις συνήθειες μου και μεταβιβάζω αναπόφευκτα τις αδυναμίες μου και στα παιδιά μου, ή μπορεί να υπάρξει ουσιαστική και πραγματική μεταμόρφωση; Μπορεί το Άγιο Πνεύμα που κατοικεί μέσα μου, να με ελευθερώσει από συνήθειες του παρελθόντος μου, και να με κρατήσει ελεύθερο; Για παράδειγμα, μπορώ να απενεργοποιήσω το γονίδιο που με κάνει επιρρεπή στην υπερκατανάλωση τροφής; Μπορεί το έργο του Αγίου Πνεύματος μέσα μου να σπάσει, κυριολεκτικά, τα μοτίβα της κακοποίησης και των δεσμών που υπάρχουν στην οικογένειά μου εδώ και γενιές; Είναι πολύ σημαντικό αυτό. Σου θυμίζω ότι η Βίβλος μιλάει για τις αμαρτίες των πατέρων μας που μεταβιβάζονται στην τρίτη και τέταρτη γενιά.

Τι σημαίνει αυτό; Ίσως μας δείχνει μια μεγάλη αλήθεια: όσο υπακούμε σταθερά στις παρακινήσεις του Αγίου Πνεύματος μέσα μας (Ρωμαίους 8:13), τόσο δυναμώνουν οι νοητικές (νευρολογικές) μας διασυνδέσεις, και τόσο περισσότερο «ανανεώνεται» ακόμα και η φυσιολογία μας (το σώμα), και γίνεται «όργανο δικαιοσύνης» αντί για αποδυναμωμένο εργαλείο της αμαρτίας. Με άλλα λόγια, το Άγιο Πνεύμα που ζει μέσα μας, σε συνδυασμό με την πρακτική υπακοή μας καθώς συνεργαζόμαστε μαζί Του, έχει τη δύναμη να επιφέρει τέτοια μεταμόρφωση μέσα μας, που θα εξαφανίσει τους πειρασμούς μας— κάθε ψυχική και σωματική έλξη που μας κρατούσε τόσο σφικτά— σταματώντας την επανάληψη και το περιβάλλον που τους ευνοεί. Το καλύτερο απ' όλα, είναι ότι όταν σπάω τον κύκλο της αμαρτίας στη ζωή μου, ετοιμάζω το έδαφος για να νικήσουν και οι γενιές μετά από μένα.

Υπάρχει ένα ανώτερο επίπεδο ελευθερίας από το να νικάς έναν πειρασμό με τη δύναμη της θέλησης. Ξέρεις ποιο; Το να μη σε αγγίζει καν ο πειρασμός! Δεν εννοώ ότι θα ζούμε χωρίς να νιώθουμε πειρασμούς. Εννοώ ότι αν αφήσεις το Άγιο Πνεύμα να γίνει ο καλύτερος φίλος σου, όλα αυτά που σε έδεναν στο παρελθόν, δεν θα έχουν το δικαίωμα ή τη δύναμη να σε δένουν στο μέλλον. Εννοώ ότι οι εθισμοί και οι δυσκολίες του παρελθόντος σου δεν είναι η ταυτότητά σου, αλλά η ιστορία σου.

Μερικές Ερωτήσεις

Από τι ελευθερωνόμαστε, όμως, και με ποιον τρόπο; Μήπως δεν έχει να κάνει με το να πηγαίνουμε τακτικά στην εκκλησία, να συμπεριφερόμαστε καλύτερα απ' αυτούς που δεν πηγαίνουν και να δίνουμε τον καλύτερο εαυτό μας; Μήπως δεν αρκεί να προσέχουμε μην τα κάνουμε χάλια, ώστε να καταφέρουμε να μπούμε στον παράδεισο; Υπάρχει μέσα σου η εικόνα ότι ο Θεός καλλιεργεί έναν πανέμορφο, πλούσιο κήπο στην ψυχή σου, που θα ομορφύνει όλη τη ζωή σου; Από τι ελευθερωνόμαστε τελικά; Και μήπως είμαστε τόσο απασχολημένοι, που δεν έχουμε ιδέα για τον κήπο της ψυχής μας; Έχεις ιδέα τι θέλει να ξεριζώσει το Άγιο Πνεύμα από τον κήπο σου; Έχεις ιδέα τι θέλει να φυτέψει το Άγιο Πνεύμα στον κήπο σου;

Ένα είναι σίγουρο: θέλει να μας ελευθερώσει από τις επίμονες επιπτώσεις της επίθεσης της Κόλασης στην ταυτότητά μας ως γιους και κόρες του Θεού. Σκέψου τις χειρότερες εικόνες που έχουμε δει, από πόλεις που καταστράφηκαν στον πόλεμο, όπως το Αλέπο στη Συρία, η

Μοσούλη στο Ιράκ ή η Μαρίνκα στην Ουκρανία. Η εικόνα των εκατοντάδων άδειων, καμένων και κατεστραμμένων κτιρίων θυμίζει την κατάσταση της ψυχής πολλών ανθρώπων. Κι όμως, αυτό που φαίνεται αδύνατο για τους ανθρώπους, είναι εφικτό με το έργο της αγάπης του Τριαδικού Θεού, που όλη Του η ύπαρξη εκπέμπει θεραπεία και πληρότητα για όλους.

Ένα είναι σίγουρο: θέλει να μας ελευθερώσει από τις επίμονες επιπτώσεις της επίθεσης της Κόλασης στην ταυτότητά μας ως γιους και κόρες του Θεού.

Η καρδιά σου είναι το βραβείο Του, και η ψυχή σου το έργο Του. Άκου για άλλη μια φορά την αποφασιστική δήλωση του Πατέρα, από το στόμα του Ιησού, στο πρώτο Του μήνυμα σε μια συναγωγή:

> *Πνεύμα Κυρίου είναι επάνω μου....γι' αυτό με έχρισε, για να κηρύξω... να απελευθερώσω....να δώσω....να γιατρέψω....να παρηγορήσω...*
> Κατά Λουκά 4:18-19

Ο Ιησούς δεν έκανε κηρύγματα, όπως το εννοούμε εμείς σήμερα. Ο Ιησούς κήρυττε πόλεμο, τον οποίο είχε κηρύξει πρώτος ο Πατέρας στη Γένεση 3:15, ότι μια μέρα το κεφάλι του Σατανά θα συντριφτεί και ο Θεός θα εκπληρώσει τον νόμο με βάση μια νέα ζωή, και όχι απλώς νέες πράξεις. Η αγάπη πάντα κερδίζει.

Ο Ιησούς δεν ήρθε για να δώσει πληροφορίες στα θορυβώδη πλήθη, που ήθελαν ένα σάντουιτς και ένα σχόλιο από τον πιο διάσημο ραβίνο. Ήρθε για να μεταμορφώσει τους ανθρώπους, έναν προς έναν, αποκαλύπτοντας ποιος είναι πραγματικά ο Πατέρας και ποιος είναι Αυτός, ο Γιος του *Abba*. Ο Κύριος το ήξερε, και καλό είναι να το μάθουμε κι εμείς, ότι οι πληροφορίες δεν έχουν τη δύναμη να μας μεταμορφώσουν. Ο Ιησούς υποτάχθηκε στον Πατέρα σε όλα, ακόμα και στο να βαπτιστεί από τον Ιωάννη. Όταν βγήκε από το νερό, οι ουρανοί άνοιξαν και ο Πατέρας εξέφρασε την ευχαρίστησή Του για τον Γιο, καθώς Τον γέμιζε με το Άγιο Πνεύμα χωρίς μέτρο.

Υποτάσσομαι στον Θεό σημαίνει ότι περιορίζω το εγώ μου και τα δικαιώματά μου, και μ' αυτόν τον τρόπο συμμετέχω στο δύσκολο και οδυνηρό κηπουρικό έργο του Αγίου Πνεύματος, που αναστατώνει μεν την ψυχή μου, αλλά εν τέλει την ομορφαίνει.

Κάποιος είπε ότι «η αλήθεια θα σε ελευθερώσει, αλλά πρώτα θα σε στεναχωρήσει».

Κάποιος είπε ότι «η αλήθεια θα σε ελευθερώσει, αλλά πρώτα θα σε στεναχωρήσει». Δεν μας αρέσει, γι' αυτό πολλές φορές αποφεύγουμε τις ήσυχες στιγμές, την περισυλλογή και το να ακούμε αντί να μιλάμε. Κατά βάθος, όμως, κανείς μας δεν τολμά να ισχυριστεί ότι ο κήπος της ψυχής του δεν χρειάζεται τα δυνατά και στοργικά χέρια του Μεγάλου Κηπουρού.

Πώς γίνεται αυτό πρακτικά; Πρώτον, το Άγιο Πνεύμα έρχεται αντιμέτωπος με τα «δικαιώματά» σου, όπως έκανε η Σάραγιου στον Μακ και του είπε: «Μόνο οι ταλαιπωρημένοι επικαλούνται τα δικαιώματά τους, για να αποφύγουν τη δουλειά που απαιτούν οι σχέσεις τους»[25]. Ποτέ μη σκεφτείς ότι το Άγιο Πνεύμα, ο οποίος περπάτησε μαζί με τον Ιησού μέχρι τον σταυρό και ακόμα παραπέρα, τώρα φοβάται να λερώσει τα χέρια Του. Έχω την εντύπωση ότι εκείνη τη μέρα, όταν θα δούμε τον Ιησού πρόσωπο προς πρόσωπο, θα δούμε και τα σημάδια από τα καρφιά στα χέρια Του. Μετά θα μας συστήσει στο Άγιο Πνεύμα, και θα δούμε ότι τα χέρια Του ή Της θα είναι γεμάτα λάσπες (προφανώς ο Θεός είναι πνεύμα και δεν έχει φύλο, εκτός από την αρσενική ανθρώπινη φύση του Ιησού).

Μια Προσεκτική Ματιά στο Έργο του Κηπουρού

Ας εξετάσουμε το έργο του Κηπουρού πιο προσεκτικά, και καθώς το κάνουμε, γιατί δεν Του ζητάς να καλλιεργήσει ένα νέο μέρος της ψυχής σου; Καθώς διαβάζεις, ψιθύρισε σ' Αυτόν: *«Κύριε, συνέχισε το έργο Σου. Συνέχισε το έργο Σου μέσα μου»*. Εφόσον το έργο στην ψυχή μας είναι συνεργατικό, ίσως ακούσεις το Άγιο Πνεύμα να σου λέει αυτό που είπε η Σάραγιου στον Μακ: *«Πάρε το φτυάρι και σκάψε σ' αυτό το σημείο»*. Η συνεργασία μας φαίνεται και από την *Κραυγή προς τον Abba*—το Άγιο Πνεύμα μας δίνει τα λόγια (σχηματίζει τις λέξεις), αλλά το πνεύμα μας μιλάει. Πιστεύω απόλυτα ότι το Άγιο Πνεύμα είναι υπομονετικός και εργάζεται μέσα μας, αλλά μόνο στα σημεία που είμαστε πρόθυμοι να συνεργαστούμε μαζί Του. Πάμε να δούμε κάποιες προτεραιότητες στον Κήπο της Ψυχής:

1. Η *Κραυγή προς τον Abba* μάς ελευθερώνει από τα δεσμά των πληγών μας και από την ανάλογη νοοτροπία (Γαλάτες 4:3-9).

Η ΔΙΑΜΟΡΦΩΣΗ από τον *Abba*

Το Πνεύμα του Θεού μέσα σου φωνάζει «*Abba*, Πατέρα» και κινητοποιεί τη διαδικασία της μεταμόρφωσής σου, από τη χαμηλή νοοτροπία ενός δούλου, στην πραγματικότητα ότι είσαι γιος. Είναι ενδιαφέρον ότι όταν ο Ιησούς έφερε το παιδί να σταθεί μπροστά Του (Κατά Ματθαίο 18:2-5), χρησιμοποίησε τη λέξη επιστρέφω. Την ίδια λέξη χρησιμοποιεί και ο Παύλος ρωτώντας τους πιστούς στη Γαλατία: «Πώς γίνεται να επιστρέφετε στα ασθενικά και φτωχά στοιχεία, και επιθυμείτε να γίνετε πάλι δούλοι τους;» (Γαλάτες 4:9). Πώς σκέφτεται ένας δούλος; Η νοοτροπία και όλος ο κόσμος του δούλου διέπονται από «τον νόμο του ισχυρότερου» και από το «ο κλέψας του κλέψαντος», οπότε «πατάει επί πτωμάτων για να ανελιχθεί», δηλαδή κάνει τα πάντα για να επιβιώσει και να βγει κερδισμένος. Άρα η έννοια της «επιστροφής» λειτουργεί αμφίδρομα. Μπορούμε να επιστρέψουμε στην παιδική απλότητα και εμπιστοσύνη, αλλά μπορούμε να επιστρέψουμε και στη δουλεία της εγωκεντρικής σκέψης που κυνηγάει την ιεραρχία.

Ο Χριστός μας καλεί να επιστρέψουμε στην παιδικότητα, και ο Παύλος μας προειδοποιεί να μην επιστρέψουμε στους παλιούς τρόπους του κόσμου. Το Άγιο Πνεύμα σχηματίζει την *Κραυγή προς τον Abba* μέσα μας (μέσω της οποίας το πνεύμα μας έχει την ελευθερία και την εξουσία να αποκαλεί τον Θεό, «Μπαμπά»). Αυτή η διαδικασία μας ευθυγραμμίζει εκ νέου στη θέση μας ως γιους.

Τι σημαίνει αυτό; Σημαίνει ότι έχουμε την επιλογή να αντισταθούμε στο έργο του Πνεύματος, να αγνοήσουμε το έργο του Πνεύματος, ακόμη και να κοροϊδέψουμε το έργο του Πνεύματος. Ο Θεός δεν έχει ούτε ίχνος χειριστικότητας στη φύση Του. Η *Κραυγή προς τον Abba* μάς ελευθερώνει από τις πληγές μας και τους ανάλογους τρόπους σκέψης και ζωής, όσο μαθαίνουμε να συνεργαζόμαστε μαζί Του—να νιώθουμε την απαλή ώθηση του Πνεύματος και Του απαντάμε: «Μίλησέ μου, Κύριε, Σε ακούω». «Συνέχισε το έργο Σου μέσα μου, Άγιο Πνεύμα».

Καθώς περνάει ο καιρός, συνειδητοποιώ ακόμα πιο έντονα ότι το Άγιο Πνεύμα ενδιαφέρεται για την κατάσταση της καρδιάς μου. Μπορεί να ακούγεται κοινότυπο, αλλά το πρώτο μέλημα κάθε κηπουρού είναι η κατάσταση του εδάφους. Όσο υπέροχα κι αν είναι τα λουλούδια στο φυτώριο, αν τα φυτέψεις σε κακό έδαφος, δεν θα ευδοκιμήσουν. Σε τι κατάσταση είναι η καρδιά σου; Η νοοτροπία του ορφανού και του δούλου, έχουν την τάση να απαντούν ψύχραιμα και ορθολογικά «Α, είμαι μια χαρά. Όλα καλά». Αν, όμως, θέλεις να μάθεις να ακούς τη φωνή του Πατέρα, θα πρέπει να μάθεις να φροντίζεις την καρδιά σου.

Έχεις κάποιον στη ζωή σου που μπορεί να σε ρωτήσει πώς είναι η καρδιά σου; Εάν όχι, καλό είναι να ξεκινήσεις απ' αυτό: ζήτα από τον Κύριο να σου φέρει κάποιον που θα νοιάζεται για σένα αρκετά, ώστε να σου κάνει την ερώτηση και να περιμένει μέχρι να ακούσει την ειλικρινή σου απάντηση. Το Άγιο Πνεύμα είναι ο καλύτερος στις δικτυώσεις. Ξέρει πώς να φέρει κοντά σου τους ανθρώπους που χρειάζεσαι.

2. Η κραυγή του Πνεύματος μας βεβαιώνει ότι είμαστε γιοι (Ρωμαίους 8:14-16).

Αυτό είναι το βασικό και συνεχόμενο έργο του Πνεύματος μέσα στον πιστό, ώστε να επαναφέρει την επικοινωνία μας με τον *Abba* μας. Ο Παύλος λέει στους Ρωμαίους πιστούς ότι αυτοί (άρα και εμείς) δεν λάβαμε πνεύμα φόβου (σίγουρα όχι από τον Θεό), αλλά λάβαμε το Άγιο Πνεύμα, ένα πνεύμα υιοθεσίας με το οποίο φωνάζουμε «Αββά, Πατέρα». Το ίδιο το Πνεύμα μαρτυρεί με το πνεύμα μας ότι είμαστε γιοι του Θεού. Με άλλη διατύπωση:

> *Το Πνεύμα του Θεού αγγίζει το πνεύμα μας και μας βεβαιώνει ποιοι πραγματικά είμαστε. Ξέρουμε ποιος είναι Αυτός και ξέρουμε ποιοι είμαστε εμείς: είναι ο Πατέρας και εμείς τα παιδιά Του. Και γνωρίζουμε ότι θα πάρουμε αυτό που έρχεται σε εμάς—μια απίστευτη κληρονομιά!*
> Ρωμαίους 8:16-17 (MSG)

Στη Γένεση λέει ότι η ανθρωπότητα δημιουργήθηκε σύμφωνα με την εικόνα και την ομοίωση του Θεού, αλλά η εικόνα και η ομοίωση είναι δύο διαφορετικά πράγματα. Η «εικόνα» του Θεού δεν μπορεί να αφαιρεθεί από τον άνθρωπο. Υπάρχουν κάποιες αμετάβλητες ιδιότητες, όπως η ελεύθερη βούληση, η δημιουργικότητα, η ομιλία και η όραση/φαντασία που συνιστούν την εικόνα του Θεού στον άνθρωπο, με σκοπό να επικοινωνεί και να κυριαρχεί στη γη. Η ομοίωση, όμως, έχει καταστραφεί. Η ομοίωση του Θεού σημαίνει να αγαπάμε, να εμπιστευόμαστε, να δίνουμε τον εαυτό μας με γενναιοδωρία και να ζούμε με παιδικότητα. Η ομοίωση του Θεού στον άνθρωπο έχει αμαυρωθεί εξαιτίας της αμαρτίας, και ο κήπος της ψυχής μας έχει να κάνει με αυτό ακριβώς.

> **Το Πνεύμα του Θεού αγγίζει το πνεύμα μας και μας βεβαιώνει ποιοι πραγματικά είμαστε.**

Το Άγιο Πνεύμα εργάζεται για να μας

μορφώσει σύμφωνα με την ομοίωση του Ιησού. Ως προς τι θα Του μοιάσουμε; Ο Ιησούς είναι ο τέλειος Γιος—ατρόμητος αλλά ξέρει να ακούει, αθώος αλλά θαρραλέος, υποταγμένος και άψογος στις σχέσεις Του. Ο Γκόρντον Φι, διαπρεπής βιβλικός μελετητής, λέει ότι όλο το πλαίσιο του 8ου κεφαλαίου της προς Ρωμαίους επιστολής είναι ότι, «διαμέσου του Αγίου Πνεύματος είμαστε ελεύθεροι από την τήρηση της Τορά, από την αμαρτία και τον θάνατο!». Η ανταρσία έχει τελειώσει. Το τελικό αποτέλεσμα είναι, «Σαν τον Πατέρα, έτσι και ο Γ/γιος»[26].

Δεν θα σας αφήσω ορφανούς, έρχομαι προς εσάς. Κατά Ιωάννη 14:18

3. Η *Κραυγή προς τον Abba* ενεργοποιεί μια καθημερινή συνεργασία με τον Θεό που ξεπερνά τη φαντασία μας.

Πολλοί πιστοί στοχεύουν μόνο να φτάσουν στον παράδεισο, ενώ ο Ιησούς είπε ότι θα κάνουμε τα ίδια έργα που έκανε κι Αυτός, επειδή έχουμε το ίδιο Πνεύμα να εργάζεται μέσα μας (Κατά Ιωάννη 14:12). Πώς μπορούμε να είμαστε τόσο σίγουροι γι' αυτό; Ο ίδιος ο Κύριος μας λέει:

Και εγώ θα παρακαλέσω τον Πατέρα, και θα σας δώσει έναν άλλον Παράκλητο, για να μένει μαζί σας στον αιώνα, το Πνεύμα της αλήθειας...επειδή μένει μαζί σας και μέσα σας θα είναι.
Κατά Ιωάννη 14:16-17

Και μετά κάνει μια εκπληκτική δήλωση:

Δεν θα σας αφήσω ορφανούς, έρχομαι προς εσάς.
Κατά Ιωάννη 14:18

Ο Ιησούς περπατάει μαζί σου και μέσα σου αυτή τη στιγμή διαμέσου του Αγίου Πνεύματος που κατοικεί μέσα σου. Αυτή είναι η εκπλήρωση και η πρακτική εφαρμογή της υπόσχεσής Του:

Δεν θα σε αφήσω ούτε θα σε εγκαταλείψω.
Εβραίους 13:5

Ό,τι κάνει ο Θεός το κάνει μέσα από τη συνεργασία και τη σχέση Του μαζί μας.

Ένα επακόλουθο της παρουσίας Του μέσα μας, είναι πως όταν συνειδητοποιήσουμε Ποιος ζει μέσα μας, αλλάζει ο τρόπος που βλέπουμε τον εαυτό μας και τον κόσμο γύρω μας. Το Άγιο Πνεύμα, μέσω της πνευματικής γλώσσας, σε βοηθάει να συνειδητοποιείς ότι Αυτός είναι πάντα μέσα σου, άρα πάντα έχεις πρόσβαση, όχι μόνο για να διαχωρίζεις το σωστό ή το λάθος, το μέσα ή το έξω, το αδύναμο ή το ισχυρό, αλλά έχεις πρόσβαση και σε μια τρίτη επιλογή—μια διαφορετική επιλογή που δεν μπορούσες να δεις χωρίς το Άγιο Πνεύμα. Αυτή η συνείδηση του Θεού έκανε έναν έφηβο που τον έλεγαν Δαυίδ, να προσβάλλει έναν γίγαντα ύψους τριών μέτρων, και να τρέξει κατά πάνω του με μια σφεντόνα και μια πέτρα. Ο ίδιος θεϊκός τρόπος σκέψης έκανε τον Ιησού να ζητήσει δώδεκα τεράστια πιθάρια με νερό σ' έναν γάμο, ενώ δεν είχε κάνει ακόμα ούτε ένα θαύμα. Η ίδια θεϊκή συνείδηση έκανε τον Παύλο να βάλει μαντήλια επάνω του, ξέροντας ότι το χρίσμα του Θεού θα έκανε ένα θαύμα στους αρρώστους.

Ό,τι κάνει ο Θεός το κάνει μέσα από τη συνεργασία και τη σχέση Του μαζί μας. Είναι Θεός σχέσης, Τρεις σε Έναν. Δεν είναι στον χαρακτήρα Του να παριστάνει «το μεγάλο Αφεντικό εκεί ψηλά» ή να λειτουργεί ως «ουράνιος μοναχικός καβαλάρης». Η φύση Του είναι μια τριαδική σχέση, κι έτσι ο τρόπος που λειτουργεί είναι η συνεργασία. Άρα αν νομίζεις ότι μια μέρα ο Θεός από μόνος Του θα «κάνει κάτι μεγάλο» που θα σου έρθει ουρανοκατέβατο, καλύτερα να το ξανασκεφτείς. Ο Θεός ψάχνει έναν συνεργάτη αυτή τη στιγμή—κάποιον που θα ακούσει τη φωνή και την καρδιά Του και θα ενεργήσει με βάση αυτό. Πρόσεξε το εδάφιο λίγο πιο πριν (Εβραίους 13:5), όπου ο Θεός διακηρύττει ότι δεν θα μας αφήσει και δεν θα μας εγκαταλείψει ποτέ. Έπειτα, ο συγγραφέας της επιστολής προς Εβραίους μας καθοδηγεί στο πρακτικό νόημα αυτής της δήλωσης:

Ώστε εμείς παίρνοντας θάρρος να λέμε: «Ο Κύριος είναι βοηθός μου, και δεν θα φοβηθώ, τι θα μου κάνει ένας άνθρωπος».
Εβραίους 13:6

Βλέπεις τη συνεργασία; Ο Θεός έκανε κάτι, και τώρα εσύ και εγώ κάνουμε κάτι μαζί Του. Το Άγιο Πνεύμα εργάζεται συνεχώς μέσα μας και μας καλεί να ενεργούμε μαζί με τον Θεό, ώστε να κάνουμε αυτά που είναι στην καρδιά του Θεού.

4. Η *Κραυγή προς τον Abba* επαναφέρει την αφοβία, τον αυθορμητισμό και την εμπιστοσύνη μας – ανανεώνοντας την παιδική μας φύση.

Αφιερώσαμε πολύ χρόνο στο προηγούμενο κεφάλαιο μιλώντας για την παιδική μας φύση. Ίσως είναι απαραίτητο να κάνω μια διευκρίνιση, λόγω των σύγχρονων τάσεων της εποχής μας: αυτό που συζητάμε εδώ, δεν έχει να κάνει με το να στέκεσαι μπροστά στον καθρέφτη σου κάθε πρωί και να κάνεις τολμηρές δηλώσεις, για να πείσεις τον εαυτό σου ότι κάτι που δεν έχεις δει ακόμα είναι αλήθεια. Δεν μιλάμε για τη δύναμη του μυαλού. Δεν λέμε ότι συγκεντρώνουμε όση θέληση διαθέτουμε, για να καταφέρουμε κάτι και να αποδείξουμε ότι είμαστε κάποιοι. Και σίγουρα δεν λέμε ότι μπορούμε να αναγκάσουμε τον Θεό να κάνει κάτι για μας, με τη δική μας προσπάθεια. Πρέπει να καταλάβουμε ότι το Άγιο Πνεύμα έχει αναλάβει την υπόθεση του ανθρωπίνου γένους, και κάθε στιγμή σχηματίζει λέξεις μέσα στο πνεύμα μας που αναδιαμορφώνουν την φύση μας σύμφωνα με την ομοίωση του Γιου.

Αυτή η διαδικασία απαιτεί ένα είδος κηπουρικής. Αυτό προϋποθέτει ότι το Άγιο Πνεύμα θα έρθει μέσα στο χάος σου, στις πληγές σου, στο πείσμα σου, στην ασυγχωρησία σου, στις κακές αναμνήσεις και τους εφιάλτες σου. Ναι. Όπως ακριβώς καλλιεργούμε μια σχέση δικαιοσύνης και οικειότητας με τον/τη σύζυγό μας, έτσι μπορούμε είτε να συμμετέχουμε, είτε να εμποδίζουμε αυτή τη διαδικασία θεραπείας και ελευθερίας.

Συνεργασία με το Άγιο Πνεύμα

Σαν προετοιμασία για το επόμενο κεφάλαιο, θα αναφέρω κάποια θεμελιώδη συμπεράσματα. Ο Χριστιανισμός του δυτικού κόσμου τείνει να αποφεύγει μια από τις πιο βασικές αλήθειες. Θα το πω απλά: ο τρόπος για να οικοδομήσουμε τον εαυτό μας και να αποκτήσουμε τη συνείδηση του ποιοι πραγματικά είμαστε, είναι να εξασκούμε την παρουσία του Θεού μέσα από τη λατρεία και την προσευχή, και συγκεκριμένα, την προσευχή εν Πνεύματι. Ο Ιούδας λέει:

Εσείς, όμως, αγαπητοί, ενώ θα εποικοδομείτε τον εαυτό σας επάνω στην αγιότατη πίστη σας, προσευχόμενοι εν Πνεύματι Αγίω...

Ιούδας 1:20

Ειδικά για όσους αγαπούν τις λίστες, ας απαντήσουμε στο ερώτημα: «Πώς να συνεργαστώ με το Άγιο Πνεύμα στην πορεία της επαναφοράς μου στην παιδικότητα;»

1. Ταπείνωσε τον εαυτό σου και έλα στον Χριστό. Είναι ο Σωτήρας, και είναι Αυτός που μας βαπτίζει με Άγιο Πνεύμα (Κατά Μάρκο 1:8).

2. Προσκάλεσε τον Ιησού να σε βαπτίσει στο Άγιο Πνεύμα (Κατά Λουκάς 11:11-13). Πες, «Κύριε, θέλω όλα όσα έχεις για μένα. Θα με βαπτίσεις με το Άγιο Πνεύμα Σου».

3. Μην συγχέεις τις συναισθηματικές εμπειρίες σου με το υπερχείλισμα της ζωής σου από αυτό το Πρόσωπο, που θα σε στρέψει έξω απ' τον εαυτό σου.

4. Συνεργάσου με το Άγιο Πνεύμα με την πνευματική γλώσσα που απελευθερώνει μέσα σου την *Κραυγή προς τον Abba*, και ξαναχτίζει την παιδική σου φύση (Ρωμαίους 8:16, Α' Κορινθίους 14:2,4).

5. Ετοιμάσου να παίξεις, να σκεφτείς, να γελάσεις και να ονειρευτείς σαν παιδί ξανά (Ιωήλ 2:28, Πράξεις 2:17). Όταν οι πιστοί γεμίζουν με το Άγιο Πνεύμα, τα όνειρα και οι οράσεις επιστρέφουν.

6. Προσευχήσου όπως σε προτρέπει το Άγιο Πνεύμα. Το Άγιο Πνεύμα θα καλλιεργήσει μέσα σου την τέλεια προσευχή ενός παιδιού: «*Abba*, Σου ανήκω. Ουράνιε Πατέρα, Σε λατρεύω». Θα δεις την ψυχή σου να διευρύνεται, σαν να ανταλλάξεις ένα καλαμάκι με μια μάνικα. Αυτό σημαίνει ότι θα έχεις μεγαλύτερη χωρητικότητα για να νιώθεις την παρουσία του Θεού μέσα σου.

7. Μελέτησε τα εδάφια που διακηρύττουν ότι είσαι γιος του Θεού—είναι μια πνευματική διαδικασία περισυλλογής του Λόγου που θα ανάψει μια φωτιά στο πνεύμα σου (Εφεσίους 1:18-19).

8. Άρχισε να δίνεις τον εαυτό σου—οι ικανότητες, τα ταλέντα σου, αυτά που σου αρέσει να κάνεις, είναι τα δώρα του Θεού μέσα από εσένα για κάποιον άλλο (Α' Πέτρου 4:10). Αυτό θα πει να ζεις στην κοινωνία της Αγίας Τριάδας: μαθαίνεις να αδειάζεις συνεχώς. Όταν αδειάζεις τον εαυτό σου, είσαι πραγματικά γεμάτος.

9. Ξόδεψε χρόνο με ανθρώπους που καλλιεργούν τη σχέση τους με τον Κύριο διαμέσου του Αγίου Πνεύματος—όπως το σίδερο ακονίζει το σίδερο (Εβραίους 10:24)²⁷. Βρες ανθρώπους που βρίσκονται στο ίδιο ταξίδι με το Άγιο Πνεύμα.

Μια μικρή σημείωση για την κληρονομιά που έχουμε ως γιοι, και για τα χαρίσματά μας. Ένα αναμενόμενο λάθος που κάνουν οι νέοι πιστοί, είναι ότι νομίζουν πως όλα τα χαρίσματα που μας δόθηκαν είναι μόνο για το δικό μας όφελος. Αν δεν καταλάβουμε ότι ο Πατέρας ετοιμάζει μια νύφη για τον Υιό Του, μπορεί να θεωρήσουμε ότι όλα αυτά τα γαμήλια δώρα είναι για εμάς! Στην πραγματικότητα, ο Κύριος μας βάζει μέσα σε μια κοινωνία πιστών, για να μάθουμε να σκεφτόμαστε περισσότερο τους άλλους, και λιγότερο τον εαυτό μας. Υπάρχει μια παγκόσμια μεταμόρφωση σε εξέλιξη. Ο Θεός γεμίζει όλη τη γη με τη γνώση της δόξας Του, που σημαίνει ότι ο απώτερος στόχος της δικής μας μεταμόρφωσης δεν είναι να μας ελευθερώσει για να κάνουμε ό,τι θέλουμε, αλλά για να δούμε όλη τη γη να γεμίζει με την καλοσύνη και τη δόξα του Θεού!

Ας Θυμηθούμε το «Ταξίδι Αναψυχής»

Προτού φύγουμε από την ιδέα της παιδικότητας, πάμε να θυμηθούμε την ιστορία της κόκκινης μερσεντές κάμπριο στον αυτοκινητόδρομο στο Κολοράντο που αναφέρω στο βιβλίο *Ο Ρόλος του Abba*. Εάν την είχες διαβάσει στο προηγούμενο βιβλίο μου, σου ζητώ να μην προσπεράσεις αυτές τις σελίδες. Συνέχισε να διαβάζεις, και σχημάτισε τις δικές σου εικόνες από την ιστορία. Ζήτησε από τον Πατέρα να σου μιλήσει για τα βήματα που πρέπει να κάνεις, για να επιστρέψεις στην παιδικότητα. Τι βλέπεις; Ποια ζιζάνια, πληγές ή ψέματα ξεριζώνει αυτή τη στιγμή το Άγιο Πνεύμα από τον κήπο της ψυχής σου;

Φαντάσου, λοιπόν, μια κόκκινη Μερσεντές κάμπριο που ταξιδεύει με κατεβασμένη οροφή μέσα στην ύπαιθρο. Η τοποθεσία είναι ένας περιφερειακός δρόμος στη γραφική ορεινή Ελλάδα κοντά στο Ζαγόρι και η εποχή είναι αρχή του καλοκαιριού. Η διαδρομή που ακολουθεί το αμάξι διασχίζει ένα εκτενές φυσικό τοπίο, γεμάτο πλούσια βλάστηση και πράσινα βοσκοτόπια. Τα βουνά που φαίνονται δεξιά στο βάθος έχουν ακόμα χιονισμένες κορυφές, και στα αριστερά κυλάει ένα κρυστάλλινο ποτάμι με γάργαρο, καθαρό νερό από την πηγή. Κοπάδια βοοειδών βόσκουν ελεύθερα στα λιβάδια (ίσως είναι οι πιο ευτυχισμένες αγελάδες του κόσμου) και εδώ και εκεί υπάρχουν σκόρπια κάποια αγροκτήματα. Το βλέπεις το σκηνικό;

Τώρα ας εστιάσουμε στην ανέμελη πενταμελή οικογένεια μέσα στην κόκκινη Μερσεντές εκ πρώτης όψεως δεν βλέπουμε κάτι ασυνήθιστο. Πίσω από το τιμόνι, ο πατέρας της οικογένειας οδηγεί με σιγουριά και ηρεμία. Είναι ολοφάνερο ότι απολαμβάνει την ευκαιρία να πάει με την οικογένειά του για μια περιπέτεια στη φύση. Στο πρόσωπό του διαφαίνεται ένα αμυδρό χαμόγελο — το καταστάλαγμα της βαθιάς απόλαυσης που νιώθει. Υποθέτουμε ότι παίρνει την οικογένεια σε κάποιο σπίτι της παιδικής του ηλικίας ή σε έναν προορισμό που σχεδίαζε να τους φέρει εδώ και καιρό. Με τον αριστερό του αγκώνα στηρίζεται στην πλαϊνή πόρτα του οδηγού, ενώ με το δεξί του χέρι, απλωμένο πάνω στο τιμόνι, κατευθύνει το αμάξι με άνεση. Είναι χαρούμενος.

Μπροστά, στη θέση του συνοδηγού, κάθεται η σύζυγος. Το βλέμμα της είναι κολλημένο στο κινητό τηλέφωνο στα γόνατά της, γιατί παρακολουθεί την εφαρμογή με τους Χάρτες Google ώστε να γνωρίζει ανά πάσα στιγμή την ακριβή τοποθεσία του οχήματος, και να είναι σίγουρη ότι ο σύζυγος δεν θα πάρει λάθος στροφή. Τα μαλλιά της ανεμίζουν από τον αέρα, αλλά μάλλον την ενοχλούν, γιατί την εμποδίζουν να παρακολουθεί τη μικρή οθόνη του κινητού. Τα μακριά καστανά μαλλιά της μπαίνουν συνέχεια μπροστά στα μάτια της, ενώ η καημένη προσπαθεί να τα στερεώσει πίσω από τα αυτιά της, μια από τη μία πλευρά και μια από την άλλη. Από μέσα της κάνει κάποιους υπολογισμούς: πόση ώρα ταξιδεύουν, πόση απόσταση τους απομένει, πότε είναι η επόμενη στροφή, πόσο απέχει το επόμενο βενζινάδικο και πότε θα πεινάσουν τα παιδιά. Εδώ και κάμποση ώρα δεν έχει σηκώσει τα μάτια της για να δει την ομορφιά που είναι γύρω της· είναι, όμως, καλή και ευσυνείδητη πλοηγός.

Στα πίσω, και κάπως στενά, καθίσματα (το κάμπριο δεν ήταν ιδέα της μαμάς) κάθονται τρία παιδιά ηλικίας από οχτώ μέχρι δεκαπέντε ετών. Ακριβώς πίσω από τη μαμά κάθεται το δεύτερο από τα τρία παιδιά, η μεγάλη κόρη. Είναι αρκετά ανήσυχη σ' αυτό το ταξίδι. Το παραδέχεται και η ίδια ότι γενικά «δεν τα ευχαριστιέται τα ταξίδια». Όταν ήταν πιο μικρή βρέθηκε σε ένα δυστύχημα, και αυτή η τραυματική ανάμνηση παραμένει ζωντανή στο μυαλό της γιατί επαναλαμβάνεται στους συχνούς εφιάλτες της. Είναι ξεκάθαρο ότι υποφέρει· κρατά το κεφάλι της ανάμεσα στα χέρια της, έχει σκύψει μπροστά με το πρόσωπο προς τα γόνατα και κουνιέται μπρος-πίσω ελπίζοντας ότι το ταξίδι θα τελειώσει σύντομα χωρίς τρομακτικές εκπλήξεις! Προφανώς το τελευταίο πράγμα στο μυαλό της αυτή τη στιγμή είναι να απολαύσει το τοπίο που τους περιβάλλει. Θα 'λεγε κανείς, ότι ίσως αυτός είναι ο λόγος που η μητέρα δίνει τόση προσοχή στην πλοήγηση. Ο πατέρας οδηγεί ήρεμα και με σιγουριά, η μητέρα παρακολουθεί σχολαστικά την πορεία τους, και αυτό το παιδί είναι σίγουρα προβληματισμένο, ίσως και τραυματισμένο.

Στα αριστερά, πίσω από τον πατέρα, κάθεται το μεγαλύτερο από τα τρία παιδιά. Είναι ο μεγάλος γιος που φοράει τα τεράστια ακουστικά του για εξουδετέρωση θορύβων και τα έχει συνδέσει με το βιντεοπαιχνίδι που παίζει στο PlayStation. Αγνοεί παντελώς ό,τι και όσους είναι γύρω του και το μόνο που τον απασχολεί είναι το σκορ που προσπαθεί να πετύχει εδώ και μια βδομάδα. Είναι τελείως αποκομμένος από τον πραγματικό κόσμο· αποκομμένος από την οικογένειά του μέσα στο αμάξι, αποκομμένος από το αξεπέραστο τοπίο έξω από το αμάξι και αποκομμένος από την πραγματικότητα (εκτός, βέβαια, από την περιστασιακή αίσθηση πείνας και δίψας που νιώθει). Είναι ικανός να παίζει βιντεοπαιχνίδια με τις ώρες, χωρίς διακοπή. Είναι και αυτός σκυφτός, αλλά με την άκρη του ματιού του πιάνει κάτι που τον εκνευρίζει: δίπλα του κάθεται η μικρότερη αδελφή τους, με τη συνηθισμένη ανεξέλεγκτη ζωντάνια της.

Η μικρότερη κόρη κάθεται ανάμεσα στα δύο αδέλφια της, στο εξόγκωμα που είναι στη μέση των πίσω καθισμάτων, αλλά ουσιαστικά δεν κάθεται. Είναι όρθια —πράγμα επικίνδυνο— με τα χέρια ψηλά και με τις μακριές ξανθιές μπούκλες της να πετούν στον αέρα· τσιρίζει από χαρά. Κοιτάζει μια τα βουνά, μια το ποτάμι, μια τα λιβάδια. Φωνάζει ξανά και ξανά, «Πω πω, μπαμπά, κοίτα τα βουνά! Δες πώς μυρίζει ο καθαρός αέρας! Έχεις ξαναδεί κάτι τέτοιο;». Ξέρω ότι η πρώτη σκέψη σου είναι ότι είναι επικίνδυνο να είσαι όρθιος στο πίσω μέρος ενός αυτοκινήτου που κινείται με ταχύτητα. Εμείς, ως θεατές, αμέσως κοιτάμε τον πατέρα και περιμένουμε να τη μαλώσει και να της πει «Κάτσε κάτω!». Αντί γι' αυτό, βλέπουμε το ήρεμο χαμόγελο στο πρόσωπό του να μετατρέπεται σε πλατύ χαμόγελο. Κάθε λίγο και λιγάκι ρίχνει μια ματιά στον καθρέφτη για να χορτάσει με τη χαρά της.

Ο πατέρας συμμερίζεται τη χαρά της κόρης — κι η κόρη εκφράζει τη χαρά του πατέρα. Από όλους τους επιβάτες, είναι η μόνη που εκτιμάει πραγματικά το μεγαλείο και την ομορφιά γύρω της, δηλαδή

Kerry Wood

Αυτός συμμερίζεται τη χαρά της —κι αυτή εκφράζει τη χαρά του.

τον σκοπό του ταξιδιού τους. Ο πατέρας είναι ήσυχος διότι ξέρει ότι, κατά κάποιον τρόπο, η κόρη του είναι ασφαλής μέσα στην ευφορία της. Η μικρή κόρη με το λαμπερό χαμόγελο κοιτάζει τον καθρέφτη σαν παιχνίδι, ψάχνοντας ξανά το βλέμμα του πατέρα της — και ταυτόχρονα, βλέπει μέσα από τον καθρέφτη τον εαυτό της. Ο πατέρας, ως έμπειρος οδηγός, μπορεί να βλέπει τον δρόμο με το ένα μάτι και τη μικρή με το άλλο. Ο ένας βλέπει τον άλλο και οι δυο τους μοιράζονται τη χαρά της κτίσης μαζί, σαν ένα.

Ο πατέρας αγαπάει τη μικρή κόρη πιο πολύ από τους υπόλοιπους; Όχι, βέβαια. Εννοείται ότι αγαπάει τη γυναίκα του και όλα τα παιδιά του με όλη την καρδιά του. Η ανάμνηση της γέννησης του κάθε παιδιού του δεν φεύγει ποτέ από το μυαλό του. Αυτή τη στιγμή, όμως, χαίρεται το παιδί που χαίρεται μαζί του. Η καρδιά του ξεχειλίζει όταν βλέπει τη μικρή του κόρη, που δεν έχει καμία μέριμνα, κανέναν φόβο, καμία σκέψη για το τι μπορεί να πάει στραβά ή πότε θα είναι η επόμενη στάση. Ούτε και συνειδητοποιεί ότι ακριβώς αυτό —αυτή η στιγμή— είναι ο απώτερος σκοπός του ταξιδιού τους.

Ο Πατέρας, διαμέσου του Πνεύματος, μέσω του Γιου, θέλει να μας επαναφέρει με αγάπη, εμάς τα παιδιά Του, στην παιδική μας φύση που μας ελευθερώνει από τη δουλεία του φόβου. Το Πνεύμα Του μας παίρνει πίσω στο πώς ήμασταν προτού πληγωθούμε, τραυματιστούμε, απογοητευτούμε ή απορριφθούμε. Μας ελευθερώνει από την ανάγκη μας να αποσυρθούμε ή να δειχτούμε. Δεν έχει κανένα, φόβο ότι θα πέσεις από το αυτοκίνητο. Εμείς προβάλλουμε αυτόν τον φόβο στον Θεό. Αλλά ο Θεός θέλει να σε φέρει στο σημείο που δεν θα χρειάζεται να φοβάσαι κάτι, να αποδείξεις κάτι, να κρύψεις κάτι, να χάσεις κάτι.

Εσύ, πού εντοπίζεις τον εαυτό σου σ' αυτή την προφητική εικόνα; Ταυτίζεσαι με τη μητέρα, που είναι απορροφημένη στην προσπάθειά της να είναι υπεύθυνη, να υπολογίζει, να αναλύει, να αξιολογεί, να σχεδιάζει τα πάντα—τόσο πολύ, που δεν έχεις σηκώσει το βλέμμα σου ούτε λίγο, για να δεις ότι ο Θεός σε έχει περιβάλλει με δέος και ομορφιά; Κοίτα ψηλά και ζήσε! Ο Πατέρας έχει κάνει αυτή τη διαδρομή εκατομμύρια φορές. Ξέρει πώς να σε φέρει στον προορισμό σου, χωρίς να χάσεις ούτε μια στροφή ή να ξεμείνεις από βενζίνη.

Μήπως ταυτίζεσαι με την τραυματισμένη κόρη, που φοβάται το ταξίδι; Ίσως δεν τολμάς να κοιτάξεις γύρω σου, λόγω κάποιων τραυματικών αναμνήσεων. Θέλω να ξέρεις ότι «ο Πατέρας σε

Η ΔΙΑΜΟΡΦΩΣΗ από τον *Abba*

αγαπάει» (Κατά Ιωάννη 16:27, 17:23) και δεν θα σε εγκαταλείψει ποτέ. Οποιοσδήποτε ψίθυρος στις σκέψεις σου σου λέει ότι σε έχει ήδη αφήσει, είναι ψέμα. Διάλεξε να πιστέψεις ότι ο Κύριος έχει τον έλεγχο. Τότε θα μπορείς να απολαύσεις τη διαδρομή σου.

Μήπως ταυτίζεσαι με το αγόρι που παίζει βιντεοπαιχνίδια και είναι αποκομμένος από τη χαρά του πατέρα του; Μήπως διάλεξες, για οποιοδήποτε λόγο, να βυθιστείς σε μια άλλη πραγματικότητα της επιλογής σου; Θα σου πρότεινα να μην ξεκινήσεις να αναλύεις το «γιατί». Το πρώτο βήμα για σένα είναι να αναγνωρίσεις ότι όλον αυτόν τον καιρό, χάνεις το τοπίο που έχει ετοιμάσει ο Θεός για τη ζωή σου. Όταν το δεις, δεν θα μπορείς να κάνεις ότι δεν το είδες.

Ίσως το μόνο που θέλεις τώρα, είναι να πεις, «Εντάξει, *Abba*, Μπαμπάκα, αν όντως έχεις μέσα Σου έναν κόσμο γεμάτο περιπέτεια και θαύματα, και εγώ τον χάνω, μπορείς να με ελκύσεις μέσα σ' αυτόν; Μπορείς να αλλάξεις τα «θέλω» μου; Νομίζω ότι ξέρεις πώς να με φέρεις εκεί. Θέλω να είμαι το παιδί που στέκεται στο πίσω κάθισμα, καθώς ο άνεμος κυματίζει στα μαλλιά μου, και εγώ είμαι απλά συγκλονισμένος από το πόσο υπέροχος είσαι.

Αυτή η προφητική εικόνα μου μιλάει για το σχέδιο του Πατέρα να μας επαναφέρει στην παιδικότητα, και να μας ετοιμάσει για μια αιώνια περιπέτεια, πολύ μεγαλύτερη από ό,τι μπορεί να συλλάβει το μυαλό μας. Το μόνο που ξέρω είναι ότι θα χρειαστεί μια αιωνιότητα για να μας δείξει τα ένδοξα πράγματα που έχει προετοιμάσει ο *Abba* μας για όσους Τον αγαπούν. Ο Παύλος προσεύχεται:

Για να δείξει στους επερχόμενους αιώνες τον υπερβολικό πλούτο της χάρης του με την αγαθότητά του σε μας εν Χριστώ Ιησού.
Εφεσίους 2:7

Σκέψου το λίγο:
Όσο ενώνεσαι με τον Abba και ωριμάζεις, τόσο θα επανέρχεται η παιδικότητά σου, και μαζί της, η τρυφερότητα και η αθωότητα της εμπιστοσύνης σου (προς τον Πατέρα). Όσο υποτάσσουμε τον εαυτό μας στη γλυκιά συνεργασία μαζί Του, οι αντιδράσεις μας σε κάθε περίσταση θα συμφωνούν με τους σκοπούς του Abba. Είναι δυνατόν να λέμε ότι είμαστε Χριστιανοί και ότι λαμβάνουμε την αγάπη του Abba, χωρίς αυτή η αγάπη να δημιουργεί μέσα μας την επιθυμία να δείξουμε την ίδια αγάπη και συμπόνια προς τους άλλους; Η αγάπη του Abba δεν σε

παραλύει. Ο Abba δεν σε κάνει να ασφυκτιείς, όπως η σαρκική προσοχή των ανθρώπων. Η αγάπη Του δημιουργεί ένα ζεστό και στοργικό περιβάλλον εμπιστοσύνης, μέσα στο οποίο ένα παιδί αισθάνεται ελεύθερο από κάθε περιορισμό, κάθε φόβο και κάθε ανασφάλεια. Όταν καταλάβεις ποιος είσαι, καλλιεργήσεις τα πνευματικά χαρίσματα και ταλέντα σου, και τα εκφράσεις μέσα σε υγιείς σχέσεις, η ζωή σου στη γη θα είναι μια περιπέτεια, σε επαγγελματικό και ερασιτεχνικό επίπεδο. Αυτή είναι η κληρονομιά σου.

Τι Είπαμε Μέχρι Τώρα;

Η ψυχή μας είναι σαν κήπος με όμορφα λουλούδια, αλλά και ζιζάνια που μεγαλώνουν μαζί, και το Άγιο Πνεύμα είναι ο κηπουρός, που είναι πλήρως αφοσιωμένος στο να καλλιεργεί την ψυχή μας με αγάπη, και να την κάνει όμορφη.

Περιγράψαμε τέσσερις τρόπους με τους οποίους το Άγιο Πνεύμα δουλεύει μέσα μας μέσω της *Κραυγής προς τον Abba*.

Επειδή ο Θεός είναι Θεός σχέσης, και ο τρόπος που λειτουργεί είναι η συνεργασία. Παραθέσαμε αρκετούς τρόπους για το πώς συνεργαζόμαστε με το Άγιο Πνεύμα.

Εξερευνήσαμε το «Ταξίδι της Αναψυχής» ως προφητική εικόνα, και αναρωτηθήκαμε σε ποια θέση είμαστε στο κόκκινο κάμπριο, δηλαδή σε τι κατάσταση βρίσκεται το έδαφος της ψυχής μας.

ΠΡΟΣΕΥΧΗ

Abba, δεν έχω καμία αμφιβολία ότι με αγαπάς ολοκληρωτικά και απόλυτα. Σε ευχαριστώ, Σε ευχαριστώ, Σε ευχαριστώ. Ξέρω, επίσης, ότι με αγαπάς πάρα πολύ για να με αφήσεις μέσα στη συντριβή και τις πληγές μου. Ομολογώ ότι δεν με ενθουσιάζει το γεγονός ότι πρέπει να αντιμετωπίσω το χάος που υπάρχει στον κήπο της ψυχής μου, αλλά πιστεύω ότι το Άγιο Πνεύμα αγαπά να ξεριζώνει τα ζιζάνια και να καθαρίζει όλα τα αγριόχορτα που έχουν σπαρθεί στον κήπο μου. Άγιο Πνεύμα, Σε προσκαλώ να έρθεις. Σε προσκαλώ να αρχίσεις να ξεριζώνεις ό,τι πρέπει να ξεριζωθεί. Μίλησέ μου και εργάσου απαλά μέσα μου, και εγώ δεσμεύομαι να συνεργαστώ μαζί Σου. Ό,τι μου πεις να κάνω, θα το κάνω. Αν χρειαστεί να ζητήσω συγχώρεση, να πλησιάσω κάποιον ή να απαρνηθώ κάτι στη ζωή μου, Σε ακούω. Βασίζομαι σε Εσένα ότι θα ενεργοποιήσεις μέσα μου τόσο τη δύναμη, όσο και την επιθυμία να υπακούω με κάθε τρόπο. Στο δυνατό όνομα του Ιησού. Αμήν.

ΓΙΑ ΟΜΑΔΙΚΗ ΣΥΖΗΤΗΣΗ

1. Πώς έβλεπε ο Ιησούς το έργο του Αγίου Πνεύματος στη διακονία Του και μέσα από την διακονία Του (Ησαΐας 61, Κατά Λουκά 4:18-19);

2. Με ποιο από τα τέσσερα έργα της Κραυγής προς τον *Abba* ταυτίζεσαι περισσότερο;

3. Δες ξανά τη λίστα με τους τρόπους συνεργασίας με το Άγιο Πνεύμα. Για ποιον θα ήθελες να συζητήσουμε περαιτέρω;

4. Πώς είναι η καρδιά σου; Στην εικόνα με το κόκκινο κάμπριο και τις διαφορετικές θέσεις, ποια «κατάσταση» θεωρείς ότι είναι πιο κοντά στην κατάστασή σου τώρα και γιατί;

Πέντε

Η Γλώσσα ενός Αληθινού Γιου

Δεν μπορείς να γνωρίσεις τον Θεό με τον τρόπο που γνωρίζεις όλα τα άλλα. Τον Θεό μπορείς να Τον γνωρίσεις μόνο πνεύμα προς Πνεύμα, καρδιά προς καρδιά, μέσα από τη διαδικασία του «κατοπτρισμού», όπου το όμοιο γνωρίζει το όμοιό του, η αγάπη γνωρίζει την αγάπη— η άβυσσος προσκαλεί την άβυσσο.
– Ρίτσαρντ Ρορ

Τα λόγια Μου, είναι πνεύμα και είναι ζωή.
– Ιησούς

Φτάνουμε στο πιο θεμελιώδες και πρακτικό σημείο της διαμόρφωσής μας από τον *Abba*. Έχει να κάνει με το τι συμβαίνει όταν επιτρέπουμε στο Άγιο Πνεύμα να προσευχηθεί, να μιλήσει και να ψάλλει μέσα από μας––το Πνεύμα του Θεού που εργάζεται μέσα και μέσα από το πνεύμα του ανθρώπου. Το έργο Του πολλές φορές έχει να κάνει με λέξεις ή λόγια, και υπάρχουν τρεις ολοφάνερες ενδείξεις μπροστά μας, που αποδεικνύουν πόσο σημαντικές είναι οι λέξεις ή τα λόγια στη ζωή και την ελευθερία μας.

Πρώτον, από τη στιγμή που ο Θεός αποκαλύπτει τον μονογενή Του Γιο στον κόσμο ως τον Λόγο (Κατά Ιωάννη 1:1), είναι προφανές ότι τα λόγια έχουν μεγάλη αξία για τον Θεό και αποτελούν χαρακτηριστικό της φύσης Του. Ο Θεός δημιούργησε το σύμπαν (την υλική πραγματικότητα) με τα λόγια Του (Γένεση 1), συντηρεί την υλική πραγματικότητα με τα λόγια Του, και ό,τι πρέπει να μεταμορφωθεί, το μεταμορφώνει με τα λόγια Του (Εβραίους 1:3). Υπάρχουν κυριολεκτικά εκατοντάδες αναφορές της φράσης «ο Λόγος του Θεού» μέσα στη Βίβλο, πράγμα που τονίζει ότι η λεκτική επικοινωνία είναι χαρακτηριστικό του ανθρώπου και του Θεού (και των αγγελικών υπάρξεων).

Δεύτερον, ο Ιάκωβος λέει ότι η γλώσσα (τα λόγια) κατευθύνει την πορεία της ζωής ενός ανθρώπου. Λέει ότι είναι το πιο απείθαρχο μέλος του ανθρώπινου σώματος, και ότι δεν μπορεί να δαμαστεί πραγματικά χωρίς υπερφυσική βοήθεια. Τα λόγια μας είναι σαν το πηδάλιο ενός μεγάλου πλοίου. Με τον ίδιο τρόπο που το πηδάλιο καθορίζει την κατεύθυνση και την πορεία του πλοίου, έτσι και η γλώσσα (δηλαδή, τα λόγια που μιλάει κάποιος) καθορίζουν την πορεία και την κατεύθυνση της ζωής του.

> *Έτσι και η γλώσσα, είναι μικρό μέλος, όμως κομπάζει για μεγάλα πράγματα. Προσέξτε, λίγη φωτιά πόσο μεγάλη ύλη ανάβει. Και η γλώσσα είναι φωτιά, ο κόσμος της αδικίας. Έτσι, ανάμεσα στα μέλη μας, η γλώσσα είναι που μολύνει ολόκληρο το σώμα, και η οποία φλογίζει τον τροχό του βίου και φλογίζεται από τη γέενα.*
> Ιακώβου 3:5-6

Τέλος, τα λόγια είναι το μέσο που επιλέγει ο Θεός για να επικοινωνεί και να δημιουργεί. Μιλάει επειδή θέλει να δημιουργήσει μια απτή, υλική πραγματικότητα, ως ενσάρκωση των σκέψεων, της θέλησης και της επιθυμίας Του. Και επιπλέον, μιλάει ώστε να μπορούν να Τον γνωρίσουν και να γνωρίζονται απ' Αυτόν, όσοι δημιουργήθηκαν για να μετέχουν στη χαρά της Τριαδικότητας. Ο Θεός έδωσε στον άνθρωπο το δικαίωμα, την ευθύνη και τη δύναμη της επικοινωνίας με έναν τρόπο μοναδικό, που δεν διαθέτει κανένα άλλο δημιούργημά Του.

Λόγια που μας Μεταμορφώνουν από Μέσα προς τα Έξω

Υπάρχει, ωστόσο, μεγάλη διαφορά ανάμεσα στα λόγια που προέρχονται απ' τον Θεό, και τα λόγια που προέρχονται απ' τον άνθρωπο. Τα γράμματα και οι λέξεις που διαβάζεις αυτή τη στιγμή είναι απλώς σύμβολα (που παράγονται από το αλφάβητό μας). Τα σύμβολα αντιπροσωπεύουν ήχους, και οι ήχοι είναι οι πολιτισμικά συμφωνημένοι τρόποι για να εκφράζουμε νοήματα. Ο Θεός, όμως, δεν μιλάει με σύμβολα, όπως κάνουμε εμείς. Μιλάει την πραγματικότητα. Όταν μιλάει ο Θεός, αυτά που λέει δημιουργούνται. Τη στιγμή που λέει, «Ας γίνει φως», το σύμπαν εκρήγνυται και γίνεται κάτι πρωτοφανές. Την ενέργεια που εκπέμπει η ύπαρξή Του, δεν μπορούν να τη χωρέσουν ούτε εκατοντάδες δισεκατομμύρια αστέρες, παρότι οι περισσότεροι ξεπερνούν σε μέγεθος τον ήλιο μας. Τα λόγια του Θεού είναι ζωντανά και γεμάτα δύναμη (Εβραίους 4:12). Τα λόγια Του είναι «πνεύμα» και χωράνε μέσα στο πνεύμα μας. Μείνε μαζί μου, γιατί οι έννοιες που εξετάζουμε είναι σημαντικές. Θα μας βοηθήσουν να δούμε ότι το

Άγιο Πνεύμα εργάζεται μέσα μας και μέσα από μας, και μας μεταμορφώνει, μέχρι να γίνουμε ολοκληρωμένοι γιοι.

Η σύμβουλος επιχειρήσεων Τρέισι Γκος πιστεύει ότι η γλώσσα είναι η μόνη δίοδος που έχουμε για να αλλάξουμε τις συνθήκες στον κόσμο. Η ίδια, βέβαια, μιλάει για την εφαρμογή της γλώσσας στο πλαίσιο

Το ότι είμαι φτιαγμένος σύμφωνα με την εικόνα του Θεού, σημαίνει ότι μοιράζομαι τη ζωή Του στο επίπεδο της γλώσσας.

της ψυχολογίας, αλλά το έργο της θα μας βοηθήσει να κάνουμε έναν πνευματικό παραλληλισμό. Λέει ότι η γλώσσα παίζει σημαντικό ρόλο στο πώς ένα άτομο «αντιλαμβάνεται και δομεί την πραγματικότητα σύμφωνα με τον τρόπο που μιλάει και ακούει»[28]. Αυτός ο συλλογισμός αναφορικά με τη γλώσσα, βασίζεται στο έργο του Χάιντεγκερ, ο οποίος συνέδεσε την έννοια της γλώσσας με την έννοια του «όντος»[29]. Τα αναφέρω όλα αυτά για να καταλήξω στο συμπέρασμα ότι, κατά μία έννοια, το γεγονός ότι είμαι φτιαγμένος σύμφωνα με την εικόνα του Θεού, σημαίνει ότι μοιράζομαι τη ζωή Του στο επίπεδο της γλώσσας. Καταλαβαίνουμε ότι οι αιώνες κτίστηκαν με τον λόγο του Θεού (Εβραίους 11:3). Αυτό περιλαμβάνει όλο το σύμπαν—τον μακρόκοσμο του Θεού—αλλά και τον μικρόκοσμο της καρδιάς του ανθρώπου.

Σκέψου το εξής:

Ο Δημιουργός του σύμπαντος βρήκε τον τρόπο να μετακομίσει στον εσωτερικό μας κόσμο. Δηλαδή, τα λόγια του Θεού, τα οποία ο Θεός μιλάει σε μας και μέσα από μας διαμέσου του Αγίου Πνεύματος που κατοικεί μέσα μας, έχουν τη δύναμη να αναδιαμορφώσουν τον εσωτερικό μας κόσμο. Η γλώσσα του ανθρώπου (τα λόγια του) μπορεί να βάλει φωτιά και να καταστρέψει την πορεία της ζωής του, όπως είπε ο Ιάκωβος, αλλά όταν ενδυναμώνεται από το Άγιο Πνεύμα, η ίδια γλώσσα μπορεί να στρέψει τη ζωή σου στους ανώτερους σκοπούς του Θεού για σένα. Αυτό σημαίνει να σε διαμορφώνει ο *Abba*.

Η Γλώσσα της Τιμής

Είμαστε μια προφητική κοινότητα, και δεν ζούμε σύμφωνα με όσα βλέπουμε με τα φυσικά μας μάτια, αλλά με αυτό που ξέρουμε μέσα στο Π/πνεύμα. Ο Παύλος είπε:

> *Ώστε εμείς, από τώρα πλέον, δεν γνωρίζουμε κατά σάρκα κανέναν. Παρόλο που και γνωρίσαμε κατά σάρκα τον Χριστό [αναφέρεται στους πρώτους αποστόλους που έζησαν μαζί με τον Χριστό], αλλά τώρα πλέον δεν γνωρίζουμε.*
>
> Β' Κορινθίους 5:16

Έτσι λειτουργεί η Βασιλεία στην οποία ζούμε. Πολλές φορές αναλωνόμαστε στο να μελετάμε ο ένας τα δυνατά σημεία του άλλου, τις αδυναμίες, τις προηγούμενες εμπειρίες και την «προέλευσή» μας, αλλά ο Παύλος λέει ότι δεν πρέπει καν να γνωρίζουμε ή να κρίνουμε ο ένας τον άλλον κατά σάρκα (σύμφωνα με τις προηγούμενες εμπειρίες και το ιστορικό μας). Γίναμε καινούργιοι. Συνεχίζει λέγοντας:

> *Γι' αυτό αν κάποιος είναι εν Χριστώ, είναι ένα καινούριο κτίσμα. Τα παλιά πέρασαν, δέστε τα πάντα έγιναν καινούρια.*
>
> Β' Κορινθίους 5:17

Η γλώσσα της τιμής σημαίνει ότι αντιμετωπίζουμε τους ανθρώπους με βάση το ποιοι είναι στα μάτια του Πατέρα, και όχι στα δικά μας. Είναι να μιλάμε την αλήθεια για το Ποιος ζει μέσα τους και τι έχουν μέσα τους ως νέα κτίσματα, είτε ζουν σύμφωνα μ' αυτή την πραγματικότητα είτε όχι.

Έχεις κρυφακούσει ποτέ τη συνομιλία μεταξύ της Αγίας Τριάδας; Τι πιστεύεις ότι λένε ο Πατέρας, ο Υιός και το Άγιο Πνεύμα όταν μιλούν για σένα; Σε διαβεβαιώνω ότι λένε τα καλύτερα. Οι λέξεις και τα σχόλια του Θεού για σένα ποτέ δεν αφορούν αυτά που δεν είσαι, αλλά όλα αυτά που είσαι σύμφωνα με το σχέδιο του Πατέρα, και όλα αυτά που καλέστηκες να παράγεις (ως καρπό) μέσα από το ποιος «είσαι». Το παρελθόν μας ποτέ δεν αναφέρεται στην κληρονομιά μας, γιατί θεωρείται εκτός θέματος στη συνομιλία της Τριαδικότητας. Ο Τριαδικός Θεός μας, μέσα στην παντοδυναμία της βουλής Του, επέλεξε να μην το θυμάται πια. Το παρελθόν μας σφραγίστηκε για πάντα μέσα στον Υιό του Ανθρώπου, εκεί που το παρέσυρε η ορμή Του.

Το βασίλειο του σκότους σκάβει για να βρει τη βρωμιά. Το βασίλειο του φωτός σκάβει για να βρει το χρυσό.

Τίποτα δεν μπορείς να χτίσεις πάνω στα αρνητικά. Καμία υγιής οικογένεια δεν δομείται μόνο σ' αυτά που απαγορεύονται. Καμία υγιής εκκλησία δεν χτίζεται με βάση τα «δεν πρέπει». Καμία κίνηση αναζωπύρωσης/ανανέωσης δεν χτίζεται πάνω στην ενοχή ή στην προτεραιότητα της μετάνοιας για την αμαρτία. Πρέπει να χτιστεί πάνω στις θετικές λυτρωτικές ενέργειες του Θεού—εν Χριστώ και διαμέσου του Αγίου Πνεύματος—οι οποίες κορυφώνονται με τις επισκέψεις του Πνεύματος του Θεού ως υπερχείλιση μιας νέας πραγματικότητας.

Η γλώσσα της τιμής είναι η γλώσσα της Τριαδικής συνομιλίας. Η γλώσσα της τιμής εστιάζει στο να τιμά τους γιους και τα χαρίσματα που έχουν, αντί να εστιάζει σ' αυτά που δεν έχουν. Η γλώσσα της τιμής επιδεικνύει την καλοσύνη και την αγαθότητα του Θεού και διακηρύττει το κάλεσμα του Θεού για τους ανθρώπους. Θα είσαι απ' αυτούς που σκάβουν για να βρουν βρωμιές για τους άλλους, ή για να βρουν το χρυσάφι που κρύβεται μέσα τους. Το βασίλειο του σκότους σκάβει για να βρει βρωμιά, ενώ το βασίλειο του φωτός σκάβει για να βρει χρυσάφι.

Η γλώσσα της τιμής καλεί το μυστήριο της ζωής ενός ανθρώπου να φανερωθεί. Το καλεί έξω από την αφάνεια, το φέρνει στο φως, ώστε το μυαλό του ανθρώπου να πλυθεί με αυτό. Η παλιά, ορφανή νοοτροπία μας καθαρίζεται συνεχώς με τα λόγια του Θεού μέσα από τους γύρω μας, ώστε να μάθουμε να σκεφτόμαστε ως γιοι. Ο Ιησούς λέει:

Τώρα εσείς είστε καθαροί, εξαιτίας του λόγου που σας μίλησα.
Κατά Ιωάννη 15:3

Γι' αυτό η προφητική μας γλώσσα παίρνει και δίνει ζωή μέσα από την οικοδομή, την προτροπή και την παρηγοριά, και όχι με την κατάκριση, την ενοχή και την κριτική.

Η γλώσσα της τιμής είναι μια πρόσκληση να συμμετέχουμε στη συνομιλία της Αγίας Τριάδας, και μέσα σ' αυτή την ατμόσφαιρα, πρέπει να μάθουμε να δίνουμε και να δεχόμαστε τιμή. Ο ποιμένας Μπιλ Τζόνσον λέει: «Αν δεν μάθεις να δέχεσαι τιμή, δεν θα έχεις κανένα στεφάνι για να το εναποθέσεις στα πόδια Του». Αυτό μας οδηγεί στο δεύτερο χαρακτηριστικό της γλώσσας ενός αληθινού γιου—τη γλώσσα της αφθονίας.

Η Γλώσσα της Αφθονίας

Ό,τι τιμάς, το ελκύεις. Εδώ κρύβεται η δύναμη της λατρείας. Όταν τιμούμε τον Κύριο με τη λατρεία της ζωής μας, ο Κύριος έρχεται με

> **Η γλώσσα της αφθονίας έχει να κάνει με αυτά που έχεις ήδη λάβει, και όχι με αυτά που προσπαθείς να αποκτήσεις.**

παρουσία και δύναμη. Όταν ο Θεός έρχεται ανάμεσά μας και ζει ανάμεσά μας, αποκτούμε πρόσβαση σε ό,τι έχει ο Θεός. Η γλώσσα της αφθονίας δεν έχει να κάνει με τα υπάρχοντα ή τα πλούτη σου. Βασικά, αν το πρώτο πράγμα που σκέφτεσαι όταν βλέπεις τη λέξη «αφθονία» είναι τα πλούτη και τα υπάρχοντα, αυτό είναι ένα σημάδι ότι έχεις δρόμο μπροστά σου για να γίνεις από ορφανός, γιος.

Η γλώσσα της αφθονίας δεν είναι ένα μέσο ή ένα τέχνασμα για να κάνεις τον Θεό να σου δώσει περισσότερα πράγματα. Η γλώσσα της αφθονίας δεν είναι ένα κόλπο του Ευαγγελίου που σου εγγυάται ένα συγκεκριμένο αποτέλεσμα, εάν πεις τις σωστές λέξεις αρκετές φορές. Η γλώσσα της αφθονίας έχει να κάνει με αυτά που έχεις ήδη λάβει, και όχι με αυτά που προσπαθείς να αποκτήσεις. Είναι κάτι που πηγάζει από την εσωτερική αποκάλυψη ότι είσαι κληρονόμος του Θεού, άρα συγκληρονόμος του Ιησού Χριστού, και σ' αυτή τη σχέση όλα είναι δικά σου (Ρωμαίους 8:32, Α' Κορινθίους 3:21).

Αυτή η εσωτερική ισορροπία δεν θα γεννήσει την επιθυμία να αποκτήσεις περισσότερα «πράγματα». Το αντίθετο, θα έλεγα. Θα σε ελευθερώσει από τον φόβο ότι δεν έχεις αρκετά ή ότι δεν είσαι αρκετός ή ότι δεν κάνεις αρκετά. Ουσιαστικά, θα σε ελευθερώσει τόσο πολύ, που θα μπορείς να δώσεις τη ζωή σου ολοκληρωτικά. Ο Ιησούς το είπε τόσο απλά, που μερικές φορές το χάνουμε:

> *Δωρεάν πήρατε, δωρεάν δώστε.*
> Κατά Ματθαίο 10:8

Όλοι ξέρουμε αυτό το εδάφιο, αλλά υποσυνείδητα το ερμηνεύουμε υπό το πρίσμα μιας λανθασμένης εικόνας του Θεού. Θεωρούμε ότι κάποτε λάβαμε κάτι δωρεάν, και τώρα πρέπει να διαχειριστούμε εκείνο το ξεροκόμματο που πήραμε δωρεάν, και να το κάνουμε μεγάλο. Όχι. Εάν καταλάβεις ποιος είναι ο Θεός, θα δεις ότι ο Θεός είναι άπειρη και άφθονη αγάπη, που είναι στραμμένη στους άλλους και δεν μπορεί να σταματήσει να δίνει τον εαυτό Του στους άλλους (δες το βιβλίο Το Θεμέλιο του *Abba*). Δηλαδή, δεν πήραμε κάποτε κάτι δωρεάν και τελείωσε, αλλά συνεχώς παίρνουμε δωρεάν, και γι' αυτό η «ψωμοθήκη» μας δεν θα αδειάσει ποτέ!

Στο χαμηλότερο σημείο της ζωής μου, ο Κύριος μου είπε, «Κέρυ, πάντα θα έχεις ό,τι πρέπει να έχεις, όταν το χρειαστείς. Και πάντα θα ξέρεις ό,τι πρέπει να ξέρεις, όταν το χρειαστείς...» (και εδώ είναι η προειδοποίηση), «...αν κάνεις το Άγιο Πνεύμα τον καλύτερο φίλο σου». Δεν μπορούσα τότε να αντιληφθώ ότι μέσα από τις ανθρώπινες ικανότητες του ιδεασμού, της διάνοιας, της μάθησης και της στρατηγικής που έχω ενσωματωμένες μέσα μου, η σταθερή τακτική του Σατανά θα είναι να με κάνει να φοβάμαι ότι δεν θα έχω τις πληροφορίες, τους πόρους και τις ιδέες που θα χρειαστώ την κατάλληλη στιγμή. Ο Πατέρας, όμως, μου έδωσε αυτόν τον προσωπικό λόγο εμπνευσμένο από τον Λόγο Του, *ένα ρήμα δηλαδή*, ξέροντας τη μάχη που επρόκειτο να δώσω, όπως μίλησε στον Ιησού και τον αποκάλεσε Γιο Του στον ποταμό Ιορδάνη, λίγο πριν πειραστεί στην έρημο. Ο Πατέρας, ο Υιός και το Πνεύμα μιλούν τη γλώσσα της αφθονίας. Δεν είναι αστείο που νομίζουμε ότι τα λόγια του Θεού είναι απλά λόγια, ενώ με έναν λόγο Του μπορεί να δημιουργήσει γαλαξίες και ηλιακά συστήματα;

Πάντα θα έχεις ό,τι πρέπει να έχεις όταν το χρειαστείς. Και πάντα θα ξέρεις ό,τι πρέπει να ξέρεις, όταν το χρειαστείς... αν κάνεις το Άγιο Πνεύμα τον καλύτερο φίλο σου.

Πόσο διαφορετικές είναι οι σκέψεις και οι επιθυμίες σου, όταν ξέρεις ότι η ψωμοθήκη σου δεν θα είναι ποτέ άδεια; Πώς νιώθεις όταν ξέρεις ότι, όσα και να δώσεις, τα ράφια σου θα είναι πάντα γεμάτα; Πόσο διαφορετική είναι η ζωή σου όταν ξέρεις ότι ο καλύτερός σου φίλος μπορεί να μετατρέψει δύο ψάρια και λίγο ψωμί σε ένα συμπόσιο για 15.000 άτομα — και Του αρέσει να το κάνει; Ο Ιησούς μάς είπε, «Δεν χρειάζεται να χαραμίζετε τις σκέψεις σας γι' αυτά (*μη μεριμνάτε*). Ο *Abba* σας ξέρει τι χρειάζεστε».

Η πραγματικότητα είναι απλή: όταν έχεις την αποκάλυψη ότι είσαι γιος, αυτό θα γεννήσει μέσα σου τη γλώσσα της αφθονίας, και θα συνειδητοποιήσεις ότι δεν χρειάζεται να έχεις στην κατοχή σου πολλά. Είναι ήδη δικά σου. Ο Ιησούς δεν είχε έναν στάβλο γεμάτο άλογα και γαϊδούρια. Του ανήκουν τα πάντα. Γι' αυτό, όταν χρειάστηκε ένα πουλαράκι, έδωσε απλώς την εντολή: «Όταν ο ιδιοκτήτης σας ρωτήσει γι' αυτό, πείτε του «Ο Κύριος το χρειάζεται».

Το δεύτερο πράγμα που θα σου συμβεί όταν συνειδητοποιείς ότι όλα είναι δικά σου, είναι ότι θα στρέψεις την καρδιά σου στην αποστολή του Πατέρα. Η επιθυμία μας θα στραφεί στα έθνη, αντί στον εαυτό μας. Και

> **Η ουσία του ουρανού εκδηλώνεται στη γη μέσα από τα χαρίσματα του Θεού, που διανέμονται ελεύθερα, ώστε όλος ο κόσμος «να γευτεί και να δει ότι ο Κύριος είναι καλός».**

τότε αρχίζει η πραγματική διασκέδαση. Στην τελική, το γεγονός ότι είμαστε γιοι, σημαίνει ότι δουλεύουμε για να κλείσουμε τις εκκρεμότητες του Πατέρα μας. Η αποκάλυψη ότι είμαστε γιοι και έχουμε κληρονομιά, μας ελευθερώνει από την ανάγκη να αρπάζουμε σαν ορφανοί, κι έτσι μπορούμε να φέρνουμε καρπό σύμφωνα με την αποστολή και τον σκοπό του Πατέρα.

Γιατί οι Αρχηγοί Κρατών Ανταλλάζουν Δώρα

Έχεις αναρωτηθεί γιατί οι αρχηγοί κρατών δίνουν τόσο παράξενα δώρα ο ένας στον άλλο; Αν το ψάξεις στο Google, θα διαπιστώσεις ότι σε όλες τις ηπείρους, από τους αρχαίους πολιτισμούς μέχρι σήμερα, «οι αξιωματούχοι των κυβερνήσεων και οι ηγέτες αντάλλαξαν δώρα για να καλωσορίσουν, να τιμήσουν και να καλλιεργήσουν επωφελείς διπλωματικές σχέσεις. Ένα τέτοιο δώρο συμβολίζει την ουσία του έθνους, και επιλέγεται επειδή εκφράζει την εθνική υπερηφάνεια για την ιδιαίτερη κουλτούρα του λαού»[30]. Τα δώρα μεταξύ αρχηγών κρατών αναδεικνύουν τις παραδόσεις ή τους θησαυρούς της χώρας, για παράδειγμα κάποιους πολύτιμους λίθους ή μέταλλα. Με άλλα λόγια, τα δώρα που χαρίζει μια χώρα, *επιδεικνύουν ένα συγκεκριμένο χαρακτηριστικό του βασιλείου*. Αυτό το δώρο παύει να είναι μια απλή τυπικότητα. Λειτουργεί ως υπενθύμιση της ιδιαίτερης σχέσης μεταξύ του δωρητή και του παραλήπτη του δώρου.

Αξίζει να σημειώσουμε ότι οι βασιλιάδες και οι αρχηγοί κρατών δεν δίνουν δώρα σύμφωνα με την ανάγκη του άλλου μέρους. Από κοινωνικοοικονομική άποψη, είναι πλούσιοι που προσφέρουν δώρα σε άλλους πλούσιους. Εύλογα αναρωτιέται κανείς, «Ποιο το νόημα ενός τέτοιου δώρου;». Το νόημα είναι οι σχέσεις, η σύνδεση και η τιμή.

Αυτό μας βοηθά να επανεξετάσουμε την άποψή μας για τα χαρίσματα (δηλαδή τα δώρα) του Θεού—τα χαρίσματα ενθάρρυνσης από τον Πατέρα (Ρωμαίους 12), τα χαρίσματα διακονίας από τον Γιο (Εφεσίους 4), και τα χαρίσματα φανέρωσης του Πνεύματος (Α' Κορινθίους 12). Αυτά τα χαρίσματα ΔΕΝ δίνονται στους πιστούς για να νιώθουμε σπουδαίοι (π.χ. «Είμαι προφήτης», «Είμαι απόστολος», «Έχω χαρίσματα θεραπειών» και ούτω καθεξής). Όλα αυτά ανήκουν στη λογική της αναρρίχησης και τιτλοφόρησης, και αποδεικνύουν ότι το ορφανό πνεύμα εξακολουθεί να επηρεάζει τον άνθρωπο. Τα χαρίσματα δίνονται στους γιους και στις κόρες του Θεού (οι οποίοι έχουν ήδη πρόσβαση σε όλο το Βασίλειο), για να αναδείξουν τον ιδιαίτερο χαρακτήρα και τα χαρακτηριστικά της Βασιλείας. Ο Θεός είναι ένας καλός Θεός που δίνει καλά πράγματα στα παιδιά Του (Κατά Ματθαίο 7:11), και όλοι όσοι έρχονται προς Αυτόν μπορούν να γίνουν παιδιά Του. Ο Πατέρας ευδόκησε (δηλαδή χαίρεται πολύ) να σου δώσει τη Βασιλεία. Η ουσία του ουρανού εκδηλώνεται στη γη μέσα από τα χαρίσματα του Θεού, που διανέμονται ελεύθερα, ώστε όλος ο κόσμος «να γευτεί και να δει ότι ο Κύριος είναι καλός». Όταν ζεις σ' αυτή την ατμόσφαιρα, μαθαίνεις να είσαι γιος, και αυτό παράγει μια νέα γλώσσα (έναν τρόπο ομιλίας), η οποία καλλιεργεί μια νέα κουλτούρα. Η γλώσσα της αφθονίας είναι η γλώσσα της γενναιοδωρίας – ξέρουμε τι έχουμε λάβει δωρεάν, γι' αυτό και μπορούμε να δίνουμε δωρεάν.

Η Γλώσσα της Επιβεβαίωσης

Σε τι διαφέρει η γλώσσα της τιμής από τη γλώσσα της επιβεβαίωσης; Θεωρώ ότι η γλώσσα της τιμής σκάβει βαθιά μέσα στον άνθρωπο και ενεργοποιεί τον καθορισμένο σκοπό που του δόθηκε από τον Θεό, τον προορισμό, την αποστολή και την ταυτότητά του. Αντίθετα, η γλώσσα της επιβεβαίωσης έχει να κάνει με την ενθάρρυνση που δίνουμε ο ένας τον άλλον στα μικρότερα βήματα της καθημερινής υπακοής στη ζωή μας.

Η Καινή Διαθήκη είναι, κατά μία έννοια, σαν ένα γλωσσικό εγχειρίδιο που μας μαθαίνει πώς να μιλάμε σύμφωνα τον χαρακτήρα και τη συνομιλία του Θεού. Ο ουρανός μιλάει τη γλώσσα της Αγίας Τριάδας, και εφόσον η γη είναι μια αποικία του Ουρανού, πρέπει να συνεχίσουμε να μιλάμε τη «μητρική μας γλώσσα» μεταξύ μας. Μαζί με τις οδηγίες του Ιησού για τα λόγια μας, όπως, «Δεν μολύνει τον άνθρωπο αυτό που μπαίνει (τρόφιμα), αλλά αυτό που βγαίνει (τα λόγια του)...», ο Παύλος μας δίνει πενήντα οκτώ οδηγίες προς «αλλήλους», δηλαδή για τις μεταξύ μας σχέσεις, που μας βοηθούν να καλλιεργήσουμε τη γλώσσα της επιβεβαίωσης. Λέει, «να αγαπάτε ο ένας τον άλλον», «να παρακινείτε ο ένας τον άλλον», «να παροτρύνετε ο ένας τον άλλον» και «να προκαλείτε ο ένας τον άλλον σε καλά έργα». Αυτή είναι η γλώσσα του Ουρανού και η γλώσσα της οικογένειας του Ουρανού στη γη. Όταν αυτή η γλώσσα πηγάζει από καρδιές που πραγματικά αγαπούν ο ένας τον άλλον, έχει διαφορετικό άρωμα από αυτό που ακούγεται μέσα στον κόσμο. Το ένα είναι quid pro quo, «δίνω για να πάρω», ενώ το άλλο είναι «δίνω ανεξάρτητα με το τι θα πάρω», γιατί αυτό ακριβώς κάνουν οι γιοι που ζουν μέσα στον απεριόριστο Πατέρα τους. Όσο λαμβάνουμε δωρεάν την αγάπη του Πατέρα, είμαστε ελεύθεροι να τη δώσουμε σε άλλους, ενθαρρύνοντας και επιβεβαιώνοντας ο ένας τον άλλον.

Η Γλώσσα του Πνεύματος

Σε κανέναν λαό, φυλή, κουλτούρα ή οπουδήποτε αλλού, δεν υπάρχει μεγαλύτερο πλεονέκτημα, από τη γλώσσα του Πνεύματος. Κανένα επίπεδο εκπαίδευσης, καταγωγής ή κοινωνικής θέσης δεν μπορεί να συγκριθεί με όσα είναι διαθέσιμα στους γιους και τις κόρες του Θεού που έχουν λάβει την υπερχείλιση της πληρότητας του Αγίου Πνεύματος. Η γλώσσα του Πνεύματος ξεπερνά κάθε μορφή ανθρώπινης επικοινωνίας. Όταν το Άγιο Πνεύμα μας δίνει λέξεις που είναι πέρα από τα όρια της δικής μας νοημοσύνης, πέρα από τα όρια της μητρικής μας γλώσσας, και πέρα από τα όρια της ανθρώπινης γνώσης, λειτουργούμε κυριολεκτικά από έναν άλλο κόσμο.

Γνωρίζω ότι το θέμα της πνευματικής γλώσσας (*γλωσσολαλιά*) βρίσκεται στο επίκεντρο συζήτησης ή διαμάχης σε ορισμένους κύκλους, παρότι συμβαίνει πολύ λιγότερο πλέον, καθώς η παγκόσμια Εκκλησία μεταφέρει το μήνυμα του Ευαγγελίου με ισχύ. Προσεγγίζω το θέμα με ευαισθησία, αλλά και με μια ταπεινή αίσθηση παρρησίας, που στηρίζεται στην εμπειρία της Βίβλου, αλλά και της πρακτικής ζωής μου. Προτού εξετάσουμε τη γλώσσα του Πνεύματος, θα ήθελα (1) να σου προτείνω υλικό για περαιτέρω μελέτη και (2) να διατυπώσω το θεμέλιο του Λόγου του Θεού για την πνευματική γλώσσα.

Προτεινόμενο Υλικό Μελέτης

Spiritual language increases your love for others.

Για όσους μεγάλωσαν σ' ένα περιβάλλον όπου το Άγιο Πνεύμα και η πνευματική γλώσσα είναι κάτι ασυνήθιστο, δεν συζητιέται και δεν εξασκείται, προτείνω δύο βιβλία που λειτουργούν ως θεολογική και πρακτική εισαγωγή στο θέμα, με κατανοητή και λογική ορολογία.

Πρώτον, το βιβλίο του ποιμένα Ρόμπερτ Μόρις με τίτλο, Ο Θεός που Ποτέ Δεν Γνώρισα (The God I never knew), είναι μια πολύ καλή εισαγωγή στο Βάπτισμα του Αγίου Πνεύματος (πολύ βασικό αν θέλουμε να κατανοήσουμε την *κραυγή προς τον Abba*), γραμμένο από κάποιον που ανατράφηκε σε διαφορετικό δόγμα[31]. Ακριβώς επειδή το υπόβαθρο του ποιμένα Μόρις δεν είναι χαρισματικό, είναι σε θέση να μιλήσει για το εσωτερικό έργο του Αγίου Πνεύματος στη ζωή ενός πιστού, απευθυνόμενος με πρακτική και λογική γλώσσα σε ανθρώπους που μεγάλωσαν χωρίς να ακούν γι' αυτό, όπως και ο ίδιος.

Το δεύτερο βιβλίο είναι *Η Ομορφιά της Πνευματικής Γλώσσας* (The Beauty of Spiritual Language) του ποιμένα Τζακ Χέιφορντ[32]. Αυτό το βιβλίο μιλάει με την ευαισθησία ενός ανθρώπου που ασχολήθηκε με την πολιτική και διέσχισε πολλούς θεολογικούς διαδρόμους για να ενώσει διαφορετικά ρεύματα του Χριστιανισμού. Μιλάει με εξουσία, ως κάποιος που έζησε και στάθηκε ως ηγέτης επί δεκαετίες, στη διάρκεια της μεγαλύτερης πνευματικής πλημμύρας στην Αμερική. Αυτά τα δύο βιβλία θα φέρουν κάθε πεινασμένο και διψασμένο αναγνώστη στα βάθη του Λόγου του Θεού γι' αυτό το θέμα, που γεννά μια ακλόνητη και πρακτική πίστη.

Θα πρότεινα, ταπεινά, και το δικό μου βιβλίο με τίτλο, *Τα Χαρίσματα του Πνεύματος για μια Νέα Γενιά* (*The Gifts of the Spirit for a New Generation*), το οποίο εξηγεί ότι τα χαρίσματα του Πνεύματος πηγάζουν από το υπερχείλισμα της συμπόνιας του Θεού, ανεξάρτητα από τις παρεξηγήσεις και υπερβολές που έχουν συμβεί στην ιστορική διαδρομή, σχετικά με την εφαρμογή και τον σκοπό τους.

Το Βιβλικό Υπόβαθρο της Πνευματικής Γλώσσας

Προτού μιλήσουμε για τη γλώσσα του Π/πνεύματος, πρέπει να εξετάσουμε το θεμέλιό της μέσα στον Λόγο του Θεού. Κατανοώ και τιμώ το γεγονός ότι τα πιστεύω μου μπορεί να μην ταυτίζονται με τα δικά σου σ' αυτό το θέμα, αλλά τα παραθέτω για να διευκρινίσω το υπόβαθρο της πίστης μου.

Η Πνευματική Γλώσσα Είναι μια Πρακτική της Καινής Διαθήκης

Ένα από τα πρώτα ζητήματα που χρήζουν διευκρίνισης είναι ότι η πνευματική γλώσσα ή «γλώσσα προσευχής», όπως την αποκαλούν

Η πρώτη φορά που συστήνεται δημόσια ο Ιησούς, είναι με τα λόγια του Ιωάννη, ότι «Αυτός είναι που βαπτίζει με Άγιο Πνεύμα».

μερικοί, δεν εμφανίζεται στην Παλαιά Διαθήκη ή στα Ευαγγέλια, για πολύ συγκεκριμένο λόγο. Πολλοί με ρωτούν, «Αν η πνευματική γλώσσα είναι τόσο σημαντική, γιατί δεν τη συναντούμε σε όλη την Αγία Γραφή;». Είναι μια καλή ερώτηση με ξεκάθαρη απάντηση: διότι η πνευματική γλώσσα είναι αποτέλεσμα της έκχυσης του Αγίου Πνεύματος, που ήρθε μετά την ανάσταση του Ιησού. Αυτό το προνόμιο προορίζεται μόνο για όσους αναγεννήθηκαν—όσους γεννήθηκαν από το Πνεύμα. Μέχρι να πεθάνει ο Ιησούς και να αναστηθεί από τους νεκρούς, η φύση της αμαρτίας και του θανάτου δεν είχε βγει απ' τη μέση, ούτε υπήρχε δυνατότητα για ένα νέο πνεύμα δικαιοσύνης. Στα Ευαγγέλια βλέπουμε συχνά ότι οι μαθητές (και τα πλήθη που ακολουθούσαν) δεν μπορούσαν να καταλάβουν τις παραβολές του Ιησού, επειδή δεν είχαν καρδιά (ή πνευματικά αυτιά) για να μπορούν να ακούσουν. Ήταν ακόμα νεκροί στο πνεύμα (Εφεσίους 2:1).

Οι μαθητές δεν ήταν αναγεννημένοι (δεν ήταν πνευματικά ζωντανοί), μέχρι που ο Ιησούς τους συνάντησε σε ένα ανώγειο στην Καπερναούμ μετά την ανάστασή Του, φύσηξε σ' αυτούς και τους είπε: «Λάβετε Άγιο Πνεύμα» (Κατά Ιωάννη 20:22). Εκείνη τη στιγμή, αναγεννήθηκαν. Πρόσεξε, όμως, ότι σ' αυτούς τους μαθητές, που μόλις είχαν λάβει το Άγιο Πνεύμα, ο Ιησούς έδωσε την οδηγία να πάνε στην Ιερουσαλήμ και να περιμένουν μέχρι να γεμίσουν με το Άγιο Πνεύμα (Πράξεις 1:8). Εκεί, το Άγιο Πνεύμα ξεχύθηκε πάνω στην Εκκλησία σε ένα άλλο ανώγειο, περίπου πενήντα ημέρες αργότερα (Πράξεις 2:1-4). Επομένως, η πνευματική γλώσσα είναι μια πρακτική που αφορά αυστηρά την Καινή Διαθήκη. Στα δύο επόμενα κεφάλαια θα δούμε με λεπτομέρεια την ομορφιά και τα οφέλη της πνευματικής γλώσσας. Προς το παρόν, ας δούμε τρία ακόμα βιβλικά θεμέλια που δείχνουν ότι το βάπτισμα στο Άγιο Πνεύμα και η πνευματική γλώσσα, είναι κάτι παραπάνω από προσωπική υπόθεση ή θέμα ερμηνείας.

Ιησούς: Αυτός που Μας Βαπτίζει με Άγιο Πνεύμα

Η πρώτη φορά που συστήνεται δημόσια ο Ιησούς, είναι με τα λόγια του Ιωάννη, ότι «Αυτός είναι που βαπτίζει με Άγιο Πνεύμα και φωτιά» (Κατά Ματθαίο 3:11, Κατά Λουκά 3:16). Ο Θεός πάντα φανερώνει

Η ΔΙΑΜΟΡΦΩΣΗ από τον *Abba*

κάτι από τη φύση και τους σκοπούς Του μέσα από τα ονόματά Του. Το γεγονός ότι ο Ιησούς συστήνεται ως «ο Βαπτίζων με Άγιο Πνεύμα», δείχνει ότι ο Θεός ήθελε εξαρχής το βάπτισμα του Πνεύματος να είναι το μέσο με το οποίο η Εκκλησία θα ολοκλήρωνε την αποστολή Του.

Ο Ιησούς εκπλήρωσε τα λόγια του Ιωάννη του Βαπτιστή, όταν το Άγιο Πνεύμα εκχύθηκε στην Εκκλησία μετά την ανάληψή Του. Λίγο νωρίτερα, ο Ιησούς είχε υποσχεθεί ότι αυτή η εμπειρία θα ήταν «ποτάμια από ζωντανά νερά που τρέχουν από τον εσωτερικό κόσμο του πιστού» (Κατά Ιωάννη 7:37-39). Αυτό είναι πολύ σημαντικό στην πορεία της πνευματικής μεταμόρφωσης, η οποία είναι έργο του Πνεύματος και γίνεται από μέσα προς τα έξω.

Ο Πέτρος Εδραιώνει την Πνευματική Γλώσσα στην Πρώτη Εκκλησία ως κάτι Θεμελιώδες και Φυσιολογικό.

Ο Λουκάς κατέγραψε την καθοριστική στιγμή που το Ευαγγέλιο κηρύχθηκε για πρώτη φορά στους Εθνικούς. Ο Πέτρος βρίσκεται στο σπίτι του Κορνήλιου. Δες τι έγινε:

Ενώ ο Πέτρος ακόμα μιλούσε αυτά τα λόγια, το Πνεύμα το Άγιο ήρθε επάνω σε όλους αυτούς που άκουγαν τον Λόγο. Και οι πιστοί, που ήταν από την περιτομή, εκπλαγήκαν, όσοι είχαν έρθει μαζί με τον Πέτρο, ότι η δωρεά του Αγίου Πνεύματος ξεχύθηκε και επάνω στα έθνη. Επειδή τους άκουγαν να μιλούν γλώσσες, και να μεγαλύνουν τον Θεό.

Πράξεις 10:44-46

Ο Πέτρος ερμήνευσε την εμπειρία της πνευματικής γλώσσας (το ότι μιλούσαν άλλες γλώσσες), όχι απλώς ως εκπλήρωση της υπόσχεσης του Πατέρα για τους Ιουδαίους (Πράξεις 1:8, 2:27, 38), αλλά και ως αδιαμφισβήτητη απόδειξη ότι ο Θεός δέχεται τους Εθνικούς (Πράξεις 10:54, Πράξεις 15:8). Σκέψου λίγο. Τι ήταν αυτό που έπεισε οριστικά τους Εβραίους ηγέτες και διευθέτησε τη διαφωνία τους σχετικά με τη ριζοσπαστική ιδέα, ότι οι Εθνικοί μπορούν να συμπεριληφθούν στην Εκκλησία; Ο Πέτρος, σε αντίθεση με όσα είχε διδαχθεί να πιστεύει, δήλωσε στους Εβραίους ηγέτες στην Ιερουσαλήμ ότι:

Και ο καρδιογνώστης Θεός έδωσε σ' αυτούς μαρτυρία, χαρίζοντας σ' αυτούς το Πνεύμα το Άγιο, όπως και σ' εμάς.

Πράξεις 15:8

Δεν υπάρχει ισχυρότερη ιστορική απόδειξη ότι το Βάπτισμα στο Άγιο Πνεύμα και η πνευματική γλώσσα ήταν απόλυτα θεμελιώδη και φυσιολογικά στην πρώτη Εκκλησία: Είναι η προσωπική μαρτυρία του Πέτρου (που ήταν εν ενεργεία ηγέτης της Εκκλησίας) και καταγράφηκε από τον Λουκά στις Πράξεις των Αποστόλων.

Ο Παύλος Διδάσκει την Πλήρωση με το Πνεύμα και Καθιερώνει την Πνευματική Γλώσσα ως Μέσο για την Προσωπική Οικοδομή.

Τέλος, ο Παύλος εξηγεί τι είναι η πνευματική γλώσσα με σχολαστικότητα: είναι ο τρόπος με τον οποίο το Άγιο Πνεύμα συγχρονίζει τον πιστό με το θέλημα και τον σκοπό του Πατέρα (Α' Κορινθίους 2:9-16), είναι ο τρόπος με τον οποίο οικοδομεί ατομικά τον πιστό και συλλογικά την εκκλησία, και είναι ο τρόπος ζωής μέσα στη Βασιλεία του Θεού (Α' Κορινθίους 14).

Ο Ιησούς είχε πει στους μαθητές Του ότι θα έρθει μια νέα μέρα, όπου το Άγιο Πνεύμα θα κινείται μέσα στους πιστούς, και δεν θα τους μεταμορφώνει απλώς εκεί που είναι αδύναμοι, αλλά θα τους ενδυναμώνει να κάνουν ακόμη μεγαλύτερα έργα δύναμης και αγάπης (Κατά Ιωάννη 14:12-14). Το Άγιο Πνεύμα θα τους διδάσκει και θα τους δείχνει όσα πρόκειται να έρθουν (Κατά Ιωάννη 16:13). Δεν θα ανησυχούν για το τι θα πουν την κρίσιμη στιγμή, γιατί «το Άγιο Πνεύμα θα τους δίνει τα λόγια εκείνη τη στιγμή» (Κατά Λουκά 12:12). Το Άγιο Πνεύμα σχηματίζει τα κατάλληλα λόγια στο πνεύμα του πιστού, και με αυτά τα λόγια τον διδάσκει και του δίνει όλα όσα έδωσε ο Πατέρας στον Υιό (Κατά Ιωάννη 16:15).

Από την ημέρα της Πεντηκοστής και μετά, είναι φανερό ότι η εμπειρία της Πεντηκοστής δεν προορίστηκε να είναι ένα πνευματικό παράσημο που διαχωρίζει τη μια ομάδα πιστών από την άλλη. Το

> **Το Βάπτισμα στο Άγιο Πνεύμα δεν είχε να κάνει με το ποιος θα φτάσει στον παράδεισο ή ποιος είναι πιο πνευματικός από τον άλλο. Έχει να κάνει με τη μετατροπή των ορφανών σε γιους.**

Βάπτισμα στο Άγιο Πνεύμα δεν είχε να κάνει με το ποιος θα φτάσει στον παράδεισο ή ποιος είναι πιο πνευματικός από τον άλλο. Έχει να κάνει με τη μετατροπή των ορφανών σε γιους. Είναι η μεταφορά, η κοινωνία της φύσης του Θεού μέσα σε συντετριμμένους ανθρώπους, για να τους επαναφέρει στη θέση τους. Έπειτα, αυτοί οι θεραπευμένοι και ενδυναμωμένοι γιοι καλούνται να μεταφέρουν τα καλά νέα στον ορφανό κόσμο, και να αρχίσουν να απελευθερώνουν τη Βασιλεία του Θεού (την πληρότητα, τη δικαιοσύνη, την ειρήνη Του—shalom) μέσα από την παρουσία Του σε όσους τη δέχονται.

Είναι εύκολο να πάρεις αυτήν την υπόσχεση από τον Πατέρα. Δες το πρώτο κήρυγμα του Πέτρου, όταν ρωτήθηκε «Πώς μπορούμε να λάβουμε κι εμείς αυτό που λάβατε εσείς;»:

Και ο Πέτρος είπε σ' αυτούς: Μετανοήστε, και κάθε ένας από σας ας βαπτιστεί στο όνομα του Ιησού Χριστού, σε άφεση αμαρτιών. Και θα λάβετε τη δωρεά του Αγίου Πνεύματος. Επειδή η υπόσχεση είναι προς εσάς και προς τα παιδιά σας, και προς όλους εκείνους που είναι μακριά, όσους θα προσκαλέσει ο Κύριος ο Θεός μας.

Πράξεις 2:38-39

Μία Νουθεσία και Δύο Προειδοποιήσεις

Υπάρχουν πολλές πολιτιστικές και θρησκευτικές (δηλαδή δογματικές) αντιρρήσεις για το Βάπτισμα στο Άγιο Πνεύμα και για τις βιβλικές αποδείξεις της πνευματικής γλώσσας.

Δεν θα σε κουράσω σ' αυτό το βιβλίο αναφέροντας τις δύο πλευρές ή υπερασπιζόμενος τη μία, διότι το έχουν κάνει άλλοι πριν από μένα (στο υλικό που πρότεινα προηγουμένως). Είναι, όμως, αναγκαίο να δώσω μία νουθεσία και δύο προειδοποιήσεις.

Αν οι βιβλικές (και παγκόσμιες πολιτιστικές) αποδείξεις για το Βάπτισμα του Πνεύματος είναι τόσο ξεκάθαρες, γιατί να συμβιβαστεί ένας πιστός με κάτι λιγότερο; Το Βάπτισμα του Πνεύματος δεν είναι ούτε μια εκστατική πνευματική εμπειρία ούτε ένα παράσημο πνευματικότητας, αλλά ένα μέσο με το οποίο οι πιστοί μεταμορφώνονται στην ομοιότητα του Χριστού και ενδυναμώνονται για να γίνουν μάρτυρες. Ποιος ειλικρινής πιστός δεν επιθυμεί ένα τέτοιο δώρο;

Για να είμαστε ειλικρινείς, πολύς κόσμος περιφρονεί μια τέτοια συνεργασία με το Άγιο Πνεύμα, επειδή έχουν ακούσει ότι γίνονται

Το Βάπτισμα στο Άγιο Πνεύμα ως εμπειρία από μόνο του, δεν αποτελεί εγγύηση ότι ωρίμασες ως αληθινός γιος.

υπερβολές ή όντως έχουν δει τραβηγμένα πράγματα λόγω έλλειψης σωστής ποιμαντικής διδασκαλίας και καθοδήγησης σ' αυτό το θέμα. Και είναι αλήθεια ότι οι ηγέτες που έχουν καρδιά ορφανού θα κάνουν κατάχρηση της εξουσίας τους. Δηλαδή, το Βάπτισμα στο Άγιο Πνεύμα ως εμπειρία από μόνο του, δεν αποτελεί εγγύηση ότι ωρίμασες ως αληθινός γιος. Όπως ο Σίμων ο μάγος (Πράξεις 8), οι ορφανοί ηγέτες ποθούν την αίσθηση της δύναμης, για να γεμίσουν το κενό της ταυτότητας που υπάρχει στην ψυχή τους. Αυτό, όμως, δεν αναιρεί την εγκυρότητα της εμπειρίας, όπως αποδεικνύεται από την αποφασιστικότητα των αποστόλων να δουν, για παράδειγμα, όλη την πόλη της Σαμάρειας να λαμβάνει αυτό που έλειπε από τη νέα τους πίστη. Η παροιμία με τα ξερά και τα χλωρά ταιριάζει τέλεια εδώ.

Ως προειδοποίηση, οφείλω να πω ότι δεν έχουμε το δικαίωμα να αποφασίζουμε εμείς τι είναι «παράξενο». Η μαρτυρία του Πέτρου στους ηγέτες της Ιερουσαλήμ συνοψίζεται σε αυτό:

Ξέρω ότι όλο αυτό είναι πολύ διαφορετικό απ' ό,τι έχουμε ζήσει. Κανείς μας δεν το περίμενε, παρότι, αν πάμε λίγο πίσω, θα δούμε ότι ο Ιησούς μας το είχε πει. Εμάς μας φαίνεται παράξενο, αλλά, όπως φαίνεται, για τον Θεό δεν είναι παράξενο. Μόνο Αυτός έχει το δικαίωμα να αποφασίζει τι είναι παράξενο.
Πράξεις 15:7-11 (δική μου παράφραση)

Για όσους αντιπαραβάλλουν το επιχείρημα ότι «Αν δεν μπορώ να βρω αυτή την εμπειρία στην Αγία Γραφή, δεν είναι από τον Θεό», σκέψου ότι η Εκκλησία της Ιερουσαλήμ ποτέ δεν είχε δει γλώσσες φωτιάς να κάθονται στα κεφάλια των ανθρώπων, ούτε ανθρώπους να μιλούν σε άγνωστες γλώσσες! Ο Πέτρος ποτέ δεν είχε ξαναδεί το Άγιο Πνεύμα να ξεχύνεται στους Εθνικούς, κι όμως βρήκε μια υπόσχεση της Παλαιάς Διαθήκης (παρότι δεν υπήρχε ανάλογο προηγούμενο) και επιβεβαίωσε ότι αυτό που έβλεπε ήταν από τον Θεό. Να θυμάσαι ότι ο Θεός μέσα στην καλοσύνη Του μας δίνει υποσχέσεις, αλλά δεν είναι υποχρεωμένος να επαναλαμβάνει μόνο όσα έχει ήδη κάνει, γι' αυτό και θέτω αυτήν την προειδοποίηση που αφορά τις σχέσεις μας.

Εφόσον το Βάπτισμα στο Άγιο Πνεύμα δεν αποτελεί εγγύηση ή

σημάδι πνευματικής ωριμότητας, θα πρέπει να προσέχουμε να μην κρίνουμε τις εμπειρίες των άλλων, ακόμα κι αν οι εμπειρίες τους μας φαίνονται «παράξενες». Κάποιες φορές οι άνθρωποι λένε ότι ο Θεός «φανερώθηκε», ενώ, στην πραγματικότητα, αυτό που είδαν ήταν η αντίδραση κάποιου στη δύναμη που ένιωσε. Αν δέκα από μας (Θεός φυλάξοι) μας χτυπήσει ηλεκτρικό ρεύμα, θα δούμε δέκα διαφορετικές αντιδράσεις! Το ότι αντιδρούμε διαφορετικά, δεν σημαίνει ότι μας χτύπησε διαφορετικό είδος ρεύματος. Ας δώσουμε, λοιπόν, ο ένας στον άλλο την ελευθερία να είμαστε διαφορετικοί. Ο Κύριος ήταν αρκετά ξεκάθαρος μέσα από τα γραπτά του Παύλου προς στους Κορινθίους σχετικά με το τι αποσπά την προσοχή, τι προωθεί το εγώ και τι είναι απλά εγωιστικό.

Να θυμάσαι ότι ο Θεός μέσα στην καλοσύνη Του μας δίνει υποσχέσεις, αλλά δεν είναι υποχρεωμένος να επαναλαμβάνει μόνο όσα έχει ήδη κάνει.

Με λίγα λόγια, οι πνευματικές μας εμπειρίες πρέπει πάντα να αξιολογούνται με κριτήριο το αν μας φέρνουν πιο κοντά στη χάρη του Ιησού, την προσωπική κοινωνία του Αγίου Πνεύματος και την επιθυμία να ευλογήσουμε άλλους. Ο κίνδυνος είναι ότι οι πνευματικές μας εμπειρίες μπορεί να γίνουν σκαλοπάτια για την εξύψωση του εαυτού μας — «Εμένα κοιτάξτε! Ο Θεός μου μίλησε!». Βασικά, θα πρέπει να περπατάς τόσο στενά με το Άγιο Πνεύμα, που θα έχεις πολλές εμπειρίες και πολλές συζητήσεις—και κάποιες θα είναι τόσο προσωπικές, που δεν θα θέλεις να τις μοιραστείς με άλλους (όπως ο Παύλος και ο Ιωάννης είδαν πράγματα διαμέσου του Αγίου Πνεύματος για τα οποία «δεν ήταν επιτρεπτό να μιλήσουν»).

Εάν μια πνευματική εμπειρία δεν σε δένει περισσότερο με το Άγιο Πνεύμα, που είναι το πρόσωπο της Αγίας Τριάδας που κατοικεί στη γη, και δεν σε κάνει περισσότερο σαν τον Ιησού στο να αγαπάς τους άλλους, μπορούμε να πούμε με βεβαιότητα ότι αυτό που έζησες ήταν μια προσωπική σου εμπειρία, που μάλλον απέσπασε την προσοχή σου από την ουσία. Κι όμως, ακόμα κι αν μια ολόκληρη γενιά τα κάνει όλα λάθος ή παραμελήσει εντελώς τη διακονία του Πνεύματος, τίποτα απ' αυτά δεν μπορεί να ακυρώσει την πραγματικότητα, την εγκυρότητα και τη διαθεσιμότητά της σε άλλους.

Τι Είπαμε Μέχρι Τώρα;

Οι αληθινοί γιοι έχουν τη δική τους γλώσσα - μια γλώσσα βασιλικότητας και τιμής.
Οι αληθινοί γιοι επικοινωνούν στη γλώσσα της αφθονίας.
Οι αληθινοί γιοι επικοινωνούν στη γλώσσα της επιβεβαίωσης.
Οι αληθινοί γιοι επικοινωνούν στη γλώσσα του υπερφυσικού: Πνεύμα προς πνεύμα.
Τα λόγια του Θεού, τα οποία μιλάει το Άγιο Πνεύμα μέσα μας και μέσα από μας, έχουν τη δύναμη να αναδιαμορφώσουν τον εσωτερικό μας κόσμο.
Η γλώσσα του Πνεύματος έχει ισχυρά βιβλικά θεμέλια που δεν μπορούμε να αρνηθούμε, απλά και μόνο επειδή είχαμε κάποιες αρνητικές εμπειρίες.

ΠΡΟΣΕΥΧΗ

Ουράνιε Πατέρα, Abba μου, δεν μου έδωσες πνεύμα δουλείας ώστε πάλι να φοβάμαι, αλλά πνεύμα υιοθεσίας που φωνάζει «Αββά, Πατέρα». Η γλώσσα του Πνεύματος ανοίγει το πνεύμα μου στους ορίζοντες και στους δρόμους του Ουρανού. Άγιο Πνεύμα, Σου ζητώ να σχηματίσεις μέσα μου τη γλώσσα της τιμής, τη γλώσσα της αφθονίας, τη γλώσσα της επιβεβαίωσης και τη γλώσσα του Πνεύματος. Σε παρακαλώ, Κύριε Ιησού, να με γεμίσεις (ξανά) τώρα με το Άγιο Πνεύμα. Θέλω όλα όσα έχεις για μένα σήμερα. Ξέρω ότι κάθε καλό δώρο προέρχεται από Σένα. Άγιο Πνεύμα, Σε ευχαριστώ που έκανες τα λόγια του στόματός μου να ταυτίζονται με τα δικά Σου. Σε ευχαριστώ που με χρησιμοποιείς για να απελευθερώνω τον Ουρανό όπου πηγαίνω. Στο όνομα και με την εξουσία του Πατέρα, του Υιού και του Αγίου Πνεύματος. Αμήν.

ΓΙΑ ΟΜΑΔΙΚΗ ΣΥΖΗΤΗΣΗ

1. Ποιες είναι οι τρεις «ολοφάνερες» αποδείξεις που δείχνουν τη σημασία που έχουν τα λόγια στη ζωή και την ελευθερία μας;

2. Τι είναι η γλώσσα της τιμής και από πού πηγάζει;

3. Τι είναι η γλώσσα της αφθονίας και σε τι διαφέρει από τις σαρκικές αντιλήψεις μας περί πλουτισμού;

4. Τι είναι η γλώσσα της επιβεβαίωσης και σε τι διαφέρει από τη γλώσσα της τιμής;

5. Ποιες είναι οι τρεις βιβλικές άγκυρες που καθιερώνουν τη γλώσσα του Πνεύματος ως κάτι φυσιολογικό για την Εκκλησία της Καινής Διαθήκης;

6. Τι είδους ερωτήματα εγείρει μέσα σου όλο αυτό, σχετικά με το έργο του Αγίου Πνεύματος στη διαμόρφωση της κουλτούρας της Εκκλησίας ως μια αποικία του Ουρανού; Άλλες ερωτήσεις;

Έξι

Το «Ενεργό Συστατικό» της Μεταμόρφωσης

Μήπως το θαύμα της πνευματικής μόρφωσης δεν είναι ότι το Άγιο Πνεύμα επιβάλλεται στις συνήθειές μας, αλλά ότι μας ενδυναμώνει από μέσα, ώστε να δημιουργήσουμε νέες, αναζωογονητικές συνήθειες;

– Γκλεν Πάκιαμ

Εάν διαβάσεις προσεκτικά την ετικέτα σε οποιοδήποτε φάρμακο ή καθαριστικό, θα δεις ότι πάντα υπάρχει ένα «ενεργό συστατικό» που στοχεύει και λύνει ένα πρόβλημα. Τα υπόλοιπα συστατικά είναι κυρίως σκόνες. Στην πορεία της μεταμόρφωσης ενός ανθρώπου, πολλές από τις λεγόμενες «πνευματικές πρακτικές» είναι τελικά σκέτες σκόνες, εάν το Άγιο Πνεύμα δεν είναι παρών. Το Άγιο Πνεύμα είναι το ενεργό συστατικό στην προσωπική σου μεταμόρφωση. Ο Παύλος λέει:

Και όλοι εμείς... μεταμορφωνόμαστε στην ίδια εικόνα, από δόξα σε δόξα ακριβώς όπως από του Πνεύματος του Κυρίου.

Β' Κορινθίους 3:18

Δεν σου προκαλεί εντύπωση το γεγονός ότι ο Παύλος διατύπωσε τόσο ξεκάθαρα, τόσο απλά και τόσο στοχευμένα, ότι η μεταμόρφωση έρχεται «από το Πνεύμα του Κυρίου»; Ενώ εμείς προσπαθούμε να αλλάξουμε τη ζωή μας με οποιονδήποτε άλλο τρόπο, και παραμελούμε την καθημερινή, αφοσιωμένη σχέση μας με το Άγιο Πνεύμα! Μια αληθινή εμπειρία μαζί Του έχει τη δύναμη να προκαλέσει αισθητή διαφορά στη συμπεριφορά σου, στη νοοτροπία, στις φιλοδοξίες, ακόμη και στα λόγια που βγαίνουν από το στόμα σου.

Το Άγιο Πνεύμα δεν θέλει ούτε να μας γοητεύσει ούτε να μας διασκεδάσει με τη δύναμη και την ευλογία Του (παρότι αν έχουμε ανάγκη από ψυχαγωγία, έχει τον τρόπο να ξεπεράσει κάθε γήινη εναλλακτική). Δεν επιδεικνύει τα θαύματα και τα σημεία Του για να μας σαγηνεύσει. Το Άγιο Πνεύμα έχει μια αποστολή και ο Ιησούς μας είπε ακριβώς ποια είναι:

> *Αλλά όταν έρθει εκείνος, το Πνεύμα της αλήθειας, θα σας οδηγήσει σε όλη την αλήθεια. Επειδή δεν θα μιλήσει από τον εαυτό του, αλλά θα μιλήσει όσα πρόκειται να ακούσει και θα σας αναγγείλει τα μέλλοντα. Εκείνος θα δοξάσει εμένα, επειδή από το δικό μου θα πάρει, και θα το αναγγείλει σε σας.*
>
> Κατά Ιωάννη 16:13-14

Οι τρεις βασικοί στόχοι του Αγίου Πνεύματος ως προς έναν πιστό είναι:

1. **Να δώσει μαρτυρία ότι είσαι γιος.** Η απλή αλήθεια που πραγματεύομαι στα βιβλία *Ο Ρόλος του Abba* και *Η Διαμόρφωση από τον Abba* είναι ότι ο Ιησούς ήρθε για να φέρει πολλούς γιους στη δόξα (Εβραίους 2:10), και ότι το εσωτερικό, υπομονετικό έργο του Πνεύματος της υιοθεσίας—του Αγίου Πνεύματος— μας ελευθερώνει από την τυραννία της ορφανής καρδιάς και μας αποκαλύπτει ότι είμαστε γιοι.

2. **Να σε οδηγήσει και να σε φέρει σε όλη την αλήθεια.** Το Άγιο Πνεύμα, ως μεταμορφωτική ουσία, διαλύει τα ψέματα που πίστευες για Εκείνον και για σένα, και τα αντικαθιστά με την αλήθεια. Μέρος αυτής της διαδικασίας είναι ο έλεγχος περί αμαρτίας. Το Άγιο Πνεύμα ανάβει το φως μέσα στη συνείδησή σου—που είναι η φωνή του πνεύματός σου—και σου δείχνει ποιες συμπεριφορές δεν συνάδουν με τη φύση ενός γιου που ζει μέσα στον Χριστό. Σ' αυτό το σημείο πρέπει να κάνω μια διευκρίνιση, και θα χρησιμοποιήσω την προσωπική μου ιστορία για να το εξηγήσω.

Μεγάλωσα σε μια οικογένεια και σε μια εκκλησία που ήταν πολύ Χριστο-κεντρικές και προσηλωμένες στην κίνηση του Πνεύματος. Σε όσα διδάχθηκα και στο είδος της διακονίας που έβλεπα, το Άγιο Πνεύμα δεν ήταν ένα περιφερειακό στοιχείο, αλλά ένα κεντρικό πρόσωπο. Δυστυχώς, όμως, κάποια σημεία της θρησκευτικής μου ανατροφής, δημιούργησαν μέσα μου μια διαστρεβλωμένη εντύπωση για τον ρόλο του Αγίου Πνεύματος όσον αφορά τον έλεγχο για αμαρτία. (Στο βιβλίο

Η ΔΙΑΜΟΡΦΩΣΗ από τον *Abba*

Το Θεμέλιο του *Abba* εξηγούμε ότι η εικόνα που έχουμε για τον Θεό διαμορφώνει όλα τα πιστεύω μας για το πώς σχετίζεται ο Θεός με εμάς, και αυτή η εικόνα προέρχεται είτε από το πρίσμα της ζωής του Ιησού, είτε από τις εμπειρίες μας και τις θρησκευτικές παρανοήσεις μας.) Θεωρούσα ότι το Άγιο Πνεύμα είναι σαν πληροφοριοδότης της KGB, που με «καρφώνει» στον Θεό κάθε φορά που τα θαλασσώνω. Ευτυχώς τώρα ξέρω ότι ο Θεός έλαβε τα πιο ακραία μέτρα για να αντιμετωπίσει την αμαρτία μου, δηλαδή την έριξε όλη πάνω στον Γιο Του, ώστε να μπορώ εγώ να απολαμβάνω τον Θεό ως στοργικό Πατέρα. Ναι, το Άγιο Πνεύμα με ελέγχει για την αμαρτία, αλλά το κίνητρό Του δεν είναι τιμωρητικό. Είναι μαζί μου και είναι με το μέρος μου. Δεν μου βάζει τις φωνές όταν ενεργώ αντίθετα με τη νέα μου φύση, όπως κι εγώ δεν βάζω τις φωνές στο παιδί μου που σκοντάφτει όταν μαθαίνει να περπατά. Αυτό δεν σημαίνει ότι ο Κύριος δεν μου έχει μιλήσει με αυστηρότητα— εννοείται πως ναι—αλλά ποτέ με ύφος κατάκρισης, ντροπής ή οτιδήποτε άλλο εκτός από αγάπη. Το Άγιο Πνεύμα μας ελέγχει για αμαρτία, και αυτό είναι κομμάτι του μεταμορφωτικού έργου Του μέσα μας, για να μας οδηγήσει και να μας φέρει σε όλη την αλήθεια.

3. **Να σε περιβάλλει (ντύσει, γεμίσει) με δύναμη.** Αυτό το κάνει για να σε καταστήσει ικανό να κάνεις τα έργα του Ιησού (Πράξεις 1:8, Κατά Ιωάννη 14:12-14). Στο τελικό του στάδιο, το εσωτερικό έργο μετατρέπεται σε έργο αποστολής, δηλαδή σε στρέφει στην ολοκλήρωση του έργου του Πατέρα μέσα στον συντριμμένο κόσμο. Δεν έχει να κάνει μόνο με εσένα όλο αυτό. (Θα το εξηγήσουμε στα τελευταία κεφάλαια.)

Το συμπέρασμα είναι ότι, όλα αυτά που έχεις στη διάθεσή σου διαμέσου του Αγίου Πνεύματος, είναι για να σε φέρουν μέσα στη ζωή και την κοινωνία της Αγίας Τριάδας και να σε μεταμορφώσουν. Και όπως είπαμε, δεν υπάρχει καλύτερος τρόπος για να συνεργαστούμε με το Άγιο Πνεύμα καθώς μας μεταμορφώνει, από το να εξασκούμε την πνευματική μας γλώσσα. Όσο και να προσπαθήσουμε μόνοι μας, τίποτε δεν συγκρίνεται με αυτά που είναι στη διάθεσή μας μέσα στην πληρότητα του Πνεύματος. Μέσα από την πνευματική γλώσσα, το Άγιο Πνεύμα μας δίνει λόγια που ξεπερνούν τους περιορισμούς του μυαλού μας. Αυτό από μόνο του, είναι ένα πολύ σημαντικό κομμάτι της μεταμόρφωσής μας, γι' αυτό θα αφιερώσουμε λίγο χρόνο σ' αυτό.

Μια Πνευματική Συνεργασία

Προτού διερευνήσουμε την ομορφιά και τα οφέλη της πνευματικής γλώσσας, ας σταθούμε στην ανάγκη για συνεργασία με τον Θεό στη διαδικασία της μεταμόρφωσής μας. Πρώτα έρχεται η συνεργασία μεταξύ του *Abba* και του Αγίου Πνεύματος. Ο Πατέρας έχει κρυπτογραφήσει μέσα σου χαρίσματα και καλέσματα, και το Άγιο Πνεύμα ερευνά τα «βάθη» του Πατέρα για σένα. Μέσα από τη συνεργασία του Πατέρα και του Αγίου Πνεύματος, σου αποκαλύπτονται τα καλέσματά σου. Έπειτα έρχεται η δική μας συνεργασία με το Άγιο Πνεύμα. Αυτός πάντα κάνει το μέρος Του, αλλά μόνο στον βαθμό που Του επιτρέπουμε να εργάζεται μέσα μας και μέσα από εμάς. Πώς μπορείς να συνεργαστείς με το Άγιο Πνεύμα για να αποκρυπτογραφήσεις τον κώδικα του Θεού μέσα σου;

1. **Προσευχήσου γι' αυτό.** Η προσευχή στο Πνεύμα θα σου ανοίξει την πόρτα στα μυστήρια του Θεού (Α' Κορινθίους 14:2,4). Αυτό προϋποθέτει ότι καθημερινά έχεις την πειθαρχία να εντάσσεις τη γλώσσα προσευχής στη ζωή σου. Σημαίνει, επίσης, ότι κρατάς συνεχώς ανοιχτή τη συζήτηση με τον Θεό για το τι θέλει να κάνει στη ζωή σου. Ένας από τους καλύτερους τρόπους για να ξεκινήσεις να προσεύχεσαι, είναι να ρωτήσεις τον Πατέρα, «Τι θέλεις να Σου ζητήσω;».

2. **Δοκίμασε στην πράξη.** Κάνε αυτό που έχεις μπροστά σου. Είναι δύσκολο να στρίψεις ένα αυτοκίνητο που δεν κινείται. Με τον ίδιο τρόπο, είναι πιο εύκολο για το Άγιο Πνεύμα να σε στρέψει κάπου, να σε μεταμορφώσει ή να σε ανακατευθύνει, όταν ήδη κάνεις κάτι με αυτό που σου έχει πει. Εάν δεις ότι αυτό που κάνεις δεν κολλάει, κάνε κάτι άλλο. Έτσι θα βρεις τη θέση σου, εκεί που το χάρισμά σου ανοίγει τους δρόμους σου. Δηλαδή, ο τρόπος που σε έχει φτιάξει ο Πατέρας, κάνει κάποια πράγματα να σου φαίνονται πιο εύκολα, απ' ότι σε άλλους. Γιατί είσαι δημιουργημένος γι' αυτά τα πράγματα. Συνέχισε να δοκιμάζεις και να εξασκείς τα χαρίσματά σου, μέχρι να βρεις τη θέση σου και τη χάρη που συνοδεύει το κάλεσμα του Θεού στη ζωή σου.

3. **Μίλησέ το.** Διακήρυξε αυτά που σου έχει πει ο Θεός για σένα. «Αυτός [ο Θεός] είπε...ώστε εμείς, παίρνοντας θάρρος, να λέμε...»

(Εβραίους 13:5-6). Ο Παύλος δηλώνει ότι θα προσευχηθεί και με το Π/πνεύμα, αλλά και στη γλώσσα του, δηλαδή με τον νου (Α' Κορινθίους 14:15). Υπάρχουν πολλοί τρόποι για να διακηρύξουμε τι λέει και τι κάνει το Άγιο Πνεύμα μέσα μας, αλλά όταν τα λέμε φωναχτά, γινόμαστε πιο συγκεντρωμένοι σ' αυτό που κάνει μέσα μας τώρα. Η πνευματική γλώσσα θα σε βοηθήσει να κρατήσεις το μυαλό σου πάνω από την τριβή της ορφανής σκέψης και της γνώμης των άλλων. Η *κραυγή προς τον Abba* θα σου δώσει την ελευθερία να βλέπεις, να σκέφτεσαι και να αισθάνεσαι από τη δική Του οπτική.

Γιατί Τόση Έμφαση στην Πνευματική Γλώσσα;

Πάμε ξανά στην Α' Κορινθίους 2 και ας εξετάσουμε τι λέει ο Παύλος για τα λόγια και τον ρόλο τους στα χέρια του Αγίου Πνεύματος:

Τα οποία και μιλάμε, όχι με διδασκόμενα λόγια ανθρώπινης σοφίας, αλλά διδασκόμενα από το Άγιο Πνεύμα, συγκρίνοντας τα πνευματικά προς τα πνευματικά.

Α' Κορινθίους 2:13

Η έμφαση δίνεται στα λόγια που χρησιμοποιεί το Άγιο Πνεύμα, και όχι μόνο σε αυτά που διδάσκει. Αυτό σημαίνει ότι το Άγιο Πνεύμα χρησιμοποιεί συγκεκριμένα λόγια, σαν να λέμε, το λεξιλόγιο του Π/πνεύματος. Ο Γκόρντον Φι, στο μνημειώδες έργο του για την αποκάλυψη του Παύλου σχετικά με το Άγιο Πνεύμα, ισχυρίζεται ότι ίσως θα ήταν πιο εύκολο για τον Παύλο να γράψει κάτι άλλο, ακριβώς επειδή η έμφαση που δίνει εδώ, μπορεί και να ενίσχυε το πρόβλημα που ήθελε να επιλύσει. Ο Παύλος ήθελε να διορθώσει μια συγκεκριμένη άποψη των Κορινθίων. Θεωρούσαν ότι, εφόσον είχαν ζήσει τόσες εκστατικές εμπειρίες χάρη σε εμπνευσμένα λόγια, μάλλον είχαν καταφέρει κάποιο μυστικό είδος γνωστικής ανύψωσης (φτάνοντας την αποθέωση)[33]. Εκτιμούσαν πολύ την πνευματική γλώσσα, αλλά τη χρησιμοποιούσαν καταχρηστικά για προσωπικό τους όφελος. Παρότι ριψοκίνδυνο, ο Παύλος δεν δίστασε να τονίσει την αξία των λόγων του Αγίου Πνεύματος, αλλά έκανε ταυτόχρονα και μια απαραίτητη διευκρίνιση: το πρόσωπο που μιλάει, είναι το Άγιο Πνεύμα—Αυτός συνθέτει τα λόγια—άρα κανείς μας δεν έχει το δικαίωμα να περηφανεύεται για την πνευματική του γλώσσα ή για το αποτέλεσμά της, λες και είναι δικό μας έργο.

Αυτή η συνεργασία ανάμεσα στο Άγιο Πνεύμα και έναν πιστό που παραδίδεται σ' Αυτόν, είναι και επιστημονικά παρατηρήσιμη. Η Δρ Καρολάιν Λιφ, νευρολόγος και ερευνήτρια για τη λειτουργία του εγκεφάλου, αναφέρει ότι:

Όταν προσευχόμαστε συνειδητά ή με τον νου, παρατηρείται ενεργοποίηση του μετωπιαίου λοβού. Όταν, όμως, προσεύχεσαι σε γλώσσες, η δραστηριότητα του μετωπιαίου λοβού ησυχάζει εντελώς, πράγμα που δείχνει ότι εκείνη τη στιγμή το Άγιο Πνεύμα ενεργεί και συνθέτει τις λέξεις. Η προσευχή ξεκινάει απ' Αυτόν, όχι από το μυαλό σου, αλλά μέσα στο πνεύμα σου... Τα σχετικά σπινθηρογραφήματα εγκεφάλου αποκαλύπτουν ότι η πηγή που συνθέτει και σχηματίζει αυτές τις λέξεις, βρίσκεται κάπου αλλού[34].

Μια πρόσφατη έρευνα από το Πανεπιστήμιο της Πενσυλβάνιας κατέγραψε ότι, την ώρα που οι συμμετέχοντες στην έρευνα προσεύχονταν σε γλώσσες:

...οι μετωπιαίοι λοβοί τους—το σκεπτόμενο και συνειδητό τμήμα του εγκεφάλου, μέσω του οποίου ελέγχονται οι κινήσεις του ανθρώπου—ήταν σχετικά ήσυχοι, όπως και τα γλωσσικά τους κέντρα... Τα σημεία, όμως, που εμπλέκονται στη διατήρηση της αυτοσυνείδησης ήταν ενεργά. Δηλαδή, οι γυναίκες (που συμμετείχαν στην έρευνα) δεν βρίσκονταν σε κατάσταση έκστασης[35].

Αυτό σημαίνει ότι την πνευματική γλώσσα τη συνθέτει το Άγιο Πνεύμα μέσα στο πνεύμα του ανθρώπου, και όχι στον νου.

Ο Τζακ Χέιφορντ, που ήταν ποιμένας, αξιόλογος συγγραφέας και ιδρυτής του Πανεπιστημίου «The King's University», μας διαβεβαιώνει ότι αυτή η εμπειρία είναι πνευματική, καθώς ο πιστός παραδίδεται στον Θεό, χωρίς αυτό να σημαίνει ότι ο άνθρωπος «ενδίδει σε μια κατάσταση παραλογισμού ή λήθης»[36]. Ο Ντέιβιντ Κλινγκ διευκρινίζει ότι είναι μια μη λογική εμπειρία που περιλαμβάνει την αναστολή της συνηθισμένης λογικής διαδικασίας, και επιτρέπει στον πιστό να έχει μια αυθόρμητη και θαυμαστή συνάντηση με τον Θεό μέσω του Αγίου Πνεύματος[37].

Αυτή η ανακάλυψη είναι καινούργια; Όχι, βέβαια. Ο Παύλος είχε εξηγήσει αυτή την υπερφυσική συνεργασία στην ίδια επιστολή προς τους Κορινθίους. Λέει:

> *Επειδή αυτός που μιλάει με γλώσσα, δεν μιλάει σε ανθρώπους αλλά στον Θεό... αλλά με το πνεύμα του μιλάει μυστήρια.*
>
> Α' Κορινθίους 14:2

Αν τα συνδυάσουμε όλα αυτά, βλέπουμε ότι ο τρόπος με τον οποίο το Πνεύμα του Θεού συγχρονίζει το πνεύμα μας με τα σχέδια και τους σκοπούς του Θεού, είναι η πνευματική γλώσσα. Σίγουρα είναι ένας τρόπος που το μυαλό μας δεν μπορεί να καταλάβει, και το κυριότερο, κανείς δεν μπορεί να πάρει τα εύσημα για το αποτέλεσμα. Σύμφωνα με τα γραπτά του Παύλου, η πνευματική γλώσσα είναι πολύ σημαντική για τη μεταμόρφωσή μας. Και όπως θα δούμε τώρα, είναι κάτι όμορφο και ωφέλιμο ταυτόχρονα.

Η Ομορφιά της Πνευματικής Γλώσσας

1. **Η πνευματική γλώσσα είναι διαθέσιμη σε κάθε πιστό.**

> *Μετανοήστε, και κάθε ένας από σας ας βαπτιστεί στο όνομα του Ιησού Χριστού, σε άφεση αμαρτιών. Και θα λάβετε τη δωρεά του Αγίου Πνεύματος. Επειδή η υπόσχεση είναι προς εσάς και προς τα παιδιά σας, και προς όλους εκείνους που είναι μακριά, όσους θα προσκαλέσει ο Κύριος ο Θεός μας.*
>
> Πράξεις 2:38-39

Είναι σαν μια λωρίδα επιτάχυνσης του Αγίου Πνεύματος, και η ομορφιά της είναι ότι είναι διαθέσιμη σε όλους όσους πιστεύουν και λαμβάνουν την πληρότητα του Πνεύματος. Αυτό έγινε ξεκάθαρο την ημέρα της Πεντηκοστής.

> *Και έγιναν όλοι πλήρεις από το Άγιο Πνεύμα, και άρχισαν να μιλούν ξένες γλώσσες, όπως το Πνεύμα έδινε σ' αυτούς να μιλούν.*
>
> Πράξεις 2:4

Η πνευματική γλώσσα είναι διαθέσιμη σε κάθε πιστό.

Η πνευματική γλώσσα είναι στη διάθεσή σου όλο το 24ωρο.

Να θυμάσαι ότι στα γραπτά του Λουκά—και στο Ευαγγέλιό του, και στις Πράξεις—τα πρώτα δύο κεφάλαια είναι το πρίσμα μέσα από το οποίο ερμηνεύουμε όλο το υπόλοιπο βιβλίο. Κατά τον ίδιο τρόπο, οι Πράξεις είναι το πρίσμα μέσα από το οποίο ερμηνεύουμε τις επιστολές[38].

Είναι υπέροχο ότι αυτό το δώρο μας συμπεριλαμβάνει όλους—είναι διαθέσιμο σε κάθε πιστό. Η εμπειρία μας στη γη, μας έμαθε ότι αυτά που είναι απαραίτητα, συνήθως είναι διαθέσιμα αποκλειστικά σε λίγους. Η ανώτατη εκπαίδευση είναι διαθέσιμη μόνο σε όσους έχουν καλούς βαθμούς, χρόνο και χρήματα. Οι πιο περιζήτητες θέσεις εργασίας είναι διαθέσιμες μόνο σε εκείνους που έχουν τις σωστές διασυνδέσεις. Πολλοί θα έλεγαν ότι ο πλούτος είναι διαθέσιμος σε όσους γεννιούνται στη σωστή χώρα ή κοινωνική τάξη. Κι όμως, η δύναμη της μεταμόρφωσης του Αγίου Πνεύματος που κατοικεί μέσα μας (και η πνευματική γλώσσα), είναι διαθέσιμη σε κάθε πιστό, καθώς το Άγιο Πνεύμα προσεύχεται μέσα από το πνεύμα του πιστού. Αυτό είναι το χαρακτηριστικό σημάδι του Ευαγγελίου—ποτέ δεν είναι αποκλειστικό για λίγους, αλλά δίνεται δωρεάν σε «όποιον θέλει» (Πράξεις 2:39).

2. Η πνευματική γλώσσα είναι στη διάθεσή σου όλο το 24ωρο.

Η εμπειρία της πνευματικής γλώσσας δεν εξαρτάται από τη συναισθηματικά φορτισμένη ατμόσφαιρα—κατάλληλη μουσική, ωραίος φωτισμός, καλός ομιλητής στην εκκλησία. Δες τι λέει ο Παύλος:

> *Τι πρέπει, λοιπόν; Θα προσευχηθώ με το πνεύμα, θα προσευχηθώ όμως και με τον νου. Θα ψάλλω με το πνεύμα, θα ψάλλω όμως και με τον νου...Τα δε πνεύματα των προφητών υποτάσσονται στους προφήτες.*
> Α' Κορινθίους 14:15, 32

Ο Παύλος μας λέει ότι το Άγιο Πνεύμα δεν είναι κυκλοθυμικός, δηλαδή δεν εργάζεται μόνο όταν το κλίμα είναι ευνοϊκό. Το Άγιο Πνεύμα ζει μέσα σου και δεν θα σε αφήσει ποτέ. Τα καλά νέα είναι ότι είναι πάντα «ενεργός». Δεν είναι ευέξαπτος ούτε υπερευαίσθητος, όπως νομίζουμε.

Θα σου δώσω ένα παράδειγμα για το τι εστί διαθεσιμότητα. Ταξιδεύω πολύ συχνά στη Μπογκοτά της Κολομβίας, επειδή η γυναίκα μου είναι Κολομβιανή. Είναι μια όμορφη χώρα με ωραίους, ευγενικούς και χαρούμενους ανθρώπους. Η ζωή εκεί, από κοινωνικό-οικονομική και πολιτιστική άποψη, είναι σε άλλα πράγματα φτωχότερη και σε άλλα πλουσιότερη από τη δική μου

Η πνευματική γλώσσα είναι μια απτή, φυσική μαρτυρία ότι ο Θεός ζει μέσα σου.

ανατροφή. Για παράδειγμα, η ζωή εκεί είναι πιο πλούσια χάρη στις ισχυρές οικογενειακές αξίες, αλλά και επειδή πολλά πράγματα που θεωρούνται πολυτελή στις ΗΠΑ, εκεί είναι αρκετά προσιτά. Είχαμε, ας πούμε, την «πολυτέλεια» να νοικιάσουμε για μια μέρα αυτοκίνητο και οδηγό, ο οποίος ήταν ανά πάσα στιγμή έτοιμος να μας πάει όπου θέλουμε, όποτε το ζητήσουμε. Φαντάσου να έχεις έναν οδηγό διαθέσιμο όλη μέρα, κάθε μέρα, που περιμένει να του δώσεις οδηγίες για το πού θέλεις να πας και πότε.

Δεν λέω ότι το Άγιο Πνεύμα είναι ο σοφέρ μας. Προφανώς δεν είναι ούτε ο υπηρέτης μου, ούτε ο σοφέρ μου, ούτε το παιδί για τα θελήματα. Είναι ο Θεός. Προσπαθώ απλώς να σου δώσω μια εικόνα, για να καταλάβεις ότι το Άγιο Πνεύμα είναι διαθέσιμο σε σένα κάθε στιγμή της μέρας και της νύχτας. Θέλω να πω ότι, χάρη στην πνευματική γλώσσα, το Άγιο Πνεύμα είναι πάντα εκεί, πάντα στη διάθεσή σου, έτοιμος να προσευχηθεί μέσα από σένα, να απελευθερώσει μέσα σου το νου του Θεού και να σου αποκαλύψει τα βάθη Του. Όταν ο Θεός ορίζει τη ζωή σου, μπορείς να πας όπου χρειαστεί να πας, όποτε χρειαστεί να πας! Μπορείς να προσεύχεσαι για πράγματα που το ανθρώπινο μυαλό σου δεν μπορεί να συλλάβει ή δεν γνωρίζει (Ρωμαίους 8:26-27). Είτε έχεις καλή διάθεση είτε αισθάνεσαι αποκομμένος, είτε είσαι πλούσιος είτε φτωχός, είτε ταξιδεύεις συχνά είτε είσαι κατάκοιτος, έχεις άμεση και σταθερή πρόσβαση στα σχέδια και τους σκοπούς του Θεού διαμέσου του Αγίου Πνεύματος που ζει μέσα σου.

3. Η πνευματική γλώσσα είναι μια απτή, ζωντανή μαρτυρία ότι ο Θεός ζει μέσα σου.

Μια έρευνα που έγινε σε εκατοντάδες πιστούς, γεμάτους από το Άγιο Πνεύμα, έδειξε ότι όσοι εξασκούν τακτικά τη γλωσσολαλιά, έχουν μια διαρκή αίσθηση ότι ο Θεός είναι μέσα τους και πάντα μαζί τους (η ελληνική λέξη γλωσσολαλιά περιγράφει την ομιλία σε άγνωστες γλώσσες). Γι' αυτό, αυτή η κατηγορία ανθρώπων παρουσιάζει

Η πνευματική γλώσσα αυξάνει την αγάπη σου για τους άλλους. χαμηλότερα ποσοστά κατάθλιψης, σε σχέση μ' αυτούς που δεν μιλάνε σε γλώσσες. Η έρευνα συνεχίζει λέγοντας ότι όσοι προσεύχονται στο Άγιο Πνεύμα έχουν μια διαρκή αίσθηση της παρουσίας του Θεού και μια πεποίθηση ότι «τα ντουλάπια τους θα είναι πάντα γεμάτα»[39].

Ίσως είναι η πρώτη φορά που ακούς κάτι τέτοιο. Παλεύεις με την κατάθλιψη; Προσευχήσου εν Πνεύματι. Τα ποτάμια ζωντανών νερών θα ξεπλύνουν τα σκουπίδια από την ψυχή σου και θα στρέψουν την προσοχή σου στους γύρω σου.

Η συνείδηση της παρουσίας του Θεού στη ζωή σου είναι πολύ αποτελεσματική και όταν αντιμετωπίζεις πειρασμούς. Οι σκέψεις σου, τα πάθη και οι επιθυμίες της σάρκας σού φαίνονται ισχυρά επειδή είναι μέσα σου. Νιώθεις ότι είναι τόσο αληθινά, που όλες οι μνήμες του «παλιού ανθρώπου» ουρλιάζουν στη σάρκα σου, «Αυτές οι επιθυμίες είναι ο πραγματικός σου εαυτός!». Μόλις αρχίσεις, όμως, να προσεύχεσαι εν Πνεύματι, αρχίζεις να θυμάσαι, ότι το Άγιο Πνεύμα κατοικεί μέσα σου χωρίς καμία αμφιβολία. Η πνευματική γλώσσα ξεχύνεται σαν ποτάμια μέσα από τον εσωτερικό σου άνθρωπο και σε κάνει να λες: «Όχι, ο παλιός άνθρωπος σταυρώθηκε με τον Χριστό. Είμαι νεκρός ως προς την αμαρτία, αλλά ζωντανός για τον Θεό!».

4. Η πνευματική γλώσσα αυξάνει την αγάπη σου για τους άλλους.

Ο Παύλος αποκαλύπτει την ουσία της επανάστασης της νέας ανθρωπότητας εν Χριστώ, όταν δηλώνει ότι:

Η δε ελπίδα δεν ντροπιάζει, δεδομένου ότι η αγάπη του Θεού είναι ξεχυμένη μέσα στις καρδιές μας διαμέσου του Αγίου Πνεύματος που δόθηκε σε μας.

Ρωμαίους 5:5

Αυτό αλλάζει τα πάντα. Όλα τα κίνητρα, τα «θέλω» και οι επιθυμίες της καρδιάς που είναι στη ρίζα όλων, αλλάζουν από το Άγιο Πνεύμα που κατοικεί μέσα μας. Το Άγιο Πνεύμα δεν ήρθε για να σε κάνει να νιώθεις άσχημα όταν αμαρτάνεις (αν και θα νιώθεις άσχημα). Το Άγιο Πνεύμα δεν ήρθε για να σου δώσει μια μεγάλη διακονία (αν και δεν έχεις καμία διακονία χωρίς Αυτόν). Το Άγιο Πνεύμα εκχέει, δηλαδή πλημμυρίζει το πνεύμα μας με την άπειρη αγάπη του Θεού, και έτσι αλλάζει την οπτική μας, τον σκοπό, τις προσδοκίες και την ταυτότητά μας. Όταν ζω μέσα σ' αυτή την πλημμύρα της αγάπης του Θεού, από μέσα προς τα έξω, δεν ζω πια για τον εαυτό μου—τι μπορώ να αρπάξω, τι μπορώ να ελέγξω ή τι μπορώ να γίνω. Και αυτό είναι κάτι πολύ πρακτικό.

Δεν μιλάμε για μια αιθέρια, ουτοπική ονειροπόληση: «Δεν μπορούμε απλώς να συνυπάρχουμε αρμονικά όλοι μαζί;». Μιλάμε για το ρεαλιστικό έργο του Αγίου Πνεύματος μέσα σου και μέσα μου, που αλλάζει τη συμπεριφορά μας προς αυτούς που δεν είναι σαν εμάς, και μας κάνει να αγαπάμε αληθινά τους ανθρώπους που μάθαμε να μισούμε. Αυτό, όμως, δεν θα συμβεί αυτόματα ή τυχαία, έτσι δεν είναι; Όλοι ξέρουμε Χριστιανούς που έχουν το Άγιο Πνεύμα μέσα τους, αλλά εξακολουθούν να είναι προκατειλημμένοι, εκδικητικοί, μεγαλομανείς και δεν συμπεριφέρονται σαν Χριστιανοί. Τι είναι αυτό που κάνει όλη τη διαφορά;

Είναι το πόσο παραδιδόμαστε στην παρουσία του Αγίου Πνεύματος. Όσο περισσότερο χώρο δίνουμε στο Άγιο Πνεύμα στη ζωή μας και στις συζητήσεις μας, τόσο περισσότερο θα μοιάζουμε, θα σκεφτόμαστε και θα ενεργούμε όπως ο Ιησούς. Υπάρχουν σημάδια που σου δείχνουν ότι δεν είσαι «γεμάτος σε βαθμό που υπερχειλίζεις»: όταν οι άνθρωποι δεν σου γεμίζουν το μάτι, όταν ακόμα κι η φωνή τους σε εκνευρίζει ή όταν υπάρχει έντονη τριβή στις σχέσεις σου. Ένας φίλος μου είπε πρόσφατα, «Νόμιζα ότι ήμουν πνευματικός, αλλά τώρα συνειδητοποιώ ότι απλά ζούσα μόνος μου. Όταν αναγκάστηκα να συναναστρέφομαι με ανθρώπους, άρχισαν να βγαίνουν στην επιφάνεια πολλά άλλα πράγματα».

5. Η πνευματική γλώσσα είναι το κλειδί για να μοιάσουμε στον Χριστό.

Η πνευματική γλώσσα είναι σαν χάπι παρατεταμένης αποδέσμευσης της φύσης του Θεού στο βαθύτερο σημείο του εαυτού σου, που από εκεί διαμορφώνει όλα τα άλλα.

Ο χρυσός κανόνας του ξυλουργού είναι «δέκα να μετράς και μια να κόβεις». Η λεπτοδουλειά ενός τεχνίτη απαιτεί μεγάλη ακρίβεια, που σημαίνει ότι σε κάθε κοπή πρέπει να εφαρμόζει το ίδιο μέτρο. Πριν από χρόνια σε ένα μάθημα ξυλουργικής, έμαθα ότι ακόμα κι όταν φτιάχνεις κάτι σχετικά μεγαλόσωμο,

Η πνευματική γλώσσα είναι το κλειδί για να μοιάσουμε στον Χριστό.

Αυτή ακριβώς είναι η πρόκληση, αλλά και το μεγαλείο του Χριστιανισμού.

όπως ένα ξύλινο υπόστεγο ή μια βεράντα, ποτέ μα ποτέ δεν χρησιμοποιείς το κομμάτι που μόλις έκοψες ως οδηγό για το επόμενο. Εάν το κάνεις αυτό, κάθε κομμάτι ξύλου που θα κόβεις, θα είναι ελαφρώς μεγαλύτερο από το προηγούμενο (με μικρή διαφορά κάθε φορά), αλλά σε σύντομο χρονικό διάστημα θα έχεις ξεφύγει κατά δύο εκατοστά ή και παραπάνω. Ο καλός μάστορας ξέρει ότι κάθε κομμάτι ξύλου πρέπει να κόβεται με πρότυπο το αρχικό μέτρο, όχι με κάποιο αντίγραφό του. Και το πρωτότυπο είναι πάντα ένα και μοναδικό. Όσον αφορά την πνευματική ωριμότητα, το μόνο πρότυπο και πρωτότυπο είναι ο Ιησούς.

Πριν από χρόνια, όταν γράφαμε τα κηρύγματα σε κασέτες, σε κάθε κασέτα που αντιγράφαμε, βάζαμε μια δήλωση «εγγύησης ποιότητας» που έλεγε: «Αν αυτή η κασέτα είναι ελαττωματική, καλέστε τον τάδε αριθμό για να την αντικαταστήσουμε». Κάποιες φορές λαμβάναμε πολλές επιστροφές του ίδιου μηνύματος, και τελικά συνειδητοποιούσαμε ότι δεν ήταν τα αντίγραφα ελαττωματικά, αλλά το πρωτότυπο. Δεν μπορείς να διορθώσεις το πρόβλημα, εάν το πρωτότυπο είναι ελαττωματικό. Το ίδιο ισχύει για λάθη σε αρχιτεκτονικά σχέδια, τεχνικές προδιαγραφές ή σχέδια για ουρανοξύστες. Εάν το πρωτότυπο σχέδιο είναι λάθος, τότε και το τελικό προϊόν θα είναι λάθος.

Αυτή ακριβώς είναι η πρόκληση, αλλά και το μεγαλείο του Χριστιανισμού. Γνωρίζουμε ότι ο Ιησούς έκανε δώδεκα μαθητές (εκ των οποίων ο ένας δεν τα κατάφερε), έπειτα οι έντεκα έκαναν περισσότερους μαθητές, και αυτοί με τη σειρά τους έκαναν περισσότερους, και ούτω καθεξής, για μερικές χιλιετίες. Από ανθρώπινης πλευράς είναι λογικό να αναρωτηθούμε: «Άραγε πόσα εκατοστά (ή χιλιόμετρα) απέχουμε σήμερα από το αρχικό σχέδιο που μας δόθηκε από τον Χριστό;». Θα ήταν ένα πολύ λογικό πρόβλημα, εάν κάθε μαθητής αναπαρήγαγε τη δική του, ελαφρώς τροποποιημένη, προσωπική εκδοχή του Χριστιανισμού. Εδώ φανερώνεται, όμως, το μεγαλείο του Χριστιανισμού: η τελευταία εντολή που έδωσε ο Χριστός στους πρώτους μαθητές Του, συνοδευόταν και από μία υπόσχεση:

Και προσέξτε, εγώ στέλνω την υπόσχεση του Πατέρα μου επάνω σας. Κι εσείς καθήστε στην πόλη, την Ιερουσαλήμ, μέχρις ότου ντυθείτε δύναμη από ψηλά.

Κατά Λουκά 24:49

Η ΔΙΑΜΟΡΦΩΣΗ από τον *Abba*

Το Άγιο Πνεύμα που κατοικεί μέσα μας είναι η εγγύηση ότι κάθε πιστός μπορεί να γίνει μαθητής του Ιησού (μέσα από το Άγιο Πνεύμα). Ο Ιησούς μας το εγγυήθηκε όταν είπε:

Το Άγιο Πνεύμα που κατοικεί μέσα μας είναι η εγγύηση ότι κάθε πιστός μπορεί να γίνει μαθητής του Ιησού (μέσα από το Άγιο Πνεύμα).

Και εγώ θα παρακαλέσω τον Πατέρα, και θα σας δώσει έναν άλλον Παράκλητο, για να μένει μαζί σας στον αιώνα.

Κατά Ιωάννη 14:16

Η φράση *άλλος Παράκλητος* σημαίνει «Ένας που θα είναι ακριβώς όπως Εγώ».

Δεν είσαι μαθητής του ποιμένα σου, του επισκόπου ή του αποστόλου σου. Είσαι μαθητής του Ιησού Χριστού και το Άγιο Πνεύμα που κατοικεί μέσα σου διασφαλίζει ότι είσαι αντίγραφο του Κυρίου, και όχι αντίγραφο ενός άλλου αντιγράφου. Με άλλα λόγια, δεν είσαι Χριστιανός «μαϊμού».

Όσο ασκείς την πνευματική γλώσσα και μαθαίνεις να συνεργάζεσαι με το Άγιο Πνεύμα που κατοικεί μέσα σου, το Άγιο Πνεύμα μορφώνει τον Χριστό μέσα σου και σε μεταμορφώνει στην ομοίωση του Χριστού. Το Άγιο Πνεύμα ξέρει ακριβώς με ποιον τρόπο σε έχει σχεδιάσει ο Πατέρας. Ξέρει, επίσης, κάθε τραύμα, κάθε πληγή, κάθε στιγμή απόρριψης και κάθε ελαφρώς παραμορφωμένη ιδέα που έχει σημαδέψει τη ζωή σου. Ξέρει, επίσης, πώς να ξεπερνά τα σαμαράκια στον δρόμο σου, και να επαναπροσδιορίζει τη διαδρομή σου, ώστε να αυξάνεσαι στη γνώση του Χριστού, και όχι στη γνώση της δικής σου εκδοχής του Ευαγγελίου.

Ας ενώσουμε ένα ακόμη κομμάτι. Ο Ιούδας λέει,

Σ' Αυτόν όμως που μπορεί να σας φυλάξει άπταιστους, και να σας στήσει μπροστά στη δόξα του, χωρίς ψεγάδι με αγαλλίαση...

Ιούδας 1:24

Προσέξτε, όμως, ότι προηγείται αυτού η προτροπή....

Η πνευματική γλώσσα επιταχύνει τη συνείδηση ότι είσαι γιος.

Εσείς, όμως, αγαπητοί, ενώ θα εποικοδομείτε τον εαυτό σας επάνω στην αγιότατη πίστη σας, προσευχόμενοι εν Πνεύματι Αγίω.
Ιούδας 1:20

Αυτά τα δύο δεν είναι δύο διαφορετικά πράγματα. Όσο περισσότερο ενεργοποιείς τη συνεργασία σου με το Άγιο Πνεύμα μέσω της γλώσσας της προσευχής σου, τόσο πιο σταθερός θα είσαι στην πορεία σου, τόσο πιο ακριβής θα είναι κάθε κοπή σου, τόσο πιο γρήγορα και ξεκάθαρα θα αντικατοπτρίζεις τη δόξα του Θεού ως μαθητής του Ιησού, επειδή το Άγιο Πνεύμα θα ενεργοποιείται για να κάνει το έργο.

6. Η πνευματική γλώσσα επιταχύνει τη συνείδηση ότι είσαι γιος.

Όταν ο πιστός προσεύχεται στο πνεύμα, ο νους του είναι «ακαρποφόρητος», γιατί ούτε συνθέτει τις λέξεις, ούτε ορίζει τη διαδικασία. Στην αρχή, αυτό σε κάνει να νιώθεις ότι χάνεις τον έλεγχο, γι' αυτό πρέπει να προχωρήσουμε σε ένα βαθύτερο επίπεδο έμπρακτης εμπιστοσύνης στον Θεό. Σ' αυτό ακριβώς το σημείο μαθαίνουμε να ακούμε την καρδιά, αντί το μυαλό. Ο «γνωρίζων» (το πνεύμα σου), μέσω του Αγίου Πνεύματος, αρχίζει να εκφράζει το ποιος είσαι πραγματικά, ως γιος του Θεού.

Επειδή όσοι διοικούνται από το Πνεύμα του Θεού, αυτοί είναι γιοι του Θεού. Δεδομένου ότι δεν λάβατε πνεύμα δουλείας ώστε πάλι να φοβάστε, αλλά λάβατε πνεύμα υιοθεσίας με το οποίο κράζουμε: ΑΒΒά Πατέρα. Το ίδιο το Πνεύμα δίνει μαρτυρία, μαζί με το πνεύμα μας, ότι είμαστε παιδιά του Θεού.
Ρωμαίους 8:14-16

Το μυαλό σου, βέβαια, θα συνεχίσει να αναπαράγει παλιά σενάρια που βασίζονται σε προηγούμενες εμπειρίες σου και στον τρόπο που ερμηνεύει ο εχθρός αυτά τα γεγονότα, αλλά το Άγιο Πνεύμα είναι αποφασισμένος να δώσει την «*κραυγή προς τον Abba*» μέσα από το πνεύμα μας.

Και επειδή είστε γιοι, ο Θεός έστειλε το Πνεύμα του Υιού του στις καρδιές σας, το οποίο κράζει: ΑΒΒά Πατέρα. Ώστε δεν είσαι πλέον δούλος, αλλά γιος. Αν όμως είσαι γιος, είσαι και κληρονόμος του Θεού διαμέσου του Χριστού.

Γαλάτες 4:6-7

Όσο πιο γρήγορα παραδοθούμε και εμπιστευτούμε το έργο και τα λόγια του Πνεύματος, τόσο πιο γρήγορα θα παγιωθεί μέσα μας η αλήθεια για το ποιοι είμαστε. Το Πνεύμα του Θεού μέσα στο πνεύμα σου φωνάζει «Μπαμπά!», και αυτό σε επαναφέρει στη συνείδηση ότι είσαι γιος.

Φαντάσου ένα παράθυρο με κατεβασμένο στόρι, και φαντάσου ότι έξω από το παράθυρο υπάρχει το αιώνιο, πνευματικό βασίλειο. Τα λόγια του Αγίου Πνεύματος μας δίνουν κλεφτές ματιές σ' αυτό το βασίλειο. Φαντάσου ότι το Άγιο Πνεύμα σηκώνει το στόρι για να μπορούμε να δούμε και να γνωρίζουμε αυτά που δεν μπορούμε να δούμε και να γνωρίζουμε με άλλο τρόπο. Σκέψου, όμως, ότι αυτό το στόρι συνεχώς ανεβοκατεβαίνει, άρα ο μόνος τρόπος για να βλέπουμε έξω από το παράθυρο, είναι να συγχρονιστούμε με το ανεβοκατέβασμα. Αυτό ακριβώς μας βοηθούν να κάνουμε τα λόγια του Αγίου Πνεύματος. Αγγίζουμε τη συχνότητα του Θεού, τη σφαίρα της αιωνιότητας, τον νου του Πνεύματος και ρίχνουμε ματιές μέσα στο μυαλό, τη θέληση και τον σκοπό του Πατέρα για εμάς, ώστε να συνεργαστούμε μαζί Του.

Μιλήσαμε για τη σημασία και την ομορφιά της πνευματικής γλώσσας. Θα αφιερώσουμε το επόμενο κεφάλαιο για να διερευνήσουμε τα πολλαπλά οφέλη της συνεργασίας μας με το Άγιο Πνεύμα μέσω της γλώσσας που γεννιέται από το Π/πνεύμα.

Τι Είπαμε Μέχρι Τώρα;

Το Άγιο Πνεύμα είναι το ενεργό συστατικό στην προσωπική μας μεταμόρφωση.

Η αποστολή του Αγίου Πνεύματος είναι να δώσει μαρτυρία ότι είμαστε γιοι, να μας οδηγήσει και να μας φέρει σε όλη την αλήθεια (που αφορά εμάς και τους άλλους), και να μας γεμίσει με δύναμη.

Η μεταμόρφωσή μας προϋποθέτει τη συνεργασία μας στο εσωτερικό έργο του Αγίου Πνεύματος στη ζωή μας. Συνεργαζόμαστε μαζί Του όταν προσευχόμαστε γι' αυτό, όταν ενεργούμε με βάση αυτό και όταν το ομολογούμε.

Το Άγιο Πνεύμα συγχρονίζει το πνεύμα μας με τα σχέδια και τους σκοπούς του Θεού μέσω της πνευματικής γλώσσας.

Η ομορφιά της πνευματικής γλώσσας είναι ότι είναι διαθέσιμη σε κάθε πιστό ανά πάσα στιγμή.

Η ομορφιά της πνευματικής γλώσσας είναι ότι είναι μια απτή και ζωντανή απόδειξη ότι ο Θεός ζει μέσα μας μέσω του Πνεύματος.

Η ομορφιά της πνευματικής γλώσσας είναι ότι αυξάνει την αγάπη μας για τους άλλους.

Η ομορφιά της πνευματικής γλώσσας είναι ότι είναι το κλειδί για να γίνουμε όπως ο Χριστός.

Το Άγιο Πνεύμα διασφαλίζει ότι δεν είμαι το αντίγραφο ενός άλλου αντιγράφου, αλλά πιστό αντίγραφο του πρωτότυπου—ένας μαθητής του ίδιου του Ιησού. Το ίδιο Πνεύμα που ήταν στον Ιησού, ζει μέσα μου.

Η ομορφιά της πνευματικής γλώσσας είναι ότι επιταχύνει τη συνείδησή μας ότι είμαστε γιοι.

ΠΡΟΣΕΥΧΗ

Πατέρα, Σε ευχαριστώ που ποτέ δεν ήθελες να μείνεις μακριά μας. Δεν είχες καμία διάθεση να μείνεις κλεισμένος στον Παράδεισο, ή σε ένα κουτί που ονομάζεται Κιβωτός της Διαθήκης, ή πίσω από ένα πέπλο στα Άγια των Αγίων. Σε ευχαριστώ που έστειλες τον Γιο Σου, ο οποίος ντύθηκε σάρκα και κατοίκησε μαζί μας ως Εμμανουήλ. Σε ευχαριστώ, Ιησού, που δεν αποστασιοποιήθηκες από τη ντροπή και τον πόνο της ανθρωπότητας. Είμαι ιδιαίτερα ευγνώμων, Κύριε Ιησού, που δεν σου αρκούσε να είσαι με μερικούς, αλλά έστειλες το Άγιο Πνεύμα Σου, για να είσαι, όχι μόνο μαζί μας, αλλά μέσα μας. Σε δέχομαι, Άγιο Πνεύμα και θέλω όλα όσα έχεις για μένα. Σε προσκαλώ να συνεχίσεις να με βεβαιώνεις ότι είμαι γιος, να με ελέγχεις και να μου μιλάς για τη νέα μου φύση, να με οδηγείς και να με φέρνεις σε όλη την αλήθεια, να με γεμίζεις και να με ντύνεις (μέσα και έξω) με δύναμη για να είμαι μάρτυρας. Άγιο Πνεύμα, Σε προσκαλώ να μου μιλήσεις σήμερα, ακόμα και απόψε ενώ κοιμάμαι. Εκπαίδευσε το μυαλό μου όταν έρχεται η νύχτα. Στο όνομα και με την εξουσία του Πατέρα, του Υιού και του Αγίου Πνεύματος. Αμήν.

Η ΔΙΑΜΟΡΦΩΣΗ από τον *Abba*

ΓΙΑ ΟΜΑΔΙΚΗ ΣΥΖΗΤΗΣΗ

1. Εσύ, τι εικόνα είχες για το Άγιο Πνεύμα; Τον έβλεπες σαν αστυνόμο που επιβάλλει τον νόμο; Σαν πληροφοριοδότη της KGB; Σαν κάποιον άγνωστο και απόμακρο; Σαν κάτι άλλο; Εξήγησέ μας.

2. Γιατί είναι σημαντικό να είσαι μαθητής του Ιησού, αντί για μαθητής ενός μαθητή του Ιησού;

3. Σκέψου πόσο διαφορετικό είναι να υπηρετείς τον Κύριο εάν η παρουσία Του κατοικεί μόνο σε ένα κουτί στην Ιερουσαλήμ, ή πίσω από μια κουρτίνα στον Ναό, ή ακόμα και στο κτίριο της τοπικής εκκλησίας σου, και πόσο διαφορετικό είναι να Τον έχεις μέσα σου όπου κι αν πας. Δώσε κάποια πλεονεκτήματα ή μειονεκτήματα.

4. Ποιες από τις έξι πτυχές της ομορφιάς της πνευματικής γλώσσας σου φαίνονται πιο σημαντικές;

Επτά

Τα Οφέλη της Προσευχής στο Πνεύμα

Όταν δεις, πραγματικά, αυτό το είδος προσευχής, θα καταλάβεις πόσο ελκυστική και επιθυμητή είναι από κάθε άνθρωπο.
– Τζακ Χέιφορντ

Όλοι έχουμε ένα μήνυμα που σημάδεψε τη ζωή μας—κάτι που έκανε ο Θεός μέσα μας, κάτι που μας δίδαξε ή κάτι που βιώσαμε με μοναδικό τρόπο, και έτσι έγινε το θέμα της ζωής μας, με το οποίο επηρεάζουμε τις ζωές των άλλων. Τα οφέλη της πνευματικής γλώσσας—η *Κραυγή προς τον Abba*—είναι ένα από τα δικά μου μηνύματα ζωής. Όταν λέω ότι *προσεύχομαι εν Πνεύματι*, εννοώ ότι προσεύχομαι ή μιλάω από το πνεύμα μου διαμέσου του Αγίου Πνεύματος, σε μια γλώσσα που δεν γνωρίζω με το μυαλό μου (Πράξεις 2:1-4, Α' Κορινθίους 14:14-15). Είμαι απόλυτα βέβαιος, ότι αν ως πιστοί μπορούσαμε να δούμε τα οφέλη αυτής της συνεργασίας μας με το Άγιο Πνεύμα, θα εξαφανιζόταν από μέσα μας κάθε ανάγκη ή επιθυμία για τα τόσα υποκατάστατα στα οποία ενδίδουμε, στο κυνήγι μας για ολοκλήρωση και τελειότητα. Να έχεις υπόψιν σου ότι:

1. Η πνευματική γλώσσα σε βάζει αμέσως στη συνομιλία της Αγίας Τριάδας.

Ο Θεός μας είναι ένας προσωπικός Θεός—έχει τρία πρόσωπα, αλλά μια ουσία. Άρα δεν πρέπει να μας εκπλήσσει το γεγονός ότι ο Πατέρας, ο Υιός και το Άγιο Πνεύμα συνομιλούν μεταξύ τους. Μάθε να παρατηρείς τι μας λέει η Βίβλος για τη συνομιλία Τους. Άκουσε τι λένε ο Πατέρας, ο Υιός και το Άγιο Πνεύμα, ο ένας στον άλλο και ο ένας για τον άλλον:

Είπε ο Κύριος στον Κύριό μου, «Κάθισε από τα δεξιά μου, μέχρις ότου βάλω τους εχθρούς σου υποπόδιο των ποδιών σου. Από τη Σιών ο Κύριος θα στείλει τη ράβδο της δύναμής

Η πνευματική γλώσσα σε βάζει αμέσως στη συνομιλία της Αγίας Τριάδας.

> *σου, κατακυρίευε ανάμεσα στους εχθρούς σου. Ορκίστηκε ο Κύριος και δεν θα μεταμεληθεί: Εσύ είσαι ιερέας στον αιώνα, σύμφωνα με την τάξη Μελχισεδέκ».*
> Ψαλμός 110:1-2,4

> *Και ξάφνου μία φωνή από τους ουρανούς, που έλεγε: Αυτός είναι ο Υιός μου αγαπητός, στον οποίο ευαρεστήθηκα.*
> Κατά Ματθαίο 3:17

> *Και ο Ιησούς είπε σ' αυτόν: Γιατί με λες αγαθό; Κανένας δεν είναι αγαθός, παρά μονάχα ένας, ο Θεός.*
> Κατά Μάρκο 10:18

Αυτή είναι η συνομιλία της Αγίας Τριάδας.

Πρόσεξε, όμως, ότι η συζήτησή τους περιλαμβάνει και τις σκέψεις του Πατέρα για εμάς. Ο Ιησούς λέει ότι θα αναγγείλει στο Άγιο Πνεύμα αυτό που Του έχει αναγγείλει ο Πατέρας και...

> *Το Άγιο Πνεύμα από το δικό μου θα πάρει και θα σας το αναγγείλει. Όλα όσα έχει ο Πατέρας είναι δικά μου.*
> Κατά Ιωάννη 16:15

Αυτά είναι καλά νέα! Όλα όσα έχει ο Πατέρας, τα έχει δώσει στον Ιησού, και ο Ιησούς λέει ότι το Άγιο Πνεύμα θα τα πάρει (όλα) και θα μας τα αποκαλύψει. Σκέψου το.

Ο Θεός μας αποκαλύπτει τα βάθη Του διαμέσου του Αγίου Πνεύματος, ο Οποίος ερευνά τα βάθη του Πατέρα (για εσένα και για άλλους) και σου τα αποκαλύπτει (τα αναγγέλλει και τα φανερώνει). Ο Θεός δεν μεταβιβάζει τις σκέψεις Του στο μυαλό σου (το «σκεπτόμενο» κομμάτι του εαυτού σου).

> *Επειδή οι βουλές μου δεν είναι βουλές σας ούτε οι δρόμοι σας οι δικοί μου δρόμοι, λέει ο Κύριος. Αλλά όσο ψηλοί είναι οι ουρανοί από τη γη, έτσι και οι δρόμοι μου είναι ψηλότεροι από τους δρόμους σας, και οι βουλές μου από τις δικές σας βουλές.*
> Ησαΐας 55:8-9

Η ΔΙΑΜΟΡΦΩΣΗ από τον *Abba*

Ο Πατέρας αποκαλύπτει τις σκέψεις Του για εσένα στο πνεύμα σου (που είναι ο «γνωρίζων»), διαμέσου της πνευματικής γλώσσας.

Σε μας, όμως, ο Θεός τα αποκάλυψε διαμέσου του Πνεύματός του, δεδομένου ότι το Πνεύμα ερευνάει τα πάντα και τα βάθη του Θεού. Επειδή, ποιος από τους ανθρώπους γνωρίζει αυτά που είναι μέσα στον άνθρωπο, παρά μονάχα το πνεύμα του ανθρώπου που είναι μέσα του; Έτσι και εκείνα που είναι μέσα στον Θεό δεν τα γνωρίζει κανένας παρά μονάχα το Πνεύμα του Θεού.

Α' Κορινθίους 2:10-14

Μπορείς να συμμετέχεις στη συζήτηση του Θεού για σένα! Πώς μπαίνεις σ' αυτή τη συζήτηση; Μέσα από την πνευματική γλώσσα.

2. Η πνευματική γλώσσα σε βοηθά να επικοινωνείς με τον Θεό σε ένα επίπεδο που παρακάμπτει τα όρια του μυαλού σου.

Ο Παύλος λέει:

Επειδή αυτός που μιλάει με γλώσσα δεν μιλάει σε ανθρώπους, αλλά στον Θεό.

Α' Κορινθίους 14:2

Αυτό είναι ένα απίστευτο προνόμιο, γιατί το μυαλό μας λαμβάνει πολύ περιορισμένες πληροφορίες για το τι πρέπει να γίνει, είτε ως προς τις άμεσες ανάγκες, είτε ως προς τον τελικό ή γενικό στόχο. Θα σου δώσω κάποια παραδείγματα.

Πριν από μερικά χρόνια, η σύζυγός μου, η Τσίκι, και εγώ περνούσαμε χρόνο με τον Κύριο, όπως κάνουμε πάντα προτού υποδεχθούμε την καινούργια χρονιά. Ήμασταν στο τέλος μιας καλής και καρποφόρας χρονιάς, και ήμασταν πολύ χαρούμενοι με τις συνθήκες της ζωής και της διακονίας μας. Ζούσαμε καλά, σε ένα άνετο διαμέρισμα που ήταν στα μέτρα μας και δεν χρειαζόταν κηπουρικές δουλειές. Δεν περνούσε απ' το μυαλό μας το ενδεχόμενο να αλλάξουμε κάτι ως προς αυτό στο άμεσο μέλλον. Καθώς προσευχόταν η Τσίκι, έκανε μια ερώτηση στον Πατέρα, κάτι που Τον ρωτούσε πολύ συχνά: «*Abba*, τι θέλεις να μου δώσεις φέτος, που θέλεις να Σου το ζητήσω;» (Είναι μια πολύ καλή προσευχή). Τα τρία προηγούμενα χρόνια, κάθε παραμονή Πρωτοχρονιάς, αυτή

Η προσευχή στο Π/πνεύμα θα επιταχύνει τα σχέδια του Θεού για τη ζωή σου.

η προσευχή ξεκινούσε μια ωραία συζήτηση μεταξύ της Τσίκι και του Πατέρα, οπότε για άλλη μια φορά, ανυπομονούσε να ακούσει τι θα της έλεγε. Άρχισε να προσεύχεται στο Πνεύμα και να γράφει ό,τι ένιωθε να της λέει ο Θεός. Ο Κύριος της είπε δυο-τρία πράγματα, αναφέροντας κάτι για «ένα νέο σπίτι». Ήταν τόσο άσχετο με τα σχέδιά μας, που η Τσίκι δεν το σημείωσε καν, ούτε μου το ανέφερε. Το μυαλό της το έκανε στην άκρη. Λίγα λεπτά αργότερα, καθώς τελείωνε η ώρα της προσευχής μας, άρχισα να προσεύχομαι στα αγγλικά, αφού είχα προσευχηθεί για λίγο στο Πνεύμα. Άκουσα τον εαυτό μου να λέει: «Κύριε, Σε ευχαριστώ για το νέο σπίτι που θα μας δώσεις».

Κοιταχτήκαμε έκπληκτοι και οι δύο. Κανείς μας δεν το σκεφτόταν, ούτε το θέλαμε ιδιαίτερα, ούτε το σχεδιάζαμε. Οκτώ μήνες μετά μετακομίσαμε στο νέο μας σπίτι, το οποίο ο Κύριος χρησιμοποίησε για να γίνει ευλογία σε πολλούς. Η προσευχή στο π/Πνεύμα μας βοήθησε να ανιχνεύσουμε το σχέδιο του Θεού στο δικό μας ραντάρ, και έτσι το *σχέδιο του Θεού επιταχύνθηκε. Η προσευχή στο Π/πνεύμα επιταχύνει τα σχέδια του Θεού για τη ζωή σου*.

Πάμε σε ένα άλλο παράδειγμα. Αυτή την ιστορία μου την είπε ένας φίλος μου ποιμένας, και αφορά την αδερφή του. Μια μέρα, καθώς η γυναίκα προσευχόταν στο Πνεύμα, την κυρίευσε μια αίσθηση εγρήγορσης. Προσευχήθηκε με θέρμη και άκουσε τρία ονόματα και τη λέξη: «άθικτη». Οι τέσσερις λέξεις ήρθαν με μεγάλη σαφήνεια στο πνεύμα της, καθώς εξασκούσε την πρακτική της προσευχής καθημερινά, κι έτσι τις έγραψε στο σημειωματάριο προσευχής της. Το βράδυ της ίδιας μέρας, ενώ οδηγούσε, πήρε μια λάθος στροφή σε μια περίπλοκη διασταύρωση και συγκρούστηκε στα πλάγια, από την πλευρά του οδηγού, με ένα φορτηγό αυτοκίνητο της UPS. Ο οδηγός του φορτηγού κατέβηκε από τη θέση του περιμένοντας να βρει το αυτοκίνητο διαλυμένο από τα τεράστια λάστιχα του φορτηγού του. Προς έκπληξή του, όμως, διαπίστωσε ότι παρά τη σφοδρή σύγκρουση, ούτε το φορτηγό του ούτε το αυτοκίνητο που εμβόλισε, είχαν κάποιο βαθούλωμα ή γρατσουνιά! Η γυναίκα, ελαφρώς ταραγμένη, βγήκε από το αμάξι της χωρίς τον παραμικρό μώλωπα. Όταν έφτασε η αστυνομία λίγα λεπτά αργότερα, είπαν, «Νομίζαμε ότι έγινε ατύχημα εδώ. Δεν συνέβη κάποια σύγκρουση;».

Η ΔΙΑΜΟΡΦΩΣΗ από τον *Abba*

Η αδερφή του φίλου μου πήγε σπίτι και έτρεξε αμέσως να δει το σημειωματάριο προσευχής της. Τα τρία ονόματα που είχε ακούσει στο πνεύμα της (διαμέσου του Αγίου Πνεύματος), ήταν τα ονόματα των δύο αστυνομικών που έφτασαν στο σημείο του ατυχήματος, και του ανακριτή που υπέβαλε την αναφορά περί «μη αναγνωρίσιμου» συμβάντος. Και προφανώς, η λέξη «άθικτη» απέκτησε πλέον καινούργιο νόημα γι' αυτήν.

Μέσα από την καθημερινή της προσευχή στο Π/πνεύμα, το Άγιο Πνεύμα μεσίτευσε γι' αυτό το συμβάν εκ των προτέρων (ένα ακόμα όφελος που θα συζητήσουμε στη συνέχεια), και της έδωσε αρκετές λεπτομέρειες από πριν, ώστε να ξέρει από Ποιον προήλθε η σωτηρία της, και να έχει ένα θαύμα να διηγείται. Ο Θεός θέλει να κάνει και για σένα το ίδιο.

Ο Ιησούς είπε ότι θα στείλει το Άγιο Πνεύμα, για να ζήσει όχι απλώς «μαζί», αλλά «μέσα» στον πιστό, για να μας διδάξει τα πάντα, να μας οδηγήσει και να μας κατευθύνει σε όλη την αλήθεια, και να μας δείξει τα μέλλοντα (Κατά Ιωάννη 16:13). Δηλαδή, ο πιστός που ζει διαμέσου του Πνεύματος, δεν περιορίζεται στην ανθρώπινη ή εμπειρική του γνώση. Όλες οι πνευματικές, φυσικές και λογικές διαστάσεις είναι στη διάθεση του πιστού που μαθαίνει να συνεργάζεται με το Άγιο Πνεύμα.

Κάποιες φορές ο Κύριος μας δίνει μια διαίσθηση για να μας γλιτώσει από μια τραγωδία, οπότε αν δώσουμε προσοχή στην προτροπή Του, δεν θα υπάρξει κανένα παραλίγο συμβάν. Όταν ήμουν ποιμένας σε μια ομάδα νέων, η κοπέλα με την οποία έβγαινα με κάλεσε στο σπίτι των γονιών της για να περάσω μαζί τους το Σαββατοκύριακο της εθνικής γιορτής της 4ης Ιουλίου. Στην αρχή μου άρεσε η ιδέα, ώσπου, λίγες μέρες πριν, καθώς προσευχόμουν στο Π/πνεύμα, άρχισα να έχω ένα περίεργο προαίσθημα μέσα μου για το ταξίδι. Όσο προσευχόμουν, τόσο περισσότερο το μυαλό μου πολεμούσε το πνεύμα μου: «Δεν γίνεται να της πεις τώρα ότι δεν θα πας. Αυτό θα καταστρέψει τη σχέση σας, σίγουρα θα σε παρεξηγήσει, τζάμπα αναστάτωση». Κι όμως, η προειδοποίηση που ένιωθα στο πνεύμα μου ήταν τόσο ξεκάθαρη, που της τηλεφώνησα και της είπα ότι δεν θα πάω. Όχι, δεν έδειξε κατανόηση. Ναι, υπήρξε αναστάτωση. Αλλά, το ξεπεράσαμε, και η μόνη ιστορία για εκείνο το Σαββατοκύριακο, είναι ότι δεν συνέβη τίποτα. Αυτό είναι το «θαύμα» που έχω να πω από το διήμερο. Δεν συνέβη απολύτως τίποτα και σήμερα είμαι ζωντανός.

Πόσες φορές το Άγιο Πνεύμα προσπαθεί να μας προειδοποιήσει για επικείμενα προβλήματα, αλλά δεν Του δίνουμε σημασία.

Σκέψου αυτές τις δύο ιστορίες. Η αδερφή του φίλου μου γλίτωσε από πρόωρο θάνατο, επειδή έμαθε να συνεργάζεται με το Άγιο Πνεύμα διαμέσου της πνευματικής γλώσσας. Η δική μου ιστορία είναι ότι το Σαββατοκύριακο της 4ης Ιουλίου, δεν μου συνέβη καμία τραγωδία και κανένα ατύχημα. Το θέλημα και ο σκοπός του Πατέρα για τα παιδιά Του είναι η ζωή μας να κυλάει όμορφα και να ζήσουμε μέχρι να χορτάσουμε μέρες και να εκπληρώσουμε τον σκοπό μας. Αυτό, όμως, γεννά ένα άλλο ερώτημα. Ακούμε πολύ συχνά για πιστούς που ζούνε φριχτές τραγωδίες και πρόωρους θανάτους (και δεν υπάρχει κανένα κόλπο και καμία εγγύηση ότι θα είμαστε αήττητοι). Οφείλουμε, λοιπόν, να αναρωτηθούμε, πόσες φορές το Άγιο Πνεύμα προσπαθεί να μας προειδοποιήσει για επικείμενα προβλήματα, αλλά δεν Του δίνουμε σημασία ή δεν έχουμε μάθει πώς να μπαίνουμε στα σχέδια και τους σκοπούς του Θεού σε καθημερινή βάση[40].

3. Η πνευματική γλώσσα μας δίνει την ικανότητα να προσευχόμαστε σωστά, σύμφωνα με Θέλημα Θεού.

Έχεις αναρωτηθεί ποτέ πώς μπορείς να προσεύχεσαι σύμφωνα με το θέλημα του Θεού; Ο Παύλος λέει ότι η βασική μας ασθένεια ή αδυναμία στην προσευχή, είναι ότι δεν ξέρουμε τι πρέπει να προσευχηθούμε.

Παρόμοια όμως και το Πνεύμα συμβοηθάει στις ασθένειές μας, επειδή το τι να προσευχηθούμε καθώς πρέπει, δεν ξέρουμε.
Ρωμαίους 8:26

Δεν ξέρουμε τι να ζητήσουμε απ' τον Θεό, και ακόμα κι αν ξέρουμε, ίσως δεν ξέρουμε πώς ακριβώς θέλει να το φέρει σε εκπλήρωση. Ο Παύλος έχει πολύ καλά νέα για μας. Υπάρχει τρόπος να προσευχόμαστε τέλεια και με ακρίβεια, σύμφωνα με το θέλημα του Θεού. Εξηγεί:

Παρόμοια, όμως, και το Πνεύμα συμβοηθάει στις ασθένειές μας. Επειδή το τι να προσευχηθούμε, καθώς πρέπει δεν ξέρουμε, αλλά το ίδιο το Πνεύμα ικετεύει για χάρη μας με στεναγμούς αλάλητους. Και αυτός που ερευνά τις καρδιές ξέρει τι είναι το

Η ΔΙΑΜΟΡΦΩΣΗ από τον *Abba*

φρόνημα του Πνεύματος, ότι ικετεύει σύμφωνα με το θέλημα του Θεού για χάρη των αγίων.
Ρωμαίους 8:26-27

Η πνευματική γλώσσα μας δίνει την ικανότητα να προσευχόμαστε σωστά, σύμφωνα με θέλημα Θεού.

Το Άγιο Πνεύμα μεσιτεύει για μας. Η ομορφιά της πνευματικής γλώσσας είναι ότι όταν δεν ξέρουμε τι να σκεφτούμε ή να προσευχηθούμε για μια κατάσταση, το Άγιο Πνεύμα ξέρει ακριβώς ποιο είναι το θέλημα του Θεού, και το προσεύχεται μέσα από εμάς.

Πριν από κάποια χρόνια, η γυναίκα μου ξύπνησε πολύ νωρίς (πράγμα σπάνιο για εκείνη, γιατί δεν είναι πρωινός τύπος). Ξύπνησε χωρίς δυσκολία και κατάλαβε ότι το Άγιο Πνεύμα την παρακινούσε. Ένιωσε την εγρήγορση να προσευχηθεί, αλλά δεν ήξερε για ποιο πράγμα, οπότε άρχισε να προσεύχεται εν Πνεύματι για μερικές ώρες. Συνέχισε να προσεύχεται όσο ετοιμαζόταν, και για περίπου άλλη μια ώρα στο αμάξι καθώς πήγαινε στη δουλειά.

Εκείνη την περίοδο η δουλειά της ήταν στην περιφέρεια Γκαλέρια του Χιούστον, οπότε πήγαινε από τον διαπολιτειακό αυτοκινητόδρομο ΙΗ-10. Όπως γίνεται συνήθως τις ώρες αιχμής στη συγκεκριμένη διασταύρωση, η κυκλοφορία στη λωρίδα εξόδου ακινητοποιήθηκε. Η Τσίκι κοίταξε στον καθρέφτη της και είδε ένα μεγάλο φορτηγό να έρχεται από πίσω της με μεγάλη ταχύτητα. Η αντίδρασή της ήταν να φωνάξει, «Ιησού!!!». Ανέκτησε τις αισθήσεις της λίγα λεπτά αργότερα. Το αυτοκίνητό της είχε χτυπηθεί από πίσω και στριφογύρισε διασχίζοντας δύο λωρίδες ταχείας κυκλοφορίας, ώσπου σταμάτησε τελικά στη λωρίδα έκτακτης ανάγκης. Το αυτοκίνητο ήταν σαν κουβάρι από τσαλακωμένο μέταλλο, αλλά η Τσίκι βγήκε από μέσα μόνο με λίγες μελανιές και γρατσουνιές. Μήπως το Άγιο Πνεύμα προσευχόταν μέσα απ' αυτή για την προστασία της εκείνο το πρωί; Αν και δεν ξέρουμε πώς ακριβώς έγινε, είμαστε σίγουροι ότι ήταν η παρέμβαση και η προστασία του Θεού στη ζωή της.

Μια άλλη πτυχή της προσευχής στην οποία εφαρμόζεται αυτό, είναι η προσευχή μας για λαούς και έθνη. Ως γιοι του Θεού και συνεργάτες στην αποστολή Του, καλούμαστε να μεσιτεύουμε για ζητήματα που ξεπερνούν τον δικό μας κύκλο. Ο Παύλος λέει:

> *Παρακαλώ, λοιπόν, πρώτα από όλα να κάνετε δεήσεις, προσευχές, παρακλήσεις, ευχαριστίες, για όλους τους ανθρώπους, για βασιλιάδες και όλους εκείνους που είναι σε αξιώματα, ώστε να ζούμε βίο ατάραχο και ήσυχο με κάθε ευσέβεια και σεμνότητα.*
>
> Α' Τιμόθεο 2:1

Πώς θα γίνει να προσευχόμαστε όπως πρέπει για «όλους τους ανθρώπους»; Οφείλω να ομολογήσω ότι οι σκέψεις μου για το ISIS είναι πολύ διαφορετικές από τις σκέψεις του Θεού. Οι δικές μου σκέψεις είναι ανακατεμένες με εθνικές και πολιτικές προκαταλήψεις. Τις στιγμές που δεν είμαι και τόσο πνευματικός, σκέφτομαι πώς θα μπορούσα να τα βάλω με τους διεφθαρμένους πολιτικούς, και μετά, πώς θα σβήσω το ISIS από τον χάρτη. Το παραδέχομαι, όμως, ότι αυτή είναι μια καθαρά σαρκική, εθνικιστική, και ασεβής νοοτροπία. Οι σκέψεις του Θεού είναι πολύ διαφορετικές. Ο Θεός ξέρει ότι υπάρχει ένας Σαύλος της Ταρσού στην ομάδα του ISIS, κάποιος που παρατηρεί τα αδέρφια του και προβληματίζεται με όσα βλέπει. Ο Θεός ξέρει πώς να προσπεράσει το μίσος και τις προκαταλήψεις με τα οποία ανατράφηκαν, και τους αγαπάει όπως αγαπάει εμένα, με τον ίδιο τρόπο που αγαπάει τον Ιησού. Αν αρχίσω να συμμετέχω και να ακούω τη συνομιλία της Αγίας Τριάδας—και ακούσω προσεκτικά—θα δω την καρδιά του Πατέρα για ανθρώπους που ίσως θεωρώ ότι είναι τελευταίοι που αξίζουν να αγαπηθούν!

4. Η πνευματική γλώσσα είναι ο βασικός τρόπος με τον οποίο ο Θεός μεταβιβάζει το θέλημα και τους σκοπούς Του στη ζωή σου.

Ο Θεός κινείται με ταχύτητα φωτός και έχει τον τρόπο να μας συγχρονίζει στον ρυθμό Του για όλα όσα πρέπει να γίνουν για την επέκταση της Βασιλείας. Έχω βασιστεί πολύ στα εδάφια προς Ρωμαίους 8:26-27, Α' Κορινθίους 14:2 (μυστήρια), Α' Κορινθίους 2:9-13 (λόγια που διδάσκει το Άγιο Πνεύμα), Κατά Ιωάννη 14:26 και Κατά Ιωάννη 16:12-15 αναλύοντας αυτό το θέμα. Πιστεύω ότι ένας από τους λόγους που άργησε τόσο πολύ το Ευαγγέλιο να κηρυχθεί

> Η πνευματική γλώσσα είναι ο βασικός τρόπος με τον οποίο ο Θεός μεταβιβάζει το θέλημα και τους σκοπούς Του στη ζωή σου.

μέχρι τα πέρατα της γης, είναι ότι είμαστε πολύ απασχολημένοι με τα προβλήματά μας, και δεν συγχρονιζόμαστε με αυτά που απασχολούν την καρδιά του *Abba*. Ταυτόχρονα, εκπαιδευτήκαμε να αναλύουμε τα πάντα με τη δύναμη της διανόησης, θεωρώντας ότι ο νους είναι η υψηλότερη βαθμίδα διορατικότητας και ευφυΐας που διαθέτουμε. Αντίθετα, ο Λόγος του Θεού διδάσκει ξεκάθαρα ότι η καρδιά του ανθρώπου (το πνεύμα), και όχι ο νους (η ψυχή), είναι το κομμάτι του ανθρώπου που έχει συνείδηση του εαυτού του, και μπορεί να γνωρίσει τον Θεό.

Εκπαιδευτήκαμε να αναλύουμε τα πάντα με τη δύναμη της διανόησης, θεωρώντας ότι ο νους είναι η υψηλότερη βαθμίδα διορατικότητας και ευφυΐας που διαθέτουμε.

Ο προφήτης Ησαΐας λέει το ίδιο πράγμα, αλλά με τρόπο που μπορεί να παρερμηνευτεί, αν δεν λάβουμε υπόψιν την επεξήγηση του Παύλου. Διάβασε προσεκτικά τα παρακάτω εδάφια:

> *Ποιος θα διδάξει τη σοφία; Και ποιον θα κάνει να καταλάβει τη διδασκαλία; Αυτοί είναι σαν απογαλακτισμένα βρέφη, αποσπασμένα από τους μαστούς. Επειδή με διδασκαλία επάνω σε διδασκαλία, στίχο επάνω σε στίχο, λίγο εδώ, λίγο εκεί, επειδή με ψελλίζοντα χείλη και με άλλη γλώσσα θα μιλάει σ' αυτόν τον λαό.*
>
> Ησαΐας 28:9-10

Ο Ησαΐας ζωγραφίζει με λέξεις το σκοτάδι και την κώφωση του ανθρώπου της Παλαιάς Διαθήκης. Λόγω της Πτώσης, το πνεύμα του ανθρώπου είχε χάσει κάθε ίχνος ζωής, και το μόνο που μπορούσε να αποκτήσει ο άνθρωπος ήταν νοητική γνώση—και αυτή μέσω των πέντε φυσικών του αισθήσεων. Ήταν εντελώς τυφλός και κωφός στο επίπεδο της πνευματικής διάστασης. Το πνεύμα του ήταν σκοτεινιασμένο και αποξενωμένο από τον Θεό, άρα μόνο με τη δύναμη του μυαλού του μπορούσε να επεξεργαστεί πληροφορίες, έχοντας πρόσβαση σε ένα πολύ μικρό τμήμα των δεδομένων της πραγματικότητας. Ο Ησαΐας λέει, «Πώς μπορεί ο άνθρωπος να μάθει ή να καταλάβει πραγματικά;». Η μόνη κατανόηση που μπορούσε να έχει ήταν «λίγο εδώ και λίγο εκεί, στίχο πάνω σε στίχο, διδασκαλία επάνω σε διδασκαλία». Σαν να λέμε, μάθηση στο επίπεδο του νηπιαγωγείου—σαν ένα παιδί που μαθαίνει να παπαγαλίζει.

Ως πιστοί, πρέπει να λάβουμε σοβαρά υπόψη αυτά που διδάσκει και αποκαλύπτει ο γεγραμμένος Λόγος του Θεού για το πώς γνωρίζουμε τον Θεό, πώς ακούμε τη φωνή Του και πώς επικοινωνούμε μαζί Του, Πνεύμα προς πνεύμα. Αν δεν το κάνουμε, θα μείνουμε πολύ περιορισμένοι, ως λαός του Θεού και ηγέτες της Εκκλησίας, με ελάχιστη δυνατότητα να συγχρονιζόμαστε με την κατεύθυνση και την ταχύτητα του θελήματος και του σκοπού του Θεού. Ως εκ θαύματος, ο Ησαΐας απαντάει στο ερώτημα που θέτει, δίνοντας μια απάντηση που είναι αιώνες μπροστά από την εποχή του:

Επειδή με ψελλίζοντα χείλη και με άλλη γλώσσα θα μιλάει σ' αυτόν τον λαό.

Ησαΐας 28:11

Δεν υπήρχε περίπτωση να συνδέσουμε μόνοι μας αυτό το εδάφιο με την πνευματική γλώσσα, αν δεν το ανέφερε ο Παύλος όταν έδινε οδηγίες στην εκκλησία των Κορινθίων σχετικά με τα οφέλη της πνευματικής γλώσσας (Α' Κορινθίους 14:21). Διαμέσου του Πνεύματος, ο Παύλος είδε ότι ο προφήτης έδειξε στους αναγνώστες του μια προεπισκόπηση της ζωής των πιστών της Καινής Διαθήκης: μιλούσε για ανθρώπους που μέσα τους θα κατοικεί το Πνεύμα, θα είναι γεμάτοι με το Πνεύμα, η γνώση τους θα προέρχεται από τα βάθη του Θεού, διαμέσου του Πνεύματος του Θεού, και θα περνάει απευθείας στο πνεύμα τους.

5. Η πνευματική γλώσσα ενεργοποιεί μια υπερφυσική ανάπαυση και ειρήνη από μέσα προς τα έξω.

Ο Ησαΐας μας δείχνει άλλο ένα σημαντικό όφελος της πνευματικής γλώσσας. Ας διαβάσουμε το επόμενο εδάφιο στο απόσπασμα του Ησαΐα 28 για να το εντοπίσουμε:

Επειδή με ψελλίζοντα χείλη, και με άλλη γλώσσα θα μιλάει σ' αυτόν τον λαό, στον οποίο είπε: Αυτή είναι η ανάπαυση, με την οποία μπορείτε να αναπαύσετε τον κουρασμένο και αυτή είναι η άνεση, αλλά αυτοί δεν θέλησαν να ακούσουν.

Ησαΐας 28:11-12

Και σ' αυτό το σημείο, αν λάβουμε υπόψιν την ερμηνεία του Παύλου, θα δούμε τι ακριβώς λέει το Άγιο Πνεύμα μέσω του Ησαΐα. Η πνευματική γλώσσα δεν μας δίνει μόνο γνώση από μια ανώτερη πηγή, αλλά και ανάπαυση, δύναμη και ανανέωση από μέσα προς τα έξω. Τα παρακάτω εδάφια δείχνουν ότι το πνεύμα του ανθρώπου είναι η πηγή της δύναμης και της ισχύς του:

> *Με κάθε φύλαξη φύλαγε την καρδιά σου [Εβραϊκά: leb—τον εσωτερικό άνθρωπο], επειδή απ' αυτή προέρχονται οι εκβάσεις [οι δυνάμεις] της ζωής.*
> Παροιμίες 4:23

> *Το πνεύμα του ανθρώπου θα υποστηρίζει την αδυναμία του, αλλά το καταθλιμμένο πνεύμα ποιος μπορεί να το υποφέρει;*
> Παροιμίες 18:14

Από το πνεύμα του ανθρώπου πηγάζουν οι εκβάσεις της ζωής, ακόμη και η δύναμη να υπομείνει ασθένειες και οποιεσδήποτε κακουχίες.

Όπως είδαμε στο προηγούμενο κεφάλαιο, η μελέτη του εγκεφάλου δείχνει ότι ο μετωπιαίος λοβός του εγκεφάλου (εκεί που γίνεται η λήψη αποφάσεων) ησυχάζει όταν μιλάμε σε γλώσσες. Οι ερευνητές σημειώνουν ότι «ο εγκέφαλος βρίσκεται σε κατάσταση απόλυτης λειτουργικότητας, αλλά απόλυτης ηρεμίας»[41]. Εφόσον ο άνθρωπος είναι φτιαγμένος σύμφωνα με την εικόνα του Θεού—ως ένα ον με τρεις πτυχές—δεν είναι πνευματικά «λογικό» ότι οι εκβάσεις της ζωής του ανθρώπου πηγάζουν από το πνεύμα του;

Όλοι καταλαβαίνουμε ότι η σωματική ξεκούραση από μόνη της δεν μπορεί να μας δώσει την ανανέωση που πραγματικά χρειάζεται η ψυχή μας. Κάθε οικογένεια έχει ιστορίες διακοπών και εμπειριών που περίμεναν με ανυπομονησία, οι οποίες, όμως, τελικά δεν κατάφεραν να δώσουν την ουσιαστική ανανέωση που διψούσε η ψυχή τους. Διότι η αλήθεια είναι ότι:

> *Χορτασμός ευφροσύνης είναι το πρόσωπό σου [Θεέ], τερπνότητες στα δεξιά σου, παντοτινά.*
> Ψαλμός 16:11

Η πνευματική γλώσσα είναι η *κραυγή του Αγίου Πνεύματος προς τον Abba* μέσα στο πνεύμα μας, που φέρνει πραγματική ανάπαυση και αναζωογόνηση—και κάνει τον ζυγό Του εύκολο και το φορτίο Του ελαφρύ.

6. Η πνευματική γλώσσα δίνει χώρο στο Άγιο Πνεύμα να δυναμώσει τον εσωτερικό σου άνθρωπο με όποιο είδος δύναμης χρειάζεσαι.

Ο Παύλος λέει στην εκκλησία της Κορίνθου—και σε όποιον διαβάζει τις επιστολές—ότι η πνευματική γλώσσα δεν είναι απλώς μια δημόσια φανέρωση, διότι επιτελεί και μια προσωπική οικοδόμηση. Λέει:

> *Αυτός που μιλάει με γλώσσα, οικοδομεί τον εαυτό του.*
> *Ενώ αυτός που προφητεύει οικοδομεί την εκκλησία.*
> Α' Κορινθίους 14:4

Στην προσπάθειά τους να υποβαθμίσουν την αναγκαιότητα της πνευματικής γλώσσας, κάποιοι Χριστιανοί ηγέτες υποστήριξαν ότι, σ' αυτό το σημείο, ο Παύλος λέει στους Κορινθίους ότι όποιος μιλάει σε γλώσσες (προσεύχεται από το πνεύμα του), απλώς φουσκώνει το εγώ του. Αν η πρόθεση του Παύλου ήταν όντως αυτή, δεν θα έλεγε αμέσως μετά ότι αυτός που προφητεύει οικοδομεί την εκκλησία. Προφανώς δεν εννοεί ότι ο εγωισμός της εκκλησίας είναι φουσκωμένος! Ο Παύλος μιλάει για την προσωπική πνευματική αύξηση (μέσω της ομιλίας σε γλώσσες), και για την πνευματική αύξηση της εκκλησίας (μέσω της προφητείας). Λίγο αργότερα, μάλιστα, ο Παύλος κάνει την εξής δήλωση:

> *Ευχαριστώ τον Θεό μου ότι μιλάω περισσότερες γλώσσες*
> *από όλους εσάς.*
> Α' Κορινθίους 14:18

Αν μελετήσουμε συνολικά τα γραπτά του Παύλου προς όλες τις εκκλησίες, θα δούμε ότι λέει το ίδιο πράγμα στην εκκλησία της Εφέσου όταν προσεύχεται...

Η ΔΙΑΜΟΡΦΩΣΗ από τον *Abba*

Για να σας δώσει σύμφωνα με τον πλούτο της δόξας του να κραταιωθείτε με δύναμη διαμέσου του Πνεύματος του στον εσωτερικό άνθρωπο.

Εφεσίους 3:16

Πώς παίρνεις δύναμη; Με διανοητικές ασκήσεις; Ναι, σε έναν βαθμό. Με σωματική άσκηση; Ο Παύλος λέει ότι αυτή μας ωφελεί λίγο (Α' Τιμόθεο 4:8), αλλά η πραγματική ανάπαυση και ανανέωση έρχεται από το Άγιο Πνεύμα, Αυτόν που ενισχύει τον «εσωτερικό μας άνθρωπο»—δηλαδή το πνεύμα μας. Ο Ιούδας το επαναλαμβάνει χρησιμοποιώντας λίγο διαφορετική ορολογία:

Εσείς όμως αγαπητοί, ενώ θα εποικοδομείτε τον εαυτό σας επάνω στην αγιότατη πίστη σας, προσευχόμενοι εν Πνεύματι Αγίω...

Ιούδας 1:20

Εσύ, τι είδους δύναμη χρειάζεσαι; Αντοχή, δεκτική πίστη, επιμονή, δύναμη να συγχωρήσεις... Όποιο είδος δύναμης κι αν χρειάζεσαι, είναι διαθέσιμο από το Άγιο Πνεύμα μέσω του πνεύματός σου. Αν δεν μάθουμε να αντλούμε τη δύναμη που είναι στη διάθεσή μας, θα είμαστε όπως ο φτωχός που κληρονόμησε εκατομμύρια, αλλά δεν το έμαθε ποτέ. Η προσευχή στο Πνεύμα είναι ένας από τους πιο βασικούς τρόπους για να συνεργαστούμε με το Άγιο Πνεύμα, να λάβουμε όλα όσα ετοίμασε για μας ο Θεός, και να ζήσουμε με ευσέβεια, με δύναμη και με σκοπό.

7. Η πνευματική γλώσσα προάγει την ψυχική σου πληρότητα και την αντίστασή σου στην κατάθλιψη.

Στο προηγούμενο κεφάλαιο εξήγησα ότι ένα από τα πιο όμορφα χαρακτηριστικά της πνευματικής γλώσσας είναι ότι αποτελεί μια απτή, χειροπιαστή μαρτυρία ότι ο Θεός ζει μέσα σου. Θέλω να σου το αποδείξω και με άλλο τρόπο, αντλώντας πληροφορίες από διάφορες πηγές της Ψυχολογίας και Νευρολογίας (συγκεκριμένα για τη λειτουργία του εγκεφάλου). Ταυτόχρονα, θέλω να δεις ότι η εξάσκηση της πνευματικής γλώσσας έχει και σημαντικά ψυχολογικά οφέλη.

Όποιο είδος δύναμης κι αν χρειάζεσαι, είναι διαθέσιμο από το Άγιο Πνεύμα μέσω του πνεύματός σου.

Ο Τζον Κιλντάλ, κατόπιν κρατικής επιχορήγησης, διεξήγαγε έρευνα με τίτλο «Η Ψυχολογία της Πνευματικής Γλώσσας», στην οποία αναφέρει τα αποτελέσματα που προέκυψαν από το *Πολυφασικό Ερωτηματολόγιο Προσωπικότητας της Μινεσότα* (MMPI Test), αναφορικά με τον αντίκτυπο της πνευματικής γλώσσας σε όσους την εξασκούν. Λέει:

> Τα αποτελέσματα του MMPI δείχνουν χαρακτηριστικά ότι οι γλωσσολαλιστές ήταν λιγότερο καταθλιπτικοί συγκριτικά με τους μη-γλωσσολαλιστές. Όταν εξετάστηκαν έναν χρόνο αργότερα, οι γλωσσολαλιστές εξακολουθούσαν να βιώνουν τα ίδια συναισθήματα ευεξίας. Δεν παρουσίαζαν μεγαλύτερο ή μικρότερο βαθμό κατάθλιψης σε σχέση με έναν χρόνο πριν. Εξακολουθούσαν να λένε ότι ήταν «καινούργιοι άνθρωποι» και είχαν απόλυτη βεβαιότητα ότι ο Θεός τους αγαπάει. Επιπλέον, περιέγραφαν τον εαυτό τους ως πιο ευαίσθητο και στοργικό προς τους ανθρώπους. Πολλοί ανέφεραν ότι οι συζυγικές και σεξουαλικές σχέσεις τους, ήταν πολύ καλύτερες. Οι περισσότεροι δήλωσαν η ταχύτητα της ηθικής τους ανταπόκρισης είχε αυξηθεί, γεγονός που απέδιδαν στην εμπειρία της γλωσσολαλιάς [42].

Το γενικό του συμπέρασμα είναι πως «όσοι μιλούν σε γλώσσες, ζουν με μια βαθιά αίσθηση ότι είναι καλά».

Ο Ντ. Α. Ταπέινερ αναφέρει στο Περιοδικό της Αμερικανικής Επιστημονικής Ένωσης το εξής:

> Είναι εύκολο να καταλάβει κανείς για ποιο λόγο όσοι μιλούν σε γλώσσες είναι λιγότερο καταθλιπτικοί από αυτούς που δεν μιλούν σε γλώσσες. Η κατάθλιψη είναι η αίσθηση ότι η «αποθήκη» της ζωής σου είναι άδεια, ότι τίποτα καλό δεν είναι εφικτό για σένα, και ότι το καλό στον κόσμο «εκεί έξω» δίνεται με περιορισμούς. Ο *γλωσσολαλιστής* πιστεύει ότι ο Παντοδύναμος Θεός... είναι μαζί του και τον δέχεται, και ότι οι άλλοι πιστοί που είναι γύρω του, τον περιβάλλουν με αγάπη και ενισχύουν την πεποίθησή του ότι είναι καλά. Δεν νομίζω ότι υπάρχει ισχυρότερο αντίδοτο για το αίσθημα της κατάθλιψης... Αν τυχόν νιώσει λίγο πεσμένος, μπορεί να αρχίσει να μιλάει σε γλώσσες και να θυμηθεί ότι ο Θεός είναι μαζί του, ότι η

γλωσσολαλιά είναι ένα ιδιαίτερο δώρο από τον Θεό, και ότι μπορεί να ξεφορτώσει τα προβλήματά του και να αποφορτίσει τα συναισθήματά του, μιλώντας σε γλώσσες[43].

Σύμφωνα με τον Δρ. Ρέιμοντ Τ. Μπροκ, χειροτονημένο διάκονο της εκκλησίας «Assemblies of God», καθηγητή Ψυχιατρικής και ιεραπόστολο με 48 χρόνια διακονίας:

> Πολλοί από μας πιστεύουμε ότι η γλωσσολαλιά συμβάλλει στην καλή ψυχική μας υγεία και βοηθά στην ολοκλήρωση της προσωπικότητάς μας. Είναι μια εμπειρία που έρχεται αντιμέτωπη με τις παθολογικές τάσεις μας (ασθένειες) που υπάρχουν στη συντριμμένη φύση μας, και ανοίγει τον «ανώτερο δρόμο» που ήρθε να μας δείξει ο Χριστός... Ο πιστός που είναι γεμάτος από το Πνεύμα, όταν μιλάει σε πνευματικές γλώσσες, πετυχαίνει την εσωτερική του ολοκλήρωση και τη μεταβιβάζει στην καθημερινή του ζωή[44].

Και ο Ντ. Α. Ταπέινερ συμφωνεί για τα αποτελέσματα αυτής της ολοκλήρωσης και λέει: «Ο άνθρωπος που είναι πραγματικά υγιής, έχει βαθιές και οργανικές ρίζες στην πηγή της ζωής, και από εκεί πηγάζει η βασική εμπειρία της ζωής του και οι πράξεις του»[45]. Επιπλέον, ο Μόρτον Κέλσι, επίσκοπος, εφημέριος και ψυχολόγος, αναφέρει: «Η ομιλία σε γλώσσες είναι απόδειξη ότι το Πνεύμα του Θεού εργάζεται στο υποσυνείδητο και φέρνει το άτομο σε μια νέα ολοκλήρωση, σε μια ολιστική πληρότητα της ψυχής του»[46].

Η αλήθεια είναι ότι το ανθρώπινο μυαλό δεν προορίστηκε να κουβαλάει το φορτίο της ζωής μας. Όταν παίρνει τα ηνία το πνεύμα του ανθρώπου, η ψυχή και το σώμα μπορούν να επιτελούν τις υποστηρικτικές λειτουργίες τους, όπως ακριβώς σχεδιάστηκαν να λειτουργούν. Οι εκβάσεις της ζωής, όμως, προέρχονται μόνο από το πνεύμα του ανθρώπου.

8. Η **πνευματική γλώσσα μας βοηθάει να εντοπίσουμε τον «πνευματικό μας άνθρωπο».**

Πολλοί Χριστιανοί δυσκολεύονται να ακούσουν τον Θεό, επειδή νομίζουν ότι μιλάει στο μυαλό τους (τον «σκεπτόμενο» εαυτό τους), ενώ ο Θεός είναι πνεύμα και μιλάει στο πνεύμα μας (στο «γνωρίζον» μέρος του εαυτού μας)—στον κρυφό άνθρωπο της καρδιάς, τον εσωτερικό μας άνθρωπο. Δες πώς το εξηγεί ο Παύλος:

> *Επειδή αν προσεύχομαι με γλώσσα, το πνεύμα μου προσεύχεται.*
> Α' Κορινθίους 14:14

Όταν προσεύχεσαι εν Πνεύματι, το πνεύμα σου μιλάει. Το μυαλό σου αντιστέκεται στην αρχή, γιατί έχουμε μάθει να δίνουμε μεγάλη προσοχή στο μυαλό μας. Με την προσευχή στο Πνεύμα, δηλώνεις στο μυαλό και το σώμα σου ότι διοικείσαι μόνο από το Π/πνεύμα, και όχι από την ψυχή σου. Αυτό είναι μια άσκηση «πνευματικής» ενδυνάμωσης, που θυμίζει τις ασκήσεις μυϊκής ενδυνάμωσης. Όσο περισσότερο εξασκείς το πνεύμα σου, τόσο πιο εύκολα θα το εντοπίζεις. Εξοικειώσου με τη φωνή του πνεύματός σου, περισσότερο απ' τη φωνή του μυαλού σου, και θα δεις ότι θα διακρίνεις πιο εύκολα τη φωνή του Θεού. **Δεν έχω συναντήσει κανέναν που να προσεύχεται τακτικά εν Πνεύματι, και να δυσκολεύεται συνεχώς να ακούσει τη φωνή του Θεού.** Αυτό μου δείχνει η εμπειρία μου.

9. Η πνευματική γλώσσα ενεργοποιεί το πνεύμα της πίστης.

Ο Ιησούς ήταν ξεκάθαρος στη διδασκαλία Του, ότι η πίστη μας είναι ο καθοριστικός παράγοντας στην έκβαση των προσευχών μας:

> *Επειδή σας διαβεβαιώνω, ότι όποιος πει σ' αυτό το βουνό: Σήκω και να ριχτείς μέσα στη θάλασσα και δεν διστάσει στην καρδιά του, αλλά πιστέψει ότι εκείνα που λέει γίνονται, θα γίνει σ' αυτόν ό,τι κι αν πει. Γι' αυτό σας λέω: Όλα όσα ζητάτε, καθώς προσεύχεστε, να πιστεύετε ότι τα παίρνετε και θα γίνει σε σας.*
> Κατά Μάρκο 11:23-24

Κάποιοι ενοχλούνται μ' αυτή την αλήθεια, γιατί κανείς μας δεν θέλει να παραδεχτεί ότι ίσως η πίστη του είναι αδύναμη. Τα καλά νέα είναι ότι ο Θεός είναι ο ίδιος προσωπικά δίπλα μας —διαμέσου του Αγίου Πνεύματος— για να μας διδάξει πώς να ζούμε με πίστη. Σίγουρα, δεν μας διδάσκει σαν λέκτορας που μας δίνει πληροφορίες και φεύγει. Αντίθετα, εργάζεται μέσα μας για να ενεργοποιήσει το πνεύμα της πίστης. Ο Παύλος είπε:

> *Έχοντας, όμως, το ίδιο πνεύμα της πίστης... Και εμείς πιστεύουμε, γι' αυτό και μιλάμε.*
>
> Β' Κορινθίους 4:13

Είναι ολοφάνερο στον Λόγο του Θεού, ότι το κλειδί της πνευματικής δύναμης είναι ο συνδυασμός αυτών των δύο: τι πιστεύεις στην καρδιά/πνεύμα σου, και τι λες με το στόμα σου. Ακόμη και η είσοδός μας στη Βασιλεία του Θεού με τη νέα γέννηση, ξεκινάει όταν «πιστέψεις με την καρδιά σου... και ομολογήσεις με το στόμα σου».

> *Ότι, αν με το στόμα σου ομολογήσεις Κύριο, τον Ιησού, και μέσα στην καρδιά σου πιστέψεις ότι ο Θεός τον ανέστησε από τους νεκρούς θα σωθείς. Επειδή με την καρδιά πιστεύει κάποιος προς δικαιοσύνη και με το στόμα γίνεται ομολογία προς σωτηρία.*
>
> Ρωμαίους 10:9-10

Ο Ιούδας επιβεβαιώνει αυτόν τον κανόνα της πίστης λέγοντας,

> *Εσείς, όμως, αγαπητοί, ενώ θα εποικοδομείτε τον εαυτό σας επάνω στην αγιότατη πίστη σας, προσευχόμενοι εν Πνεύματι Αγίω...*
>
> Ιούδας 1:20

Ακόμα κι όταν το μυαλό σου είναι γεμάτο αμφιβολίες, μπορείς να χτίσεις την πίστη στο πνεύμα σου. Μην προσπερνάς αυτή τη δυναμική σύνδεση Πνεύματος και λόγων. Αυτός ο κανόνας εφαρμόστηκε ακόμα και τη στιγμή της δημιουργίας, όταν το Πνεύμα φερόταν πάνω στη σκοτεινή έρημο του κόσμου, μέχρι που «είπε ο Θεός». Όταν προσευχόμαστε εν Πνεύματι, συνδέουμε την καρδιά μας με το στόμα μας, καθώς το Άγιο Πνεύμα σχηματίζει τις λέξεις μέσα στο πνεύμα μας. Εάν περιμένεις να κατανοήσεις με το φυσικό σου μυαλό αυτή την υπερφυσική διαδικασία προτού την αποδεχθείς, ειλικρινά, στερείς από τον εαυτό σου ένα μεγάλο πλεονέκτημα.

10. Η πνευματική γλώσσα απελευθερώνει τα αποθέματα διακονίας, τα ποτάμια αποκάλυψης, μεταδοτικότητας και δύναμης.

Με τον όρο «ποτάμια αποκάλυψης, μεταδοτικότητας και δύναμης» αναφέρομαι στις φανερώσεις του Πνεύματος που περιγράφει ο Παύλος στην Α' Κορινθίους 12:8-10[47]. Ο Ιησούς αναφέρθηκε σ' αυτά τα ποτάμια λίγο πριν από τη σταύρωση Του. Ο Ιωάννης καταγράφει:

> *Και κατά τη μεγάλη τελευταία ημέρα της γιορτής, ο Ιησούς στεκόταν, και έκραζε λέγοντας: Αν κάποιος διψάει, ας έρχεται σε μένα, όπως είπε η γραφή, ποτάμια από ζωντανό νερό θα ρεύσουν από την κοιλιά του».*
>
> Κατά Ιωάννη 7:37-38

Για να είμαστε σίγουροι ότι δεν παρερμηνεύουμε αυτό που είπε ο Ιησούς, ο Ιωάννης βάζει μια υποσημείωση:

> *Αυτό το έλεγε για το Πνεύμα, που επρόκειτο να παίρνουν αυτοί που πιστεύουν σ' αυτόν. Επειδή δεν ήταν ακόμα δοσμένο το Άγιο Πνεύμα. Για τον λόγο ότι ο Ιησούς δεν είχε ακόμα δοξαστεί.*
>
> Κατά Ιωάννη 7:39

Ο Ιωάννης συνδέει τα δυο κομμάτια και εξηγεί τι αποτέλεσμα έχει στη ζωή ενός πιστού η πληρότητα στο Πνεύμα. Δεν λάβαμε το Άγιο Πνεύμα για δικό μας όφελος. Ο Ιησούς περιμένει από μας να είμαστε τόσο γεμάτοι, που θα ξεχειλίζουμε σε άλλους. Αυτό ακριβώς περιγράφει όταν μιλάει για ποτάμια ζωντανού νερού. Όπου υπάρχει ένα ποτάμι, επηρεάζει τα πάντα γύρω του. Εμείς, άραγε, τι ποσοστό από το ποτάμι του Πνεύματος βλέπουμε στις εκκλησίες μας;

Η δυτική κουλτούρα της διανοητικής φώτισης έχει επηρεάσει τόσο πολύ την Εκκλησία, που πλέον, ακόμα κι όταν κάποιος θέλει να εκπαιδευτεί στη διακονία, η πνευματική αύξηση έχει εξισωθεί με τη συναισθηματική και νοητική καλλιέργεια. Διδάσκουμε ενδεδειγμένες πρακτικές, πρωτόκολλα και ψυχολογικές θεωρίες, και όλο αυτό το ονομάζουμε εκπαίδευση στη διακονία. Ως εκ τούτου, έρχεται μια νέα γενιά ηγετών που μετά βίας καταλαβαίνει τη διαφορά ανάμεσα στο χρίσμα και το χάρισμα, την προφητεία και το κήρυγμα, τη λατρεία και τις μηχανές καπνού, τις έξυπνες ομιλίες τύπου TED talk και τη διδασκαλία του Λόγου, τη διακονία του ποιμένα και τη δουλειά ενός διευθυντή.

Τι προσμένεις να συμβεί όταν πηγαίνεις στην εκκλησία;

Δεν θα έπρεπε να ανησυχούμε μην τυχόν ενοχληθεί κάποιος που ήρθε στην εκκλησία μας και είδε κάτι που δεν έχει ξαναδεί. Θα πρέπει να ανησυχούμε μήπως έρχονται στην εκκλησία μας και δεν βλέπουν κάτι που δεν έχουν ξαναδεί! Εσύ, τι προσμένεις να συμβεί όταν πηγαίνεις στην εκκλησία;

Ο Παύλος εξήγησε γιατί επέλεξε να διακονήσει με τη φανέρωση της δύναμης του Πνεύματος, αντί με την ευγλωττία της ανθρώπινης σοφίας. Είπε ότι αν στηριζόταν στις φυσικές του ικανότητες για να κηρύξει το Ευαγγέλιο, το τελικό αποτέλεσμα θα ήταν η πίστη των πιστών να στηρίζεται σε αυτά που μπορούν να κάνουν οι άνθρωποι, αλλά εάν διακονούσε μέσω του Πνεύματος, η πίστη τους θα στηριζόταν στη δύναμη του Θεού:

> *Και ο λόγος μου και το κήρυγμά μου δεν γίνονταν με πειστικά λόγια ανθρώπινης σοφίας, αλλά με απόδειξη Πνεύματος και δύναμης. Ώστε η πίστη σας να είναι όχι διαμέσου της σοφίας των ανθρώπων, αλλά διαμέσου της δύναμης του Θεού.*
>
> Α' Κορινθίους 2:4-5

Θυμήσου ότι ο Παύλος μόλις είχε επιστρέψει από την Αθήνα, από τον Άρειο Πάγο, όπου χρησιμοποίησε τις ρητορικές δεξιότητες που είχε διδαχθεί στην Ταρσό για να μιλήσει στους φιλοσόφους. Είδε λίγο πνευματικό καρπό απ' αυτό, αλλά όχι πολύ. Έπειτα, κατέβηκε στην Κόρινθο:

> *Επειδή αποφάσισα να μη ξέρω ανάμεσά σας τίποτε άλλο, παρά μονάχα τον Ιησού Χριστό, και αυτόν σταυρωμένον.*
>
> Α' Κορινθίους 2:2

Ο Παύλος ήταν ανένδοτος για το πόσο σημαντική είναι η συνεργασία μας με το Άγιο Πνεύμα, αν θέλουμε να δούμε την φανέρωσή Του «για το κοινό καλό» (Α' Κορινθίους 12:7). Πρόσεξε ότι ο Παύλος ξεκινά την επιστολή του προς τους Κορινθίους με μια ευχαριστήρια προσευχή για όσα είχαν λάβει από το Άγιο Πνεύμα:

> *Σ' Αυτόν γίνατε πλούσιοι σε όλα, σε κάθε λόγο και σε κάθε γνώση. Καθώς η μαρτυρία του Χριστού στηρίχθηκε ανάμεσά σας, ώστε δεν μένετε πίσω σε κανένα χάρισμα, προσμένοντας την αποκάλυψη του Κυρίου μας Ιησού Χριστού.*
>
> Α' Κορινθίους 1:5-7

Εάν ο απώτερος στόχος του Παύλου ήταν να περιορίσει τη φανέρωση του Πνεύματος ανάμεσα στους Κορίνθιους, κακώς ξεκίνησε την επιστολή του μ' αυτόν τον χαιρετισμό. Ίσα ίσα, όμως, θέλει να τους ενθαρρύνει και να τους παρακινήσει να κατανοήσουν καλύτερα τη συνεργασία τους με το Πνεύμα ως τρόπο ζωής. Ο Παύλος δεν χώριζε τις επιστολές του σε κεφάλαια και εδάφια, όπως τα χωρίσαμε στις σύγχρονες μεταφράσεις μας. Έγραφε κάθε επιστολή για να διαβάζεται ολόκληρη. Βλέπουμε, λοιπόν, ότι αφιερώνει αρκετό χρόνο (τα κεφάλαια 12 έως 14 της Α' Κορινθίους) και μιλάει για την υπερφυσική διακονία. Και μέσα σ' αυτό το πλαίσιο, αναφέρεται και στην πνευματική γλώσσα:

> *Θέλω, μάλιστα, όλοι να μιλάτε γλώσσες... Ευχαριστώ τον Θεό μου ότι μιλάω περισσότερες γλώσσες από όλους εσάς... να ζητάτε με ζήλο το να προφητεύετε, και το να μιλάτε με γλώσσες να μη το εμποδίζετε. Όλα ας γίνονται με ευσχημοσύνη και με τάξη.*
>
> Α' Κορινθίους 14:5, 18, 39-40

Η συσχέτιση μεταξύ της εξάσκησης της πνευματικής γλώσσας και της εκδήλωσης των χαρισμάτων του Πνεύματος είναι άμεση. Δεν υπάρχει λόγος να επιλέγουμε το ένα ή το άλλο. Πρέπει να τα εξασκούμε και τα δύο. Όταν καλλιεργούμε τη συνεργασία μας με το Άγιο Πνεύμα κατ' ιδίαν (στο Λόγο και προσευχόμενοι εν Πνεύματι), θα είμαστε σε θέση να ξέρουμε πώς να συνεργαστούμε μαζί Του για να δείξει την καλοσύνη Του στους άλλους μέσα από μας. (Για πιο λεπτομερή προσέγγιση αυτού του θέματος, δες το βιβλίο μου, *Τα Χαρίσματα του Πνεύματος για μια Νέα Γενιά*).

Σκέψου όλα τα οφέλη που είναι στη διάθεση κάθε πιστού—σαν μια γεύση του μελλοντικού ουρανού, για να τη γευθεί από τώρα ο ορφανός κόσμος μας, ένας κόσμος που διψάει να δει αυτόν τον Θεό της αγάπης. Ο Κύριος ψάχνει τους γιους Του, αυτούς που θα φέρουν εις πέρας τις εκκρεμότητες του έργου του Πατέρα, με τη δύναμη του Πνεύματος και με την εξουσία του Υιού. Εάν κάνεις παρέα με το Άγιο Πνεύμα,

Αυτός θα σε κάνει έξυπνο, δυνατό, θαρραλέο, στοργικό και υποταγμένο στο θέλημα του Πατέρα. Η προσευχή μου για σένα είναι ότι το Άγιο Πνεύμα θα γίνει η μεγαλύτερη αναζήτηση και το πιο έντονο πάθος σου. Προσεύχομαι να μη δεχτείς να ζεις πλέον χωρίς τον φίλο, τον οδηγό και τον δάσκαλό σου.

Εάν κάνεις παρέα με το Άγιο Πνεύμα, Αυτός θα σε κάνει έξυπνο, δυνατό, θαρραλέο, στοργικό και υποταγμένο στο θέλημα του Πατέρα.

Θέλω να μάθω τη φωνή του Αγίου Πνεύματος καλύτερα από οποιαδήποτε άλλη φωνή σ' αυτόν τον πλανήτη.

Τι Είπαμε Μέχρι Τώρα;

Η προσευχή στο Π/πνεύμα μας δίνει τη δυνατότητα να συμμετέχουμε στη συνομιλία της Αγίας Τριάδας, που ξεπερνάει τη φαντασία μας.

Η πνευματική γλώσσα διευκολύνει την επικοινωνία σου με τον Θεό και υπερβαίνει τα όρια του μυαλού σου.

Η πνευματική γλώσσα σου δίνει την ικανότητα να προσεύχεσαι με ακρίβεια, σύμφωνα με το θέλημα του Θεού.

Η προσευχή εν Πνεύματι–με το πνεύμα μας διαμέσου του Αγίου Πνεύματος– είναι ο τρόπος με τον οποίο το Άγιο Πνεύμα συγχρονίζει τις καρδιές μας με την καρδιά του Πατέρα.

Η πνευματική γλώσσα είναι ο βασικός τρόπος με τον οποίο ο Θεός μεταφέρει το θέλημα και τους σκοπούς Του για τη ζωή σου.

Η προσευχή στο Π/πνεύμα σου δίνει υπερφυσική ανάπαυση και σε δυναμώνει μέσα σου με όποιο είδος δύναμης χρειάζεσαι.

Η πνευματική γλώσσα προάγει την ψυχολογική ολοκλήρωση και φέρει αντίσταση στην κατάθλιψη.

Η προσευχή στο Π/πνεύμα όχι μόνο σε βοηθά να εντοπίσεις το πνεύμα σου (να το διαχωρίσεις από την ψυχή σου), αλλά απελευθερώνει και το πνεύμα της πίστης, καθώς μαθαίνεις να συνδέεις την καρδιά σου με τα λόγια σου.

Η προσευχή στο Π/πνεύμα εμπλουτίζει τον πιστό με ποτάμια αποκάλυψης, μεταδοτικότητας και φανέρωσης (τα εννέα χαρίσματα του Πνεύματος, Α' Κορινθίους 12) και αυξάνει την αγάπη μας για τους άλλους, ώστε τα χαρίσματα να χρησιμοποιούνται με τον σωστό τρόπο.

ΠΡΟΣΕΥΧΗ

Άγιο Πνεύμα, δεν ζητώ τίποτα λιγότερο από το να είσαι ο καλύτερός μου φίλος. Δεν καταλαβαίνω πώς μπορεί να συμβεί αυτό, εκτός από το ότι ο Ιησούς είπε ότι σε έστειλε για να είσαι μαζί μου, να με οδηγήσεις, να με κατευθύνεις σε όλη την αλήθεια και να μου δείξεις τα μέλλοντα. Αυτό δείχνει ότι θα είσαι ο καλύτερος φίλος μου. Πατέρα, δεν με κάλεσες να ζω χωρίς τα οφέλη του Αγίου Πνεύματος που κατοικεί μέσα μου. Σου ζητώ να με γεμίσεις ξανά με το Πνεύμα Σου. Σου δίνω την ανάγκη μου να καταλάβω με το αναλυτικό μυαλό μου αυτά που θέλεις να κάνεις στη ζωή μου. Σου ζητώ να ρεύσεις μέσα μου για να ευλογήσεις άλλους με ποτάμια αποκάλυψης, μεταδοτικότητας και δύναμης. Σε ευχαριστώ που με γέμισες με την αγάπη Σου και με την παρρησία να δίνω αυτή την αγάπη σε άλλους. Στο όνομα και την εξουσία του Πατέρα, του Υιού και του Αγίου Πνεύματος. Αμήν.

ΓΙΑ ΟΜΑΔΙΚΗ ΣΥΖΗΤΗΣΗ

1. Από τα δέκα οφέλη που αναφέραμε, ποιο πιστεύεις ότι θα σε βοηθήσει σ' αυτή τη φάση περισσότερο στο περπάτημά σου με τον Κύριο και στην αποτελεσματικότητά σου να βοηθήσεις άλλους;

2. Έχεις κάποια ομολογία ή ιστορία να μοιραστείς που σχετίζεται με μια δική σου εμπειρία με ένα από αυτά τα οφέλη;

3. Με ποιους τρόπους είδαμε ότι οι επιστημονικές έρευνες ενισχύουν ή επιβεβαιώνουν αυτά που ξέρουμε από τη Βίβλο για τα οφέλη της προσευχής στο Π/πνεύμα;

Οκτώ

Τα Χαρακτηριστικά της Προσευχής ενός Γιου

Εκείνη τη μέρα έμαθα τη διαφορά ανάμεσα σε έναν ικέτη και έναν γιο.
– Άγνωστος συγγραφέας

Ο διευθυντής μιας φιλανθρωπικής διακονίας στη Μεγάλη Βρετανία είχε μια ιδέα που χρειαζόταν χρηματοδότηση. Του δόθηκε η ευκαιρία να παρουσιάσει το έργο του στον Δούκα του Εδιμβούργου, πρίγκιπα Φίλιππο και σύζυγο της βασίλισσας της Αγγλίας. Παρότι δεν ήταν βασιλιάς, ο Δούκας είχε στις αρμοδιότητές του εξουσιοδότηση χορήγησης δωρεών, ειδικά για φιλανθρωπίες. Ο διευθυντής είπε: «Ήξερα ότι αν κατάφερνα να μου δώσουν μια ακρόαση με τον Δούκα του Εδιμβούργου και μπορούσα να του παρουσιάσω τη διακονία μου, θα μας χορηγούσαν αυτά που χρειαζόμασταν». Κατέθεσε την επιστολή του, ζητώντας την ευκαιρία να υποβάλλει το αίτημά του επίσημα.

Μετά από λίγο καιρό, έλαβε μια απάντηση με τη βασιλική σφραγίδα που έλεγε: «Η επιστολή σας για την υποβολή του αιτήματός σας έγινε δεκτή... την τάδε ημερομηνία, την τάδε ώρα… έχει προγραμματιστεί η συνάντηση ακρόασης με τον Δούκα του Εδιμβούργου». Η επιστολή περιείχε πολλές σελίδες με λεπτομερείς οδηγίες για την ακρόαση. Είχε μόνο δεκαπέντε λεπτά, έπρεπε να ντυθεί με συγκεκριμένο τρόπο, έπρεπε να παρουσιαστεί σε μια συγκεκριμένη πύλη του παλατιού, μια συγκεκριμένη ώρα κ.λπ.

Άρχισε, λοιπόν, να προετοιμάζεται, γιατί εφόσον είχε μόνο δεκαπέντε λεπτά, κάθε λέξη ήταν σημαντική. Έγραψε και ξανάγραψε το αίτημά του, το απομνημόνευσε κατά λέξη, και την καθορισμένη ημέρα έφτασε στη σωστή πύλη, τη σωστή ώρα, φορώντας τη σωστή ενδυμασία. Η βασιλική φρουρά τον συνόδευσε μέχρι τον Δούκα και του ζήτησαν να περιμένει. Σε λίγα λεπτά, τον κάλεσαν μέσα και έτσι βρέθηκε επιτέλους καθισμένος μπροστά στον Δούκα του Εδιμβούργου. Ο Δούκας είπε με ευγένεια και σοβαρότητα: «Έχετε δεκαπέντε

Kerry Wood

> **Μετατρέψαμε την προσευχή σε μια περίπλοκη διαδικασία, λες και προσπαθούμε να πείσουμε τον Θεό. Αλλά ο Θεός δεν χρειάζεται να πειστεί.**

λεπτά», και αναποδογύρισε την κλεψύδρα του. Ο διευθυντής, ως αιτών, ξεκίνησε την παρουσίασή του, η οποία στα αυτιά του ήταν τελείως ανιαρή πια. Είχαν περάσει μόνο δύο λεπτά, όταν, ξαφνικά, ανοίγει μια πλαϊνή πόρτα και πετάγεται μέσα ο μικρός πρίγκιπας Κάρολος, φωνάζοντας: «Μπαμπά, μπαμπά! Χάλασε το παιχνίδι μου!». Χωρίς δεύτερη σκέψη ο «μπαμπάς» σηκώθηκε, βγήκε από την πλαϊνή πόρτα με τον γιο του και πήγε να φτιάξει το παιχνίδι του. Επέστρεψε μετά από εννιά λεπτά και κάθισε λέγοντας: «Με συγχωρείτε. Έπρεπε να φροντίσω τον γιο μου. Σας έμειναν τέσσερα λεπτά». Ο καημένος ο διευθυντής, είπε αυτά που είχε να πει όπως-όπως, και αποχώρησε με συνοπτικές διαδικασίες.

Φαντάσου λίγο την απογοήτευσή του. Τις επόμενες εβδομάδες σκεφτόταν συνέχεια αυτό το περιστατικό. Η ευτυχής κατάληξη της ιστορίας, βέβαια, είναι ότι ο αιτών έλαβε την οικονομική βοήθεια που ζήτησε από το Παλάτι, αλλά μάλλον κέρδισε κάτι πολύ καλύτερο. «Το πιο σπουδαίο πράγμα που έμαθα εκείνη τη μέρα» είπε, «είναι ότι υπάρχει μεγάλη διαφορά ανάμεσα σ' έναν αιτούντα και έναν γιο».

Ο γιος μπορεί να ορμήξει μέσα ανά πάσα στιγμή (επειδή η πόρτα είναι πάντα ανοιχτή) και να πει: «Μπαμπά! Μπαμπά!», και η καρδιά του Πατέρα θα τρέξει να καλύψει την ανάγκη του. Πήραμε τις υποσχέσεις και την πρόσκληση του Πατέρα μας και τα κάναμε αιτήσεις προς υποβολή. Μετατρέψαμε την προσευχή σε μια περίπλοκη διαδικασία, λες και προσπαθούμε να πείσουμε τον Θεό. Αλλά ο Θεός δεν χρειάζεται να πειστεί. Ο δρ Τζακ Χέιφορντ έχει πει πολλές φορές μέσα στα χρόνια: «Η προσευχή δεν μας βοηθά να νικήσουμε την απροθυμία του Θεού, γιατί ο Θεός θέλει το καλό μας, περισσότερο από ό,τι εμείς». Η διαφορά ανάμεσα σε έναν αιτούντα και έναν γιο είναι τεράστια.

Η Θέση μας ως Γιοι Μεταμορφώνει την Προσευχή μας

Το ορφανό πνεύμα φωνάζει γιατί προσπαθεί να ακουστεί, αλλά αδυνατεί να καταλάβει τη διαφορά ανάμεσα σε έναν γιο και έναν ικέτη. Η σοφία του κόσμου λέει, «Αν δεν κλάψει το παιδί, δεν του δίνει η μάνα του να φάει», αλλά ο Πατέρας λέει, «Αν απλά απολαύσεις την παρουσία Μου, αν μάθεις ποιος είσαι ως γιος και αφήσεις το Πνεύμα

Μου να εργαστεί μέσα σου, η ζωή σου θα αλλάξει για πάντα». Όταν αρχίσει να σου συμβαίνει αυτό, αρχίζεις να ακούς κάτι νέο από τα βάθη της καρδιάς σου. Είναι μια νέα αίσθηση ότι έχεις ένα σπίτι στο οποίο ανήκεις. Η καρδιά σου αποκτά τη σιγουριά ότι μπορείς να μπεις στο δωμάτιο του Πατέρα σου φωνάζοντας: «Πατέρα μου! Μπαμπά!». Πώς μπορείς να φτάσεις σ' αυτό το σημείο; Είναι ένα ταξίδι, ένα μονοπάτι στο οποίο προχωράς. Το Άγιο Πνεύμα εργάζεται μέσα μας, μεταμορφώνοντας τις καρδιές μας τόσο βαθιά, που όταν δελεαζόμαστε με κατώτερες λύσεις, ακούμε κάτι μέσα στο πνεύμα μας να μας λέει: «Έχω κάτι καλύτερο για σένα».

Υπάρχουν τρεις ελληνικές λέξεις στην Καινή Διαθήκη που δείχνουν τη διαδικασία ανάπτυξης και ωρίμανσης ενός γιου. Η πρώτη είναι η λέξη «παιδίον». Ο όρος συνδέεται ετυμολογικά με τη λέξη «παιδαγωγός». Ο παιδαγωγός είναι ο δάσκαλος που οδηγεί, κατευθύνει και διδάσκει ένα παιδί, αλλά ο παιδαγωγός δεν είναι μέλος της οικογένειας. Όταν το παιδί μεγαλώσει και μπει στο στάδιο της εφηβείας, υπάρχει ένας άλλος όρος που είναι πιο δόκιμος: το «*τέκνον*». Ως *τέκνα*, οι γιοι θεωρούνται ικανοί για κάποιες δραστηριότητες των ενηλίκων. Μπορούν να ερωτευτούν, αλλά δεν έχουν την ωριμότητα να παντρευτούν. Μπορούν να οδηγήσουν ένα αυτοκίνητο, αλλά και πάλι, δεν έχουν τη σοφία να διακρίνουν πότε, πού ή πόσο γρήγορα να τρέξουν. Σωματικά είναι ικανοί. Έχουν τις κινητικές δεξιότητες και την ευφυΐα, αλλά δεν έχουν την απαραίτητη συναισθηματική ωριμότητα για να τους ανατεθεί η πλήρης ελευθερία που θα δίναμε σε έναν ώριμο γιο. Έπειτα, υπάρχει μια τρίτη λέξη στα ελληνικά, η λέξη «υιός», που περιγράφει το επίπεδο των ώριμων γιων, που παίρνουν τη θέση τους ως ενήλικες πλέον, και μπορείς να τους εμπιστευθείς και να τους αναθέσεις να συμμετάσχουν στην επιχείρηση του πατέρα τους.

Ο Κύριος μας καλεί, ξανά και ξανά, στο επίπεδο των ώριμων γιων. Ο τρόπος που παίρνουμε τη θέση μας ως γιοι είναι καθώς μαθαίνουμε την υπακοή μέσα από το Άγιο Πνεύμα. Ο Ιησούς, ο Υιός του Θεού, ζώντας ανάμεσά μας ως Υιός του Ανθρώπου, έμαθε την υπακοή μέσα από όσα έπαθε (Εβραίους 5:8). Θυμάστε την ιστορία από τα παιδικά χρόνια του Ιησού στον ναό, που έφερε σε αμηχανία τους διδασκάλους και τους νομικούς; Η Μαρία και ο Ιωσήφ ξεκίνησαν το ταξίδι της επιστροφής, χωρίς να αντιληφθούν ότι ο Ιησούς δεν ήταν στο καραβάνι μαζί τους. Υπέθεσαν ότι ο γιος τους ήταν με φίλους και τις οικογένειές τους. Μόλις ανακαλύπτουν ότι λείπει και επιστρέφουν στην Ιερουσαλήμ για να Τον βρουν, τους λέει, «*Δεν ξέρετε ότι πρέπει να είμαι στα πράγματα του Πατέρα μου;*» (Κατά Λουκά 2:49).

Το επόμενο εδάφιο λέει ότι ήταν συνεχώς υποταγμένος στους γονείς Του. Έμεινε μαζί τους και υπέταξε τον εαυτό Του σε ανθρώπους που δεν είχαν τόση αποκάλυψη όση Αυτός—δεν μπορούσαν να δουν ποια ήταν τα πράγματα του Πατέρα, όπως τα έβλεπε Αυτός. Εδώ ακριβώς την πατάμε εμείς. Φτάνουμε στο σημείο να γνωρίζουμε περισσότερα από τους γονείς μας (ή τους δασκάλους, ποιμένες, ηγέτες). Βλέπουμε τα ελαττώματά τους. Βλέπουμε τα λάθη τους. Βλέπουμε τις ανεπάρκειές τους και λέμε, «Εγώ μπορώ να το κάνω πολύ καλύτερα». Αρνούμαστε να υποταχθούμε στους άλλους, επειδή απλά δεν έχουν την αποκάλυψη που έχουμε εμείς. Ο Ιησούς, όμως, μας έδωσε ένα παράδειγμα υποταγής (ως στάση καρδιάς, όχι μόνο συμπεριφορά) σε ανθρώπους που δεν καταλάβαιναν ή δεν γνώριζαν όσα ήξερε Εκείνος. Και επειδή υποτάχθηκε σ' αυτούς, ο Θεός Τον τίμησε και Τον παραδέχτηκε. Ο Ιησούς μάς έδειξε με τη ζωή του τη διαφορά μεταξύ ενός ικέτη (που κινείται από ανάγκη) και ενός γιου (που κινείται από υπακοή στη φωνή του Πατέρα).

Πώς Αλλάζει η Προσευχή ενός Γιου

Γιατί πρέπει να εξετάσουμε πώς αλλάζει η ζωή της προσευχής μας από την αποκάλυψη ότι είμαστε γιοι; Διότι αν δεν κατανοήσουμε ότι η προσευχή είναι μια συνεργασία μεταξύ του Θεού και του ανθρώπου, και ότι μας έδωσε πνευματική εξουσία ως γιους Του, μπορεί να μην ανοίξουμε ποτέ την καρδιά μας στις προοπτικές της προσευχής. Αν δεν καταλάβουμε ότι η *κραυγή προς τον Abba* (η συνεργασία του Πνεύματος του Θεού με το πνεύμα του πιστού) είναι ένας βασικός τρόπος με τον οποίο οι γιοι Του παίρνουν τη θέση τους στην ιστορία της λύτρωσης, κινδυνεύουμε να πιστέψουμε ότι ο Θεός επέλεξε να εργάζεται μονομερώς, ή ακόμα χειρότερα, ότι εργάζεται περιορισμένος από τους φυσικούς, ανθρώπινους τρόπους. Αν θέλεις να δεις τη διαφορά μεταξύ ενός ορφανού (ικέτη) και ενός γιου σε σχέση με την προσευχή, συνέχισε να διαβάζεις τα οκτώ χαρακτηριστικά που έχει η ζωή της προσευχής ενός γιου ή μιας κόρης. Καθώς μελετάς αυτές τις αλήθειες, ζήτησε από τον Πατέρα να σου μιλήσει για όποιο σημείο θέλει.

Η ΔΙΑΜΟΡΦΩΣΗ από τον *Abba*

1. Το πνεύμα της υιοθεσίας γεννά μέσα μας παρρησία και θάρρος για να πλησιάζουμε τον θρόνο της χάρης.

Αν δεν έχουμε το πνεύμα ενός αληθινού γιου, είτε θα ντρεπόμαστε να πλησιάσουμε τον Θεό (από φόβο ότι δεν είμαστε αρκετά καλοί ή από το βάρος της ντροπής λόγω προηγούμενης αποτυχίας μας), είτε θα Τον πλησιάζουμε με προχειρότητα, χωρίς δέος και φόβο Θεού (σεβασμό). Ο Ιησούς, όμως, μας προσκαλεί: «Ελάτε με παρρησία στον θρόνο της χάρης για να πάρετε έλεος» (Εβραίους 4:16). Θυμήσου ότι ο Ιησούς σχεδόν παρακαλούσε τους μαθητές Του να έρθουν και «να Του ζητήσουν οτιδήποτε!». Τους μιλάει μ' αυτόν τον τρόπο, γιατί η σχέση τους είναι διαφορετική πια. Δεν είναι πλέον «δούλοι», αλλά φίλοι, γιατί ο δούλος δεν ξέρει τι κάνει ο Κύριος, ενώ οι μαθητές έχουν πια πρόσβαση σε εμπιστευτικές πληροφορίες και γνωρίζουν την αποστολή του Πατέρα (Κατά Ιωάννη 15:15).

Και αυτή είναι η παρρησία που έχουμε προς αυτόν, ότι... εάν ζητάμε κάτι σύμφωνα με το θέλημά Του ...μας εισακούει.
Α' Ιωάννη 5:14

Οι ορφανοί όλη τους τη ζωή δυσκολεύονται να έχουν θάρρος στην παρουσία του Πατέρα. Αυτό θα αλλάξει μόνο όταν καταλάβουν με αποκάλυψη ότι κανείς και καμιά δεν έρχεται στον θρόνο Του στηριζόμενος στις καλές επιδόσεις του/της.

2. Το πνεύμα της υιοθεσίας γεννά μια επιθυμία στην καρδιά μας, ένα «θέλω» να είμαστε μαζί με τον Πατέρα.

Το πνεύμα ενός αληθινού γιου δεν μας φέρνει στον Πατέρα μόνο για να Τον παρακαλέσουμε για αυτά που θέλουμε και χρειαζόμαστε, αλλά για έρθουμε κοντά Του—να Τον γνωρίσουμε και να μας γνωρίσει. Πιστεύω ότι μακράν η πιο σοφή επιλογή ζωής, είναι να περνάμε χρόνο με τον Θεό κάθε πρωί. Όσο Τον γνωρίζουμε και ακούμε τη φωνή Του, με όλους τους τρόπους που μιλάει, αυτό μας κρατά συντονισμένους με την πραγματικότητα του Abba και τη συνείδηση ότι είμαστε γιοι. Όταν ο Θεός μας μιλάει, τα λόγια Του γεννούν μέσα μας τη θέληση και την επιθυμία να κάνουμε αυτό που λέει. Η δύναμη των λόγων Του δημιουργεί τη θέληση και την επιθυμία μέσα μας, γιατί τα λόγια Του

> **A revelation of your sonship has the greatest impact upon your life, and the greatest single discipline you can learn is to hear the Father's voice.**

μας γεμίζουν με τον εαυτό Του. Οι ορφανοί συνεχώς παλεύουν και προσπαθούν να νικήσουν τους πειρασμούς της σάρκας με τη δύναμη της θέλησης, για να αποδείξουν ότι είναι «καλοί Χριστιανοί» ή έστω ότι αξίζουν «έναν καλό μέσο όρο, όπως όλοι». Κι όμως, μόνο το Άγιο Πνεύμα μπορεί να γεννήσει στην καρδιά μας μια επιθυμία. Όχι μόνο την επιθυμία για προσευχή, αλλά τη δύναμη να δούμε την προσευχή ως το περιβάλλον όπου εκφράζεται η κραυγή μας προς τον Abba και μεταμορφωνόμαστε.

3. Το πνεύμα της υιοθεσίας μάς ευθυγραμμίζει ως γιους ή κόρες, ώστε να θέλουμε να μάθουμε τα σχέδια του Πατέρα.

Ο Ιησούς είπε στους μαθητές Του:

> *Δεν σας λέω πλέον δούλους, επειδή ο δούλος δεν ξέρει τι κάνει ο κύριός του. Εσάς όμως σας αποκάλεσα φίλους, επειδή όλα όσα άκουσα από τον Πατέρα μου, σας τα φανέρωσα.*
> Κατά Ιωάννη 15:15

Αυτή είναι η τέλεια εικόνα ενός αληθινού Γιου στην Αγία Τριάδα. Όλοι εμείς γνωρίζουμε τον Θεό ως γιοι Του, επειδή ο Ιησούς χαίρεται να φανερώνει το θέλημα και το σχέδιο του Πατέρα στους φίλους Του. Το Άγιο Πνεύμα μας ευθυγραμμίζει με την καρδιά του Πατέρα που θέλει να αποκαταστήσει την πληγωμένη δημιουργία, και αυτό γεννά μέσα μας μια καρδιά που θέλει να προσευχηθεί. Είναι αδύνατο να διατηρήσουμε το πάθος μας για την αποστολή μας (τους ανθρώπους που χρειάζονται τη φωνή του Πατέρα) χωρίς ένθερμη, επίμονη προσευχή για αυτούς που ζουν χωρίς αυτήν.

4. Το πνεύμα της υιοθεσίας επαναφέρει μπροστά μας την εικόνα του μεγάλου αδερφού μας, του Ιησού, ως τον πιστό Μεγάλο Αρχιερέα μας.

Το ορφανό πνεύμα βλέπει την προσευχή σαν ένα ατομικιστικό καθήκον που διέπεται από την αίσθηση ότι «το βάρος είναι επάνω μου, πρέπει να κάνω κάτι να γίνει, πρέπει να προσευχηθώ με τη σωστή μέθοδο,

Η ΔΙΑΜΟΡΦΩΣΗ από τον *Abba*

να πω τα σωστά λόγια, να πλησιάσω στον θρόνο του Θεού με συστολή και προσοχή». Το ορφανό πνεύμα υπονοεί με πολλή πανουργία, ότι πλησιάζουμε τον Θεό ανάλογα με το αν πληρούμε κάποιες προϋποθέσεις.

Αντίθετα, ο αληθινός γιος ξέρει ότι ο μόνος λόγος που έχουμε πρόσβαση στον Πατέρα, είναι η (μόνη αποδεκτή) θυσία του Ιησού και το συνεχές έργο Του

Το πνεύμα του γιου λειτουργεί με φωνητική ενεργοποίηση, με τη φωνή του Αγίου Πνεύματος. Ο Παύλος μας λέει ότι το Άγιο Πνεύμα κινητοποιεί και μορφώνει την προσευχή μας.

για χάρη μας, ως Μεγάλος Αρχιερέας μας. Στην πραγματικότητα, το βάρος για να γίνει κάτι, δεν είναι ποτέ πάνω μας. Όταν θεωρούμε ότι η προσευχή μας έκανε κάτι να συμβεί, δεν έχουμε την παραμικρή ιδέα για το τι είναι η αγιότητα του Θεού (η υπερέχουσα διαφορετικότητά Του). Ο Θεός μάς επιτρέπει να συμμετέχουμε στο έργο Του δια της προσευχής, και σίγουρα δεν πρέπει ποτέ να υποτιμήσουμε τη σημασία της συμμετοχής μας ως γιοι. Δεν λέω ότι όλα είναι προκαθορισμένα και ότι είμαστε απλώς πιόνια που κουνάει ο Θεός σε κάποια συμπαντική σκακιέρα. Αυτό που θέλω να πω, όμως, είναι ότι έχουμε ελεύθερη είσοδο στον θρόνο Του, επειδή είμαστε μέσα στον Ιησού, και όχι επειδή από μόνοι μας καταφέραμε κάτι. Η πρόσβαση που έχουμε στον Θεό είναι αποκλειστικά μέσα από τον Ιησού Χριστό, διαμέσου του Αγίου Πνεύματος[48].

5. Η προσευχή είναι αποτέλεσμα του έργου και της ώθησης του Αγίου Πνεύματος στην καρδιά μας.

Η *κραυγή προς τον Abba* διαμέσου του Αγίου Πνεύματος, μας πείθει ότι είμαστε γιοι (Κατά Ιωάννη 16:8, Ρωμαίους 8:15), μας ευθυγραμμίζει με τη φωνή του Πατέρα (Κατά Λουκά 10:21-22), αλλά ταυτόχρονα, ενεργοποιεί το πνεύμα μας και ξυπνάει την επιθυμία μας να προσευχόμαστε! Η προσευχή δεν είναι τίποτα άλλο, από το να μπαίνουμε στη συζήτηση του Τριαδικού Θεού—τι λέει ο Πατέρας στον Υιό, τι λέει ο Γιος στο Άγιο Πνεύμα—να αφήνουμε το Άγιο Πνεύμα και Τον Γιο να φέρνουν τις υποθέσεις μας μπροστά στον Πατέρα, και να μας προσελκύουν στη δική Τους επικοινωνία και αποστολή. Το πνεύμα του γιου λειτουργεί με φωνητική ενεργοποίηση, με τη φωνή του Αγίου Πνεύματος. Ο Παύλος μας λέει ότι το Άγιο Πνεύμα κινητοποιεί και μορφώνει την προσευχή μας, γιατί δεν ξέρουμε πώς να προσευχόμαστε όπως θα έπρεπε (Ρωμαίους 8:26-27). Κατάλαβες, τώρα, ότι δεν θα είχες καμία επιθυμία να προσευχηθείς, αν δεν υπήρχε το Άγιο Πνεύμα μέσα σου, να προκαλεί και να ξυπνά αυτήν την επιθυμία (Φιλιππησίους 2:13);

6. Η θέση μας ως γιοι μας δίνει την εξουσία να προσευχόμαστε, μέρος της οποίας είναι η επαναφορά μας στη θέση της διακυβέρνησης επάνω στη δημιουργία.

Καταλαβαίνουμε ότι κάθε γιος έχει δικαιώματα. Ο άσωτος γιος είχε δικαίωμα στην κληρονομιά του (Κατά Λουκά 15:11-32), αλλά άσκησε το δικαίωμά του με ένα ορφανό πνεύμα. Ο Ιησούς, από την άλλη, μας έδειξε τι σημαίνει να είσαι γιος υποταγμένος στην αποστολή του Πατέρα. Δέχθηκε να βυθιστεί στα νερά του βαπτίσματος. Υποτάχθηκε στη δικαιοσύνη του Θεού και βγήκε από το νερό με τη δύναμη του Πνεύματος. Να σημειώσουμε, επίσης, ότι στον ποταμό Ιορδάνη ο Ιησούς υποτάχθηκε στον ξάδερφό Του, τον Ιωάννη. Υποτάχθηκε σε κάποιον που δεν καταλάβαινε ακριβώς τι έμελλε να γίνει. Ο Ιωάννης ο Βαπτιστής ήξερε μόνο ότι αυτός ήταν ο Ένας, ο Αμνός του Θεού που παίρνει τις αμαρτίες του κόσμου. Το διακήρυξε λέγοντας: «Δεν είμαι άξιος να δέσω τα υποδήματά Του». Είχε μεγάλη διορατικότητα, αλλά δεν ήξερε κάτι παραπάνω, και πολύ σύντομα άρχισε να αναρωτιέται: «Είναι πράγματι Αυτός ή να περιμένουμε κάποιον άλλο;».

Ο Ιησούς υποτάχθηκε στη διακονία κάποιου που γνώριζε πολύ λιγότερα από Αυτόν. Αυτό σημαίνει ταπεινότητα. Είπε: «Έτσι πρέπει να γίνει, για να εκπληρώσουμε κάθε δικαιοσύνη». Όταν βγήκε από το νερό, άνοιξαν οι ουρανοί και ακούστηκε η φωνή του Πατέρα να λέει, «Αυτός είναι ο Υιός μου ο αγαπητός…». Από εκείνη τη μέρα, ο Ιησούς άρχισε να αντλεί από τις πηγές, την κληρονομιά και την προμήθεια του Ουρανού. Όμως όχι για δικό Του όφελος, για να έχει μια άνετη ζωή και να απομονωθεί από τους ανθρώπους μήπως Τον ξαναπληγώσουν. Αντιθέτως, χρησιμοποίησε τα αποθέματα του Ουρανού για να συντρίψει τους ζυγούς της δουλείας και του σκότους από τους ανθρώπους, και να φέρει πολλούς γιους στη δόξα.

Τελικά, τι σημαίνει να είσαι γιος; Η θέση μας ως γιοι δεν είναι το εισιτήριο για μια πολυτελή ζωή μακριά από τους υπόλοιπους ανθρώπους, όπως μιας απομονωμένης βασιλικής οικογένειας. Ο ρόλος ενός γιου του Θεού είναι να φέρει και άλλους γιους στη δόξα. Ο Ιησούς μας έδειξε ότι ένας Γιος έχει ευθύνες—την ευθύνη της αποστολής του Πατέρα, την ευθύνη της τάξης πραγμάτων της Βασιλείας, την ευθύνη να ακούει τον Πατέρα, και την ευθύνη να κάνει μόνο όσα βλέπει τον Πατέρα να κάνει και να λέει μόνο όσα του λέει ο Πατέρας.

7. Οι γιοι λειτουργούν συνεργατικά—με τον ρυθμό της ανάπαυσης και αξιοπρέπειας που πηγάζει από τη σχέση τους με τον Πατέρα.

Ο Ιησούς είναι το απόλυτο υπόδειγμα γιου, καθώς έκανε «μόνο ό,τι έβλεπε τον Πατέρα να κάνει και έλεγε μόνο ό,τι άκουγε τον Πατέρα να λέει» (Κατά Ιωάννη 5:19, 12:50). Γι' αυτό δεν υπέκυψε ποτέ στην πίεση του πλήθους να κάνει θαύματα κατά βούληση ή να λέει αυτά που ήθελαν να ακούνε. Θεράπευε αρρώστους και ευεργετούσε τους ανθρώπους, πάντα σε συνεργασία με το Άγιο Πνεύμα (Πράξεις 10:38).

Ενώ γράφω αυτές τις σελίδες, οι Χειμερινοί Ολυμπιακοί αγώνες μεταδίδονται καθημερινά μέσω δορυφορικής, οπότε καθόμαστε με την Τσίκι τα βράδια και βλέπουμε κάποια στιγμιότυπα της μέρας. Ένα χαρακτηριστικό των Χειμερινών Ολυμπιακών που με συναρπάζει, είναι ότι πολλά αθλήματα είναι ομαδικά, δηλαδή βασίζονται στον τέλειο ρυθμικό συγχρονισμό δύο συναθλητών ή μια ομάδας. Για παράδειγμα, το αγωνιστικό έλκηθρο, το καλλιτεχνικό πατινάζ ζευγαριών και το ομαδικό πατινάζ ταχύτητας απαιτούν, όχι μόνο συνεργασία της ομάδας, αλλά και κοινό ρυθμό. Υπάρχουν πολλά ομαδικά αθλήματα, όπου κάθε μέλος της ομάδας έχει τη θέση του και παίζει τον ρόλο του. Υπάρχουν όμως, κάποια ομαδικά αθλήματα, που όλα τα μέλη της ομάδας πρέπει να κάνουν ταυτόχρονα, ακριβώς τις ίδιες κινήσεις. Ήξερες ότι στο πατινάζ ταχύτητας, μπορείς να πας πιο γρήγορα ως ομάδα απ' ότι μόνος σου;[49] Όπως οι χήνες πετούν σε συγκεκριμένο σχηματισμό, έτσι και οι πατινέρ ταχύτητας προσαρμόζονται απόλυτα ο ένας στον ρυθμό του άλλου, παίρνουν εναλλάξ το προβάδισμα, και κολλάνε πίσω από όποιον είναι στην κορυφή, για να αυξήσουν την ταχύτητά τους και να εξοικονομήσουν ενέργεια. Γι' αυτό ο Ιησούς έλεγε ότι «ο ζυγός Μου είναι καλός και το φορτίο Μου ελαφρύ» (Κατά Ματθαίο 11:30). Όταν διακονούμε όπως ο Ιησούς, το προβάδισμα το αναλαμβάνει Αυτός (είναι δική Του η διακονία), και εμείς απλώς κάνουμε ό,τι Τον βλέπουμε να κάνει, με την ίδια δύναμη του Αγίου Πνεύματος. Ο Κύριος σε καλεί, κυριολεκτικά, να κολλήσεις πίσω Του, να συγχρονιστείς με τον ρυθμό της κίνησής Του, και να μπορείς να πεις κι εσύ: «Κάνω μόνο ό,τι βλέπω τον Κύριο να κάνει, και λέω ό,τι Τον ακούω να λέει». Αυτός ο ρυθμός ζωής έχει μια αξιοπρέπεια.

Σκέψου τον πρίγκιπα Κάρολο του Ηνωμένου Βασιλείου και τους γιους του, τον πρίγκιπα Γουίλιαμ και τον πρίγκιπα Χάρι. Όσο κι αν μας γοητεύει η βρετανική βασιλική οικογένεια, οφείλουμε να παραδεχτούμε ότι δεν γνωρίζουμε πολλά για το πώς λειτουργούν ως βασιλικά μέλη της. Οι συγκεκριμένοι κύριοι, όμως, γεννήθηκαν σε μια συνθήκη που είναι πολύ φυσική γι' αυτούς—αυτός ο τρόπος ζωής είναι η «πρώτη» φύση τους, δηλαδή όχι δεύτερη. Οι γυναίκες τους, από την άλλη, έγιναν μέλη της βασιλείας μέσω των γάμων τους, και χρειάστηκε να περάσουν από εκτενή εκπαίδευση πάνω στα βασιλικά πρωτόκολλα. Στη δική μας περίπτωση, γεννηθήκαμε ως βασιλικά μέλη όταν αναγεννηθήκαμε, και ταυτόχρονα, γινόμαστε μέλη της βασιλείας δια του γάμου, ως Νύφη του Χριστού. Δηλαδή, θα πρέπει να μάθουμε να ζούμε με βάση αυτό που είμαστε. Το Άγιο Πνεύμα μας μαθαίνει ότι δεν υπάρχει λόγος να σπρώχνουμε τους άλλους, να πιέζουμε, να χειραγωγούμε, να απαιτούμε ή να αγωνιούμε, παρότι κάποιες φορές όλα αυτά μας φαίνονται πιο φυσικά.

Όταν μιλάω για έναν «ρυθμό ανάπαυσης που πηγάζει από τη σχέση μας με τον Θεό», εννοώ ότι μεγαλώνουμε και μαθαίνουμε αυτή τη νέα πραγματικότητα, ώσπου τελικά μπορούμε να αναπαυόμαστε στο ποιοι είμαστε. Αρχίζουμε να ξοδεύουμε όλο και λιγότερη ενέργεια για να υπερασπιστούμε τη νέα μας ταυτότητα ή να πείσουμε τους άλλους (και τους εαυτούς μας) ότι είμαστε κάποιοι. Αξιοπρέπεια είναι να ξέρεις ποιος πραγματικά είσαι και να το ζεις με θάρρος. Όσο μαθαίνουμε να συνεργαζόμαστε με το Άγιο Πνεύμα μέσα από την καθημερινή, συνεχή συνομιλία της προσευχής και της δοξολογίας—που είναι η αδιάκοπη εισπνοή και εκπνοή της επικοινωνίας μας με τον Θεό διαμέσου του Πνεύματος—τόσο περισσότερο μπαίνουμε στην «ανάπαυση» της πίστης. Η προσευχή δεν είναι άσκηση πίεσης στον Θεό, ούτε κάποια απόδειξη ότι έχουμε μεγάλη πίστη, ούτε μια ακόμα πνευματική υποχρέωση που ολοκληρώνουμε. Η προσευχή ενός αληθινού γιου είναι όλη του η ζωή που επικοινωνεί με τον Πατέρα και ανταποκρίνεται σ' αυτά που λέει. Επομένως, η ανάπαυση της πίστης φαίνεται πιο καθαρά μέσα σε ένα πνεύμα ειρήνης, δοξολογίας και ευχαριστίας.

> Όταν διακονούμε όπως ο Ιησούς, κάνουμε απλώς ό,τι Τον βλέπουμε να κάνει, με την ίδια δύναμη του Αγίου Πνεύματος.

8. Οι γιοι ζουν και εκπέμπουν ένα μεταδοτικό πνεύμα ευχαριστίας.

Η ευγνωμοσύνη προέρχεται από μια καρδιά που είναι ρυθμισμένη σωστά σύμφωνα με τον Ουρανό. Αν ξέρεις ότι «όλα είναι δικά σου», και ότι δεν έκανες κάτι για να τα αξίζεις, η πιο φυσική σου αντίδραση θα πρέπει να είναι η ευγνωμοσύνη. Η καρδιά της ευχαριστίας γεννιέται σε γιους και κόρες που ξέρουν ότι έχουν έναν Πατέρα, ένα αιώνιο σπίτι και μια κληρονομιά που δεν φθείρεται και δεν σκουριάζει. Οι αληθινοί γιοι και οι κόρες ξέρουν ότι η ευτυχία μας δεν πηγάζει από τα υπάρχοντά μας στη γη, γι' αυτό ζουν με βάση την αιωνιότητα, και αφήνουν την οικονομία του Ουρανού να καθορίζει τις προτεραιότητές τους. Το πιο πολύτιμο αγαθό στην οικονομία του Θεού είναι οι άνθρωποι. Γι' αυτό όταν λέμε ότι ο ρόλος μας ως αληθινών γιων είναι να τακτοποιήσουμε τις εκκρεμότητες της δουλειάς του Πατέρα, εννοούμε να φέρουμε πολλούς γιους στη δόξα. Από αυτό το σημείο ξεκινάει η ευχαριστία. Θα ήθελα να σου το δείξω μέσα στον Λόγο του Θεού.

Το 11ο κεφάλαιο της προς Εβραίους επιστολής αποκαλύπτει με ωμό και ρεαλιστικό τρόπο την ένταση που βιώνουμε ως πιστοί ανάμεσα στο «τώρα και στο όχι ακόμα». Κάποιοι ήρωες της πίστης που αναφέρονται σ' αυτό το κεφάλαιο, έζησαν με πίστη, και χάρη σ' αυτήν είδαν μεγάλα θαύματα και κατορθώματα δύναμης, ενώ άλλοι (χάρη στην ίδια πίστη) βασανίστηκαν ή θανατώθηκαν. Είναι προφανές ότι το αποτέλεσμα (που κάποιους τους κάνει να φαίνονται νικητές, και κάποιους θύματα), δεν αποτελεί μέτρο της πίστης ενός ανθρώπου. Η αλήθεια είναι ότι το υποκείμενο ή αντικείμενο στο οποίο «βάζουμε την πίστη μας», δείχνει ποιες είναι οι αξίες και οι προτεραιότητές μας. Άρα, ποιο είναι το νόημα του 11ου κεφαλαίου;

Ο συγγραφέας της επιστολής προς τους Εβραίους πιστούς ισχυρίζεται ότι όλοι αυτοί οι άνδρες και γυναίκες πίστης δεν αναζητούσαν μια άνετη ζωή εδώ στη γη. Είχαν στραμμένα τα μάτια τους στην ουράνια πόλη «που έχει θεμέλια, της οποίας τεχνίτης και δημιουργός είναι ο Θεός» (Εβραίους 11:10). Δεν έβαζαν την ελπίδα τους στις καταστάσεις γύρω τους (παρότι όλοι θέλουμε μια ομαλή ζωή), ούτε στις ανέσεις αυτής της ζωής (παρότι δεν υπάρχει κάποιο πνευματικό επίδομα δυσφορίας). Ζούσαν έχοντας μια καρδιά

Αυτοί οι άνδρες και γυναίκες πίστης δεν αναζητούσαν μια άνετη ζωή εδώ στη γη. Είχαν στραμμένα τα μάτια τους στην ουράνια πόλη.

Αυτό που περιγράφω είναι η πιο κραυγαλέα διαφορά μεταξύ γιων και ορφανών, σχετικά με την προσευχή.

ευχαριστίας, χάρη σ' αυτή την πραγματικότητα που δεν μπορούσαν να δουν με τα φυσικά τους μάτια.

Όταν στρέφουμε τα μάτια μας στον Πατέρα και είμαστε αφοσιωμένοι στη δουλειά του Πατέρα, θα μπορούμε να ζούμε με ένα πνεύμα δοξολογίας και ευχαριστίας. Εάν, Θεός φυλάξοι, βρεθούμε δεμένοι στη φυλακή τα μεσάνυχτα, μπορούμε να ενώσουμε τη φωνή μας με τον Παύλο και τον Σίλα, σαν μια βροντερή χορωδία δοξολογίας και ευχαριστίας, γιατί ο στόχος δεν ήταν ποτέ η άνεσή μας (Πράξεις 16:25-28). Πώς μπορούσαν να δοξάζουν τον Θεό σε τέτοιες άθλιες συνθήκες; Ήταν απασχολημένοι με τη δουλειά του Πατέρα, και ο στόχος τους ήταν να φέρουν στη δόξα πολλούς γιους. Η λογική του πνεύματος λέει ότι, αν περπατάμε με τον Θεό (και όντως το κάνουμε), και βρεθούμε στη φυλακή χάρη του ονόματός Του, ο Θεός σίγουρα έχει ένα σχέδιο! Ας Τον ευχαριστήσουμε γι' αυτό, προτού το δούμε! Αυτό που περιγράφω είναι η πιο κραυγαλέα διαφορά μεταξύ γιων και ορφανών, σχετικά με την προσευχή. Αυτή είναι η λογική του Ουρανού:

Η Πνευματική Λογική της Ευχαριστίας

- Οι γιοι του Θεού ξέρουν ότι ο Πατέρας πάντα έχει ένα σχέδιο, γι' αυτό Τον ευχαριστούμε εκ των προτέρων, σαν να έχει ήδη συμβεί.

Πάντοτε να χαίρεστε, αδιάκοπα να προσεύχεστε.
Σε όλα να ευχαριστείτε. Επειδή αυτό είναι το θέλημα
του Θεού σε σας εν Χριστώ Ιησού.
Α' Θεσσαλονικείς 5:16-18

- Οι γιοι δεν περιμένουν να συμβεί κάτι καλό για να ευχαριστήσουν τον Κύριο. Το βιβλικό πρότυπο του Ναού δεν λέει ότι φεύγουμε από τον Ναό με ευχαριστία, αλλά ότι μπαίνουμε με ευχαριστία. Η ευχαριστία έρχεται πρώτη.

Θα μπω στις πύλες Του με δοξολογία [ευχαριστία]...
Ψαλμός 100:4

- Οι γιοι ζουν με ευχαριστία, επειδή ξέρουν ότι ο Πατέρας τούς ακούει. Η θέση μας μπροστά στον Θεό είναι μέσα στον Υιό Του. Ο Ιησούς στάθηκε έξω από τον τάφο του Λαζάρου, ενώ ο Λάζαρος ήταν ακόμη νεκρός, και άρχισε να ευχαριστεί:

> *Πατέρα, σε ευχαριστώ που με άκουσες.*
> Κατά Ιωάννη 11:41

Ο Παύλος και ο Σίλας δεν περίμεναν πρώτα να δουν την απάντηση, και μετά να προσφέρουν ευχαριστία:

> *Και κατά τα μεσάνυχτα ο Παύλος και ο Σίλας καθώς προσεύχονταν υμνούσαν τον Θεό. Και τους άκουγαν με προσοχή οι φυλακισμένοι.*
> Πράξεις 16:25

- Όταν οι γιοι και οι κόρες στέκονται μπροστά στον Πατέρα με την αδιαμφισβήτητη εξουσία και την υπόσχεση του Υιού Του, που είναι «Ναι και Αμήν» σε όλες τις υποσχέσεις του Θεού, είναι απολύτως λογικό να ευχαριστούν τον Θεό πριν, μετά, και κατά τη διάρκεια οποιασδήποτε αντιξοότητας μπορεί να αντιμετωπίζουν.

> *Αν ζητήσετε κάτι στο όνομά Μου, εγώ θα το κάνω.*
> Κατά Ιωάννη 14:14

> *Γι' αυτό ας προσφέρουμε διαρκώς τη θυσία δοξολογίας στον Θεό, δηλαδή τον καρπό των χειλιών μας, ευχαριστώντας το όνομά Του.*
> Εβραίους 13:15

- Αν όντως πιστεύω ότι λαμβάνω την απάντηση στη προσευχή μου, όταν προσεύχομαι, τότε η πιο λογική αντίδραση, είναι να πω ευχαριστώ!

> *Γι' αυτό σας λέω: όλα όσα ζητάτε καθώς προσεύχεστε, να πιστεύετε ότι τα παίρνετε και θα γίνει σε σας.*
> Κατά Μάρκο 11:24

Η Προσευχή ενός Ορφανού vs Η Προσευχή ενός Γιου

Ας δούμε εν συντομία τις διαφορές της προσευχής ενός ορφανού και της προσευχής ενός αληθινού γιου:

Η Προσευχή ενός Ορφανού	**Η Προσευχή ενός Γιου**
Το ορφανό πνεύμα δέχεται ότι ο Θεός είναι άγιος και δυνατός, αλλά όχι στοργικός σε προσωπικό επίπεδο, γι' αυτό η ιδέα της προσευχής δεν είναι ιδιαίτερα ελκυστική.	Οι γιοι ξέρουν ότι είναι πάντα ευπρόσδεκτοι και ότι έχουν Πατέρα, και θέλουν την παρουσία Του περισσότερο απ' ότι θέλουν απαντήσεις.
Ο «ικέτης ή αιτών» ζητάει κάτι προς όφελός του.	Ο γιος έχει την ελευθερία να βρίσκεται στην παρουσία του Πατέρα του, απλά και μόνο επειδή είναι γιος.
Οι ορφανοί βλέπουν την προσευχή ως έναν τρόπο για να πάρουν το μερίδιό της κληρονομιάς τους εδώ και τώρα, γι' αυτό η προσευχή τους συνήθως επικεντρώνεται στις απαντήσεις που θέλουν για καθημερινά προβλήματα όπως χρήματα, δουλειά, φαγητό και ρούχα (Κατά Λουκά 15).	Οι γιοι ξέρουν ότι ο Πατέρας τους γνωρίζει τι χρειάζονται, επομένως δεν ανησυχούν γι' αυτά τα πράγματα (Κατά Ματθαίο 6:32-33).
Οι ορφανοί βλέπουν την προσευχή ως ένα καθήκον που πρέπει να εκτελέσουν, έναν τρόπο για να γίνουν αποδεκτοί, να είναι «καλοί», να αποδείξουν ή να εκμεταλλευτούν τη δικαιοσύνη τους.	Οι γιοι βλέπουν την προσευχή ως μια ευκαιρία να ακούσουν τη φωνή του Πατέρα τους και να ανακαλύψουν την καρδιά Του.

Η ΔΙΑΜΟΡΦΩΣΗ από τον *Abba*

Οι ορφανοί συχνά εστιάζουν στις μεθόδους της προσευχής, λες και είναι ένας μηχανικός τρόπος για να κάνουν τον Θεό να ενεργήσει.	Οι γιοι θεωρούν ότι η προσευχή είναι μια συνομιλία, μια εξερεύνηση, είναι το σπίτι τους, εκεί που γνωρίζουν τον Θεό και ο Θεός αυτούς.
Οι ορφανοί έχουν την τάση να μιλάνε μόνο αυτοί στην προσευχή.	Οι γιοι ξέρουν ότι η τέχνη της συνομιλίας είναι ξέρεις να μιλάς και να ακούς, πράγμα που ισχύει και στην προσευχή.
Οι προσευχές των ορφανών περιστρέφονται γύρω από το «τι», το «γιατί» και το «πότε», για να ικανοποιήσουν την ανάγκη του μυαλού τους να ξέρει και να έχει απαντήσεις.	Οι προσευχές των γιων εστιάζουν στο «ποιος», δηλαδή ποιος είναι ο Θεός, ποιος είμαι εγώ μέσα στον Θεό, ποιος άλλος είναι στην καρδιά του Θεού.
Η προσευχή ενός ορφανού συνήθως διανθίζεται με κατηγορίες, κριτική ή πληροφορίες που θεωρούμε ότι ο Θεός αγνοεί για κάποιο άτομο ή μια κατάσταση.	Η προσευχή ενός γιου έχει ηρεμία, όχι μόνο επειδή ο Πατέρας γνωρίζει τα πάντα, αλλά επειδή έχει δεσμευτεί αιώνια να φροντίζει για το καλό κάθε ανθρώπου.
Η προσευχή ενός ορφανού κάποιες φορές στρέφεται ενάντια ακόμα και σε ανθρώπους ή ηγέτες που θεωρεί ότι είναι εχθροί του.	Ο γιος προσεύχεται σαν να είναι όλοι οι άνθρωποι γιοι. Μιλάει ευλογία και συγχώρεση, ειδικά σε όσους καταρώνται και βλάπτουν τους δίκαιους.
Οι ορφανοί προσεύχονται κρίση επάνω στους ανθρώπους.	Οι γιοι προσεύχονται έλεος, ευλογία και τη χάρη του Θεού στους ανθρώπους.
Οι ορφανοί συνήθως προσεύχονται με το πολυάσχολο μυαλό και την ψυχή τους (συναισθήματα).	Οι γιοι και οι κόρες προσεύχονται μέσα από το πνεύμα τους, γιατί εκεί κατοικεί το Πνεύμα της Υιοθεσίας.

Η προσευχή δεν είναι απλώς μια κραυγή απόγνωσης, ούτε είναι λίστα με τα ψώνια του νοικοκυριού. Η προσευχή είναι μια πράξη που εμπνέεται από το Άγιο Πνεύμα—το Πνεύμα που ζει μέσα στο

Προτού γίνει ιεραπόστολος ή θεολόγος, ο Παύλος ήταν πρώτα μεσίτης. Και προτού γίνει μεσίτης, ήταν γιος.

πνεύμα μας και φωνάζει «*Abba*, Πατέρα». Αυτός μεταφέρει στην καρδιά και στο στόμα του πιστού προσευχές εμπνευσμένες από τον Θεό, αρκεί ο πιστός να είναι διαθέσιμος να συνεργαστεί μαζί Του στη δουλειά του Πατέρα. Κανείς δεν το έζησε πιο έμπρακτα αυτό, και κανείς δεν εμπλούτισε την προσευχή της Εκκλησίας περισσότερο από τον Απόστολο Παύλο. Εκτός από τον ίδιο τον Κύριο, κανείς άλλος δεν έδωσε περισσότερες θεόπνευστες προσευχές στην Εκκλησία, ως θεολογία από τον Ουρανό, φανερώνοντας τη στενή σχέση του με τον Θεό και τη στρατηγική του Ουρανού. Τι μπορούμε να μάθουμε για την προσευχή ενός αληθινού γιου, από τον άνθρωπο που έγραψε πρώτος για την αποκάλυψη της *Κραυγής προς τον Abba*;

Ο Απόστολος Παύλος και η Προσευχή

Προτού γίνει ιεραπόστολος ή θεολόγος, ο Παύλος ήταν πρώτα μεσίτης. Και προτού γίνει μεσίτης, ήταν γιος. Αυτό σημαίνει ότι θα μάθουμε πολλά, αν μελετήσουμε τη ζωή της προσευχής του Παύλου. Χάρη στις επιστολές του που ήταν γεμάτες προσευχές, έχουμε την ευκαιρία να διαβάζουμε αυτούσιες τις προσευχές του (παρότι δεν έχουμε τον χώρο να τις μελετήσουμε σε βάθος αυτή τη στιγμή).

• Θέλω να δεις ότι η σχέση του Παύλου με τις εκκλησίες του και τους νέους πιστούς διατηρήθηκε και τράφηκε μέσα από τη μεσιτική προσευχή του—ο Παύλος προσεύχεται γι' αυτούς και η εκκλησία προσεύχεται γι' αυτόν.

Δεν παύω να ευχαριστώ τον Θεό για σας, αναφέροντάς εσάς στις προσευχές μου... γι' αυτό λυγίζω τα γόνατά μου προς τον Πατέρα του Κυρίου μας Ιησού Χριστού, από τον οποίο κάθε πατριά στους ουρανούς και επάνω στη γη ονομάζεται...
Εφεσίους 1:16, 3:14-16

• Ο Παύλος κατάλαβε ότι κάποια στάδια της πνευματικής ανάπτυξης μπορούν να συμβούν μόνο ως αποτέλεσμα της προσευχής. Η προσευχή ήταν απαραίτητη ώστε το πνεύμα του αληθινού γιου να επικρατήσει

Η ΔΙΑΜΟΡΦΩΣΗ από τον *Abba*

μέσα στους πιστούς (δηλαδή «ο Χριστός να μορφωθεί μέσα τους»).

Παιδάκια μου, για τους οποίους είμαι ξανά σε ωδίνες, μέχρις ότου μορφωθεί μέσα σας ο Χριστός.

Γαλάτες 4:19

The gifts of the Spirit are free, but not automatically passed down from generation to generation. You must be intentional.

• Για τον Παύλο, ήταν κάτι παραπάνω από στυλ ή ύφος γραφής να γράφει κατ' αυτόν τον τρόπο. Η προσευχή για τους ανθρώπους στους οποίους τον είχε στείλει ο Θεός ήταν η ζωή του.

Γι' αυτό αγρυπνείτε, φέρνοντας στη μνήμη σας ότι τρία χρόνια, νύχτα και ημέρα, δεν έπαυα να νουθετώ με δάκρυα κάθε έναν ξεχωριστά.

Πράξεις 20:31

• Ο Παύλος κατάλαβε ότι τα θεμέλια της πνευματικής ωριμότητας και της συνείδησης του γιου δεν χτίζονται με το να πηγαίνουμε στην εκκλησία ή να διδασκόμαστε (παρότι είναι πολύ σημαντικά), αλλά χτίζονται στο μέρος της προσευχής, όπου συνεργαζόμαστε με την *Κραυγή προς τον Abba* από το Άγιο Πνεύμα μέσα στην καρδιά του πιστού.

Επειδή όσοι διοικούνται από το Πνεύμα του Θεού, αυτοί είναι γιοι του Θεού. Δεδομένου ότι δεν λάβατε πνεύμα δουλείας, ώστε πάλι να φοβάστε, αλλά λάβατε πνεύμα υιοθεσίας, με το οποίο κράζουμε: Αββά Πατέρα. Το ίδιο το Πνεύμα δίνει μαρτυρία, μαζί με το πνεύμα μας ότι είμαστε παιδιά του Θεού. Και αν είμαστε παιδιά, είμαστε και κληρονόμοι, κληρονόμοι μεν του Θεού συγκληρονόμοι δε του Χριστού. Αν συμπάσχουμε για να γίνουμε συμμέτοχοι της δόξας του.

Ρωμαίους 8:14-17

Όταν, όμως, ήρθε το πλήρωμα του χρόνου, ο Θεός εξαπέστειλε τον Υιό του, ο οποίος γεννήθηκε από γυναίκα και υποτάχθηκε στον νόμο, για να εξαγοράσει αυτούς που ήσαν κάτω από τον νόμο, ώστε να λάβουμε υιοθεσία. Και επειδή είστε γιοι, ο Θεός έστειλε το Πνεύμα του Υιού του στις καρδιές σας, το οποίο κράζει: Αββά Πατέρα. Ώστε,

> δεν είσαι πλέον δούλος, αλλά γιος. Αν όμως είσαι γιος
> είσαι και κληρονόμος του Θεού διαμέσου του Χριστού.
> Γαλάτες 4:4-7

• Η ζωή της προσευχής του Παύλου μεταμορφώθηκε με την έλευση του Αγίου Πνεύματος. Έβλεπε την προσευχή ως μια συνεργασία μεταξύ του πνεύματος του πιστού και του Αγίου Πνεύματος, γι' αυτό και έδωσε την εντολή:

> *Προσευχόμενοι σε κάθε καιρό με κάθε προσευχή και δέηση*
> *εν Πνεύματι...για όλους τους αγίους.*
> Α' Κορινθίους 14:18

• Η προσευχή εν Πνεύματι ήταν κάτι φυσιολογικό για τον Παύλο. Δεν το έβλεπε σαν μια κατάσταση ανεξέλεγκτης έκστασης, ούτε σαν παθητική παρένθετη μητρότητα, αλλά ως μια συνεργασία μεταξύ του πνεύματός του και του Αγίου Πνεύματος, που διευκόλυνε τον συνεχή διάλογο με τον Πατέρα και τον Κύριο Ιησού.

> *Ευχαριστώ τον Θεό μου ότι μιλάω περισσότερες γλώσσες*
> *από όλους εσάς.*
> Α' Κορινθίους 14:18

• Ο Παύλος πίστευε ότι ο Θεός δεν έχει παρατήσει τους γιους και τις κόρες Του για να βρουν μόνοι τους πώς να προσεύχονται. Το Άγιο Πνεύμα που ζει μέσα μας είναι πάντα έτοιμος να μας βοηθήσει να προσευχηθούμε πέρα από τα όρια του μυαλού μας και σύμφωνα με το θέλημα του Θεού. Μπορούμε να εμπιστευτούμε την προσευχή που μορφώνεται από το Άγιο Πνεύμα, επειδή το Άγιο Πνεύμα γνωρίζει τον νου του Κυρίου και τα βάθη των σχεδίων και των σκοπών του Πατέρα. Όταν προσεύχεσαι εν Πνεύματι, προσεύχεσαι σύμφωνα με το θέλημα του Θεού.

> *Παρόμοια όμως και το Πνεύμα συμβοηθάει στις ασθένειές*
> *μας, επειδή το τι να προσευχηθούμε καθώς πρέπει, δεν*
> *ξέρουμε, αλλά το ίδιο το Πνεύμα ικετεύει για χάρη μας με*
> *στεναγμούς αλάλητους. Και αυτός που ερευνά τις καρδιές*

> ξέρει τι είναι το φρόνημα του Πνεύματος, ότι ικετεύει
> σύμφωνα με το θέλημα του Θεού για χάρη των αγίων.
> Ρωμαίους 8:26-27

• Όταν οι γιοι και οι κόρες του Θεού είναι απασχολημένοι με τη δουλειά του Πατέρα, μπορούν να είναι σίγουροι ότι αυτή η συνεχής συνεργασία στην προσευχή είναι ο προάγγελος ότι ο Πατέρας «κάνει τα πάντα να συνεργούν για το καλό τους» και για την επέκταση της Βασιλείας. Να σημειώσουμε, επίσης, ότι χωρίς τη συνεργασία μας στην προσευχή, δεν ισχύει καμία γενική υπόσχεση που να καλύπτει «τα πάντα».

> *Γνωρίζουμε δε ότι όλα συνεργούν προς το αγαθό σ' αυτούς που*
> *αγαπούν τον Θεό, τους προσκαλεσμένους σύμφωνα*
> *με την πρόθεσή του.*
> Ρωμαίους 8:28

• Όταν προσεύχομαι μέσα από το πνεύμα μου διαμέσου του Αγίου Πνεύματος (με την πνευματική γλώσσα), δεν μιλάω στους ανθρώπους, αλλά στον Θεό. Σ' αυτή την επικοινωνία βρίσκονται ενσωματωμένα «θεϊκά μυστικά». Συνεπώς, σύμφωνα με τον Παύλο, αυτός είναι ο πιο αποτελεσματικός, στρατηγικός και ακριβής τρόπος προσευχής[50].

> *Επειδή, αυτός που μιλάει με γλώσσα, δεν μιλάει σε ανθρώπους*
> *αλλά στον Θεό. Επειδή κανένας δεν τον ακούει, αλλά*
> *με το πνεύμα του μιλάει μυστήρια...Αυτός που μιλάει*
> *με γλώσσα, οικοδομεί τον εαυτό του, ενώ αυτός*
> *που προφητεύει οικοδομεί την εκκλησία.*
> Α' Κορινθίους 14:2,4

• Η προσευχή εν Πνεύματι είναι το δώρο του Θεού στον λαό Του για τον πνευματικό πόλεμο – τον διαρκή αγώνα μας ενάντια στις αρχές και τις εξουσίες. Ο Γκόρντον Φι λέει, «Ο Παύλος προτρέπει τους πιστούς να αντιμετωπίσουν τον εχθρό με τα «όπλα του Π/πνεύματος», γιατί όλη την πανοπλία του Θεού τη φοράς και τη στερεώνεις πάνω σου με την προσευχή στο Πνεύμα»[51]. Αυτό σημαίνει ότι το Άγιο Πνεύμα έχει τον τρόπο να συνεργάζεται με τους πιστούς (με ελάχιστο ρίσκο), για να εισβάλλουν στο στρατόπεδο του εχθρού και να σώζουν ανθρώπους που έχουν αιχμαλωτιστεί.

Και πάρτε στα χέρια σας την περικεφαλαία της σωτηρίας, και τη μάχαιρα του Πνεύματος, που είναι ο λόγος του Θεού, προσευχόμενοι σε κάθε καιρό, με κάθε προσευχή και δέηση εν Πνεύματι, και αγρυπνώντας σ' αυτό τούτο με κάθε προσκαρτέρηση και δέηση για όλους τους αγίους.

Εφεσίους 6:17-18

Θα μπορούσαμε να πούμε άλλα τόσα για τον τρόπο που ο Παύλος έμαθε να ακούει στην προσευχή. Ως γιος, ζούσε με καθαρή συνείδηση και αγαπούσε την παρουσία του Πατέρα. Είχε άφθονες αποκαλύψεις, ο Κύριος του εμφανίστηκε σε οράματα, πήρε επανειλημμένα σαφείς οδηγίες σχετικά με τα ιεραποστολικά του ταξίδια και συγκεκριμένες λεπτομέρειες για την αποστολή του. Ο Παύλος έζησε σαν αληθινός γιος, πράγμα που σήμαινε πολλά γι' αυτόν. σίγουρα, όμως, σήμαινε ότι η ζωή του ήταν αφιερωμένη στην προσευχή, μια ασταμάτητη *κραυγή προς τον Abba*, συνοδευόμενη από χαρά και ευχαριστία, επειδή έτσι ζουν οι αληθινοί γιοι: βέβαιοι ότι το Άγιο Πνεύμα διευθύνει τον δρόμο τους και τους φέρνει μέσα στα σχέδια και στο θέλημα του Πατέρα τους.

Τι Είπαμε Μέχρι Τώρα;

Η προσευχή είναι μια αμφίδρομη συνομιλία. Δεν είναι να υποβάλλεις την αίτησή σου στον Θεό, αλλά να ακούς, να συνεργάζεσαι και να ρωτάς: «Πατέρα, τι θέλεις να Σου ζητήσω;». Ο Ιησούς μας διδάσκει να ζητάμε από τον Πατέρα.

Μετατρέψαμε την προσευχή σε μια περίπλοκη διαδικασία, λες και προσπαθούμε να πείσουμε τον Θεό. Αλλά ο Θεός δεν χρειάζεται να πειστεί. Η προσευχή δεν μας βοηθά να νικήσουμε την απροθυμία του Θεού, γιατί ο Θεός θέλει το καλό μας, περισσότερο από ό,τι εμείς». Η διαφορά ανάμεσα σε έναν αιτούντα και έναν γιο είναι τεράστια.

Το πνεύμα της υιοθεσίας γεννά μέσα μας την επιθυμία για προσευχή, μας δίνει θάρρος να μπαίνουμε στην παρουσία του Πατέρα χωρίς φόβο ή ντροπή, και μας συγχρονίζει με τα σχέδια του Πατέρα.

Το Άγιο Πνεύμα μας βοηθά να ζούμε στον ρυθμό της ανάπαυσης που στηρίζεται στη σχέση μας με τον Θεό και κάνει την προσευχή μας έναν τρόπο στενής επικοινωνίας, και όχι μια αγγαρεία ή ένα καθήκον. Το αποτέλεσμα αυτού του ρυθμού ζωής, ανάπαυσης και σχέσης είναι η αφθονία χαράς και ευχαριστίας.

Είδαμε τις διαφορές ανάμεσα στον τρόπο που προσεύχεται ένας ορφανός και ένας γιος, και σημειώσαμε ότι ο Παύλος είχε κατανοήσει την άρρηκτη σύνδεση μεταξύ του ρόλου του Πνεύματος στην προσευχή, και της αποκάλυψης που έχουμε ως γιοι, κυρίως μέσα από την *Κραυγή προς τον Abba*.

ΠΡΟΣΕΥΧΗ

Πατέρα, είμαι τόσο ευγνώμων που με προσκαλείς να έρθω με παρρησία κοντά Σου για να πάρω έλεος και να βρω χάρη σε καιρό ανάγκης. Ποτέ δεν απορρίπτεις τις παρακλήσεις και τις αιτήσεις μου για βοήθεια. Σε ευχαριστώ, επίσης, που με προσκαλείς να έρθω ως γιος/κόρη, όχι μόνο όταν έχω μια ανάγκη, αλλά κάθε στιγμή, επειδή έχω έναν στοργικό Πατέρα που ξέρει τι χρειάζομαι και έχει ήδη προνοήσει. Ελεήμονα Πατέρα μου, συγχώρεσέ με όταν έρχομαι και φεύγω βιαστικά και Σε παρακαλώ να με βοηθήσεις, αλλά δεν κάθομαι απλώς να απολαύσω χρόνο μαζί Σου. Μπορείς να μου μιλήσεις τις επόμενες ώρες, τις επόμενες μέρες, για τη δύναμη και το προνόμιο της προσευχής ενός γιου; Μπορείς να μου αποκαλύψεις τον ρυθμό της ανάπαυσης της σχέσης μου μαζί Σου; Να Σε γνωρίζω και να ξέρω ότι είμαι εκεί που πρέπει να είμαι, χωρίς να χρειάζεται να αποδείξω ή να κερδίσω κάτι. Μπορείς να μου αποκαλύψεις τη δύναμη της διακονίας μπροστά στον θρόνο Σου; Ξεκινάω αυτή τη στιγμή με μια καρδιά που εκπέμπει άπειρη ευγνωμοσύνη σε Σένα. Είθε η ευχαριστία μου να είσαι μεταδοτική, ελκυστική σε κάθε ορφανό που πρέπει να Σε γνωρίσει, και ελκυστική στην ατμόσφαιρα του Ουρανού. Σε ευχαριστώ που με έκανες δικό Σου. Αμήν.

Kerry Wood

ΓΙΑ ΟΜΑΔΙΚΗ ΣΥΖΗΤΗΣΗ

1. Εφόσον είδαμε την έμφαση που δίνει ο Παύλος στην προσευχή ως βασικό μέσο πνευματικής ωριμότητας, ποια ερωτήματα εγείρει αυτή η αλήθεια;

2. Για ποιους λόγους θεωρείς ότι οι πιστοί δεν προσεύχονται; Πώς αλλάζει αυτή η τακτική, μόλις ο πιστός καταλάβει ότι είναι γιος του Θεού;

3. Ποια από τις διαφορές μεταξύ της προσευχής των ορφανών και των γιων σε άγγιξε περισσότερο; Γιατί;

4. Τι νιώθεις ότι σου λέει ο Κύριος για τη δική σου ζωή προσευχής;

Εννιά

Σε Αποστολή Μαζί με τον Τριαδικό Θεό

Και τους φανέρωσα το όνομά Σου, και θα το φανερώσω, για να είναι η αγάπη, με την οποία με αγάπησες, μέσα τους, και εγώ μέσα σ'αυτούς.
– Ιησούς

Πιστεύω ότι η κρυφή επιθυμία του Πατέρα πίσω από τη σωτηρία του ανθρώπου, δηλαδή το παγκόσμιο σχέδιο και ο σκοπός της καρδιάς Του, ήταν να μας χαρίσει ένα σπίτι. Θέλει να παιδιά Του να ζουν στο σπίτι Του, να είναι ξέγνοιαστα, να τρέχουν, να παίζουν και να ονειρεύονται. Θέλει τα παιδιά Του να ορμούν στην αγκαλιά Του και να απολαμβάνουν την άπειρη, απεριόριστη αγάπη Του. Με λίγα λόγια, η αποστολή της Αγίας Τριάδας είναι να φέρει όλη την ανθρωπότητα μέσα στην άφθονη ζωή της εξωστρεφούς αγάπης που απολαμβάνουν μεταξύ τους ο Πατέρας, ο Γιος και το Άγιο Πνεύμα. Όπως προσευχήθηκε ο Ιησούς:

...για να είναι όλοι ένα· καθώς εσύ, Πατέρα, είσαι ενωμένος με μένα και εγώ ενωμένος με σένα, και αυτοί, ενωμένοι με Μας, να είναι ένα· για να πιστέψει ο κόσμος ότι εσύ με απέστειλες.
Κατά Ιωάννη 17:21

Πολλοί από μας, αντί να ζούμε έτσι, ζούμε κάτω από τα ψέματα του εχθρού. Πολλοί πιστοί, ενώ έχουν μια νέα ταυτότητα—και την εξουσία να λειτουργούν ως γιοι της Βασιλείας—ζουν επηρεασμένοι από την παλιά τους κατάσταση. Θα έλεγα ότι είναι «μια πνευματική επήρεια».

Υπό την Επήρεια της Σάρκας

Ας δούμε ένα μεταφορικό παράδειγμα που ίσως μας βοηθήσει. Πάμε να συνδυάσουμε το πνευματικό με το φυσικό. Το 2012, σχεδόν 30

> **Ό,τι θέλει να λάβει από μας ο Πατέρας, μας το δίνει πρώτα ο Ίδιος.**

εκατομμύρια Αμερικανοί ομολόγησαν ότι έχουν οδηγήσει υπό την επήρεια αλκοόλ ή ναρκωτικών ουσιών[52]. Αυτό το ποσοστό είναι το 10% του πληθυσμού της Αμερικής, που θεωρητικά έχουν άδεια οδήγησης. Κάθονται στη θέση του οδηγού, χωρίς να είναι σε θέση να σκεφτούν καθαρά για το ποιοι είναι και το πού πηγαίνουν, γιατί είναι υπό την επήρεια αλκοόλ ή ουσιών. Η καταμέτρηση αυτών των στατιστικών γίνεται διότι αυτή είναι μια βασική αιτία τροχαίων ατυχημάτων και τραγικών θανάτων. Μπορούμε να πούμε ότι πολλοί πιστοί, παρότι τους έχει δοθεί μια νέα ταυτότητα μέσα στον Χριστό και έχουν βαπτιστεί με το Άγιο Πνεύμα, «οδηγούν» υπό την επήρεια της νοοτροπίας του ορφανού. Τι είδους αχρείαστα προβλήματα δημιουργεί αυτή η πνευματική επήρεια; Είναι δύσκολο να τα υπολογίσουμε αριθμητικά, αλλά σίγουρα ξέρουμε ότι όλη η κτίση συστενάζει και περιμένει τους γιους του Θεού να πάρουν τη θέση τους (Ρωμαίους 8:19).

Σε πολλούς πιστούς κυριαρχεί η νοοτροπία ότι, «Δεν τα κατάφερες ακόμα. Δεν έχεις τα προσόντα. Δεν είσαι αρκετά καλός. Πρέπει να το αποκτήσεις με την αξία σου». Ενώ ο Πατέρας λέει, «Δεν μπορείς να κάνεις κάτι για να αξίζεις τη δόξα Μου. Εγώ διάλεξα να τη μοιραστώ μαζί σου. Ό,τι σου ζητώ, σου το έχω ήδη δώσει» (Κατά Ιωάννη 3:27, σε παράφραση). Αν θέλουμε να ζήσουμε αυτή την αλήθεια και να συμμετέχουμε στην αποστολή του Θεού, πρέπει οπωσδήποτε να έχουμε την αποκάλυψη ότι είμαστε γιοι. Θα το πω αλλιώς: ό,τι θέλει να λάβει από μας ο Πατέρας, μας το δίνει πρώτα ο Ίδιος. Στην τελική, αν το σχέδιο του Θεού ήταν απλώς να σε φέρει στον Ουρανό, δεν θα υπήρχε λόγος να μιλάμε για όλα αυτά, για την *κραυγή προς τον Abba*, την προσωπική μας μεταμόρφωση και την προσευχή. Η αποστολή του Θεού είναι να σε ελευθερώσει, για να σε βάλει μέσα στην παγκόσμια αυτή περιπέτεια με έπαθλο την ανθρωπότητα!

Η Ιερή Αποστολή του Τριαδικού Θεού

Θα πρέπει να καταλάβουμε ότι η ιερή αποστολή του Θεού δεν είναι να πείσουμε κι άλλους ανθρώπους να σκέφτονται και να πιστεύουν με τον δικό μας τρόπο. Δεν παίζουμε το παιδικό παιχνίδι «Θέλουμε πόλεμο! Κι εμείς ειρήνη!». Ο στόχος δεν είναι να φέρουμε περισσότερους «στην ομάδα μας» απ' όσους είναι «στην άλλη ομάδα». Ο στόχος μας είναι ο χαρακτήρας του Πατέρα, η άπειρη, εξωστρεφής αγάπη Του. Ο Πατέρας δεν θέλει να χαθεί κανένας (Β' Πέτρου 3:9). Ο Ντέιβιντ Μπος λέει ότι, «Η ιεραποστολή γεννήθηκε πρώτα από την καρδιά του Θεού. Ο Θεός είναι η πηγή της αγάπης που αποστέλλεται σε άλλους. Από τα δικά Του βάθη προέρχεται η ιεραποστολική καρδιά»[53]. Ο Ντέιβιντ Σίμαντς λέει ότι «η αποστολή της Αγίας Τριάδας έχει ισχυρή παρόρμηση», δηλαδή προκύπτει αβίαστα από τον χαρακτήρα του Τριαδικού Θεού[54]. Αυτή η αποστολή δεν είναι απλώς κάτι που κάνει ο Θεός. Είναι κομμάτι του ποιος είναι. Άρα και για μας, δεν είναι κάτι που πρέπει να κάνουμε, αλλά είναι το ποιοι είμαστε μέσα στον Θεό, που είναι εξωστρεφής και δοτικός.

Όπως είπαμε στο βιβλίο Το Θεμέλιο του *Abba*, εφόσον η φύση του Τριαδικού Θεού οδηγεί σε ενότητα όλα όσα δημιούργησε ο Θεός (σε μια κοινή κατοικία), καταλαβαίνουμε ότι όταν ο Ιησούς έλεγε την παραβολή του ασώτου υιού, δεν ήθελε να εστιάσουμε στον γιο, γιατί η πραγματική αποκάλυψη ήταν ο Πατέρας. Ο Ιησούς μας περιέγραφε τον *Abba* Του, έναν πατέρα που δεν είναι στον χαρακτήρα Του να κάθεται και να παρατηρεί. Δεν στέκεται αποστασιοποιημένος, περιμένοντας να δει αν θα καταφέρουμε να βγούμε απ' τα χάλια μας. Είναι ο Πατέρας που τρέχει προς τα δημιουργήματά Του. Αυτό μας λέει πολλά, κυρίως για το πώς είναι οι γιοι που ανατρέφονται από τον Θεό. Ο Θεός που έχει αποστολική καρδιά, μεγαλώνει γιους και κόρες με αποστολική καρδιά.

Ο Γιούργκεν Μόλτμαν θεωρεί ότι η αποστολή του Πατέρα, του Υιού και του Πνεύματος δεν εκπληρώθηκε εντελώς με τον θάνατο και την ανάσταση του Ιησού. Με τον ερχομό του Αγίου Πνεύματος, η ιστορία του Θεού γίνεται το ευαγγέλιο της Εκκλησίας για όλον τον κόσμο. Τώρα, μπορεί και η Εκκλησία να συμμετέχει στην αποστολή Του, γιατί η Εκκλησία έχει γίνει ένα με την Τριαδικότητα. Αυτό, βέβαια, προϋποθέτει ένα υπερχείλισμα του Πνεύματος μέσα στην και μέσα από την Εκκλησία, ώστε να μπορέσει η ζωή της Αμπέλου να ενσαρκωθεί, να ενδυναμώσει, να μεταμορφώσει και να φέρει καρπό μέσα από τα κλήματα[55]. Αυτή η ξεκάθαρη ένωση—η σύνδεση με την πηγή της ζωής σε όλα—είναι το κατάλληλο έδαφος για να καταλάβουμε ότι η αποστολή είναι στον χαρακτήρα του Θεού, και η Εκκλησία είναι η εικόνα του Θεού στη γη.

Μεγάλωσα μέσα σε εκκλησίες που είχαν ιεραποστολική όραση και δίδασκαν ότι επειδή «τόσο αγάπησε ο Θεός τον κόσμο», μας στέλνει να αγγίξουμε τον κόσμο. (Ο Παύλος στην προς Ρωμαίους 1 εξηγεί ότι είναι ένα χρέος που οφείλουμε στον κόσμο). Βέβαια, ποτέ δεν άκουσα τους ποιμένες και διδασκάλους μου εκείνα τα χρόνια να περιγράφουν την ιερή αποστολή μας ως τον χαρακτήρα του Τριαδικού Θεού, που αδειάζει τον εαυτό Του με χαρά και αγγίζει άλλους—παρότι δεν θα μπορούσε να είναι κάτι πέρα απ' αυτό[56]. Δεν είχα διαβάσει ούτε ακούσει για τον Καρλ Μπαρθ και την ιδέα του περί της αντίστροφης ρουφήχτρας. Έλεγε ότι τα πάντα κεντράρονται γύρω από την πιο θεμελιώδη αλήθεια, που είναι η τριαδική σχέση του Θεού, και έπειτα όλα απορρέουν και διαδίδονται από αυτή την πηγή.

Η ιδέα της αποστολής μας είναι κάτι παραπάνω από ένα εκκλησιαστικό δόγμα για να σώσουμε ανθρώπους. Είναι κάτι παραπάνω από τον διακαή πόθο να βοηθήσουμε ανθρώπους να γλιτώσουν την κόλαση. Είναι κάτι περισσότερο από μια πρακτική στρατηγική για να κατακτήσουμε τον κόσμο, και σίγουρα κάτι περισσότερο από την εγωιστική μας ανάγκη για αριθμητική αύξηση. Η αποστολή μας στον κόσμο είναι ριζωμένη στα βάθη της υπόστασης του Θεού—ενός Θεού που βγαίνει έξω και στέλνει βοήθεια για να αγγίξει άλλους. Γι' αυτό έστειλε τον Γιο Του, και έπειτα ο Γιος έστειλε το Πνεύμα. Αυτή είναι η σειρά σύμφωνα με τον Λόγο του Θεού:

1. Ο Πατέρας έστειλε τον Γιο.

Επειδή, με τέτοιον τρόπο αγάπησε ο Θεός τον κόσμο, ώστε έδωσε τον Υιό του τον μονογενή, για να μη χαθεί καθένας που πιστεύει σ' αυτόν, αλλά να έχει αιώνια ζωή.
Κατά Ιωάννη 3:16

2. Ο Πατέρας και ο Γιος έστειλαν το Άγιο Πνεύμα.

Όταν, όμως, έρθει ο Παράκλητος, που εγώ θα στείλω σε σας από τον Πατέρα, το Πνεύμα τής αλήθειας, που εκπορεύεται από τον Πατέρα, εκείνος θα δώσει μαρτυρία για μένα.
Κατά Ιωάννη 15:26

Και προσέξτε, εγώ στέλνω την υπόσχεση του Πατέρα μου επάνω σας· και εσείς καθήστε στην πόλη, την Ιερουσαλήμ, μέχρις ότου ντυθείτε δύναμη από ψηλά.
Κατά Λουκά 24:49

Η ΔΙΑΜΟΡΦΩΣΗ από τον *Abba*

3. Ο Πατέρας, ο Γιος και το Άγιο Πνεύμα στέλνουν την Εκκλησία.

*Και καθώς ο Ιησούς τούς πλησίασε, τους μίλησε, λέγοντας:
Δόθηκε σε μένα κάθε εξουσία στον ουρανό και επάνω στη γη.
Καθώς, λοιπόν, πορευτείτε, να κάνετε μαθητές όλα τα έθνη,
βαπτίζοντάς τους στο όνομα του Πατέρα και του Υιού και
του Αγίου Πνεύματος, διδάσκοντάς τους να τηρούν όλα όσα
παρήγγειλα σε σας.*

Κατά Ματθαίο 28:18-20

*Όπως απέστειλες Εμένα στον κόσμο, και εγώ απέστειλα
αυτούς στον κόσμο.*

Κατά Ιωάννη 17:18

*Αλλά, θα λάβετε δύναμη, όταν έρθει επάνω σας το Άγιο Πνεύμα·
και θα είστε μάρτυρες για Μένα και στην Ιερουσαλήμ
και σε ολόκληρη την Ιουδαία και στη Σαμάρεια, και μέχρι
το ακρότατο μέρος τής γης.*

Πράξεις 1:8

Για να το θέσω λίγο διαφορετικά, ο πρώτος ιεραπόστολος είναι ο Πατέρας, ο οποίος κάνει ένα βήμα μέσα από τον εαυτό Του και δημιουργεί το σύμπαν. Ο δεύτερος ιεραπόστολος είναι ο Γιος, που έκανε ένα βήμα έξω από τον Ουρανό για να σώσει τη χαμένη ανθρωπότητα. Ο τρίτος ιεραπόστολος είναι το Άγιο Πνεύμα, που ελκύει τους ανθρώπους στον αιώνιο σκοπό και ενδυναμώνει την Εκκλησία. Ο τέταρτος ιεραπόστολος είναι η Εκκλησία, που πηγαίνει σ' όλον τον κόσμο για να πει στους ορφανούς την αλήθεια ότι είναι γιοι. Ο Τζόναθαν Έντουαρντς είπε ότι αυτό είναι απλώς «η φυσική τάση όλων να μεταδίδουμε ελεύθερα αυτό που είμαστε»[57].

Μας Δόθηκε ένας Γιος

Δεν σου προκαλεί εντύπωση το γεγονός ότι, όταν ο Πατέρας θέλησε να εκφράσει την αγάπη Του σε έναν κόσμο γεμάτο ορφανούς, δεν έστειλε έναν σπουδαίο ηγέτη, έναν σπουδαίο δάσκαλο, έναν στρατηγό ή έναν προφήτη (παρότι ξέρουμε ότι ο Ιησούς ήταν όλα αυτά). Ο Ησαΐας μας φανερώνει ότι η λύση που έδωσε ο Θεός στον ορφανό πλανήτη μας, ήταν να στείλει έναν Γιο:

> *Επειδή, παιδί γεννήθηκε σε μας,*
> *γιος δόθηκε σε μας·*
> *και η εξουσία θα είναι επάνω στον ώμο Του·*
> *και το όνομά Του θα αποκληθεί:*
> *Θαυμαστός, Σύμβουλος, Θεός Ισχυρός,*
> *Πατέρας τού Μέλλοντα Αιώνα, Άρχοντας Ειρήνης.*
> *Στην αύξηση της εξουσίας Του και της ειρήνης*
> *δεν θα υπάρχει τέλος,*
> *επάνω στον θρόνο τού Δαβίδ, κι επάνω στη βασιλεία Του,*
> *για να τη διατάξει, και να τη στερεώσει, με κρίση και*
> *δικαιοσύνη,*
> *από τώρα και μέχρι τον αιώνα.*
> *Ο ζήλος τού Κυρίου των δυνάμεων θα το εκτελέσει.*
> Ησαΐας 9:6-7

Γιος δόθηκε σε μας.

Ο Μαρκ Χάνμπι λέει:

Όπου λείπουν οι πατέρες, λείπει η ταυτότητα. Χρειαζόμαστε οπωσδήποτε όρια για να μάθουμε ποιοι είμαστε. Ένας ορφανός ξοδεύει όλη του τη ζωή ψάχνοντας τις ρίζες του, αναζητώντας έστω μία πληροφορία για την καταγωγή του, διότι χωρίς γενεαλογικό δέντρο, δεν ξέρει ποιος είναι. Μπορεί να έχει αδέρφια, αλλά αν δεν γνωρίσει τον πατέρα του, δεν ξέρει σε ποια συγγένεια ανήκει. Ίσως είναι ο νόμιμος κληρονόμος μιας μεγάλης περιουσίας, αλλά αν δεν έχει κάποια απόδειξη της γενεαλογίας του, δεν μπορεί να την αποκτήσει. Πολλοί πιστοί σήμερα, αν τους ρωτήσεις, μπορούν να σου αναφέρουν διδασκάλους που επηρέασαν τη ζωή τους, αλλά δεν μπορούν να σου μιλήσουν για έναν πατέρα στο έργο του Θεού. Συνεπώς, όπως συνέβαινε και με την εκκλησία των Κορινθίων, έχουμε άφθονη διδασκαλία, δεν μας λείπει κανένα χάρισμα, αλλά δεν έχουμε πολλούς πατέρες. Το αποτέλεσμα είναι ότι, μαζευόμαστε στο όνομα μια οργάνωσης, ενός δόγματος, μιας διδασκαλίας, ενός χαρίσματος, αλλά έχουμε χάσει τη σχέση πατέρα-γιου, μέσα από την οποία περνάει η διακονία που στηρίζεται στον χαρακτήρα. Και μετά αναρωτιόμαστε γιατί βλέπουμε διαρκώς σπουδαίους ηγέτες να κλονίζονται από την πίεση. Αν θέλουμε να μεγαλώσουμε αληθινούς γιους στην πίστη, πρέπει να ανακαλύψουμε εκ νέου το μοτίβο της σχέσης στη διακονία μας.[58]

Αυτό που συχνά αναπαράγουμε στην Εκκλησία, και ιδιαίτερα στη Βόρεια Αμερική, είναι κάτι που θυμίζει πολύ το κοσμικό σύστημα. Αν έχεις χάρισμα, αν έχεις ταλέντο, αν έχεις ικανότητες ή χρήματα, θα φτάσεις ψηλά. Είναι ένα αξιοκρατικό σύστημα (αμείβεσαι με βάση την αξία σου), όπου η αξία του ανθρώπου στηρίζεται στις επιδόσεις του. Αντί να ανατρέφουμε γιους που στέκονται στα πόδια τους, δημιουργούμε προστατευόμενα μέλη—ανθρώπους που θέλουν αυτά που έχουμε εμείς. «Θέλω να κηρύττω σαν αυτόν». «Θέλω να ψάλλω όπως αυτή». «Θέλω να διευθύνω μια επιχείρηση όπως αυτός». Αυτό που μας λείπει, είναι γιοι και κόρες που ξέρουν να υποτάσσονται σε άλλους και να υψώνουν άλλους, γιατί ξέρουν ότι η αξία και ταυτότητά τους είναι εγγυημένη. Η επαναφορά των ορφανών στη θέση των γιων δεν είναι ένα ειδικό πρότζεκτ στη λίστα καθηκόντων του Θεού. Ο Κύριος δεν μετράει τις επιδόσεις μας, γιατί δεν έχει ανάγκη να αποδείξει κάτι. Ούτε μετράει τις επιδόσεις των γιων Του, λες και η απόδοσή τους θα καθορίσει την αξία τους. Όταν ο Θεός σύστησε τον εαυτό Του ως «ο Ων», εδραίωσε για πάντα τη θεμελιώδη αλήθεια ότι πρώτα «είμαστε» και μετά «κάνουμε». Η δήλωση του Θεού «Εγώ είμαι ο Ων», ξεκαθαρίζει ότι και οι γιοι Του, πλασμένοι σύμφωνα με την εικόνα του Πατέρα, είναι αυτοί που είναι, επειδή είναι γιοι, όχι επειδή έχουν καλές επιδόσεις.

Η Αποστολή του Πατέρα

Η αποστολή του Πατέρα είναι πολύ μεγαλύτερη από το να μας κάνει να σκεφτόμαστε σωστά ή να μας δώσει ένα εισιτήριο για τον Ουρανό. Ο Ιησούς δεν ήρθε στη γη για να ξεκινήσει μια νέα θρησκεία. Εφόσον ο Θεός είναι, εκ φύσεως, Πατέρας, ο Ιησούς στάλθηκε στη γη για να συμφιλιώσει τους ορφανούς με τον Πατέρα τους. Ο Ιησούς στάλθηκε σαν μεγάλος αδερφός μας, που φωνάζει στους άλλους γιους και κόρες, «Παιδιά! Η αγκαλιά του Μπαμπά είναι ανοιχτή! Είναι η ώρα να έρθετε σπίτι! Μην τρέχετε άλλο από τον Πατέρα τρέξτε στον Πατέρα».

Όλες οι παραβολές που είπε ο Ιησούς είναι στοχευμένες στο να αποκαλύψουν τον χαρακτήρα και την καρδιά του Πατέρα. Γι' αυτό, μόλις αρχίσουμε να διαβάζουμε τις παραβολές υπό το πρίσμα του Πατέρα, θα αλλάξουν τα πάντα. Για παράδειγμα, η ιστορία του ασώτου υιού, δεν είναι για έναν γιο που σε μια εποχή της ζωής του παράτησε τον πατέρα του. Είναι μια ιστορία της καρδιάς του πατέρα. Δες μπροστά σου αυτόν τον πατέρα, να ατενίζει τον ορίζοντα περιμένοντας τον γιο του να γυρίσει σπίτι. Άραγε, για πόσες βδομάδες ή μήνες στεκόταν στο πιο ψηλό σημείο του σπιτιού, παρατηρώντας, περιμένοντας, και πιέζοντας τα μάτια του για να δει μήπως επιστρέφει ο ξεροκέφαλος γιος του; Και τη μέρα που τελικά τον είδε, ο πατέρας αρχίζει να τρέχει προς αυτόν, πέφτει στον λαιμό του και τον καταφιλάει! Εντωμεταξύ ο γιος έχει έτοιμο στο μυαλό του το ποίημα ενός ορφανού, γιατί αυτό πιστεύει: «Ένας απλός υπηρέτης σου θα είμαι. Δεν είμαι άξιος». Ο πατέρας διακόπτει τα προβαρισμένα και μίζερα λόγια του γιου, και λέει, «Σε καμία περίπτωση! Ποτέ, μα ποτέ! Φέρτε τη στολή, φέρτε το δαχτυλίδι, σφάξτε το πιο παχύ μοσχάρι. Έχουμε γιορτή—μια γιορτή που αρμόζει σε γιο».

Με τον ίδιο τρόπο, ο σταυρός είναι ο τρόπος του Πατέρα Θεού να φωνάξει με τον πιο φανερό τρόπο, «Σε καμία περίπτωση! Ποτέ, μα ποτέ! Δεν θα αφήσω τους γιους και τις κόρες μου να τρώνε με τα γουρούνια. Δεν ήταν το σχέδιό Μου αυτό. Πρέπει να μάθουν ότι είναι γιοι Μου και ότι όσο είμαι Εγώ εδώ, πάντα θα έχουν ένα σπίτι!».

Η αποστολή μας είναι να προσκαλούμε τους ανθρώπους στη γιορτή της παρουσίας του Πατέρα. Είναι να προσκαλούμε γιους και κόρες στο πάρτι που οργάνωσε ο Πατέρας, για να θεραπεύσει τις πληγές μας, να αλλάξει τον τρόπο που βλέπουμε τον εαυτό μας, και να μας λούσει με τη χάρη Του, που γιατρεύει τα συντρίμμια μας. Ο Ιησούς θέλει να ακούσουμε τον Πατέρα να λέει, «Ο γιος Μου, που ήταν χαμένος, βρέθηκε!». Αν είσαι εδώ και καιρό στο σπίτι, και η λέξη «χαμένος» δεν σημαίνει κάτι για σένα, τότε άκου τι σου λέει ο Πατέρας:

Παιδί μου, εσύ είσαι πάντοτε μαζί μου· και όλα τα δικά μου είναι δικά σου· έπρεπε, όμως, να ευφρανθούμε και να χαρούμε, επειδή αυτός ο αδελφός σου ήταν νεκρός, και ξανάζησε· και ήταν χαμένος, και βρέθηκε.

Κατά Λουκά 15:31-32

Η ΔΙΑΜΟΡΦΩΣΗ από τον *Abba*

Η Αποστολή του Υιού

Η αποστολή του Ιησού ήταν να φέρει εις πέρας τις εκκρεμότητες του Πατέρα Του. Ο ίδιος είπε:

Εγώ Σε δόξασα επάνω στη γη· το έργο, που μου έδωσες να κάνω, το τελείωσα... Φανέρωσα το όνομά Σου στους ανθρώπους, που μου έδωσες από τον κόσμο. Δικοί Σου ήσαν, και τους έδωσες σε μένα, και φύλαξαν τον λόγο Σου.
Κατά Ιωάννη 17:4, 6

Στο σπίτι του Πατέρα δεν υπάρχουν δάκρυα, δεν υπάρχει πόνος, δεν υπάρχει άγχος, δεν υπάρχει κανένα αίσθημα κατωτερότητας και ούτε ίχνος ανταγωνισμού. Ο Ιησούς ήρθε για να μας φέρει πίσω στο σπίτι του Πατέρα. Είπε:

Δεν θα σας αφήσω ορφανούς· έρχομαι προς εσάς.
Κατά Ιωάννη 14:18

Με άλλα λόγια λέει, «Θα σας δώσω το Πνεύμα ενός αληθινού γιου, για να ξέρετε ποιοι είστε και ποια είναι η κληρονομιά σας, και να ξέρετε ότι ό,τι χρειάζεστε, σας το έχω ήδη δώσει. Πώς θα μπορέσετε να τα καταλάβετε; Θα έρθω σε σας με το Άγιο Πνεύμα». Αυτό σημαίνει ότι ακόμα και μετά την ανάστασή Του, ο Κύριος συνεχίζει το έργο και το θέλημα του Πατέρα.

Ο Ρέι Σ. Άντερσον λέει ότι το συνεχιζόμενο έργο της διακονίας του Χριστού μετά την ανάσταση και ανάληψή Του είναι μια τριπλή αποστολική διακονία, η οποία, φυσικά, απορρέει από τον χαρακτήρα Του. Πρώτον, η διακονία του Κυρίου εξακολουθεί να ΕΝΣΑΡΚΩΝΕΤΑΙ, που σημαίνει ότι η Εκκλησία θα πάρει μορφές και θα χρησιμοποιεί μεθόδους που ταιριάζουν με τις σύγχρονες κοινωνικές και πολιτιστικές δομές, ενώ ταυτόχρονα τις προκαλεί και τις ανανεώνει, αγγίζοντας τις ζωές των ανθρώπων μέσα απ' αυτές. Δεύτερον, η δυναμική αποστολική διακονία του Ιησού ΕΝΔΥΝΑΜΩΝΕΙ τους ανθρώπους, σε συνέχεια της επίγειας διακονίας του Ιησού, καθώς έρχεται αντιμέτωπη με τις δυνάμεις και εξουσίες του αέρα, που κρατούν τους ανθρώπους αιχμαλώτους. Αυτό τονίζει και ο Παύλος όταν λέει ότι:

Το ευαγγέλιό μας δεν έγινε σε σας μονάχα με λόγο, αλλά και με δύναμη, και με Πνεύμα Άγιο, και με πολλή πληροφορία.

Α' Θεσσαλονικείς 1:5

Τέλος, το συνεχιζόμενο έργο Του ΜΕΤΑΜΟΡΦΩΝΕΙ, καθώς ο Κύριος της δόξας, καθισμένος στον θρόνο Του πια, φέρνει σε εκπλήρωση μέσα από την Εκκλησία Του, το έργο που ξεκίνησε Αυτός. Αυτό σημαίνει ότι η Εκκλησία καλείται να χτίσει σχέσεις για να φέρει ευλογία και ανανέωση και να διεισδύσει σε κάθε ανθρώπινη δομή, εκεί που ο άνθρωπος έχει χάσει την αξία του και η δημιουργία του Θεού ποδοπατείται[59]. Ο τρόπος με τον οποίο επιλέγει ο Ιησούς να εκπληρώσει το έργο του Πατέρα, είναι εξίσου σημαντικός με το ίδιο το έργο. Ο Ιησούς είναι ο τέλειος, υπάκουος Γιος, που τα μάτια Του είναι αιώνια στραμμένα στον Πατέρα.

Αποστολή με Στόχο τον Πατέρα

Προσοχή μη σου διαφύγει το πραγματικό θέμα του Μυστικού Δείπνου (Κατά Ιωάννη 13-17). Με όλο το δράμα που εκτυλίχθηκε σε εκείνο το δείπνο—ποιος είναι ο προδότης, ποιος θα καθίσει στα δεξιά του Ιησού, πού θα πάει ο Ιησούς, πώς θα Τον βρουν οι μαθητές—είναι εύκολο να χάσει κανείς την ουσία. Και πράγματι, αυτό που χάνουμε συνήθως, είναι η έντονη προσήλωση του Ιησού να πει στους μαθητές του ότι ο σκοπός είναι η ένωση με τον Πατέρα Του. Στην καταγραφή του Ιωάννη, ο Ιησούς αναφέρεται στον Πατέρα Του 47 φορές μέσα σε τέσσερα κεφάλαια! Βλέπουμε έναν άνθρωπο που ξέρει ότι είναι το τελευταίο Του γεύμα με τους πιο στενούς φίλους Του, προτού πεθάνει. Και αυτά είναι τα τελευταία λόγια Του προτού πεθάνει. Είναι οι τελευταίες Του στιγμές, αλλά δεν σταματάει να τους λέει, «Παιδιά, όλο αυτό γίνεται για να φτιάξω τη σχέση σας με τον Πατέρα. Θα πάω να σας ετοιμάσω έναν τόπο μαζί με τον Πατέρα Μου. Θα είμαστε μαζί στην αγκαλιά του Πατέρα. Γι' αυτό ήρθα!» (Κατά Ιωάννη 14).

Ο Ιωάννης ξεκινά να περιγράφει αυτή τη σκηνή, δηλώνοντας ότι ο Ιησούς υπηρέτησε τους ανθρώπους ξέροντας ότι είναι Γιος. Ήξερε από πού ήρθε (από τον Πατέρα), ήξερε ότι Του δόθηκε όλη η εξουσία (από τον Πατέρα), και ήξερε πού πήγαινε (στον Πατέρα). Εφόσον τα ήξερε όλα αυτά

Ο Ιησούς υπηρέτησε τους ανθρώπους ξέροντας ότι είναι Γιος.

με βεβαιότητα, πήρε μια λεκάνη με νερό και μια πετσέτα, και έπλυνε τα πόδια των μαθητών (Κατά Ιωάννη 13:3-5). Αμέσως μετά, ο Ιησούς συστήνει το Άγιο Πνεύμα, έναν Άλλο όπως Αυτός, ο Οποίος θα έρθει και θα φανερώσει στους ακόλουθους του Ιησού, όλα όσα θα πάρει από τον Πατέρα (Κατά Ιωάννη 14:16-18, 26-27). Στο τέλος του κεφαλαίου, ο Ιωάννης αναφέρει ότι ο Ιησούς τους είπε, «Σηκωθείτε, ας φύγουμε», αλλά δεν μπορεί να φύγει. Συνεχίζει να μιλάει για τον Πατέρα Του! «Εγώ είμαι η άμπελος η αληθινή, και ο Πατέρας μου είναι ο γεωργός» (Κατά Ιωάννη 15:1). Ώσπου, στο 17ο κεφάλαιο, αφού τους έχει δώσει και άλλες λεπτομέρειες για το Άγιο Πνεύμα και το έργο Του που θα τους φέρει στην ίδια ενότητα που έχει ο Ιησούς με τον Πατέρα, στρέφει το πρόσωπό Του στον ουρανό και αρχίζει να μιλάει στον Πατέρα Του:

Πατέρα, όπως Εγώ κι Εσύ είμαστε ένα—Εγώ μέσα σε Σένα και Εσύ μέσα σε Μένα—Abba, δείξε τους ότι τους κάνεις ένα με μας με τον ίδιο τρόπο... και ότι τους αγαπάς, όπως αγαπάς Εμένα...
Κατά Ιωάννη 17:21-23 (δική μου παράφραση)

Όταν διαβάζω αυτά τα λόγια, με συγκλονίζει το γεγονός ότι ο Ιησούς δεν ενδιαφέρεται να γίνει σπουδαίος ηγέτης. Δεν ασχολείται με το αν θα Τον θεωρούν σπουδαίο μέντορα. Ο στόχος Του δεν είναι να γίνει ισχυρός άνθρωπος προσευχής, ομιλητής, ή ιδρυτής μιας νέας κίνησης. Μετά από τρεισήμισι χρόνια δυνατής, θαυματουργικής διακονίας, θα περίμενε κανείς ότι ο Ιησούς θα ήθελε να αφηγηθεί τα πιο θεαματικά Του θαύματα, τα πιο βαθιά Του διδάγματα, ή να θυμηθεί τα πλήθη που Τον άκουγαν. Αντιθέτως, το μόνο που Τον απασχολεί τώρα, είναι να διδάξει τους μαθητές Του τι σημαίνει να βρίσκονται στην παρουσία του Πατέρα. Καθώς διαβάζουμε αυτά τα κεφάλαια, καταλαβαίνουμε ότι η προτεραιότητα του Ιησού, όχι μόνο στις τελευταίες Του ώρες, αλλά σε όλο το επίγειο ταξίδι του, ήταν μόνο ένα πράγμα. Η προσήλωσή Του ήταν να ευαρεστεί τον Πατέρα Του—με την απόλυτη εμπιστοσύνη Του ως Γιος—και να φανερώνει τον Πατέρα Του.

Στο τελευταίο Του μήνυμα, ο Ιησούς αναφέρεται στον Πατέρα 47 φορές. Αυτή είναι μόνο μία από τις ομιλίες Του. Αυτό θα πει

Θα περίμενε κανείς ότι ο Ιησούς θα ήθελε να αφηγηθεί τα πιο θεαματικά Του θαύματα, τα πιο βαθιά Του διδάγματα, ή να θυμηθεί τα πλήθη που Τον άκουγαν.

μοναδικός στόχος. Οι συγγραφείς των Ευαγγελίων αναφέρονται στον Πατέρα πάνω από 200 φορές και ο Παύλος πάνω από 150 φορές στις επιστολές του. Κατάλαβαν, ως μεγαλύτεροι πλέον, ότι αυτό ήταν το κλειδί. Γνώρισαν τελικά τον Πατέρα. Γεύτηκαν τι σημαίνει πατρότητα και κατάλαβαν ότι είναι προτεραιότητα. Εμείς, από την άλλη, δεν το πολυσκεφτόμαστε. Το μυαλό μας έχει κολλήσει ότι πρέπει να γίνουμε πετυχημένοι, λαμπροί ηγέτες, να χτίσουμε ένα όνομα, να αφήσουμε το στίγμα μας, να είμαστε καλοί διαχειριστές. Δεν υπονοώ ότι όλα αυτά δεν είναι σημαντικά, αλλά ο Ιησούς λέει, «Τίποτε απ' αυτά δεν είναι ο στόχος! Δεν κρίνονται όλα από τις επιδόσεις σου. Έτσι σκέφτονται οι ορφανοί».

Ο Ιησούς δεν ήρθε για να εγκαινιάσει μια νέα θρησκεία. Ο Ιησούς δεν ήρθε ως ιδρυτής του Χριστιανισμού. Ο Ιησούς δεν ήρθε καν για να μας φέρει στον Ουρανό. Ο Ιησούς ήρθε για να μας συνδέσει ξανά με τον Πατέρα και να εκπληρώσει την αποστολή της αγάπης. Ο Ιησούς ήρθε να μας πάρει από το ορφανοτροφείο και να μας φέρει πίσω στο σπίτι του Πατέρα. Είπε:

Μην ανησυχείς για τις αποτυχίες σου. Ξέρω πού οφείλονται...
Εγώ είμαι ο δρόμος, η αλήθεια και η ζωή. Κανείς δεν μπορεί να
έρθει στον Πατέρα, παρά μόνο μέσα από Μένα.
Κατά Ιωάννη 14:3-6 (δική μου παράφραση)

Αυτό είναι το κλειδί.
Στο 2ο κεφάλαιο προς Εβραίους βλέπουμε ότι η αποστολή του Πατέρα είναι να φέρει πολλούς γιους στη δόξα:

Επειδή, έπρεπε σ' αυτόν [στον Πατέρα], για τον οποίο υπάρχουν
τα πάντα, και διαμέσου του οποίου έγιναν τα πάντα, φέρνοντας
στη δόξα πολλούς γιους, να παραστήσει τέλειον τον αρχηγό της
σωτηρίας τους [τον Ιησού] διαμέσου των παθημάτων.
Εβραίους 2:10

Έπειτα, βλέπουμε ότι η αποστολή του Ιησού είναι να ανοίξει τον δρόμο για να συνδέσει τους γιους με την καρδιά του Πατέρα. Το έχουμε κάνει απίστευτα δύσκολο, αλλά η αλήθεια είναι ότι η γλώσσα ενός γιου είναι η γλώσσα της αγάπης. Σ' αυτή τη νέα βασιλεία, το ύψιστο αγαθό είναι οι θεραπευμένες σχέσεις.

Η ΔΙΑΜΟΡΦΩΣΗ από τον *Abba*

Μιλήσαμε για την αποστολή του Πατέρα και την αποστολή του Ιησού. Ας στρέψουμε, τώρα, την προσοχή μας στην αποστολή του Αγίου Πνεύματος. Στο τελευταίο μήνυμα του Ιησού, καθώς μιλάει για τον Πατέρα, ο Ιησούς ανακοινώνει τον ερχομό του Αγίου Πνεύματος και μιλάει για την αποστολή Του.

Η Αποστολή του Πνεύματος

Όσοι μελετούν τα τελευταία λόγια του Ιησού λίγο πριν την προδοσία (Κατά Ιωάννη 14-17), καταλαβαίνουν τη βαρύτητα αυτής της ανακοίνωσης από τον Ιησού. Τους είπε ότι Αυτός πρέπει να φύγει για να έρθει το Άγιο Πνεύμα. Τους είπε ξεκάθαρα ποια θα είναι η αποστολή του Πνεύματος. Ένα μέρος αυτής της αποστολής θα είναι για αυτούς που δεν πιστεύουν ακόμα, και ένα άλλο μέρος απευθύνεται στους πιστούς. Συγκεκριμένα τους είπε:

Και όταν έρθει εκείνος, θα ελέγξει τον κόσμο για αμαρτία, και για δικαιοσύνη, και για κρίση· για αμαρτία μεν, επειδή δεν πιστεύουν σε μένα· για δικαιοσύνη δε, επειδή πηγαίνω προς τον Πατέρα μου, και δεν με βλέπετε πλέον· για κρίση δε, επειδή ο άρχοντας τούτου τού κόσμου έχει κριθεί.

Κατά Ιωάννη 16:8-11

Το έργο του Αγίου Πνεύματος δεν περιορίζεται μόνο στο πλαίσιο των πιστών και της Εκκλησίας. Στην πραγματικότητα, το Άγιο Πνεύμα εργάζεται πριν από την Εκκλησία και ετοιμάζει το έδαφος για τη στιγμή που θα δοθεί το μήνυμα του Ευαγγελίου[60]. Το Άγιο Πνεύμα ελέγχει και βεβαιώνει τους ανθρώπους για την αμαρτία, τη δικαιοσύνη (θέση δικαίωσης) και την κρίση. Η αποστολή Του είναι τριπλή:

1. Οι άνθρωποι στον κόσμο πρέπει να μάθουν ότι υποφέρουν εξαιτίας της αμαρτίας—που διαλύει τη σχέση τους με τον Θεό—και ότι όλα τα τραύματα στον κόσμο μας οφείλονται στον χωρισμό μας από τον Θεό.

2. Η αποστολή του Πνεύματος είναι να μιλήσει στον κόσμο για τη δικαιοσύνη—ότι όχι μόνο είναι εφικτό να στεκόμαστε δικαιωμένοι μπροστά στον Θεό, αλλά είναι μια θέση που πληρώθηκε με τη θυσία

του Ιησού. Η διακονία της συμφιλίωσης λέει ότι ο Θεός δεν κρατάει ή δεν καταλογίζει πλέον στους ανθρώπους τις αμαρτίες τους, αλλά τις καταργεί (Β' Κορινθίους 5:18-21).

3. Το Άγιο Πνεύμα δείχνει στους ανθρώπους ότι μετά τη σταύρωση του Χριστού έρχεται κρίση στον κόσμο και κρίση στον μεγαλύτερο απατεώνα του κόσμου (Κατά Ιωάννη 12:30-33). Με άλλα λόγια, τώρα είναι η στιγμή να αλλάξουν στρατόπεδο.

Το Άγιο Πνεύμα έχει μια ξεχωριστή αποστολή έξω από την Εκκλησία, στους ανθρώπους του κόσμου. Αλλά, έχει και μια ιδιαίτερη αποστολή μέσα στην Εκκλησία, στους πιστούς.

> *Έχω πολλά ακόμα να σας πω, όμως δεν μπορείτε τώρα να τα βαστάζετε· αλλά, όταν έρθει εκείνος, το Πνεύμα τής αλήθειας, θα σας οδηγήσει σε όλη την αλήθεια· επειδή, δεν θα μιλήσει από τον εαυτό του, αλλά θα μιλήσει όσα πρόκειται να ακούσει, και θα σας αναγγείλει τα μέλλοντα. Εκείνος θα δοξάσει εμένα, επειδή από το δικό μου θα πάρει, και θα το αναγγείλει σε σας.*
> Κατά Ιωάννη 16:12-14

Το Άγιο Πνεύμα ελέγχει και δείχνει στον πιστό την αλήθεια του Ευαγγελίου γενικά, αλλά και συγκεκριμένα, ότι η υιοθεσία τον αφορά προσωπικά, και ότι είναι συμμέτοχος στην κληρονομιά του Χριστού. Η *κραυγή προς τον Abba*, την οποία διδάχθηκε ο Παύλος από τον Ιησού με αποκάλυψη, διαγράφει πολλά ψέματα που πιστεύουμε για τον εαυτό μας, μας διδάσκει ποιοι είμαστε και μας θυμίζει όλα αυτά που μας ανήκουν, τώρα που είμαστε μέσα στον Χριστό.

Επειδή το Πνεύμα του Θεού προσεγγίζει τη ζωή μας από το μέλλον, και όχι απ' το παρελθόν, θα μας δείξει τα μέλλοντα. Εφόσον το «Πνεύμα των εσχάτων ημερών» ζει μέσα στους πιστούς, δεν είναι καθόλου περίεργο να ξέρουμε κάποια πράγματα προτού συμβούν— δηλαδή να έχουμε διορατικότητα για το μέλλον. Η προφητική πλευρά της Εκκλησίας οφείλεται στο Άγιο Πνεύμα που κατοικεί μέσα μας, ο Οποίος ήρθε για να μας οδηγήσει στο μέλλον, πλήρεις, ανανεωμένους και ολοκληρωμένους. Ο Ιησούς μας δίδαξε να προσευχόμαστε, «Ας έρθει η βασιλεία Σου... στη γη, όπως είναι και στον ουρανό», και το Πνεύμα είναι εδώ για να μας φέρει σ' αυτό το όμορφο μέλλον.

Η ΔΙΑΜΟΡΦΩΣΗ από τον *Abba*

Τέλος, το Άγιο Πνεύμα ενδυναμώνει τους γιους του Θεού για να κάνουν τα ίδια έργα που έκανε ο Ιησούς, μέσα από «τα χαρίσματα του Πνεύματος» (Α' Κορινθίους 12:8-10), που είναι τα υπερφυσικά δώρα του Θεού, διαθέσιμα σε κάθε γιο και κόρη Του, για να κάνει τα ίδια έργα. (Αν θέλεις περισσότερες πληροφορίες για τον σκοπό και τη λειτουργία των πνευματικών χαρισμάτων, σου προτείνω το βιβλίο μου, *Τα Χαρίσματα του Αγίου Πνεύματος για μια Νέα Γενιά*.)

Το Άγιο Πνεύμα που κατοικεί μέσα μας ήρθε για να μας οδηγήσει στο μέλλον, πλήρεις, ανανεωμένους και ολοκληρωμένους.

Το Αυτί που Ακούει

Ένα άλλο σημαντικό στοιχείο που πρέπει να προσέξουμε, είναι ότι το κλειδί στη διδασκαλία, την οδηγία, τον έλεγχο και τις υποδείξεις του Αγίου Πνεύματος, είναι ότι το Άγιο Πνεύμα ακούει, και έπειτα ότι ακούμε και εμείς. Ο Ιησούς λέει:

Όταν έρθει εκείνος, το Πνεύμα της αλήθειας, θα σας οδηγήσει σε όλη την αλήθεια· επειδή, δεν θα μιλήσει από τον εαυτό του, αλλά θα μιλήσει όσα πρόκειται να ακούσει, και θα σας αναγγείλει τα μέλλοντα. Εκείνος θα δοξάσει εμένα, επειδή από το δικό μου θα πάρει, και θα το αναγγείλει σε σας.

Κατά Ιωάννη 16:13-14

Το είδες; Πώς λειτουργεί η *κραυγή προς τον Abba*; Το Άγιο Πνεύμα συνεχώς ακούει, ακούει, ακούει. Από τα γραπτά του Παύλου συμπεραίνουμε ότι το Άγιο Πνεύμα ζει στην κοινωνία του Τριαδικού Θεού, όπου ο Πατέρας και ο Υιός μιλούν για τα καλά σχέδια που έχουν για σένα και για μένα. Το Άγιο Πνεύμα «ερευνά τα βάθη του Θεού», και έρχεται να τα αποκαλύψει σε σένα. Ακούει και έπειτα «σου αναγγέλλει τα μέλλοντα» (Α' Κορινθίους 2:10-12).

Αν συνδυάσουμε τρία εδάφια μαζί, θα έχουμε μια πιο ολοκληρωμένη εικόνα: Κατά Ιωάννη 16:5-16, Α' Κορινθίους 2:10-15 και Αποκάλυψη 5:1-10. Στο Κατά Ιωάννη 16, ο Ιησούς μας λέει τι συμβαίνει. Στην Α' Κορινθίους 2:10-15, ο Παύλος περιγράφει πώς γίνεται. Και τέλος, στην Αποκάλυψη 5:1-10, ο Ιωάννης μας βάζει μέσα στον θρόνο του Θεού, και μας δείχνει το *πότε* και το *πού* γίνεται.

Ο Ιωάννης βλέπει τον Ιησού στον θρόνο να παίρνει το βιβλίο, να το ανοίγει και να διαβάζει. Τι διαβάζει; Το βιβλίο συμβολίζει την τελευταία βούληση και διαθήκη του Πατέρα για τον καθένα μας. Με άλλα λόγια, ο Ιησούς διαβάζει την εκπλήρωση του συνολικού σχεδίου του Θεού για τη λύτρωση της γης και της ανθρωπότητας. Διαβάζει «τα βάθη του Θεού» για κάθε έναν από μας. Αυτό περιλαμβάνει τον σκοπό του Θεού για σένα. Ο Ιησούς, ο εκτελεστής της διαθήκης του Πατέρα, πέθανε—πράγμα που έθεσε σε ισχύ τη διαθήκη (Εβραίους 9:15-17)— και επιπλέον, λειτουργεί ως δικηγόρος που διαβάζει τη διαθήκη στους συγγενείς και κάνει τον καταμερισμό της περιουσίας!

Με άλλα λόγια, όταν το Άγιο Πνεύμα απελευθερώνει μέσα σου την *κραυγή προς τον Abba*, παίρνει αυτά που πήρε ο Ιησούς από τον Πατέρα, και τα αποκαλύπτει στο πνεύμα σου. Αυτό συμβαίνει ταυτόχρονα στον θρόνο Του στον ουρανό και στο πνεύμα σου αυτή τη στιγμή. Πράγμα που σημαίνει ότι είναι σημαντικό το γεγονός ότι το Άγιο Πνεύμα ακούει, αλλά είναι εξίσου σημαντικό να μπορείς να Τον ακούς και εσύ. Αν δεν ακούς τι λέει το Άγιο Πνεύμα στο πνεύμα σου, θα χάσεις αυτά που θέλει να σου δώσει ο Ιησούς από τον Πατέρα. Ο Χένρι Νουβέν λέει:

> Το Πνεύμα του Θεού συνεχώς μας δείχνει πώς να φύγουμε από την ασάφεια και να φτάσουμε στη διαφάνεια. Δηλαδή, διαλύει τις οφθαλμαπάτες και μας βοηθάει να δούμε τα πράγματα όπως πραγματικά είναι, πράγμα που μας κάνει να πηγαίνουμε πιο ψηλά από το πρόβλημα αυτό καθαυτό, και να βλέπουμε νέες δυνατότητες, πέρα από το άτομο ή την κατάσταση που αντιμετωπίζουμε[61].

Η σπουδαιότερη αλλαγή στη ζωή σου είναι η αποκάλυψη ότι είσαι γιος, και η σπουδαιότερη ικανότητα που μπορείς να αποκτήσεις, είναι να μάθεις να ακούς τη φωνή του Πατέρα.

Αυτή είναι η λύση για όλα σου τα προβλήματα. Είναι ο πιο σύντομος δρόμος ανάμεσα σε δύο σημεία, ο πιο γρήγορος τρόπος για να πας από το σημείο που βρίσκεσαι τώρα, στο σημείο που ο Κύριος σε καλεί να πας. *Πρέπει να εξασκήσεις το εσωτερικό σου αυτί και να μάθεις να ακούς τη φωνή του Πατέρα.* Θέσε συνήθειες στην καθημερινότητά σου, που σε διευκολύνουν να ακούς τη φωνή Του. Μάθε να ησυχάζεις το μυαλό σου, να μπαίνεις στην παρουσία

Του, να προσεύχεσαι στο Πνεύμα, και να ακούς.

Ο Τζακ Χέιφορντ λέει συχνά, «Δεν μπορείς να εκβάλλεις τη σάρκα σου, ούτε να εκπαιδεύσεις ένα δαιμόνιο». Πολλές φορές, ενώ έχουμε τα σωστά εργαλεία, δεν ξέρουμε ποιο πρέπει να χρησιμοποιήσουμε. Το ορφανό πνεύμα δεν μπορείς να το εκβάλλεις, ούτε να το διώξεις με προσευχή ή συμβουλευτική. Το ορφανό πνεύμα δεν μπορείς να το ψυχαναλύσεις. Το ορφανό πνεύμα μπορείς να το νικήσεις μόνο με την αποκάλυψη της αγάπης του Πατέρα, και αυτό γίνεται μόνο όταν ακούς τη φωνή Του. Το πνεύμα του ορφανού μετακινείται μόνο όταν πάρει τη θέση του η αποκάλυψη ότι είσαι γιος ή κόρη του Θεού. Ο Ιησούς ήρθε για να μας δείξει τον Πατέρα (Κατά Ιωάννη 14:9), και μας έδωσε το Άγιο Πνεύμα ώστε να είμαστε γεμάτοι μέσα μας με τη γνώση του θελήματός Του και με πνευματική κατανόηση. Μας δόθηκε ένα Πνεύμα που φωνάζει «*Abba*, Πατέρα». Άρα, το συμπέρασμα είναι ότι η σπουδαιότερη αλλαγή στη ζωή σου είναι η αποκάλυψη ότι είσαι γιος, και η σπουδαιότερη ικανότητα που μπορείς να αποκτήσεις, είναι να μάθεις να ακούς τη φωνή του Πατέρα.

Η Εναντίωση στον Γιο του Θεού

Ο Ιησούς έζησε γνωρίζοντας την αγάπη του Πατέρα και την αποστολή του Πατέρα. Μιλούσε ως ο Γιος που στάλθηκε από μακρινή χώρα για να μαζέψει τους καρπούς του αμπελώνα Του (Κατά Ματθαίο 21:33-39). Οι θρησκευόμενοι ορφανοί Τον μίσησαν και προσπάθησαν να Τον σκοτώσουν. Μη μπερδεύεσαι. Κάθε φορά που το ορφανό πνεύμα μυρίζεται έναν αληθινό γιο, προσπαθεί να τον εξαφανίσει. Το σχέδιο του εχθρού είναι να σε κρατήσει περιορισμένο στη Λοδεβάρ, στην έρημη γη των ορφανών, όπου ο καθένας κάνει το «κατά δύναμη» και προσπαθεί να αποδείξει την αξία και την πολυτιμότητά του.

Αναρωτήθηκες ποτέ τι ήταν αυτό που εξόργιζε τόσο πολύ τους Φαρισαίους με τον Ιησού; Πιστεύω ότι ήταν οι δηλώσεις Του ότι ήταν Γιος του Πατέρα. Από όλες τις ψευδο-κατηγορίες που Του φόρτωσαν στην ψευδο-δίκη Του, η μόνη αδιάσειστα ορθή κατηγορία που δεν μπορούσε να αρνηθεί, ήταν ότι ήταν ο Γιος του Θεού (Κατά Ματθαίο 26:62-66). Πέρα απ' όλα τα άλλα, οι Φαρισαίοι φοβόντουσαν ότι θα έχαναν τη θέση και την εξουσία τους. Έλεγαν:

> *Αν Τον αφήσουμε έτσι [τον Ιησού], όλοι θα πιστέψουν σ' Αυτόν· και θάρθουν οι Ρωμαίοι και θα αφανίσουν και τον τόπο μας και το έθνος.*
> Κατά Ιωάννη 11:48

Ιδού το ορφανό πνεύμα στην πράξη. Είναι το πνεύμα που ζει με τον φόβο ότι θα χάσει τη θέση και την εξουσία του, δεδομένου ότι αυτά είναι τα πειστήρια της προσωπικής του ταυτότητας.

Για ποιο λόγο νομίζεις ότι δεν ακούς τόσο συχνά για τον στόχο του Ιησού να σου φανερώσει ότι είσαι γιος; Για ποιο λόγο δεν έχεις ξανακούσει ότι τελευταία νύχτα του Ιησού με τους μαθητές Του είχε να κάνει με τον Πατέρα (Κατά Ιωάννη 14:7-10); Γιατί νομίζεις ότι οι περισσότεροι μέσα στην Εκκλησία ασχολούνται με την καθώς πρέπει συμπεριφορά, τους ηθικούς κανόνες και την ιδέα του «καλού Χριστιανού», αντί να ακούν τη φωνή του Πατέρα ως γιοι και κόρες Του; Μήπως όλα αυτά συμβαίνουν επειδή ο σατανάς θέλει να κρατήσει την Εκκλησία δεμένη με το πνεύμα του ορφανού; Τα καλά νέα είναι ότι ο Ιησούς το ίδιο εκείνο βράδυ είπε:

> *Δεν θα σας αφήσω ορφανούς· έρχομαι προς εσάς... Και ο Παράκλητος, το Πνεύμα το Άγιο, που ο Πατέρας θα στείλει στο όνομά μου, εκείνος θα σας τα διδάξει όλα, και θα σας υπενθυμίσει όλα όσα είπα προς εσάς.*
> Κατά Ιωάννη 14:18, 26

Η *κραυγή προς τον Abba* που ξυπνάει μέσα στην καρδιά σου αυτή τη στιγμή από το Άγιο Πνεύμα, σε καλεί να βγεις από τον φτωχικό τρόπο ζωής του ορφανού πνεύματος, και να μπεις στη ζωή και στη γλώσσα της αγάπης. Είναι η ζωή της εξωστρέφειας και παράδοσης του εαυτού σου στην αποστολή του Πατέρα. Όταν συνειδητοποιήσεις ότι είσαι όντως γιος ενός Πατέρα που όλα είναι στην ιδιοκτησία Του, και αν χρειαστεί κάτι, το δημιουργεί, θα μπορείς να δίνεις τον εαυτό σου χωρίς περιορισμούς. Δεν θα στερηθείς τίποτε ξανά. Δεν υπάρχει σπουδαιότερη περιπέτεια στη ζωή από το να δίνεις τον εαυτό σου, ξέροντας ότι ο

> **Δεν υπάρχει σπουδαιότερη περιπέτεια στη ζωή από το να δίνεις τον εαυτό σου, ξέροντας ότι ο Θεός θα φροντίσει να έχεις ό,τι χρειαστείς για να Τον φανερώσεις.**

Η ΔΙΑΜΟΡΦΩΣΗ από τον *Abba*

Θεός θα φροντίσει να έχεις ό,τι χρειαστείς για να Τον φανερώσεις.

Στο επόμενο κεφάλαιο θα δούμε για ποιους λόγους είναι τόσο σημαντική η μεταμόρφωσή μας και θα δούμε ότι ο Θεός μας ενδυναμώνει με τα χαρίσματα του Πνεύματος για να μπορούμε να συνδεθούμε υπερφυσικά με τους ανθρώπους που δεν γνωρίζουν την αγάπη του Πατέρα. Η ζωή των γιων είναι πιο συναρπαστική ζωή στον κόσμο.

Τι Είπαμε Μέχρι Τώρα;

Ο Θεός μας έδωσε το Πνεύμα Του, όχι μόνο για να μας φέρει στον Ουρανό, αλλά για να μας βάλει μέσα στην αποστολή Του για την ανθρωπότητα.

Μιλήσαμε για την αποστολή του Πατέρα να λυτρώσει τον άνθρωπο και όλη την κτίση.

Η αποστολή του Γιου είναι να φέρει εις πέρας τις εκκρεμότητες του Πατέρα και να φανερώσει το όνομά Του.

Είδαμε ότι η αποστολή του Πνεύματος είναι μας αποκαλύπτει τους τρόπους του Πατέρα και του Υιού, καθώς μας ελέγχει, μας δείχνει, μας διδάσκει και μας οδηγεί σε όλη την αλήθεια.

Το Άγιο Πνεύμα μας εναρμονίζει με το σχέδιο του Πατέρα, του Υιού και του Πνεύματος να γεμίσουν τη γη με τη γνώση του Κυρίου. Ο Κύριος ξέρει πώς να μας συνδέει με τους ανθρώπους υπερφυσικά.

ΠΡΟΣΕΥΧΗ

Πατέρα, έρχομαι σε Σένα χωρίς να έχω κάτι άλλο να Σου προσφέρω, παρά μόνο τον εαυτό μου, σαν ένα μικρό παιδί που εξαρτάται ολοκληρωτικά από Εσένα, την πηγή μου για κάθε τι. Πατέρα μου, νιώθω την αγάπη Σου για μένα. Δεν υπάρχει τίποτε καλύτερο από το να με αγαπάς και να ξέρω ότι μπορώ να ζητώ πρώτα τη βασιλεία Σου και να εκτελώ την αποστολή Σου μαζί Σου, χωρίς να ανησυχώ τι θα φάω ή τι θα φορέσω. Εσύ με ελευθερώνεις από τα δεσμά και από τον φόβο, διαμέσου του Αγίου Πνεύματος που είναι μέσα μου, ώστε να μπορώ να ασχολούμαι με το έργο Σου. Επειδή είμαι γεμάτος με το Πνεύμα Σου, χαίρομαι να εκπληρώνω την αποστολή που εσύ εμφύτευσες στην καρδιά μου. Σε ευχαριστώ, Άγιο Πνεύμα, για τα όνειρα, την όραση, το πάθος και τα σχέδια της βασιλείας που γεννάς μέσα μου. Αυτή η αποστολή δεν είναι αγγαρεία. Εσύ μου δείχνεις από πού έρχομαι, πού πηγαίνω και τι εξουσία έχω μαζί Σου, ώστε να μπορώ να υπηρετώ ελεύθερα. Δεν προσπαθώ να πετύχω κάτι ή γίνω κάποιος. Είμαι ανοιχτός και έτοιμος να δεχθώ την αγάπη Σου και να τη δώσω σε άλλους. Πατέρα, είμαι διαθέσιμος να συμμετέχω στην αποστολή μαζί Σου. Αμήν.

ΓΙΑ ΟΜΑΔΙΚΗ ΣΥΖΗΤΗΣΗ

1. Εξήγησε τι εννοούμε με τη φράση «ο ιεραποστολικός χαρακτήρας του Θεού».

2. Πώς περιγράφεται ο Θεός ως ιεραπόστολος σ' αυτό το κεφάλαιο; Ποια είναι η αποστολή Του;

3. Πώς περιγράφεται ο Υιός ως ιεραπόστολος στον κόσμο; Ποια είναι η αποστολή Του;

4. Πώς στάλθηκε το Άγιο Πνεύμα στον κόσμο μας; Ποια είναι η αποστολή του Πνεύματος;

5. Τι σημαίνουν όλα αυτά για μας ως γιους του Θεού;

Δέκα

Ο Σκοπός της Μεταμόρφωσης

Θα θυμάμαι τα έργα τού Κυρίου·
ναι, θα θυμάμαι τα θαυμάσιά σου που είναι εξαρχής·
και θα μελετώ σε όλα τα έργα σου,
και για τις πράξεις σου θα συλλογίζομαι.

– Ασάφ

Δεν καλεστήκαμε να μιλάμε το Ευαγγέλιο για να επιτελέσουμε κάποιο θρησκευτικό καθήκον, αλλά για να δώσουμε την ευκαιρία στους ανθρώπους που συναντάμε να ακούσουν τα καλά νέα, ότι ο Ιησούς τους αγαπάει, πέθανε γι' αυτούς, και άνοιξε τον δρόμο για να συμφιλιωθούν με τον Θεό. Δεν θεραπεύουμε τους αρρώστους γιατί «μας το ανέθεσαν», αλλά για να απαλλάξουμε τους ανθρώπους από την ταλαιπωρία και τον πόνο τους και να ευχαριστήσουμε την καρδιά του Πατέρα μας, που θέλει όλα τα δημιουργήματά Του να είναι υγιή. Δεν εκβάλλουμε δαιμόνια για να κάνουμε επίδειξη ισχύος, αλλά επειδή αγαπάμε τον άνθρωπο και θέλουμε να τον δούμε ελεύθερο από τον βασανισμό και τα δεσμά του. Δεν μας δόθηκε εξουσία να ανασταίνουμε νεκρούς για να έχουμε να διηγούμαστε μια ωραία ιστορία «νεκρανάστασης», αλλά για να δώσουμε πίσω σε μανάδες τους γιους τους, σε πατεράδες τους γιους τους, σε γυναίκες τους άντρες τους. Ό,τι κάνουμε, το κάνουμε για να δώσουμε πίσω στους ανθρώπους τη ζωή τους, μαζί με την ελπίδα ότι θα είναι με τον Θεό στην αιωνιότητα. Εδώ γίνεται σαφέστατη η διαφορά ανάμεσα στους ορφανούς και τους γιους.

Όλα όσα είπαμε στη μελέτη αυτής της τριλογία του *Abba* σχετικά με την ελευθερία σου και τη μεταμόρφωσή σου, δεν είναι αυτοσκοπός, παρότι ο Πατέρας χαίρεται να βλέπει τους πιστούς να ανακαλύπτουν ότι είναι γιοι και να το ζουν. Η μεταμόρφωσή σου, όμως, θα πρέπει να είναι ο καλός αγωγός μέσα από τον οποίο θα μπορούν και άλλοι να λάβουν θεραπεία και ελευθερία! Ο Θεός σου δίνει τη δύναμη να παρηγορείς τους άλλους με την ίδια παρηγορία που σε παρηγορεί Αυτός (Β' Κορινθίους 1:4), κι έτσι, ο Κύριος μοιράζεται τη δόξα Του μαζί σου.

Οι γιοι δεν προφητεύουν για να εντυπωσιάσουν τους άλλους με την πνευματικότητά τους.

Υπάρχουν πολλοί λόγοι που, ως πιστοί, αδυνατούμε να δούμε ότι ο σκοπός που μεταμορφωνόμαστε είναι για να φέρουμε ελευθερία σε άλλους. Ένας από τους λόγους είναι ότι οι ορφανοί εκλαμβάνουν λανθασμένα την εξουσία που έχουν ως παράσημο του εαυτού τους, αντί για ένα μέσο για να μοιράσουν σε άλλους την αγάπη του Πατέρα. Ο αληθινός γιος ξέρει ποιος είναι. Δεν επιθέτουμε χέρια σε αρρώστους, δεν εκβάλλουμε δαιμόνια, ούτε κάνουμε θαύματα για να αποδείξουμε ποιοι είμαστε. Αντιθέτως, ζούμε με την αποκάλυψη ότι η ταυτότητά μας είναι εγγυημένη από αυτό που έκανε ο Θεός για μας, όχι από αυτά που κάνουμε εμείς. Από την άλλη, κάποιοι πιστοί δεν τολμούν να ρισκάρουν να διακονήσουν στους ανθρώπους τη δύναμη της αγάπης του Θεού, και μάλιστα, κοιτούν με περιφρόνηση όσους κάνουν τουλάχιστον μια προσπάθεια. Ειλικρινά, προτιμώ να είμαι μαζί με αυτούς που δίνουν την αγάπη του Θεού όσο καλύτερα μπορούν, ακόμα κι αν παρεμβάλλονται τα ελαττώματά τους στην πορεία. Ο Θεός έχει τον τρόπο να δυναμώνει την ένταση της *κραυγής προς τον Abba* σε κάθε πρόθυμη και πεινασμένη καρδιά.

Οι γιοι δεν προφητεύουν για να εντυπωσιάσουν τους άλλους με την πνευματικότητά τους. Οι γιοι προφητεύουν για να φανερώσουν την καρδιά του Θεού στο άτομο που λαμβάνει την προφητεία, και να του μεταδώσουν τη βαθιά αγάπη του Πατέρα. Εκτελούμε τα έργα και τη διακονία του Ιησού, ώστε ο Πατέρας να λάβει την κληρονομιά που διάλεξε, σαν ανταμοιβή για τη θυσία του Γιου Του. Αυτή είναι η χαρά που βρίσκεται μπροστά Του. Η διακονία μας δεν έχει καμία σχέση με την επίτευξη στόχων, την εκπλήρωση θρησκευτικών καθηκόντων, την απόκτηση διαπραγματευτικής δύναμης. Εξαρχής ο στόχος ήταν να αγαπήσουμε τους ανθρώπους και να τους δούμε να συμφιλιώνονται με τον Πατέρα που τους αγαπάει. Αυτό, βέβαια, προϋποθέτει ότι θα συντρίβουμε τα έργα του διαβόλου μέχρι να εξαλειφθεί οριστικά και αμετάκλητα.

Θα επαναλάβω ότι οι συγγραφείς των Ευαγγελίων τόνιζαν επανειλημμένα ποιο ήταν το κίνητρο του Ιησού πίσω από κάθε φανέρωση δύναμης δεν ήταν να αποδείξει κάτι για τον εαυτό Του, αλλά να γίνει καλός αγωγός της σπλαχνικής αγάπης του Πατέρα:

Και βλέποντας τα πλήθη, σπλαχνίστηκε γι' αυτά, επειδή ήσαν βασανισμένα και σκορπισμένα σαν πρόβατα που δεν είχαν ποιμένα.
Κατά Ματθαίο 9:36

Και ο Ιησούς βγαίνοντας έξω, είδε ένα μεγάλο πλήθος, και σπλαχνίστηκε γι' αυτούς, και θεράπευσε τους αρρώστους τους.
Κατά Ματθαίο 14:14

Και ο Ιησούς, επειδή τον σπλαχνίστηκε, άπλωσε το χέρι του, και τον άγγιξε, και του λέει: Θέλω, να καθαριστείς.
Κατά Μάρκο 1:41

Στην τελική, ο Ιησούς δεν θεράπευε τους αρρώστους και έκανε θαύματα για να αποδείξει ότι είναι Θεός. Δεν είχε ανάγκη να αποδείξει κάτι. Όπως λέει και ο Παύλος:

[Ο Ιησούς], ο οποίος ενώ υπήρχε σε μορφή Θεού, δεν νόμισε αρπαγή το να είναι ίσα με τον Θεό.
Φιλιππησίους 2:6

Θεράπευε και ελευθέρωνε ανθρώπους επειδή τους σπλαχνιζόταν. Τα σπλάχνα είναι ουσιαστικά η πλημμύρα αγάπης της καρδιάς του Πατέρα, ο Οποίος αρχίζει να τρέχει προς τον άσωτο γιο Του μόλις τον δει στον ορίζοντα (Λουκάς 15).

Κάνουμε αυτά που έκανε ο Ιησούς, επειδή μας ωθεί η ίδια σπλαχνική αγάπη που ωθεί τον Ιησού, και επειδή είμαστε χρισμένοι με το ίδιο Πνεύμα που έχρισε Αυτόν[62]. Νιώθεις ότι χρειάζεσαι περισσότερη σπλαχνική αγάπη για τους ανθρώπους; Θα κάνουμε μια παύση για σένα εδώ, ώστε να προσευχηθείς, «Πατέρα, έχω ζήλο για το έργο Σου, αλλά δεν είμαι σίγουρος ότι αγαπώ πραγματικά τους ανθρώπους. Μπορείς να με γεμίσεις με τη δική Σου σπλαχνική αγάπη για τους άλλους; Μπορείς να με βοηθήσεις να τους δω όπως τους βλέπεις Εσύ;» Αμήν.

Οι Προσωπικές μας Ιστορίες

Είναι κάπως ριψοκίνδυνο να διηγείσαι τις προσωπικές σου ιστορίες—ειδικά τις πνευματικές. Πολλές φορές ο κόσμος θεωρεί ότι αυτοπροβάλλεσαι ως γκουρού ή ειδικός επί του θέματος. Σίγουρα κάποιοι θα σε εξυψώσουν στο μυαλό τους, και θα κάνουν το λάθος να συγκρίνουν τις εμπειρίες τους με τις δικές σου. Και, προφανώς, υπάρχει και το ζήτημα της υποκειμενικότητας—το γεγονός ότι βλέπουμε την ιστορία μας υπό το στενό πρίσμα του εαυτού μας. Τα παιδιά είναι καλοί παρατηρητές, αλλά κακοί διερμηνείς, και ομολογώ ότι δεν είμαι πάντα καλός διερμηνέας των εμπειριών μου. Αναγνωρίζουμε ότι υπάρχουν διάφορες νάρκες στο πεδίο μας, αλλά δεν μπορούμε να αρνηθούμε το γεγονός ότι, όταν το Άγιο Πνεύμα θέλει να μεταδώσει το έργο της μεταμόρφωσης από τον έναν στον άλλο, το πιο ισχυρό εργαλείο Του είναι οι προσωπικές μας ιστορίες.

Ο Ράσελ Κρόου κέρδισε Όσκαρ Καλύτερου Ηθοποιού για την ταινία «Ο Μονομάχος» (2000). Όταν του ζήτησαν να το σχολιάσει, τους είπε απλώς, «Η πλοκή, η πλοκή. Να 'ναι καλά η πλοκή». Η πλοκή είναι η ιστορία, και είναι ένα πανίσχυρο όπλο.

Μη διστάζεις να λες τις ιστορίες της προσωπικής σου μεταμόρφωσης. Το πνεύμα της προφητείας είναι η μαρτυρία του έργου του Ιησού στη ζωή σου (Αποκάλυψη 19:10). Όταν μιλάς γι' αυτό που έκανε ο Θεός, το Άγιο Πνεύμα κινείται μέσα από τα λόγια σου για να επαναλάβει το έργο της μεταμόρφωσης στη ζωή κάποιου άλλου. Για παράδειγμα, όταν κάποιος δίνει δόξα στον Θεό λέγοντας ότι θεραπεύτηκε, η θεραπευτική δύναμη του Θεού κινείται ξανά, οι καρδιές όσων ακούν γεμίζουν με πίστη, και το Άγιο Πνεύμα πάντα ελκύεται από την πίστη.

Σήμερα το πρωί ξύπνησα με έντονες αναμνήσεις από την παιδική μου ηλικία—μνήμες από εμπειρίες που είχα ως παιδί με το Άγιο Πνεύμα. «Σήκω και γράψε», μου είπε το Άγιο Πνεύμα. Υποθέτω ότι μάλλον υπάρχει κάτι στην προσωπική μου ιστορία που έχει ανάγκη να το ακούσει μια άλλη γενιά, γιατί ίσως ξυπνήσει κάτι μέσα τους.

Τα Παιδικά μου Χρόνια

Είδα τον εντεκάχρονο εαυτό μου να προσεύχεται στο «δωμάτιο προσευχής» της εκκλησίας που πήγαινα μικρός. Μεγάλωσα σε μια εκκλησία προσευχής. Είχαμε τη συνήθεια να πηγαίνουμε στην εκκλησία μία ώρα πριν τη συνάθροιση για να προσευχηθούμε, μαζί με πολλούς άλλους. Οι άντρες προσεύχονταν στη μία μεριά του δωματίου και οι γυναίκες στην άλλη. Τα φώτα συνήθως τα είχαν χαμηλωμένα. Ήταν ένας τρόπος να «μένεις μόνος με τον Θεό» σε ένα δωμάτιο γεμάτο κόσμο. Τα δάκρυα κυλούσαν άφθονα, οι προσευχές παράδοσης και αφιέρωσης ακούγονταν συχνά, «Κύριε, θα πάω όπου θέλεις, θα κάνω ό,τι θέλεις».

Αμέτρητες φορές, μετά από αυτές τις στιγμές με τον Θεό, όταν επέστρεφα στην κύρια αίθουσα που ο κόσμος είχε αρχίσει να μαζεύεται, η παρουσία του Θεού ήταν τόσο έντονη πάνω μου, που ο Κύριος μου μιλούσε με ψαλμούς, ύμνους και πνευματικές ωδές. Σε εκείνο το σκοτεινό δωμάτιο προσευχής, ο Κύριος με κάλεσε στη διακονία από μικρή ηλικία. Από τότε πέρασαν πολλά χρόνια, όπου έμαθα να περπατώ με το Άγιο Πνεύμα, μέχρι να ανακαλύψω τι είχε σχεδιάσει για μένα ο Κύριος.

Έπειτα, είδα μια άλλη σκηνή—μια άλλη ανάμνηση που προσευχόμουν μικρός. Ήμουν στην κατασκήνωση «Κομάντος του Βασιλιά» (κάτι σαν παιδική κατασκήνωση προσκόπων με χριστιανικό προσανατολισμό). Σε μια βραδινή συνάντηση, μας μίλησε ένας κύριος και όπως πάντα, μας κάλεσαν να βγούμε μπροστά στο θυσιαστήριο και να ανταποκριθούμε σ' αυτό που μας μίλησε ο Θεός μέσα από το μήνυμα. Εκείνο το βράδυ γονάτισα στο σκληρό, ξύλινο δάπεδο του θυσιαστηρίου, και άνοιξα την καρδιά μου στον Θεό. Δεν θυμάμαι το μήνυμα, ούτε τι ήταν αυτό που με άγγιξε, αλλά θυμάμαι ότι χάθηκα μέσα στην αγκαλιά του Πατέρα μου. Θυμάμαι τα δάκρυα να κυλούν στο πρόσωπό μου (και όλα τα άλλα που τρέχουν συνήθως και ψάχνουμε χαρτομάντηλα). Άνοιξα την καρδιά μου στον Θεό και ήταν σαν να σταμάτησε ο χρόνος. Όταν σηκώθηκα όρθιος, ο κόσμος ήταν καθαρός, η ψυχή μου ήταν καθαρή, και η καρδιά μου ήταν γεμάτη. Δεν ήξερα πόση ώρα ήμουν εκεί κάτω μόνος μου, και δεν με ένοιαζε. Ακόμα και τώρα, που η ψυχή μου μεγάλωσε πια, διψάω για αυτά τα βαθιά ποτάμια καθαρισμού ξανά και ξανά.

Η Εφηβεία μου

Θυμάμαι το δωμάτιο προσευχής στην εκκλησία που πηγαίναμε όταν ήμουν έφηβος, που ήταν ακόμα μικρότερο. Είχε περισσότερο φως και, επειδή δεν ήταν ευρύχωρο, η κοντινή απόσταση με τους υπόλοιπους, δεν σου έδινε την αίσθηση ότι «είσαι μόνος με τον Θεό». Παρόλα αυτά, θυμάμαι πολλές Παρασκευές απόγευμα σε εκείνο το δωμάτιο προσευχής, που μαζευόμαστε με τη νεολαία για να προσευχηθούμε προτού βγούμε έξω να «ευαγγελίσουμε». Η πρώτη φορά που ήρθα σε επαφή με την προφητεία, ήταν σ' εκείνο το δωματιάκι. Θυμάμαι τους έφηβους φίλους μου να «μεταμορφώνονται σε άλλον άνθρωπο» καθώς το Πνεύμα του Θεού ερχόταν πάνω τους, και προφήτευαν πράγματα που ξεπερνούσαν τις γνώσεις και την αντίληψή τους. Σε εκείνη την εκκλησία βαπτίστηκα με Πνεύμα Άγιο, και αν υπάρχει ακόμα εκείνο το κτίριο, μπορώ να σου δείξω ακριβώς το σημείο που συνάντησα τον Θεό.

Θυμάμαι τις συναντήσεις προσευχής στο Βιβλικό Κολλέγιο και αργότερα στα πρώτα χρόνια της διακονίας μου ως υπεύθυνος νέων. Ο καλύτερος φίλος μου, ο Πολ Άντερσον, ήταν ισχυρός στη μεσιτική προσευχή. Πηγαίναμε μαζί στο δωμάτιο προσευχής κάθε Σάββατο απόγευμα ή νωρίς το πρωί της Κυριακής, και «κατεβάζαμε τον ουρανό στη γη», ενθαρρύναμε ο ένας τον άλλο με προφητικές εικόνες και ελαφρώς υπερβολικό ζήλο να φέρουμε το Ευαγγέλιο σε όλον τον κόσμο. Εκείνες οι συναντήσεις προσευχής έχουν σημαδέψει την ψυχή μου.

Η Ενήλικη Ζωή μου

Έπειτα, θυμάμαι μια δύσκολη περίοδο. Ήμουν λίγο πριν τα τριάντα και ήμουν για πρώτη φορά ποιμένας. Ο γάμος μου ήταν σε πολύ άσχημη κατάσταση. Ναι, εξακολουθούσα να προσεύχομαι, μάλιστα διοργάνωνα συναντήσεις μεσιτικής προσευχής, αλλά είχα σοβαρά θέματα στον γάμο μου (η ζωή μας δεν θα είναι τέλεια, απλά και μόνο επειδή προσευχόμαστε). Η γιαγιά μου ήταν γυναίκα προσευχής, και έτυχε εκείνο το διάστημα να μένει με τους γονείς μου, περίπου μια ώρα δρόμο από μένα. Ήξερα ότι μπορούσε να προσευχηθεί για μένα. Όταν έφτασα στο σπίτι, η γιαγιά καθόταν στο καθιστικό.

Είπαμε για λίγο τα νέα μας και μετά της είπα, «Γιαγιά, χρειάζομαι την προσευχή σου». Άρχισε αμέσως να προσεύχεται εν Πνεύματι. Όπως έκανε συνήθως, άρχισε να προσεύχεται για ποιμένες και ιεραποστόλους. Προσευχήθηκε, κυριολεκτικά, για όλον τον κόσμο. Γονάτισα μπροστά της, έβαλα τα χέρια της στο κεφάλι μου και της είπα, «Γιαγιά, θέλω να προσευχηθείς για μένα!». Συνέχισε να προσεύχεται με πάθος, κυρίως στο Πνεύμα.

Πρέπει να σου εξηγήσω κάτι. Η γιαγιά μου έμαθε εξ ανάγκης να προσεύχεται, γιατί ο άντρας της ήταν ένας αλκοολικός και βίαιος πετρελαιοεργάτης. Η γιαγιά έμεινε μαζί του (παρά τις αντίθετες συμβουλές πολλών) και προσευχόταν ασταμάτητα και ένθερμα για τη σωτηρία του. Τελικά, σε ηλικία 73 χρονών παρέδωσε τη ζωή του στον Χριστό. Η γιαγιά μου ήξερε να προσεύχεται!

Η ΔΙΑΜΟΡΦΩΣΗ από τον *Abba*

Δεν είμαι σίγουρος αν προσευχήθηκε συγκεκριμένα για μένα εκείνη τη μέρα, αλλά ενώ ήμουν γονατιστός, το Άγιο Πνεύμα μου είπε, «Τον μανδύα της προσευχής που έδωσα στη γιαγιά σου, τώρα τον δίνω σε σένα».

Δυο πράγματα με παραξένεψαν εκείνη τη στιγμή. Δεν ήταν το γεγονός ότι η γιαγιά μου δεν προσευχήθηκε συγκεκριμένα για μένα—ήμουν βέβαιος ότι αυτό το ανέλαβε το Άγιο Πνεύμα μέσα από την προσευχή της εν Πνεύματι (Ρωμαίους 8:26-27). Αυτό που με παραξένεψε ήταν πρώτον, «Γιατί προσπέρασε μια γενιά ο Θεός, και έδωσε τον μανδύα σε μένα, και όχι στους γονείς μου;». Τώρα καταλαβαίνω ότι οι πνευματικές γενιές δεν συμβαδίζουν απαραίτητα με τις φυσικές γενιές. Το δεύτερο πράγμα που μου φάνηκε περίεργο ήταν, «Γιατί μου μιλάει τώρα ο Θεός για το κάλεσμα στην προσευχή, ενώ είναι προφανές ότι αυτό που χρειάζομαι είναι βοήθεια με τον γάμο μου;». Αυτό είναι ένα άλλο μεγάλο θέμα, που αξίζει να γράψουμε ολόκληρο βιβλίο κάποια στιγμή, αλλά η αλήθεια είναι αυτή: ο Θεός προτιμάει να μας μιλάει για το ποιοι είμαστε, και όχι για το όποιο πρόβλημα αντιμετωπίζουμε ή μας πιέζει τη συγκεκριμένη στιγμή. Δεν το κάνει επειδή δεν μας συμπονάει. Ο Θεός μας είναι Θεός σχέσης, και ξέρει ότι η ολοκλήρωσή μας ξεκινάει από το ποιοι είμαστε. Εγώ συνήθως Τον ρωτάω «τι», «πότε» και «γιατί», ενώ ο Πατέρας μου θέλει να μιλήσουμε για το «ποιος»: ποιος είναι Αυτός και ποιος είμαι εγώ μαζί Του.

> **Ο Θεός προτιμάει να μας μιλάει για το ποιοι είμαστε, και όχι για το όποιο πρόβλημα αντιμετωπίζουμε ή μας πιέζει τη συγκεκριμένη στιγμή.**

Καθώς τα γράφω όλα αυτά, είμαι γεμάτος ευγνωμοσύνη για τις δεκάδες ιστορίες μου—είναι μια κληρονομιά στην προσευχή και στο Πνεύμα, που αναγνωρίζω ότι δεν την έχουν όλοι. Για μένα, αυτό δεν είναι αφορμή για να περηφανεύομαι ή να νιώθω ανώτερος, αλλά αφορμή για να συνειδητοποιώ ταπεινά το κάλεσμα που μου δόθηκε, και να δίνω τη ζωή μου για να το υπηρετώ. Ο λόγος σε σένα τώρα. Ποιες είναι οι δικές σου ιστορίες; Ποια θυσιαστήρια έχτισες και συνάντησες εκεί τον Θεό στην πορεία της ζωής σου;

Χθες το βράδυ, καθώς οδηγούσα μετά την εκκλησία, το Άγιο Πνεύμα ήρθε ξανά, λες και ξύπνησε κάτι βαθιά μέσα μου στην ώρα της λατρείας, αλλά δεν εκτυλίχθηκε πλήρως. Άρχισα να προσεύχομαι με έντονη παρόρμηση, με μια εσωτερική ώθηση για ένθερμη προσευχή. Ήταν σαν να οδηγούσα «υπό την επήρεια», αλλά χωρίς να είναι

Τα χαρίσματα του Πνεύματος δεν περνούν αυτόματα από γενιά σε γενιά. Πρέπει να τα αδράξεις με τη θέλησή σου.

επικίνδυνο ή βλαβερό. Το Άγιο Πνεύμα έριξε στο πνεύμα μου τα εξής λόγια μετά απ' αυτήν την εμπειρία: «*Τα χαρίσματα του Πνεύματος δίνονται δωρεάν, αλλά δεν περνούν αυτόματα από γενιά σε γενιά. Πρέπει να τα αδράξεις με τη θέλησή σου και να αναζωπυρώνεις τη φλόγα τους*». Θα σου εξηγήσω τι εννοώ.

Κάθε πρωί που ξυπνάω, είναι σαν να υπάρχει ένα πέπλο, μια μεμβράνη που χωρίζει την πνευματική και τη φυσική διάσταση. Πρέπει να κάνω το βήμα και να διαπεράσω αυτή τη μεμβράνη, ώστε να αγγίξω αυτά που έχει ο Θεός για μένα (και για άλλους) για τη μέρα μου. Δεν ξέρω για ποιο λόγο το χθεσινό βήμα που έκανα δεν άφησε την κουρτίνα ανοιχτή στο αεράκι του Πνεύματος. Για άλλους, ίσως και να ισχύει. Εγώ, όμως, κάθε πρωί στοχεύω να διαπερνώ το πέπλο της σάρκας και της θολής όρασής μου στο πνεύμα. Ξεκινώ τη μέρα μου μ' έναν ύμνο δοξολογίας, με χέρια υψωμένα, με προσευχή και ευχαριστία. Σπάνια η σάρκα μου ανυπομονεί να δοξάσει τον Θεό. Πρέπει να φροντίζω να ενώνομαι με τον Θεό συνειδητά, διαμέσου του Π/πνεύματος σε καθημερινή βάση.

Εσύ, πώς λειτουργείς; Μήπως νιώθεις ότι είναι πιο εύκολο να αφήνεσαι να σε πάρει το ρεύμα; Μήπως νιώθεις ότι η ζωή κυλάει πιο εύκολα όταν κρατάς τον εαυτό σου απασχολημένο με τις υποχρεώσεις σου, και κάνεις ότι δεν υπάρχει η πνευματική διάσταση; Ναι, ίσως είναι πιο εύκολο για τη σάρκα και τα συναισθήματά σου, αλλά ξέρω πολύ καλά το εξής: όλη η γη στενάζει και περιμένει τη φανέρωση των γιων του Θεού (Ρωμαίους 8:19). Κάποιος πρέπει να πάρει τη σκυτάλη και να αρχίσει να προσεύχεται, ξέροντας ότι η επόμενη γενιά δεν θα έχει τίποτε, αν δεν κάνουμε αυτό που πρέπει. Κάποιος πρέπει να υπερισχύσει στην προσευχή και τη δοξολογία, μέχρι να σηκωθεί η επόμενη γενιά που θα πεινάει για τον Θεό και θα αρχίσει να έχει τις δικές της εμπειρίες με το Πνεύμα Του. Κάποιος πρέπει να καθηλωθεί από την αποκάλυψη ότι η δόξα του Θεού δεν θα περάσει αυτόματα στην επόμενη γενιά. Κάθε νέα γενιά πρέπει να γεννηθεί στα πράγματα του Πνεύματος, και τα πράγματα του Πνεύματος πρέπει να γεννηθούν εκ νέου μέσα τους.

Μόλις αγγίξεις τη ζωή του Πνεύματος—τη συνεργασία σου με το Άγιο Πνεύμα και την *κραυγή σου προς τον Abba*—όλα τα άλλα θα σου φαίνονται ασήμαντα πια. Μέχρι να γίνει αυτό όμως, πρέπει να το περιμένουμε. Προσεύχομαι εσύ και η οικογένειά σου να ζήσετε τέτοιες στιγμές νίκης.

Η ΔΙΑΜΟΡΦΩΣΗ από τον *Abba*

Μαθαίνουμε να Περπατούμε ως Γιοι

Οι μαθητές είχαν παρόμοιες εμπειρίες στην προσευχή με τον Ιησού. Κάποια στιγμή, ήταν τόσο φανερό ότι ο Ιησούς ήταν σε τελείως άλλο επίπεδο απ' ό,τι είχαν ακούσει, που Του ζήτησαν πολύ εμφατικά, «Κύριε, δίδαξέ μας να προσευχόμαστε». Και το έκανε, συστήνοντάς τους τον Θεό με έναν καινούργιο τρόπο:

Έτσι, λοιπόν, να προσεύχεστε εσείς: Πατέρα μας, που είσαι στους ουρανούς, ας αγιαστεί το όνομά σου.

Κατά Ματθαίο 6:9

Μια ακόμη σημαντική εμπειρία προσευχής ήταν τη νύχτα που παραδόθηκε ο Ιησούς, η οποία περιγράφεται στα κεφάλαια 13 έως 17 του Κατά Ιωάννη. Σ' αυτά τα κεφάλαια βλέπουμε τον Ιησού να διδάσκει τους μαθητές Του, πρώτα στο Μυστικό Δείπνο, και έπειτα στο Όρος των Ελαιών, όπου γινόμαστε μάρτυρες της πιο συγκλονιστικής προσωπικής προσευχής του Κυρίου λίγο πριν προδοθεί. Δεν ξέρουμε πόση ώρα διήρκησε το δείπνο και η προσευχή, αλλά ξέρουμε ότι συνήθως ξεκινούσαν τις ετοιμασίες του δείπνου λίγο πριν δύσει ο ήλιος, και συνήθιζαν να γευματίζουν για αρκετές ώρες. Όλη η διαδικασία ήταν χαλαρή. Καταλαβαίνεις ότι, εφόσον ήταν τα τελευταία λόγια του Ιησού πριν τον θάνατό Του, τους έλεγε πράγματα ύψιστης σημασίας. Από αυτά τα κεφάλαια, λοιπόν, μαθαίνουμε ποια είναι η βάση για να ζήσουμε ως γιοι.

Οι Γιοι Εκμεταλλεύονται Συνεχώς την Πρόσβασή τους στον Πατέρα

Αν διαβάσεις συνεχόμενα αυτά τα κεφάλαια (Κατά Ιωάννη 13 έως 17), σαν να κάθεσαι με τους μαθητές στο τραπέζι, θα προσέξεις κάποια σημαντικά πράγματα.

Πρώτον, θα δεις ότι ο Κύριος επαναλαμβάνει συνεχώς, πέντε φορές μάλιστα, ότι θα έχουμε απευθείας και άμεση πρόσβαση στον Πατέρα. Λέει,

Χάρη στον Ιησού Χριστό, έχεις πλέον άμεση πρόσβαση στον Θεό και μπορείς να Τον γνωρίσεις προσωπικά.

Και κατά την ημέρα εκείνη δεν θα ζητήσετε από μένα τίποτε. Σας διαβεβαιώνω απόλυτα ότι, όσα αν ζητήσετε από τον Πατέρα στο όνομά μου, θα σας τα δώσει.
Κατά Ιωάννης 16:23

Δεν χρειάζεσαι μεσάζοντες. Δεν χρειάζεται να πηγαίνεις στον Ιησού και να Του ζητάς να μιλήσει στον Πατέρα εκ μέρους σου. Μπορείς να μιλάς απευθείας στον Πατέρα. Άλλες τρεις φορές επαναλαμβάνει, «Ό,τι ζητήσετε, Εγώ θα το κάνω». Ο Ιησούς λέει στους μαθητές Του ότι έρχεται μια μεγάλη αλλαγή. Ο άνθρωπος δεν είχε ποτέ ξανά τόσο ελεύθερη πρόσβαση στον Θεό. Θυμήσου τον Αδάμ και την Εύα στον Κήπο, και θα δεις ότι ακόμα και τότε ο Θεός ερχόταν στην περιοχή τους. Ενώ τώρα, μπορούμε να πάμε εμείς στον θρόνο του Θεού.

Ο Απόστολος Ιωάννης ρίχνει κυριολεκτικά μια βόμβα στον κόσμο μέσα από το Ευαγγέλιό του: χάρη στον Ιησού Χριστό, ο άνθρωπος έχει πλέον άμεση πρόσβαση στον Θεό και μπορεί να γνωρίσει τον Θεό προσωπικά. Αυτό ήταν ανήκουστο μέχρι τότε, ενώ σήμερα το θεωρούμε δεδομένο.

Οι ορφανοί κρύβονται από τον Θεό γιατί πιστεύουν ψέματα για τον χαρακτήρα Του. Πιστεύουν ότι ο Θεός θερίζει από εκεί που δεν έσπειρε, ότι είναι σκληρός, άκαρδος, άδικος και παμπόνηρος σαν αφεντικό. Το γεγονός ότι κρύβονται, δημιουργεί απόσταση στη σχέση τους και εντείνει το πρόβλημα, γιατί όσο απομακρύνεσαι από το φως, τόσο περισσότερο το σκοτάδι, η εξαπάτηση και η παραποίηση της αλήθειας θα φωλιάζουν μέσα στην ορφανή καρδιά σου. Ο *Abba* μας, όμως, πλησιάζει την ορφανή καρδιά και διαλύει τα ψέματα. Δες πόσο σπουδαία είναι η πρόσκλησή Του:

Δεν θα σας αφήσω ορφανούς· ***έρχομαι προς εσάς.***
Κατά Ιωάννη 14:18

Εκείνος που έχει τις εντολές μου και τις τηρεί [τις εκτιμά και τις φυλάει], εκείνος είναι που με αγαπάει· και εκείνος που με αγαπάει, θα αγαπηθεί από τον Πατέρα μου· και ***εγώ θα τον αγαπήσω, και σ' αυτόν θα φανερώσω τον εαυτό μου.***
Κατά Ιωάννη 14:21

Η ΔΙΑΜΟΡΦΩΣΗ από τον *Abba*

Αν κάποιος με αγαπάει, θα φυλάξει τον λόγο μου, και ο Πατέρας μου θα τον αγαπήσει, και θάρθουμε σ'αυτόν, και θα κατοικήσουμε μέσα σ'αυτόν.

Κατά Ιωάννη 14:23[63]

Ο Θεός λέει, «Έρχομαι προς εσένα. Θα σου φανερώσω τον εαυτό Μου. Και θα κατοικήσουμε μέσα σου». Σημείωσε ότι ο Ιησούς τα λέει όλα αυτά στους μαθητές Του, λίγες ώρες προτού φαινομενικά γκρεμιστεί όλος ο κόσμος τους. Τους λέει ότι Αυτός και ο Πατέρας θα έρθουν σ' αυτούς και θα φανερώσουν τους εαυτούς Τους (διαμέσου του Αγίου Πνεύματος). Αυτό θα πει άμεση πρόσβαση. Δεν μας μεταμορφώνει εξ αποστάσεως, αλλά πρόσωπο προς πρόσωπο.

Και όλοι εμείς, βλέποντας σαν μέσα σε κάτοπτρο τη δόξα του Κυρίου, με ξεσκεπασμένο πρόσωπο, μεταμορφωνόμαστε στην ίδια εικόνα, από δόξα σε δόξα, ακριβώς όπως από του Πνεύματος του Κυρίου.

Β' Κορινθίους 3:18

Οι γιοι γεννιούνται μόνο μέσα στην παρουσία του Κυρίου, και μόνο έτσι μαθαίνουμε να περπατάμε ως γιοι όταν ζούμε και προσμένουμε την παρουσία του Θεού.

Αν περιμένεις να σου δώσω «έξι βήματα» για να ζήσεις ως γιος, αυτό είναι το μόνο που μπορώ να σου πω. Το πρώτο βήμα είναι να μάθεις να ζεις, να καλλιεργείς και να εξασκείς την παρουσία του Θεού. Με πόσους τρόπους μπορείς να το κάνεις αυτό; Όταν ερωτευτείς τον άνθρωπο της ζωής σου, περιμένεις μια λίστα για να μάθεις να περνάς χρόνο μαζί του/της; Μάλλον όχι. Θα βρεις τον τρόπο να είστε μαζί, ακόμα κι αν χρειαστεί να μείνεις ξύπνιος όλο το βράδυ. Όπως και να 'χει, θα σου δώσω κάποιες συμβουλές από την προσωπική μου εμπειρία.

Όρισε ένα Μέρος Συνάντησης με τον Θεό

Ακόμα κι αν είσαι απ' αυτούς που βαριούνται τη ρουτίνα, πρέπει να καθιερώσεις τη συνήθεια να δίνεις «τα πρώτα» στον Θεό. Θα υπάρξουν εποχές που δεν θα είσαι τόσο συνεπής όσο θα ήθελες. Το θέμα εδώ δεν είναι οι επιδόσεις μας, ούτε έχουμε ανάγκη να αποδείξουμε κάτι. Όλο αυτό δεν αφορά τόσο τη σωτηρία σου, όσο την «πρώτη αγάπη» σου και το κατά πόσο είσαι γεμάτος με το Πνεύμα.

Όρισε μια Ώρα Συνάντησης με τον Θεό

Ο Δαυίδ είπε, «Σε ζητάω από το πρωί» (Ψαλμός 63:1), αλλά λάτρευε τον Θεό διάφορες ώρες μέσα στη μέρα. Ίσως το πρόγραμμα της δουλειάς ή των μαθημάτων σου να καθορίζει την ώρα που συναντάς τον Θεό, αλλά να θυμάσαι ότι δεν θα κερδίσεις πολλές νίκες, αν δεν μάθεις να νικάς τις επιθυμίες της σάρκας σου. Μάθε να κρατάς το σκεύος σου σε αγιασμό και τιμή (Α' Θεσσαλονικείς 4:4).

Όρισε τον Τρόπο Συνάντησης με τον Θεό

Ο καλύτερος τρόπος είναι να κάνεις αυτό που φέρνει την καρδιά σου στο σημείο να ακούς καθαρά τη φωνή Του και να νιώθεις την παρουσία Του, αλλά καλό είναι να δοκιμάζεις καινούργια πράγματα κάποιες φορές, για να κρατάς την ώρα σου με τον Κύριο φρέσκια και δημιουργική. Μου επιτρέπεις να σου δώσω κάποια κλειδιά;

Λάτρευσε τον Κύριο με μουσική. Υπάρχουν πλέον πολλά εργαλεία στα χέρια μας για να δημιουργήσουμε μια ατμόσφαιρα λατρείας (κυρίως μέσω τραγουδιών), αλλά ο κίνδυνος με αυτά είναι ότι μπορεί να παρασυρθείς και να σερφάρεις στο Ίντερνετ, να δημοσιεύεις στα μέσα κοινωνικής δικτύωσης ή να στέλνεις μηνύματα, αντί να έχεις την προσοχή σου στον Κύριο. Δοκίμασε να βάλεις λατρευτική μουσική από άλλο μέσο, όχι από το κινητό σου. Βρες μουσική που είναι περισσότερο κάθετη (επικοινωνία ανάμεσα σε σένα και τον Θεό, παρά οριζόντια (επικοινωνία με άλλους για τον Θεό). Η κάθετη λατρεία συνήθως χρησιμοποιεί πρώτο και δεύτερο πρόσωπο (εγώ, εμείς, εσύ, εμάς). Η οριζόντια λατρεία χρησιμοποιεί τρίτο πρόσωπο (αυτός, αυτόν, αυτοί, αυτούς). Ψάλλε *στον* Κύριο, αντί *για* τον Κύριο, όσο περισσότερο μπορείς. Άνοιξε την καρδιά σου σ' Αυτόν, ευλόγησέ Τον, ευχαρίστησέ Τον. Διακήρυξε το ποιος είναι, είτε το νιώθεις είτε όχι. Και το κυριότερο, μην αφήσεις κανέναν άλλο να ψάλλει για λογαριασμό σου. Λάτρευσε τον Θεό με τη δική σου φωνή. Ο Κύριος χαίρεται να σε ακούει.

Λάτρευσε τον Κύριο με τον Λόγο Του. Φρόντισε να διαβάζεις διάφορα σημεία απ' τον Λόγο του Θεού κάθε μέρα. Ακολουθώ το πρόγραμμα μελέτης της Αγίας Γραφής σε έναν χρόνο (One Year Bible) εδώ και τριάντα χρόνια. Δεν απελπίζομαι άμα χάσω μια-δυο μέρες, γιατί σε έναν χρόνο θα ξαναδιαβάσω το ίδιο σημείο. Κι έτσι, αν ο

Κύριος με οδηγεί να μελετήσω ένα συγκεκριμένο σημείο για ένα διάστημα, δεν υπάρχει θέμα. Υπάρχουν άπειρα εργαλεία μελέτης που μπορείς να χρησιμοποιήσεις για να οικοδομήσεις τη ζωή σου σε ένα συγκεκριμένο θέμα.

Λάτρευσε τον Κύριο με το σώμα σου. Το να υψώνεις τα χέρια σου, να γονατίζεις, να στέκεσαι όρθιος, να χορεύεις και να αλαλάζεις στον Κύριο, δεν είναι ιδέες των «Χαρισματικών». Όλα αυτά είναι εκφράσεις λατρείας μέσα από τον Λόγο του Θεού, που συναντώνται κυρίως στην Παλαιά Διαθήκη. Στην πραγματικότητα, η αγγλική λέξη «δοξάζω» (όπως λέμε «Δοξάζω τον Κύριο») αντιστοιχεί σε δέκα διαφορετικές εβραϊκές λέξεις που σημαίνουν τραγουδάω, χειροκροτάω, παίζω μουσικό όργανο, υψώνω τα χέρια μου, γονατίζω, φωνάζω, υψώνω τη φωνή μου, χορεύω κάνοντας στροφές και τραγουδώ αυθόρμητα τραγούδια. Συμβαίνει κάτι πολύ δυνατό όταν το σώμα μας συμμετέχει στη λατρεία, και είναι κάτι που μπορεί να σε ξεκλειδώσει στην παρουσία του Θεού.

Να είσαι έτοιμος να γράψεις ό,τι ακούσεις. Είμαι σίγουρος ότι αν πήγαινες να ακούσεις έναν γκουρού των επιχειρήσεων ή έναν μέντορα προσωπικής ανάπτυξης, θα ήσουν έτοιμος να κρατήσεις σημειώσεις. Το καθημερινό σου ραντεβού με τον Θεό είναι εξίσου σημαντικό, αν όχι περισσότερο, οπότε φρόντισε να πηγαίνεις στον Θεό έτοιμος να καταγράψεις ό,τι σου πει. Τα λόγια που σου μιλάει ο Θεός πρέπει να τα εκτιμάς, να τα φυλάς και να τα προσέχεις. Και έχω την αίσθηση ότι το εάν και κατά πόσο ακούσεις τον Θεό να σου μιλάει, εξαρτάται από το πόσο πολύ το προσμένεις. Ένα πολύ καλό βιβλίο που θα σε βοηθήσει να καλλιεργήσεις και να εξασκήσεις τη συνήθεια να ακούς και να γράφεις, είναι του Γουέιν Κορντέιρο, Ο Θεός ως Μέντορας (The Divine Mentor) Κατά Ιωάννη 14:23[64]. Όταν γράφεις αυτά που σου μιλάει ο Θεός στην προσευχή σου, ένα από τα μεγαλύτερα οφέλη, είναι ότι μπορείς να γυρνάς και να τα ξαναδιαβάζεις, και έτσι βλέπεις το ταξίδι σου με τον Κύριο ή θυμίζεις στον εαυτό σου τους προφητικούς λόγους που σου έδωσε ο Κύριος. Αυτό το ημερολόγιο μπορείς να το χρησιμοποιήσεις ως έμπνευση για να γράψεις ένα βιβλίο, όταν αποφασίσεις να αφήσεις στους επόμενους αυτό που έκανε ο Θεός στη ζωή σου.

Πλησίασε τον Θεό συχνά και θαρραλέα. Πέρα από την καθιερωμένη, καθημερινή σου ώρα με τον Θεό, άμεση πρόσβαση σημαίνει ότι μπορείς να πλησιάζεις τον Θεό με θάρρος οποιαδήποτε στιγμή. Αν είσαι απ' αυτούς που έχουν καθιερώσει ένα μέρος, μια ώρα και έναν τρόπο για να συναντούν τον Θεό, όλο αυτό μπορεί να σου γίνει συνήθεια. Συνηθίζουμε να σκεφτόμαστε τον Θεό για τα 30 λεπτά της «συνάντησής» μας, και μετά Τον ξεχνάμε μέχρι αύριο την ίδια ώρα στο ίδιο μέρος. Όπως είπαμε και πριν, το κλειδί της ζωής ενός γιου είναι να είμαστε γεμάτοι με το Πνεύμα Του, όχι ψευτο-γεμάτοι με τη ρουτίνα μας. Το κλειδί είναι να ζούμε και να περπατάμε κατά το Πνεύμα όλη μέρα, κάθε μέρα.

Οι Γιοι Κατανοούν Πόσο Σημαντική Είναι η Καθημερινή Επικοινωνία, Κοινωνία και Πληρότητα με το Πνεύμα

Ίσως έχεις δει στο οδοντιατρείο που πηγαίνεις τη χαρακτηριστική επιγραφή που λέει, «Δεν χρειάζεται να καθαρίζεις με νήμα όλα τα δόντια σου, μόνο αυτά που θέλεις να μην πέσουν». Το καθημερινό βούρτσισμα και καθάρισμα των δοντιών δείχνει πόσο σημαντικό είναι για τη στοματική μας υγιεινή να απομακρύνουμε τα μικρόβια. Ο Ιησούς λέει στους μαθητές Του ότι η διακονία του Πνεύματος είναι τόσο σημαντική, που πρέπει αυτό το εσωτερικό έργο να γίνει προτεραιότητα για μας. Βρίσκεται στην πιο κρίσιμη στιγμή Του, καθώς είναι η ώρα που θα Τον παραδώσουν στις αρχές σαν εγκληματία, και επιμένει να μιλάει για την ελεύθερη πρόσβαση που έχουμε στον Πατέρα και για τον ερχομό του Αγίου Πνεύματος μέσα μας.

> *Εγώ, όμως, σας λέω την αλήθεια· σας συμφέρει να αναχωρήσω εγώ· επειδή, αν δεν αναχωρήσω, ο Παράκλητος δεν θάρθει σε σας· αλλά, αφού αναχωρήσω, θα τον στείλω σε σας... αλλά, όταν έρθει εκείνος, το Πνεύμα της αλήθειας, θα σας οδηγήσει σε όλη την αλήθεια· επειδή, δεν θα μιλήσει από τον εαυτό του, αλλά θα μιλήσει όσα πρόκειται να ακούσει, και θα σας αναγγείλει τα μέλλοντα. Εκείνος θα δοξάσει εμένα, επειδή από το δικό μου θα πάρει, και θα το αναγγείλει σε σας. Όλα όσα έχει ο Πατέρας, είναι δικά μου· γι' αυτό σας είπα ότι, από το δικό μου θα πάρει, και θα σας το αναγγείλει.*
> Κατά Ιωάννη 16:7, 13-15

Σκέψου λίγο: Το Άγιο Πνεύμα μας δίνει όλα όσα έχει ο Ιησούς. Και τι έχει ο Ιησούς; Ο Ίδιος είπε, «Όλα όσα έχει ο Πατέρας, είναι δικά μου». Αυτό δεν είναι η κληρονομιά ενός γιου; Ο Ιησούς μιλάει ως γιος. Λέει αυτό που ξέρει κάθε γιος που ζει μέσα στην τέλεια αγάπη ενός τέλειου Πατέρα. «Όλα όσα έχει ο Πατέρας, είναι δικά μου, και το

Άγιο Πνεύμα θα πάρει από το δικό μου και θα το αναγγείλει σε σας». Είναι πολύ απλό, αυτός είναι ο πιο άμεσος τρόπος, η πιο σύντομη διαδρομή για να γίνεις από ορφανός, γιος: να μάθεις να ζεις σε σχέση με το Άγιο Πνεύμα που ζει μέσα σου.

Η διακονία του Πνεύματος είναι τόσο σημαντική, που πρέπει αυτό το εσωτερικό έργο να γίνει προτεραιότητα για μας.

Το θέμα δεν είναι να φοράς μια ταμπέλα που γράφει, «Έχω το Άγιο Πνεύμα». Το Άγιο Πνεύμα που ζει μέσα σου σε βοηθάει να περπατάς ως γιος ή κόρη, και να έχεις αυτό που είχε ο Ιησούς— την καρδιά ενός αληθινού γιου. Το πνεύμα ενός γιου φέρνει οικειότητα με τον Πατέρα, ένα πνευματικό σπίτι, και τη βεβαιότητα ότι έχεις κληρονομιά.

Στο βιβλίο, *Ο Ρόλος του Abba*, εξηγήσαμε ότι το ορφανό πνεύμα φέρνει φόβο, δεσμά, απομόνωση, εξαπάτηση και χειραγώγηση. Από την άλλη, το πνεύμα του αληθινού γιου φέρνει τα ακριβώς αντίθετα: ηρεμία, ειρήνη, αφοβία (η τέλεια αγάπη διώχνει κάθε φόβο), μια ατμόσφαιρα αγάπης, και τη σιγουριά πως ό,τι λέει ο Πατέρας, θα το κάνει. Το ορφανό πνεύμα δεν έχει καμία βεβαιότητα ότι το μέλλον είναι τακτοποιημένο, ενώ το πνεύμα του γιου δεν έχει καμία ανησυχία για το μέλλον, γιατί «Όλα όσα έχει ο Πατέρας, είναι δικά μου». Ο γιος δεν νιώθει την πίεση του χρόνου, γι' αυτό και το αύριο δεν του προκαλεί καμία μέριμνα. Θυμήσου τι είπε ο Ιησούς:

Ζητάτε πρώτα τη Βασιλεία του Θεού και τη δικαιοσύνη Του [κρατήστε τις πνευματικές σας σχέσεις στη σωστή θέση], και όλα αυτά θα έρθουν σε σας αυτόματα.
Κατά Ματθαίο 6:33 (σε παράφραση του Μπεν Κάμπελ Τζόνσον)

Αν το επαναδιατυπώσουμε με την ορολογία ενός γιου, λέει ότι όταν είσαι αρκετά ώριμος και ικανός να διαχειριστείς τη δουλειά του Πατέρα, θα σου δώσει και τη δουλειά και τους πόρους του Πατέρα. Ένας από τους βασικούς πόρους είναι η επιστράτευση της πνευματικής γλώσσας.

Η Πνευματική Γλώσσα είναι ο Τρόπος του Θεού να Φέρει τον Ουρανό στη Γη.

Το Άγιο Πνεύμα προσεύχεται μέσα από μας σε μια γλώσσα που δεν μπορεί να καταλάβει το μυαλό μας, και μέσα απ' αυτή την επικοινωνία,

Πνεύμα προς πνεύμα, λαμβάνουμε «τα μυστήρια του Θεού», τα σχέδια και το θέλημα του Θεού για μας και για άλλους. Ο Παύλος λέει:

> *Επειδή, αυτός που μιλάει με γλώσσα, δεν μιλάει σε ανθρώπους, αλλά στον Θεό· επειδή, κανένας δεν τον ακούει, αλλά με το πνεύμα του μιλάει μυστήρια.*
> Α' Κορινθίους 14:2

Σε άλλες μεταφράσεις λέει «μυστικά» ή «κρυμμένα πράγματα», αλλά η ελληνική λέξη *μυστήριον* αναφέρεται σε πράγματα που ήταν κάποτε μυστικά, αλλά τώρα ξεσκεπάστηκαν, όπως λέει ο Παύλος στην Α' Κορινθίους 2:10, 13 (δες το Κεφάλαιο 1).

Δεν εννοώ ότι οι πιστοί δεν μπορούν να ζήσουν ως γιοι χωρίς το βάπτισμα στο Άγιο Πνεύμα. Ούτε λέω ότι είναι αδύνατο να ζεις ως γιος, αν δεν εξασκείς τακτικά την προσευχή στο Πνεύμα. Αυτό που λέω είναι ότι η Καινή Διαθήκη ξεκαθαρίζει ότι αυτό το προνόμιο είναι διαθέσιμο σε όλους τους πιστούς (Πράξεις 2:38-39) και ότι είναι το βασικότερο εργαλείο που μας έδωσε ο Θεός για να επιταχύνουμε την πνευματική μας πρόοδο και να εκπληρώσουμε την αποστολή Του. Το εξετάσαμε αναλυτικά στα Κεφάλαια 5 έως 8.

Οι Γιοι Καταλαβαίνουν ότι Καλούμαστε να Συνεχίσουμε τη Διακονία του Ιησού

Αν μάθαμε κάτι από τα λόγια του Κυρίου στο Μυστικό Δείπνο (Κατά Ιωάννη 13-17), είναι ότι ο Ιησούς ήθελε οι μαθητές Του να συνεχίσουν τη διακονία Του με το ίδιο χρίσμα και το ίδιο Άγιο Πνεύμα που είχε και Αυτός. Είπε:

> *Σας διαβεβαιώνω απόλυτα, όποιος πιστεύει σε μένα, τα έργα που εγώ κάνω, θα κάνει και εκείνος, και μεγαλύτερα απ' αυτά θα κάνει· επειδή, εγώ πηγαίνω προς τον Πατέρα μου. Και ό,τι αν ζητήσετε στο όνομά μου, θα το κάνω, για να δοξαστεί ο Πατέρας στον Υιό. Αν ζητήσετε κάτι στο όνομά μου, εγώ θα το κάνω.*
> Κατά Ιωάννη 14:12-14

Αυτές οι δηλώσεις είναι συγκλονιστικές, αλλά είναι αδιαμφισβήτητα σαφέστατες. Οι γιοι είναι χρισμένοι με το ίδιο Πνεύμα, για να κάνουν τα ίδια έργα, με το ίδιο κίνητρο αγάπης και σπλαχνικότητας που είχε ο Ιησούς. Ο Κύριος ποτέ δεν μασάει τα λόγια Του. Είπε, «Πρέπει να φύγω, ώστε να έρθει το Άγιο Πνεύμα». Με τον ερχομό του Πνεύματος, η διακονία του Ιησού πολλαπλασιάστηκε σε όλον τον κόσμο. Η δεύτερη διατριβή του Λουκά, οι Πράξεις των Αποστόλων, γράφτηκε για να επιβεβαιώσει ακριβώς αυτό το συμβάν. Το Άγιο Πνεύμα εκχύθηκε, η Εκκλησία Τον έλαβε, γέμισαν όλοι με το Πνεύμα (Πράξεις 2:1-4), και εξαπλώθηκαν παντού κάνοντας τα ίδια έργα και θαύματα που έκανε ο Ιησούς.

Οι γιοι είναι χρισμένοι με το ίδιο Πνεύμα, για να κάνουν τα ίδια έργα, με το ίδιο κίνητρο αγάπης και σπλαχνικότητας που είχε ο Ιησούς.

Τα Έργα ενός Ορφανού ή ενός Γιου;

Η Ιστορία έχει πολλά παραδείγματα να μας πει για τις φορές που ακούσαμε το μήνυμα ότι θα κάνουμε τα ίδια έργα με τον Ιησού, αλλά μας έλειπε το σωστό κίνητρο. Δεν περιμέναμε να μας παρακινήσουν τα σπλάχνα της αγάπης, να γεμίσουμε με την αγάπη του Πατέρα διαμέσου του Αγίου Πνεύματος. Αντιδράσαμε σαν ορφανοί που προσπαθούν να αποδείξουν ότι έχουν το χρίσμα των γιων. Όμως, δεν μπορούμε να αγαπήσουμε πραγματικά ο ένας τον άλλο με μια ορφανή καρδιά. Οι ορφανοί δεν έχουν την ικανότητα να αγαπήσουν αληθινά, γιατί δεν έχουν βρεθεί στη θέση να λάβουν αληθινή αγάπη. Το πνεύμα του ορφανού λέει, «Δεν έχω τη δυνατότητα να σε αγαπήσω, γιατί μπορεί να μην εισπράξω πίσω την ίδια αγάπη, άρα πρέπει να αγαπήσω τον εαυτό μου και μόνο τον εαυτό μου, να προστατεύσω τον εαυτό μου, να αποδείξω ποιος είμαι και να καλύψω τις ανάγκες μου». Παρόλα αυτά, όσο περισσότερο ζεις σε στενή σχέση με το Άγιο Πνεύμα, τόσο θα εξανεμίζονται οι φόβοι σου. Έτσι μαθαίνουμε να δεχόμαστε και να δίνουμε αγάπη. Μαθαίνουμε (αργά-αργά κάποιες φορές) ότι ο Πατέρας είναι έτοιμος να μας δώσει, όταν δίνουμε θεραπεία, ζωή, ενθάρρυνση, θαύματα και φροντίδα σε άλλους. Ο Πατέρας σε αγαπάει, και δεν υπάρχει τίποτε άλλο πέρα από αγάπη μέσα Του. Κάποιους μας παίρνει μια ολόκληρη ζωή για να καταλάβουμε ότι περπατάμε ως αληθινοί γιοι, όχι όταν παίρνουμε, αλλά όταν δίνουμε.

Kerry Wood

Ο Απώτερος Σκοπός της Μεταμόρφωσής μας Είναι να Συνδέσουμε τους Ανθρώπους με τον Θεό

Ο Ιησούς ήταν εμποτισμένος με την αγάπη του Πατέρα Του. Ήξερε από πού προερχόταν και πού πήγαινε, γι' αυτό και ήταν ελεύθερος να υπηρετεί. Πρόσεξε με ποιο τρόπο προλογίζει ο Ιωάννης τη σκηνή που ο Ιησούς πλένει τα πόδια των μαθητών Του:

Ο Ιησούς, ξέροντας ότι ο Πατέρας έδωσε σ' αυτόν τα πάντα στα χέρια του, και ότι από τον Θεό βγήκε και προς τον Θεό πηγαίνει, σηκώνεται από το δείπνο, και βγάζει τα ιμάτιά του, παίρνοντας δε μία πετσέτα, ζώστηκε ολόγυρα στη μέση. Έπειτα, βάζει νερό στη λεκάνη, και άρχισε να πλένει τα πόδια των μαθητών, και να τα σκουπίζει με την πετσέτα, που είχε ζωσμένη στη μέση.

Κατά Ιωάννη 13:3-5

Αν ξέρεις ότι η αγάπη του Πατέρα θα σε φροντίσει ό,τι κι αν συμβεί, θα ανέχεσαι οποιαδήποτε συμπεριφορά εις βάρος σου, χωρίς να φοβάσαι ότι απειλείται η ταυτότητά σου. Αν έχεις μεταμορφωθεί αληθινά, κάθε σου φόβος έχει φύγει. Σημαίνει ότι ζεις με την αποκάλυψη ότι η αγάπη του Πατέρα σε γεμίζει τόσο πολύ, ώστε μπορείς να αγαπάς τους πάντες, αξιαγάπητους και μη, γιατί η ταυτότητά σου δεν εξαρτάται από το πώς σου συμπεριφέρονται οι άλλοι. Η ταυτότητά σου είναι στερεωμένη στο ποιος είσαι μέσα στον *Abba* του Ιησού.

Οι γιοι κουβαλούν την αποστολή του Πατέρα μέσα στην καρδιά τους, να φέρουν τους ορφανούς πίσω στο τραπέζι του Πατέρα. Χάρη στο μεταμορφωτικό έργο του Πνεύματος, οι προσωπικοί μας στόχοι αρχίζουν να αλλάζουν. Γινόμαστε πιο ευαίσθητοι στη συντριβή των ανθρώπων, στα τραύματα και στις ασθένειές τους. Αρχίζουμε να συνειδητοποιούμε ότι έχουμε την απάντηση. Μαθαίνουμε να κοιτάμε τους ανθρώπους στα μάτια και να ρωτάμε τον Πατέρα, «*Abba*, πώς βλέπεις εσύ αυτόν τον άνθρωπο; Τι θέλεις να κάνεις στη ζωή του/της; Τι θέλεις να του/της πεις;».

Ο Τοντ Γουάιτ ήταν ένας από τους πιο διαλυμένους ανθρώπους που μπορείς να φανταστείς, προτού γνωρίσει τον Χριστό[65]. Ήταν τόσο κάθαρμα (σύμφωνα με τον ίδιο), που αν τον ακούσεις να λέει την ιστορία του, θα τον αντιπαθήσεις. Ο Θεός, όμως, τον συνάντησε, τον άλλαξε, και άρχισε να του διδάσκει ότι είναι γιος. Ο Τοντ άλλαξε τόσο

Η ΔΙΑΜΟΡΦΩΣΗ από τον *Abba*

πολύ από τη συνάντησή του με τον Θεό, που ήθελε να δίνει την αγάπη που γνώρισε σε όλους. Αναφέρει ότι προσευχήθηκε για 900 άτομα που είχαν ανάγκη από θεραπεία (όχι μέσα στην εκκλησία, αλλά σε μαγαζιά, στον δρόμο, σε μπαρ και καφετέριες) και δεν θεραπεύτηκε κανείς τους, μέχρι τον 901ο. Και από τότε, άρχισε να βλέπει από δέκα έως τριάντα ανθρώπους να θεραπεύονται κάθε μέρα, κυρίως στα μπαρ που πήγαινε να παραδώσει παραγγελίες για πάγο. Ο Τοντ ήθελε απλώς να συνδέει τους ανθρώπους με τον Θεό. Έμαθε ότι είναι γιος, έμαθε πώς να γεμίζει με το Πνεύμα και πώς να κρατάει τα μάτια του στις εκκρεμότητες του έργου του Πατέρα.

Δεν χρειάζεται να συγκρίνω τις ιστορίες μου με τις ιστορίες του Τοντ. Δεν είμαι ο Τοντ, αλλά έχω κι εγώ τις δικές μου ιστορίες. Μπαρίστες στα Στάρμπακς, σερβιτόροι στα εστιατόρια, άνθρωποι στα νοσοκομεία, στα αεροπλάνα, στη γειτονιά—όλοι χρειάζονται την αγάπη του Πατέρα. Μέχρι σήμερα μαθαίνω να τους κοιτάω στα μάτια και να ρωτάω τον Πατέρα, «Πώς τους βλέπεις, Πατέρα; Τι θέλεις να κάνεις γι' αυτούς; Τι θέλεις να τους πεις;».

Η Άιρις ήταν η νεαρή σερβιτόρα που ήρθε να μας εξυπηρετήσει μόλις καθίσαμε σ' ένα μεξικάνικο εστιατόριο στο Βόρειο Ντάλας. Ήρθε, συστήθηκε και μας έδωσε καταλόγους. Όταν έφερε τα νερά μας και πήρε την παραγγελία μας, η σύζυγός μου της λέει, «Παρεμπιπτόντως, συνηθίζουμε να προσευχόμαστε για το φαγητό μας προτού φάμε, και θα θέλαμε να προσευχηθούμε και για σένα. Υπάρχει κάτι που χρειάζεσαι να κάνει ο Θεός για σένα;». Η απάντησή της μας ξάφνιασε. Εμφανώς ταραγμένη, μας λέει, «Για ποιο λόγο ρωτάτε κάτι τέτοιο;» και έφυγε απότομα. Σκέφτηκα, «Ωχ, ίσως είναι κάπως ευαίσθητη και τώρα θα μας κατηγορήσει για 'μικρο-επιθετική' συμπεριφορά.» Την είδαμε να πηγαίνει στην κουζίνα και να μιλάει με μια άλλη σερβιτόρα. Ο υπεύθυνος του μαγαζιού ήρθε στο τραπέζι μας να ρωτήσει αν είναι όλα καλά. Απαντήσαμε θετικά.

Λίγα λεπτά αργότερα, η Άιρις ήρθε στο τραπέζι μας να απολογηθεί και να μας εξηγήσει. «Συγγνώμη που αντέδρασα μ' αυτόν τον τρόπο. Απλώς σήμερα είμαι άρρωστη απ' το πρωί—τόσο χάλια, που ο προϊστάμενος μου είπε ότι ή θα συμμαζευτώ ή θα με διώξει. Πήγα στην τουαλέτα και είπα, 'Θεέ μου, αν με ακούς, μπορείς να κάνεις κάτι;'. Βγήκα από την τουαλέτα και ήρθα να σας εξυπηρετήσω. Μόλις με ρωτήσατε αν μπορείτε να προσευχηθείτε για μένα, τα 'χασα. Ο Θεός σας έστειλε για μένα. Δεν ήξερα πώς να το διαχειριστώ, γι' αυτό έφυγα τρέχοντας».

Εννοείται ότι προσευχηθήκαμε επί τόπου για την Άιρις (η οποία άπλωσε και τα δυο χέρια της σε μας), προστάξαμε την αρρώστια να φύγει (με ήρεμη ένταση φωνής), την ευλογήσαμε και είπαμε «Αμήν». Ενώ συνεχίζαμε το γεύμα μας, έρχεται ο προϊστάμενος διακριτικά και μας λέει, «Συγγνώμη, μπορώ να μάθω τι κάνατε στην Άιρις;». Του εξηγήσαμε ότι απλώς προσφερθήκαμε να προσευχηθούμε γι' αυτήν. Μας είπε, «Ναι, όλη τη μέρα ήταν άρρωστη. Αλλά, πριν λίγο την άκουσα να μιλάει με τη μαμά της στο τηλέφωνο και να της λέει ότι έγινε καλά και νιώθει τέλεια». Ήρθε λίγο πιο κοντά μας και ψιθύρισε, «Πώς είναι να ξέρεις ότι έχεις τη δύναμη να κάνεις κάτι τέτοιο;». Ήταν η τέλεια ευκαιρία να δώσουμε την αγάπη του Πατέρα και σ' αυτόν.

Στο επόμενο κεφάλαιο θα δούμε ότι τα χαρίσματα του Πνεύματος είναι διαθέσιμα σε κάθε γιο και κόρη που είναι αποφασισμένος να φέρει εις πέρας την αποστολή του Πατέρα. Η παρουσία και τα χαρίσματα του Πνεύματος δίνονται δωρεάν και είναι πάντα στη διάθεσή μας, αλλά δεν περνάνε αυτόματα από γενιά σε γενιά. Ο Θεός σε καλεί να συνεργάζεσαι με το Άγιο Πνεύμα, ώστε η γνώση της δόξας του Κυρίου να γεμίσει τη γη, όπως τα νερά σκεπάζουν τη θάλασσα, αλλά πρέπει να το στοχεύσεις. Γι' αυτό το Άγιο Πνεύμα επιμένει να μας μεταμορφώσει από ορφανούς, σε γιους.

Τι Είπαμε Μέχρι Τώρα;

Τα χαρίσματα του Πνεύματος δίνονται δωρεάν, αλλά δεν περνούν αυτόματα από τη μία γενιά στην άλλη. Πρέπει να στοχεύσουμε να αδράξουμε τα πράγματα του Θεού για τη ζωή μας και για τους άλλους.

Το τελευταίο μήνυμα του Ιησού (που αναφέρεται στο Κατά Ιωάννη 13-17), βλέπουμε ότι οι γιοι τολμούν να επωφεληθούν της άμεσης πρόσβασης προς τον Πατέρα. Ο Πατέρας και ο Γιος έρχονται σε μας μέσα από την παρουσία του Αγίου Πνεύματος. Η ευθύνη μας είναι να κάνουμε χώρο για την παρουσία Του, ορίζοντας μια ώρα, ένα μέρος και έναν τρόπο για να συναντούμε τον Θεό.

Οι γιοι καταλαβαίνουν πόσο σημαντικό είναι να μένουν γεμάτοι με το Πνεύμα κάθε μέρα, και πόσο σημαντικός είναι ο ρόλος της πνευματικής γλώσσας σ' αυτό.

Οι γιοι καταλαβαίνουν ότι καλούμαστε να συνεχίσουμε τη διακονία του Ιησού—τα ίδια έργα, και μεγαλύτερα ακόμα, με το ίδιο

Πνεύμα—να φέρνουμε θεραπεία, πληρότητα και να συνδέουμε τους ανθρώπους με τον Πατέρα.

ΠΡΟΣΕΥΧΗ

Abba, Πατέρα, πώς μπορώ να εκφράσω την ευγνωμοσύνη μου για την ελεύθερη είσοδο που μου έδωσες, να μπορώ να έρχομαι με θάρρος μπροστά Σου στο όνομα και με την εξουσία του Ιησού; Πώς να βρω τα σωστά λόγια για να περιγράψω την ευχαριστία που νιώθω, που με έσωσες και με γέμισες, για να μπορώ να συνεργάζομαι μαζί Σου, ώστε να φέρεις τους ορφανούς πίσω στο σπίτι Σου; Σε ευχαριστώ που με γεμίζεις ξανά και ξανά με το Πνεύμα Σου, μέχρι να μη μπορώ να κρατήσω την αγάπη Σου μόνο για μένα. Γέμισέ με ξανά με το Πνεύμα Σου αυτή τη στιγμή, προσεύχομαι, και δίδαξέ με να βλέπω τους ανθρώπους μέσα από τα μάτια Σου. Δίδαξέ με να σε ρωτάω, «Πατέρα, πώς τους βλέπεις; Τι θέλεις να τους πεις;». Δείξε μου πώς να διαπερνώ το πέπλο που χωρίζει το πνευματικό και το σαρκικό επίπεδο, με τρόπους που είναι φυσικοί για μένα. Σου ζητώ, πολύτιμε Πατέρα μου, να αγγίξεις τη γενιά μου με τη δόξα Σου. Αμήν.

ΓΙΑ ΟΜΑΔΙΚΗ ΣΥΖΗΤΗΣΗ

Διάβασε τα κεφάλαια 13-17 του Κατά Ιωάννη, και δες τι λέει ο Ιησούς στους μαθητές Του για την ελεύθερη είσοδο προς τον Πατέρα που θα έχουν αφότου έρθει το Πνεύμα.

1. Με ποιους τρόπους μπορούμε να «καλλιεργήσουμε» την πρόσβαση που έχουμε στον Πατέρα;

2. Πώς εξηγεί ο Ιησούς στους μαθητές Του στα κεφάλαια 14 και 16 ότι είναι σημαντικό να είναι καθημερινά γεμάτοι με το Πνεύμα;

3. Τι λέει ο Ιησούς στο Κατά Ιωάννη 14 για τη συμμετοχή μας στη συνεχιζόμενη διακονία Του;

4. Σκέψου (και πες) μια δική σου ιστορία, όπου συνέδεσες κάποιον με τον Θεό.

Έντεκα

Λες Ότι Θέλεις Επανάσταση

Λες ότι θέλεις επανάσταση,
ε, λοιπόν, όλοι θέλουμε να αλλάξουμε τον κόσμο.
Μου λες ότι αυτό θα πει εξέλιξη,
ε, λοιπόν, όλοι θέλουμε να αλλάξουμε τον κόσμο.
— Τζον Λένον και Πολ Μακάρτνεϊ

Αν ήσουν μαζί μας σε όλο το ταξίδι της τριλογίας των βιβλίων *Abba*, σίγουρα έχεις αντιληφθεί τη σημασία της σωστής εικόνας του Θεού. Στο βιβλίο, *Το Θεμέλιο του Abba*, αρχίσαμε να ενώνουμε τα κομμάτια: από πού προέρχονται οι αντιλήψεις που έχουμε για τον Θεό, και πώς αυτές οι αντιλήψεις επηρεάζουν τον τρόπο που βλέπουμε όλα τα άλλα (είτε βλέπουμε τον Θεό ως κριτή, νομοθέτη, αστυνόμο, Άη-Βασίλη). Κοιτάξαμε μέσα από το πρίσμα του Ιησού και είδαμε ότι ο Θεός είναι πρώτα απ' όλα ένας Θεός τριαδικής σχέσης και αγάπης στραμμένης προς τους άλλους, που δημιούργησε το σύμπαν, όχι από ανάγκη, αλλά από το υπερχείλισμα της αγάπης Του.

Στο βιβλίο, *Ο Ρόλος του Abba*, είδαμε ότι ο πρώτος ορφανός, ο Σατανάς, είπε ψέματα στον άνθρωπο για την καλοσύνη του Θεού, και διαστρέβλωσε έναν πολύ όμορφο κόσμο, σε έναν ορφανό πλανήτη. Είδαμε ότι αμέσως ο Θεός αποφάσισε να επαναφέρει τον ορφανό πλανήτη στη θέση του αληθινού γιου. Είδαμε, επίσης, τις διαφορές ανάμεσα στους ορφανούς και τους γιους, και εξηγήσαμε ποια είναι τα βήματα που οδηγούν στο ορφανό πνεύμα, και το αντίστροφο, στη νοοτροπία ενός γιου. Ο στόχος μας ήταν να σε βοηθήσουμε, ως αναγνώστη, να δεις συμπτώματα της ορφανής καρδιάς, για να ζητήσεις από το Άγιο Πνεύμα να εργαστεί σ' αυτά τα κρυφά σημεία της καρδιάς, που έχουν ριζώσει ψέματα για τον Θεό και τον εαυτό σου.

Σ' αυτό το βιβλίο, μπήκαμε πιο βαθιά στο εσωτερικό έργο του Αγίου Πνεύματος, «που ερευνά τα βάθη του Θεού» (τα σχέδια και το θέλημά Του για μας), και είδαμε ότι μεταβιβάζει αυτά τα σχέδια στο πνεύμα μας μέσα από πνευματικά λόγια και την πνευματική γλώσσα. Ο στόχος μου, φίλε και φίλη μου, ήταν να σε βοηθήσω να δεις ότι ο Θεός δεν σε παράτησε να τα βγάλεις πέρα μόνος σου και να φτάσεις στην πνευματική ωριμότητα μόνος σου. Το τρίτο μέλος της Αγίας Τριάδας, το ίδιο το Άγιο Πνεύμα, ήρθε για να κάνει αυτό το έργο μέσα σου. Και το έργο που ξεκίνησε Αυτός, είναι πιστός να το ολοκληρώσει.

Στο τελευταίο μας κεφάλαιο, θέλω να σε προτρέψω να αποδεχθείς το κάλεσμα σε μια επανάσταση. Είναι η επανάσταση που θα λυτρώσει και θα επαναφέρει τον ορφανό κόσμο μας πίσω στην αγκαλιά του Πατέρα. Αυτή την επανάσταση ήρθε να εγκαινιάσει ο Ιησούς και να την πραγματοποιήσει το Άγιο Πνεύμα. Αυτή είναι η αποστολή του Πατέρα, του Υιού και του Αγίου Πνεύματος: να φέρει πολλούς γιους στη δόξα. Εσύ κι εγώ κληθήκαμε να συμμετέχουμε σ' αυτή την εκστρατεία. Για να επιτευχθεί αυτή η επανάσταση, και να επιστρέψουν οι καρδιές των ανθρώπων στην αγάπη, θα χρειαστούμε ό,τι χρειάζεται κάθε επανάσταση: διαθέσιμους πολεμιστές (στην περίπτωσή μας, πατέρες), αλλαγή κάποιων ορισμών, και υπερφυσικά εφόδια που εκμηδενίζουν τη δύναμη του αντιπάλου. Πάμε να τα εξερευνήσουμε.

Διαθέσιμοι Πολεμιστές: Οι Γιοι Χρειάζονται Πατέρες

Η συρροή πυροβολισμών σε σχολεία και δολοφονιών στα αστικά κέντρα έχει αφυπνίσει την κοινωνική συνείδηση ώστε να αντιληφθούμε τον εκφυλισμό του ανθρώπου, και δυστυχώς, τις επιπόλαιες και ρηχές λύσεις που αναζητούμε. Φταίνε τα όπλα; Φταίνε οι νόμοι για την οπλοκατοχή; Φταίει η έλλειψη ελέγχου στα σχολεία; Φταίει η διάλυση της σύγχρονης οικογένειας; Μήπως είναι η κρίση του Θεού για την Αμερική; Ή μήπως το πρόβλημα είναι οι πατέρες; Ο Γουόρεν Φάρελ αναφέρει ότι:

> Όλα τα περιστατικά σχολικών πυροβολισμών έχουν ένα κοινό χαρακτηριστικό: οι δράστες ήταν γιοι που μεγάλωσαν χωρίς πατέρες. Όλοι είχαν ελάχιστη ή μηδενική επαφή με τους μπαμπάδες τους. Συνήθως η απουσία του πατέρα συνοδεύει ένα διαζύγιο, και ισχύει για το 51 τοις εκατό των γυναικών κάτω των 30 ετών, που μεγαλώνουν τα παιδιά τους χωρίς τη συμβολή του πατέρα. Κάποιες φορές ο πατέρας είναι παρών στην αρχή, αλλά μετά από δύο χρόνια εξαφανίζεται εντελώς. Αυτό το σενάριο ισχύει για όλους τους δράστες σχολικών πυροβολισμών: τον Άνταμ Λάμσα, τον Στίβεν Πάντοκ, τον Νίκολας Κρουζ... όλοι

Η ΔΙΑΜΟΡΦΩΣΗ από τον *Abba*

ήταν παιδιά που στερήθηκαν τους μπαμπάδες τους. Η λύση είναι η ενεργή παρουσία των πατέρων[66].

Η άμεση συσχέτιση προβληματικών γιων με την έλλειψη του πατρικού προτύπου έχει καταγραφεί εκτενώς. Κι όμως, το ερώτημα που γεννάται από την απουσία των πατέρων είναι, Γιατί οι άντρες φοβούνται να είναι πατέρες; Τι συμβαίνει με τους άντρες στην κουλτούρα μας; Οι κοινωνιολόγοι, οι εκπαιδευτικοί και οι πολιτικοί προτείνουν στους μπαμπάδες ως λύση να πηγαίνουν με τους γιους τους για κάμπινγκ, σε αθλητικούς αγώνες και να περνούν χρόνο μαζί. Εννοείται ότι οι υγιείς προσωπικές σχέσεις είναι ένα θεμέλιο της ανθρωπότητας και της συναισθηματικής μας υγείας, εφόσον είμαστε φτιαγμένοι κατ' εικόνα του Θεού. Όμως το κύριο σημείο αυτής της τριλογίας βιβλίων για τον *Abba*, ήταν να φτάσει στη ρίζα και στη βάση της συναισθηματικής υγείας, που είναι η πνευματική μας υγεία. Το έργο της μεταμόρφωσης που κάνει μέσα μας το Άγιο Πνεύμα, δεν ξεκινά από το επίπεδο των συναισθημάτων, αλλά από το πνεύμα του ανθρώπου.

> *Με κάθε φύλαξη φύλαγε την καρδιά σου· επειδή, απ' αυτή προέρχονται οι εκβάσεις τής ζωής.*
>
> Παροιμίες 4:23

Τους υγιείς και ολοκληρωμένους γιους δεν τους δημιουργούν οι πατέρες. Τους υγιείς και ολοκληρωμένους γιους και κόρες τους δημιουργούν *οι υγιείς και ολοκληρωμένοι πατέρες* (και ας μην παραλείψουμε τις μητέρες). Η πνευματική υγεία οδηγεί σε συναισθηματική υγεία και υγιείς σχέσεις, όχι το αντίστροφο. Ο σκοπός της μελέτης μας ήταν να φτάσουμε στη ρίζα της ανθρώπινης διάλυσης και των πολλαπλών προβλημάτων που απορρέουν απ' αυτή. Και αυτή η ρίζα είναι το ορφανό πνεύμα, που μας αποξενώνει από τον Θεό και μεταξύ μας. Η πνευματική μεταμόρφωση από το Άγιο Πνεύμα— είναι ένα εσωτερικό έργο που μας μεταμορφώνει από ορφανούς σε κληρονόμους—είναι η μόνη αποτελεσματική λύση για το πρόβλημα της ανθρωπότητας.

Παραλληλίζουμε φυσικές καταστάσεις και προβλήματα για να περιγράψουμε κάποιες απτές, πνευματικές καταστάσεις. Οι πνευματικοί πατέρες είναι απαραίτητοι αν θέλουμε να μεγαλώσουμε πνευματικούς γιους και κόρες. Είμαι πεπεισμένος ότι πολλά από τα

Οι πνευματικοί πατέρες είναι απαραίτητοι αν θέλουμε να μεγαλώσουμε πνευματικούς γιους και κόρες.

εκκλησιαστικά μας μοτίβα είναι τελείως αναποτελεσματικά στο να παράγουν κάτι άλλο, πέρα από εκκλησιαστικούς θεατές. Δεν το λέω επικριτικά, αλλά ως διαπίστωση: ο πατρικός ρόλος προϋποθέτει κάποιον που είναι πρόθυμος να διαπαιδαγωγήσει γιους, και αντίστοιχα, γιους που είναι πρόθυμοι να υποταχθούν στους πνευματικούς πατέρες τους για να ζήσουν. Το κλίμα της εποχής μέσα στην εκκλησία, που αγωνίζεται να γεμίσει καρέκλες, ουσιαστικά παραλύει τους υπευθύνους της εκκλησίας και δεν τους αφήνει να εφαρμόσουν τη διαπαιδαγώγηση που απαιτείται για να μεγαλώσουν γιους. Το Άγιο Πνεύμα, όμως, έχει τον τρόπο να επιστρατεύσει διαθέσιμους πολεμιστές. Το δεύτερο βήμα Του είναι να βοηθήσει αυτούς τους πολεμιστές, ώστε να υιοθετήσουν έναν επαναστατικό τρόπο σκέψης, ενάντια στη νοοτροπία του κόσμου, πράγμα που προϋποθέτει αλλαγή κάποιων όρων.

Το Πνεύμα του Γιου Αλλάζει τους Όρους

Αν υπάρχει κάποιος που ξέρει καλά τι εστί επανάσταση, αυτός είναι ο Καρλ Μαρξ. Ίσως θα έπρεπε να πω τι εστί «αποτυχημένη επανάσταση», γιατί για να εφαρμόσει την καμπάνια του χρειάστηκε να δολοφονήσει 100 εκατομμύρια ανθρώπους. Ένας μελετητής του Μαρξ και ιδιαίτερα γνωστός στην αμερικανική βιβλιογραφία, είναι ο Σολ Αλίνσκι. Το βιβλίο του, Rules for Radicals (Οι Κανόνες των Ριζοσπαστικών), έχει λειτουργήσει ως εγχειρίδιο στρατηγικής πολλών ανατρεπτικών στοιχείων τα τελευταία πενήντα χρόνια. Λέει, «Να θυμάστε ότι δεν υπάρχουν κανόνες σε μια επανάσταση, όπως δεν υπάρχουν κανόνες στην αγάπη ή στην ειρήνη. Υπάρχουν, όμως, κανόνες για ριζοσπαστικούς ανθρώπους που θέλουν να αλλάξουν τον κόσμο»[67]. Ένας απ' αυτούς τους κανόνες, τον οποίο εφαρμόζουν εδώ και αιώνες όσοι θέλουν να ανατρέψουν ένα κατεστημένο, είναι ότι η πρώτη σου δουλειά είναι να επαναδιατυπώσεις κάποιους όρους, να σφετεριστείς τη γλώσσα, να δώσεις στις λέξεις διαφορετική σημασία από αυτήν που είχαν πάντα, και να κάνεις το άλλοτε αδιανόητο, να φαίνεται αποδεκτό. Δες τις λέξεις «ομοφυλόφιλος», «βιώσιμος», «καυτός», «πορνογραφία», «Χριστιανός» και «σοσιαλιστής», και σκέψου πόσο διαφορετική είναι η σημασία τους σήμερα, από την πρωτότυπη χρήση τους. Ιδέες και

Η ΔΙΑΜΟΡΦΩΣΗ από τον *Abba*

πρακτικές που ήταν κάποτε ταμπού ή χυδαίες για τον πολιτισμό μας, έγιναν τελικά αποδεκτές και φυσιολογικές, επειδή εξανθρωπίσαμε κάποιες συμπεριφορές και επαναπροσδιορίσαμε κάποιους όρους.

Αυτή η τακτική πρωτοεμφανίστηκε στον Κήπο της Εδέμ, όταν ο Σατανάς επιχείρησε να αλλάξει τη σημασία της λέξης «πεθαίνω» που είπε ο Θεός. Το κόλπο είναι να αντικαταστήσεις την αλήθεια με ένα ψέμα—μια ελαφρώς τροποποιημένη, αλλά κατ' ουσίαν παραποιημένη εκδοχή του αληθινού.

> *Το φίδι είπε στη γυναίκα: Στ' αλήθεια, είπε ο Θεός: Να μη φάτε από κάθε δέντρο τού παραδείσου; ... Και το φίδι είπε στη γυναίκα: Σίγουρα δεν θα πεθάνετε.*
> Γένεση 3:1, 4

Εφόσον ο Αδάμ και η Εύα δεν πέθαναν σωματικά τη μέρα που ανυπάκουσαν, το ψέμα φάνηκε να επιβεβαιώνεται. Η αλήθεια, όμως, είναι ότι πέθαναν.

Η ίδια ακριβώς τακτική εφαρμόστηκε στην αιχμαλωσία του λαού Ισραήλ από τους Βαβυλώνιους. Το πρώτο πράγμα που έκαναν οι Βαβυλώνιοι, ήταν να δώσουν στους Ισραηλίτες βαβυλωνιακά ονόματα, και μαζί μ' αυτά, αλλοιωμένες ταυτότητες. Ο Ανανίας, ο Μισαήλ και ο Αζαρίας, η αφρόκρεμα των εκλεκτών νέων του λαού Ισραήλ, μετονομάστηκαν Σεδράχ, Μισάχ και Αβδέ-νεγώ (και τα τρία σημαίνουν «δούλος/υπηρέτης» κάποιου άλλου). Στον Δανιήλ έδωσαν το όνομα Βαλτασάσαρ. Το εβραϊκό του όνομα σημαίνει «ο Θεός είναι ο κριτής ή κριτής του Θεού». Ενώ το νέο βαβυλωνιακό του όνομα σημαίνει «προστάτης του βασιλιά». Τι ύπουλο! Ο Δανιήλ έμελλε να είναι ένας άνθρωπος με χρίσμα να ερμηνεύει όνειρα, να αρνείται το κακό και να λατρεύει με πιστότητα τον Θεό με το Πνεύμα του Θεού. Αν, όμως ήθελε, το καθήκον να προστατεύει τον Ναβουχοδονόσορα θα τον ανέβαζε στην κοινωνική ελίτ. Σκέψου τον πλούτο, το κύρος, το πρεστίζ εκείνου του βασιλείου. Η πρόταση ήταν τρομερά δελεαστική.

> *Ο Δανιήλ, όμως, έβαλε στην καρδιά του να μη μολυνθεί.*
> Δανιήλ 1:8

Οι τακτικές των ριζοσπαστικών κινημάτων στην Ιστορία μας, συνήθως χρησιμοποιούνται ενάντια στην αποστολή του Πατέρα, αλλά υπάρχει και η ανάποδη εφαρμογή τους. Καλούμαστε κι εμείς να συμμετέχουμε σε μια επαναστατική αποστολή, επαναφοράς και αγάπης. Η ριζοσπαστική αποστολή μας είναι να καταστρέψουμε τα έργα του εχθρού. Βρισκόμαστε σε μια πνευματική μάχη και πρέπει να μάθουμε να πολεμάμε ως γιοι, και όχι ως ορφανοί.

> *Επειδή, τα όπλα τού πολέμου μας δεν είναι σαρκικά, αλλά δυνατά με τον Θεό για καθαίρεση οχυρωμάτων· δεδομένου ότι, καθαιρούμε λογισμούς, και κάθε ύψωμα, που αλαζονικά υψώνεται ενάντια στη γνώση τού Θεού, και αιχμαλωτίζουμε κάθε νόημα στην υπακοή τού Χριστού· και είμαστε έτοιμοι να εκδικήσουμε κάθε παρακοή, όταν γίνει πλήρης η υπακοή σας..*
> Β' Κορινθίους 10:4-6

Ο Ιησούς ήταν Επαναστάτης

Ο Ιησούς ήταν ένας επαναστάτης, με την έννοια ότι ξεσκέπαζε την εξαπάτηση και έλεγε την αλήθεια. Αποτελούσε τόσο μεγάλη απειλή για το υπάρχον θρησκευτικό σύστημα, που κατέστρωναν σχέδια για να Τον σκοτώσουν. Πολλοί Χριστιανοί δυσκολεύονται να δουν τον Ιησού ως μια τόσο ριζοσπαστική φιγούρα στη θρησκευτική κουλτούρα της εποχής του, αλλά ακριβώς αυτό ήταν για την άρχουσα θρησκευτική τάξη— τους Φαρισαίους. Εκπροσωπούσαν μια μορφή του Ιουδαϊσμού που είχε προσθέσει τετρακόσιους νέους νόμους μετά την εποχή του Μαλαχία (ήταν «η παράδοση των πρεσβυτέρων» σύμφωνα με τον Ιησού). Αυτό το παρακλάδι του Ιουδαϊσμού στηριζόταν στην εξουσία που τους έδινε η συνεργασία με τη Ρωμαϊκή Αυτοκρατορία, και κατέπνιγε τη ζωή της λατρείας προς τον Θεό (Κατά Μάρκο 7:3-13).

Η άνοδος του Φαρισαϊστικού Ιουδαϊσμού κατά τη Διαδιαθηκική Περίοδο (από το 350 π.Χ. μέχρι και τις μέρες του Ιησού), χαρακτηρίστηκε από τη συνεχή προσθήκη νόμων. Μια υποσημείωση, όταν το Πνεύμα απουσιάζει, ο άνθρωπος αρχίζει να κρατιέται από συμπεριφορές, κανόνες και νόμους για να καλύψει το κενό. Οι Φαρισαίοι είχαν πείσει όλους τους Ιουδαίους να τηρούν «τις παραδόσεις των πρεσβυτέρων», γι' αυτό όταν εμφανίστηκε στο προσκήνιο ο Ιησούς, δεν Τον έκριναν σύμφωνα με την αποκάλυψη του Θεού, αλλά σύμφωνα με τις θρησκευτικές παραδόσεις που είχαν επινοήσει. Τον αμφισβητούσαν για λεπτομέρειες τύπου, «Γιατί οι μαθητές Σου δεν πλένουν τα χέρια τους;» (Κατά Μάρκο 7:5).

Η ΔΙΑΜΟΡΦΩΣΗ από τον *Abba*

Κάποιοι λένε ότι μόνο μέσα από το πρίσμα του Μωυσή μπορούμε να καταλάβουμε τον Ιησού, αλλά η αλήθεια είναι ο Ιησούς ήρθε για να εξηγήσει τον Μωυσή σε όσους είχαν λάθος αντιλήψεις για τον Θεό. Άλλοι λένε ότι μόνο μέσα από το πρίσμα του ραβινικού Ιουδαϊσμού μπορούμε να κατανοήσουμε τον Ιησού, αλλά ο Ιησούς επαναπροσδιόρισε τον ραβινικό Ιουδαϊσμό, καθώς δίδασκε και κήρυττε, όχι σαν τους ραβίνους της εποχής Του, αλλά ως έχων εξουσία. Ο ραβινικός Ιουδαϊσμός είχε διαστρεβλωθεί πολύ και κατάντησε πολιτικά υποκινούμενος. Άλλοι θεωρούν ότι ο Ιησούς ανέβασε τον πήχη και έκανε τον νόμο ακόμα πιο δύσκολο να τηρηθεί, ενώ στην πραγματικότητα, ο Ιησούς επαναπροσδιόρισε τον λόγο για τον οποίο δόθηκε ο Νόμος. Με άλλα λόγια, ο Ιησούς επαναδιατύπωσε τους όρους της συμφιλίωσης με τον Θεό. Έκανε ακριβώς αυτό που κάνει ένας σωστός επαναστάτης.

Ο Ιησούς Επαναδιατυπώνει την Κοινή Λογική

Δες πώς ο Ιησούς άλλαξε το νόημα των θρησκευτικών όρων της εποχής Του: «Ακούσατε ότι ειπώθηκε... Εγώ, όμως, σας λέω...».

Ακούσατε ότι ειπώθηκε στους αρχαίους: «Μη φονεύσεις»· και όποιος φονεύσει, θα είναι ένοχος στην κρίση. ***Εγώ, όμως, σας λέω*** *ότι, καθένας που οργίζεται αναίτια ενάντια στον αδελφό του, θα είναι ένοχος στην κρίση, και όποιος πει στον αδελφό του: Ρακά, θα είναι ένοχος στο συνέδριο· και όποιος πει: Μωρέ, θα είναι ένοχος στη γέεννα της φωτιάς.*
Κατά Ματθαίο 5:21-22

Επαναδιατυπώνει την έννοια του φόνου, εξηγώντας ότι δεν είναι μόνο η άσκηση σωματικής βίας, αλλά και το πνεύμα του μίσους, που εναντιώνεται στον χαρακτήρα του Θεού που στηρίζεται στις υγιείς σχέσεις αγάπης.

Ακούσατε ότι ειπώθηκε στους αρχαίους: «Μη μοιχεύσεις». ***Εγώ, όμως, σας λέω****, ότι καθένας που κοιτάζει μία γυναίκα για να την επιθυμήσει, διέπραξε ήδη μοιχεία μέσα στην καρδιά του.*
Κατά Ματθαίο 5:27-28

Και εδώ, ο Ιησούς δεν «ανεβάζει απλώς τον πήχη» της αγιότητας. Μας εξηγεί ότι η αγιότητα είναι η κατάσταση της συνολικής μας πληρότητας. Είναι μια εσωτερική πραγματικότητα που εκφράζεται εξωτερικά. Η αγιότητα είναι η πληρότητα στις σχέσεις μας. Άρα, η μοιχεία δεν είναι μόνο μια σεξουαλική πράξη εκτός γάμου, αλλά το σπάσιμο της διαθήκης με τον/την σύζυγό σου. Αυτός ο πνευματικός χωρισμός μπορεί να υπάρχει πολύ πριν εμφανιστεί η εξωσυζυγική σχέση. Ο Ιησούς δίνει έμφαση στο πώς είμαστε φτιαγμένοι απ' τον Θεό, που είναι να ζούμε με υγιείς σχέσεις. Δεν Τον ενδιαφέρει να μας επιβάλλει ένα πρόγραμμα διαχείρισης της αμαρτίας για να μην παρεκτρεπόμαστε. Διάβασε τα επόμενα εδάφια, και δες αν μπορείς να εντοπίσεις το πραγματικό θέμα στις σχέσεις μας που θίγει ο επαναστατικός Ιησούς:

Πάλι ακούσατε ότι ειπώθηκε στους αρχαίους: Μη γίνεις επίορκος, αλλά εκπλήρωσε τους όρκους σου προς τον Κύριο. **Εγώ, όμως, σας λέω**, *να μη ορκιστείτε καθόλου· ούτε στον ουρανό, επειδή είναι θρόνος τού Θεού· ούτε στη γη, επειδή είναι υποπόδιο των ποδιών του· ούτε στα Ιεροσόλυμα, επειδή είναι πόλη τού μεγάλου βασιλιά.*
Κατά Ματθαίο 5:33-35

Ακούσατε ότι ειπώθηκε: «Μάτι αντί για μάτι, και δόντι αντί για δόντι». Εγώ, όμως, σας λέω, μη αντισταθείτε στον πονηρό· αλλά, όποιος σε ραπίσει στο δεξί σου σαγόνι, στρέψε σ' αυτόν και το άλλο.
Κατά Ματθαίο 5:38-39

Ακούσατε ότι ειπώθηκε: «Θα αγαπάς τον πλησίον σου», και θα μισείς τον εχθρό σου. Εγώ, όμως, σας λέω: Να αγαπάτε τούς εχθρούς σας, να ευλογείτε εκείνους που σας καταρώνται, να ευεργετείτε εκείνους που σας μισούν, και να προσεύχεστε για εκείνους που σας βλάπτουν και σας κατατρέχουν.
Κατά Ματθαίο 5:43-44

Ίσως αναρωτιέσαι, «Τι σχέση έχουν όλα αυτά με τη διαμόρφωσή μου από τον *Abba*—το έργο του Αγίου Πνεύματος για την πνευματική μου μεταμόρφωση;». Άμεση σχέση. Το Άγιο Πνεύμα ήρθε για να επαναδιατυπώσει τους όρους που χρησιμοποιούσες μέχρι τώρα για να αξιολογείς τον εαυτό σου. Το Άγιο Πνεύμα σου δείχνει πώς σε βλέπει ο Πατέρας και σου φανερώνει ποιο είναι το αληθινό σου όνομα, αντί για τις ταμπέλες που σου έβαλε ο κόσμος. Δεν είσαι ένας Βαλτασάσαρ, αλλά ένας Δανιήλ—ένας άνθρωπος που βλέπει και κρίνει κατά το Πνεύμα. Δεν είσαι ένας Κηφάς, αλλά ένας Πέτρος—ένας βράχος σταθερότητας. Δεν είσαι ένας ορφανός, αλλά ένας γιος.

> Το Άγιο Πνεύμα ήρθε για να επαναδιατυπώσει τους όρους που χρησιμοποιούσες μέχρι τώρα για να αξιολογείς τον εαυτό σου.

Μεταμόρφωση: Να Βλέπεις τα Παλιά με Νέα Μάτια

Ένα κλειδί που θα βοηθήσει την προσωπική σου πνευματική μεταμόρφωση, είναι το πόσο ανοιχτός είσαι στον επαναπροσδιορισμό της αλήθειας και της πραγματικότητας. Τα μεγαλύτερα εμπόδια στη μεταμόρφωσή μας είναι συνήθως οι παραδόσεις που διδαχθήκαμε στην εκκλησία, οι οποίες για μας έχουν ένας είδος πνευματικής εξουσίας. Για παράδειγμα, ο Ιησούς λέει στους μαθητές Του:

> *Δεν υπάρχει τίποτε που, απέξω από τον άνθρωπο, μπαίνει μέσα του, το οποίο μπορεί να τον μολύνει, αλλά αυτά που βγαίνουν απ' αυτόν, εκείνα είναι που μολύνουν τον άνθρωπο.*
>
> Κατά Μάρκο 7:15

Οι «παραδόσεις των πρεσβυτέρων» είχαν μετατρέψει τους νόμους περί φαγητού της Παλαιάς Διαθήκης (κανόνες υγιεινής, ουσιαστικά) σε δείκτες αγιότητας (πνευματικής δικαιοσύνης). Ο όρος «ακάθαρτος» ποτέ δεν προορίστηκε να χρησιμοποιείται ως μια πνευματική ταμπέλα, που θα εξοστράκιζε και θα απομόνωνε τους ανθρώπους απ' τον Θεό και τον έναν απ' τον άλλο. Αντιθέτως, ήταν για την προστασία του λαού του Θεού από αρρώστιες, μεταδοτικές νόσους και μικροβιακές λοιμώξεις. Ο Ιησούς εξηγεί ξανά τις οδηγίες του Θεού για να διορθώσει κάθε παρεξήγηση. Ο Ιησούς διατυπώνει

> Ένα κλειδί που θα βοηθήσει την προσωπική σου πνευματική μεταμόρφωση, είναι το πόσο ανοιχτός είσαι στον επαναπροσδιορισμό της αλήθειας και της πραγματικότητας.

εκ νέου τους όρους και διακηρύττει ότι όλες οι τροφές είναι καθαρές. Επαναστατική δήλωση!

> *Και όταν, από το πλήθος, μπήκε μέσα σε ένα σπίτι, οι μαθητές του τον ρωτούσαν για την παραβολή. Και τους λέει: Έτσι ασύνετοι είστε κι εσείς; Δεν καταλαβαίνετε ότι κάθε τι απέξω, που μπαίνει μέσα στον άνθρωπο, δεν μπορεί να τον μολύνει; Επειδή, δεν μπαίνει μέσα στην καρδιά του, αλλά στην κοιλιά· και αποβάλλεται στο αποχωρητήριο, καθαρίζοντας όλα τα φαγητά.*
> Κατά Μάρκο 7:17-19

Περίπου δέκα χρόνια μετά, ο Πέτρος τηρούσε ακόμα τις παραδόσεις της εβραϊκής του καταγωγής. Δεν μπορούσε να αντιληφθεί ότι η καρδιά του Θεού ήταν ανοιχτή για όλους τους ανθρώπους. Για να καταλάβεις καλύτερα πώς συνδέονται όλα αυτά, θα σου δώσω κάποιες επιπλέον πληροφορίες. Μείνε μαζί μου.

Το Κατά Μάρκον Ευαγγέλιο είναι γνωστό ως τα «απομνημονεύματα του Πέτρου». Το ευαγγέλιο που έγραψε ο Μάρκος είναι ουσιαστικά οι αναμνήσεις του Πέτρου από τα έργα και τα λόγια του Ιησού, τα οποία ο Πέτρος μετέφερε στον Μάρκο[68]. Ο Πέτρος ήταν παρών όταν ο Ιησούς είπε, «Όλα τα φαγητά είναι καθαρά». Ενώ άκουσε ο ίδιος τον Ιησού να το λέει, σχεδόν δέκα χρόνια μετά, ακόμα δεν είχε κατανοήσει τι σήμαιναν αυτά τα λόγια. Στις Πράξεις 10 διαβάζουμε ότι ο Πέτρος ήταν σε μια ταράτσα και προσευχόταν (φαντάσου ένα ωραίο αίθριο στον δεύτερο όροφο), και εκεί ο Κύριος του δείχνει μια όραση με ένα σεντόνι που κατεβαίνει από τον ουρανό με «ακάθαρτα ζώα» (Πράξεις 10:9-16). Ο Πέτρος λέει στον Κύριο, «Κύριε, ξέρεις ότι ποτέ δεν έφαγα ακάθαρτες τροφές». Εξακολουθούσε να τηρεί τους νόμους των Ιουδαίων περί φαγητού.

Ήξερες ότι μπορεί να είσαι τόσο προσηλωμένος στον αγώνα σου για την ορθή διδασκαλία, ώστε να χάσεις τον άνεμο του Πνεύματος και την ευκαιρία να μεταμορφωθείς; Ο Πέτρος ήταν τόσο κολλημένος στον Νόμο του Μωυσή (και τη νομικίστικη πίεση από την Ιερουσαλήμ), που ο Κύριος έπρεπε να του δείξει την όραση τρεις φορές μέχρι να «πιάσει το νόημα». Η όραση δεν αφορούσε καν του νόμους για το φαγητό. Δεν ήταν αυτό το θέμα. Τα «ακάθαρτα φαγητά» συμβόλιζαν τα έθνη. Ο Ιησούς έλεγε στον Πέτρο, δια Αγίου Πνεύματος, ότι ο Ιησούς έχυσε το αίμα Του για κάθε έθνος, φυλή και γλώσσα, ώστε όλοι οι άνθρωποι

Η ΔΙΑΜΟΡΦΩΣΗ από τον *Abba*

να μπορούν να συμφιλιωθούν με τον Πατέρα. Ο Ιησούς καλούσε τον Πέτρο να κηρύξει το Ευαγγέλιο στους εθνικούς.

Ο Πέτρος τελικά πήγε μαζί με τους εθνικούς που ήρθαν και τον έψαχναν λίγο αργότερα. Πήγε ενάντια στις «παραδόσεις των πρεσβυτέρων» και

Ο Ιησούς επαναπροσδιόρισε τους όρους «άγιος», «καθαρός» και «βέβηλος» στην καρδιά του Πέτρου.

κήρυξε το Ευαγγέλιο στους εθνικούς που βρίσκονταν στο σπίτι του Κορνήλιου. Ήταν η πρώτη φορά που το Άγιο Πνεύμα πλημμύρισε τις καρδιές μη-Ιουδαίων. Πρόσεξε τι τους είπε ο Πέτρος στο κήρυγμά του:

> *Εσείς ξέρετε ότι είναι ασυγχώρητο σε έναν άνθρωπο Ιουδαίο να συναναστρέφεται ή να πλησιάζει σ'έναν αλλόφυλο· ο Θεός, όμως, έδειξε σε μένα να μη λέω κανέναν άνθρωπο βέβηλον ή ακάθαρτον.*
>
> Πράξεις 10:28[69]

Ο Πέτρος κατάλαβε επιτέλους ότι το θέμα δεν είναι τι φαγητά επιτρέπεται να φάμε, αλλά εάν και κατά πόσο βλέπουμε τους ανθρώπους όπως τους βλέπει ο Θεός.

Ο Ιησούς επαναπροσδιόρισε τους όρους «άγιος», «καθαρός» και «βέβηλος» στην καρδιά του Πέτρου. Η αλήθεια είναι ότι ο Πέτρος, από την ανάσταση του Ιησού και μετά, ζούσε στην Ιερουσαλήμ. Φαίνεται ότι οι θρησκευτικές πιέσεις που κυριαρχούσαν εκείνη την εποχή στην πόλη, επηρέασαν σημαντικά την ικανότητα του Πέτρου να ζήσει με τους όρους της μεταμορφωμένης ζωής που είχε ήδη εγκαινιάσει ο Ιησούς. Ο Σατανάς πολλές φορές χρησιμοποιεί το περιβάλλον μας και την κυρίαρχη νοοτροπία που το συνοδεύει (είτε κοσμική, είτε θρησκοληπτική), για να ανακόψει την πορεία μας ως ελεύθερων γιων[70]. Συγκεκριμένα, η θρησκευτική νοοτροπία μας κλείνει τα μάτια μας στην επαναστατική αλλαγή του Ιησού μέσα από μια απλή ιδέα: την τήρηση των εντολών.

Τι Σημαίνει Τηρώ τις Εντολές;

Πρέπει να καταλάβουμε ότι, μέσα στην ανάπαυση της Καινής Διαθήκης, δεν ευαρεστούμε τον Θεό με το να συμμορφώνουμε τη συμπεριφορά μας σε κάποιους κανόνες ή εντολές. Ο Παύλος λέει καθαρά ότι:

> *Ας μη σας κρίνει, λοιπόν, κανένας για φαγητό ή για ποτό ή για λόγον γιορτής ή νεομηνίας ή σαββάτων· που είναι σκιά των μελλοντικών πραγμάτων, το σώμα όμως είναι τού Χριστού...*
> *Αν, λοιπόν, πεθάνατε μαζί με τον Χριστό από τα στοιχεία τού κόσμου, γιατί, ενώ ζείτε μέσα στον κόσμο, υποβάλλετε τον εαυτό σας σε διατάγματα: (Μη πιάσεις, μη γευτείς, μη αγγίξεις...), σύμφωνα με τα εντάλματα και τις διδασκαλίες των ανθρώπων;*
> Κολοσσαείς 2:16-17, 20-22

Δες, επίσης, ότι ο Παύλος αντιπαραβάλλει την τήρηση του Νόμου με τη ζωή του Πνεύματος.

> *Τώρα, όμως, απαλλαχτήκαμε από τον νόμο, αφού έχουμε πεθάνει σε σχέση με εκείνο που μας κρατούσε· για να δουλεύουμε σύμφωνα με το νέο πνεύμα, και όχι σύμφωνα με το παλιό γράμμα.*
> Ρωμαίους 7:6

Όταν διαβάζουμε τα λόγια του Ιησού, «να τηρείτε τις εντολές Μου» (Κατά Ιωάννη 14:15, 21, 15:10), μας θυμίζει λίγο την εντολή της Παλαιάς Διαθήκης να υπακούμε στο γράμμα του Νόμου. Το μυαλό μας γυρίζει κατευθείαν στο σύστημα διαχείρισης συμπεριφοράς της Παλαιάς Διαθήκης, αλλά για άλλη μια φορά, ο Ιησούς επαναπροσδιορίζει τη σημασία των όρων. Το ρήμα «τηρώ» έχει μεγάλο ενδιαφέρον. Στο πρωτότυπο κείμενο χρησιμοποιείται το αρχαίο ρήμα *τηρέω* που δεν δείχνει κενή υπακοή ή υποταγμένη συμπεριφορά. Το ρήμα *τηρέω* έχει τη σημασία του προστατεύω και φυλάω κάτι με προσοχή και φροντίδα: λατρεύω, προστατεύω, εκτιμώ. Το καλύτερο παράδειγμα που μου έρχεται, είναι αυτό που νιώθω όταν κινδυνεύει μια από τις κόρες μου. Είναι η ώθηση να προστατεύσω κάτι με προσοχή, φροντίδα και μια δόση πάθους. Θα σου δείξω μέσα από ένα περιστατικό τη διαφορετική σημασία αυτού του μοναδικού όρου από την Παλαιά στην Καινή Διαθήκη.

Πριν από χρόνια, όταν τα παιδιά μου ήταν μικρά, πήγαμε οικογενειακές διακοπές στη Νέα Υόρκη, και περπατούσαμε σ' έναν απ' τους πολυσύχναστους δρόμους του Μανχάταν. Σταματήσαμε έξω από ένα εστιατόριο και χαζεύαμε το μενού για να δούμε αν θα μπούμε μέσα. Τελικά αποφασίσαμε να μην κάτσουμε εκεί. Συνεχίσαμε να περπατάμε κι εγώ μέτρησα τα κεφάλια για να βεβαιωθώ ότι είμαστε όλοι μαζί. Τότε συνειδητοποίησα ότι έλειπε η μικρή μου κόρη, η Λόρεν, που ήταν οχτώ χρονών τότε. Έχασα την κόρη μου στο Μανχάταν και μαζί, δέκα χρόνια απ' τη ζωή μου. Μέσα σε δευτερόλεπτα άρχισαν να με σφυροκοπούν σκέψεις και να ανεβαίνουν οι παλμοί μου. Σκέφτηκα, «Λογικά δεν είδε ότι σταματήσαμε έξω απ' το εστιατόριο και μάλλον συνέχισε να περπατάει. Σίγουρα παρασύρθηκε απ' τον κόσμο που περνούσε, οπότε θα είναι λίγο πιο κάτω». Τα σενάρια για κάθε πιθανό κίνδυνο έπαιζαν στο μυαλό μου. Δεν έχω ξανανιώσει τέτοιο φόβο στη ζωή μου! «Το κοριτσάκι μου χάθηκε». Άρχισα να τρέχω γεμάτος αδρεναλίνη. Κοίταξα απέναντι, στην επόμενη διασταύρωση, και την είδα μέσα σ' ένα μπουλούκι πεζών που ανέβαιναν σ' ένα λεωφορείο.

Ο πανικός μου χτύπησε κόκκινο. Σκέφτηκα ότι αν μπει στο λεωφορείο και κλείσουν οι πόρτες, ίσως δεν την ξαναδώ ποτέ. Με όση δύναμη είχα μέσα μου φώναξα, «Λόρεν!!!!!!», και έτρεξα προς το μέρος της χωρίς να προσέξω ή να υπολογίσω τα αυτοκίνητα που περνούσαν. Ξαφνικά, η μικρή κοίταξε γύρω της και συνειδητοποίησε ότι δεν ήταν κανείς μας μαζί της. Ο φόβος περιέλουσε το πρόσωπό της, αλλά την ίδια στιγμή εξαφανίστηκε. Μόλις με είδε, το πρόσωπό της έλαμψε, άρπαξε το χέρι μου και τη γύρισα πίσω στην υπόλοιπη οικογένεια. Επί μιάμιση βδομάδα, δεν νομίζω ότι αφήσαμε ο ένας το χέρι του άλλου. Χωρίς υπερβολή, σ' όλη τη διάρκεια των διακοπών μας, είχα στην παλάμη μου σημάδια από τα μικροσκοπικά δαχτυλάκια της. Κατάλαβες τώρα τι εννοώ να προστατεύεις κάτι με φροντίδα και πάθος;

Η λέξη *τηρέω* περιγράφει αυτή την προστατευτική, διεκδικητική, σχεδόν ζηλότυπη φροντίδα. Όταν ο Ιησούς λέει «να τηρείτε τις εντολές Μου», δεν μας ζητά να υπακούμε τυπικά σε κάποιους κανόνες. Μας λέει, «Αγαπήστε κάθε λόγο Μου, γιατί τα λόγια μου είναι πνεύμα και ζωή» (Κατά Ιωάννη 6:63)[71]. Το κλειδί για να ζεις ως γιος δεν είναι η αγχώδης, θρησκοληπτική υπακοή σου. Είναι να ζεις τόσο κοντά στον Πατέρα, ώστε να ακούς κάθε ψίθυρό Του, και να τον τηρείς σαν να είναι τα τελευταία λόγια που θα ακούσεις απ' το στόμα Του. Σου προκαλεί έναν φόβο αυτή η σκέψη; Έτσι πρέπει, γιατί είναι φοβερό, με την καλή έννοια—γιατί δεν θέλεις ούτε να φανταστείς τη ζωή σου μακριά από την παρουσία του Πατέρα. Γι' αυτό την προστατεύεις. Γι' αυτό τηρείς τα λόγια Του. Αυτό θα πει λατρεία, στον υπέρτατο βαθμό.

Αν φυλάξετε τις εντολές μου, θα μείνετε στην αγάπη μου· όπως εγώ φύλαξα τις εντολές τού Πατέρα μου, και μένω στην αγάπη του.
Κατά Ιωάννη 15:10

Ο Ιησούς και ο Παύλος δίνουν μια νέα διάσταση στη φράση «τηρώ τις εντολές». Δεν μιλούν για έναν ζουρλομανδύα τήρησης κανόνων και σωστής συμπεριφοράς, αλλά για μια καρδιά που προστατεύει με πάθος και λατρεία τη σχέση της μαζί Του. Μου αρέσει ο τρόπος που αποδίδει η παράφραση The Message τα λόγια του Παύλου:

Όποιος πιστεύει στον Θεό, ανακηρύσσεται δίκαιος από τον Θεό—αυτή είναι η πραγματική ζωή. Η τήρηση του νόμου δεν οδηγεί στη ζωή της πίστης, απλώς διαιωνίζει την τήρηση περισσότερων κανόνων, πράγμα που επιβεβαιώνουν οι γραφές: «ο άνθρωπος, που τα πράττει αυτά [απλώς τηρεί κανόνες], θα ζήσει διαμέσου αυτών»... Επειδή, αν η τήρηση του νόμου μπορούσε να φέρει ζωή μέσα μας, θα το είχαμε καταφέρει μέχρι τώρα... Σας εφιστώ την προσοχή: τη στιγμή που κάποιος από σας υποκύψει στην περιτομή ή σε άλλο σύστημα τήρησης κανόνων, έχει πετάξει το πολύτιμο δώρο της ελευθερίας για το οποίο κοπίασε ο Χριστός.
Γαλάτες 3:11-12, 22, 5:2 (MSG)

Η τήρηση των εντολών Του δεν είναι πια κενή υπακοή σε έναν ηθικό κώδικα αποδεκτών συμπεριφορών. Είναι η αγάπη μας για τα λόγια του Ιησού, η οποία πηγάζει από τη σχέση μας μαζί Του, διαμέσου του Αγίου Πνεύματος που ζει μέσα μας. Και είναι καρπός της διαμόρφωσής μας από τον *Abba*. Ο Ιησούς, ως ο απόλυτος επαναστάτης, έδωσε νέα σημασία στον νόμο, νέα ερμηνεία στον ραβινικό Ιουδαϊσμό και νέα διάσταση στην τήρηση των εντολών... γιατί να θέλουμε να πάμε πίσω στις παλιές ερμηνείες τους;

Ζεις αυτή τη νέα πραγματικότητα; Εγώ νιώθω ένα τρακούνημα, μια πείνα, σαν να νοσταλγώ το σπίτι μου, κάτι μέσα μου που λέει, «Κύριε, θέλω όσο περισσότερο από Σένα μπορώ να γευτώ εδώ και τώρα. Δεν θέλω να περιμένω μέχρι να φτάσω στον ουρανό. Ιησού, είπες ότι θα έρθεις και θα φανερώσεις τον εαυτό Σου σε μένα. Ό,τι κι αν σημαίνει αυτό, το θέλω. Θέλω όσο περισσότερο μπορώ να έχω αυτή τη στιγμή». Έχω την εντύπωση ότι αυτή η φανέρωσή Του διαμέσου του Πνεύματος,

Η ΔΙΑΜΟΡΦΩΣΗ από τον *Abba*

είναι η συγχρονισμένη ζωή που έζησε ο Χριστός ως παράδειγμα για μας. Σκέφτηκες μήπως αυτή ήταν πάντα η πρόθεση του Θεού για μας; Να ευθυγραμμίσει τις ζωές μας με τη ζωή του Ιησού τόσο πολύ, ώστε όποιος μας βλέπει, να βλέπει τον Πατέρα; (Όπως μας έδειξε ο Ιησούς τον Πατέρα.)

> *Και ο Παράκλητος, το Πνεύμα το Άγιο, που ο Πατέρας θα στείλει στο όνομά μου, εκείνος θα σας τα διδάξει όλα, και θα σας υπενθυμίσει όλα όσα είπα προς εσάς.*
> Κατά Ιωάννη 14:26

Είσαι έτοιμος για επανάσταση; Ο στόχος του Ιησού ήταν να ανακτήσει τον έλεγχο όλου του κόσμου και να γεμίσει τον ορφανό πλανήτη μας με την αγάπη του Πατέρα, τίποτα λιγότερο. Όπως είπαμε και στην αρχή, αυτή η επανάσταση απαιτεί διαθέσιμους πολεμιστές, αλλαγή κάποιων ορισμών και υπερφυσικά εφόδια.

Προτού κλείσουμε το θέμα της επαναδιατύπωσης των όρων, ας ανακεφαλαιώσουμε μέχρι εδώ. Μέσα στα χρόνια, ο Χριστιανισμός, και ιδιαίτερα στη Δύση, έχασε τον αρχικό σκοπό του Ιησού, που ήταν να μεταμορφώσει το παλιό σε νέο. Ο Ιησούς έδωσε νέα διάσταση στις αντιλήψεις της Παλαιάς Διαθήκης: ότι η δικαιοσύνη στηρίζεται στην τήρηση κανόνων, ότι αυτά που κάνεις προέχουν του ποιος είσαι, ότι το «ακάθαρτος» είναι πνευματική ταμπέλα, ότι η αγιότητα είναι θέμα συμπεριφοράς, ότι μαθητεία σημαίνει να εκτελείς κάποιες ασκήσεις, και άλλα πολλά. Αν ο στόχος του Ιησού ήταν μόνο να φέρει ανθρώπους στον ουρανό, δεν θα υπήρχε λόγος να στείλει το Άγιο Πνεύμα μέσα σε κάθε πιστό. Ο Ιησούς δεν έστειλε το Πνεύμα Του στην Εκκλησία για να «κάνουμε» ευαγγελισμό, αλλά για να «γίνουμε μάρτυρες» με την πνευματικότητα και το πάθος της ζωής μας, να δείξουμε έμπρακτα στους ανθρώπους τι σημαίνει αγάπη, μαθητεία, εκκλησία, ένωση, πληρότητα, λατρεία, κοινωνία. Ο στόχος της διαμόρφωσης της ζωής μας από τον *Abba* είναι να αναπαράγουμε πλήθη ανθρώπων που ζουν, αγαπούν, σκέφτονται, μιλούν και περπατούν όπως ο Ιησούς, γιατί θα είναι πραγματικά γεμάτοι με το ίδιο Πνεύμα που είχε και έχει ο Ιησούς.

Κάθε επανάσταση χρειάζεται τα τρία στοιχεία που είπαμε: διαθέσιμους πολεμιστές, επαναδιατύπωση κάποιων όρων και εφόδια που εξουδετερώνουν την ισχύ του αντιπάλου. Συνοψίζοντας τη στρατηγική του επαναστατικού κινήματος του Ιησού, ας δούμε ποια είναι τα υπερφυσικά εφόδια που εξουδετερώνουν τη δύναμη του εχθρού.

Υπερφυσικά Εφόδια: Οι Γιοι Προσμένουν το Πνεύμα

Πριν από λίγες μέρες, ξύπνησα απότομα νωρίς ένα πρωί έχοντας αυτά τα λόγια μέσα στο πνεύμα μου: «Πρέπει να περιμένεις την κίνηση του Πνεύματος. Οι τρόποι Του είναι δωρεάν, αλλά δεν περνούν αυτόματα από τη μια γενιά στην άλλη. Πρέπει να τους συλλάβεις μέσα σου και να μη σταματήσεις ποτέ να αναζωπυρώνεις τη φλόγα τους». Έχω ακούσει αυτή την προτροπή πολλές φορές στη ζωή μου—και κάθε φορά ερχόταν ως κάτι επείγον. Προσευχήθηκα για λίγο και έπειτα άνοιξα τη Γραφή μου στο Λευιτικό 24 (που ήταν το κεφάλαιο της μέρας σύμφωνα με το πρόγραμμα μελέτης μου). Και διάβασα το εξής:

Και ο Κύριος μίλησε στον Μωυσή, λέγοντας: Να προστάξεις τούς γιους Ισραήλ να σου φέρουν καθαρό λάδι από κοπανισμένες ελιές, για το φως, ώστε η λυχνία να καίει παντοτινά. Απέξω από το καταπέτασμα του μαρτυρίου, μέσα στη σκηνή τού μαρτυρίου, θα τη βάλει ο Ααρών από την εσπέρα μέχρι το πρωί, μπροστά στον Κύριο, παντοτινά· θα είναι αιώνιος θεσμός στις γενεές σας. Επάνω στην καθαρή λυχνία θα παραθέσει τα λυχνάρια μπροστά στον Κύριο, πάντοτε.
Λευιτικό 24:1-4

Ήταν σαν επιβεβαίωση στα λόγια που με ξύπνησαν εκείνο το πρωί. Το λάδι από τις ελιές συμβολίζει το Άγιο Πνεύμα και το χρίσμα που δίνει ο Κύριος στον πιστό. Η λεπτομέρεια ότι οι ελιές έπρεπε να είναι «κοπανισμένες» (δηλαδή να έχουν υποστεί πίεση ή σύνθλιψη), υποδηλώνει την έντονη κρουστική διαδικασία που απαιτείται για να παραχθεί λάδι. Ποια θα είναι η χρήση αυτού του λαδιού; Θα είναι το καύσιμο που θα διατηρεί το φως μέσα στην άγια σκηνή του Κυρίου. Εφόσον δεν υπήρχαν παράθυρα στη σκηνή για να μπει φυσικό φως, η λυχνία ήταν η μόνη πηγή φωτός μέσα στον άγιο χώρο. Άρα, οι φλόγες των κεριών της λυχνίας, συμβολίζουν την υπερφυσική φώτιση ή αποκάλυψη του Αγίου Πνεύματος.

Σ' αυτό το απόσπασμα, ο Κύριος αναθέτει στον Ααρών (και σ' όλους τους ιερείς) την ευθύνη να κόβουν όσο πρέπει τα φιτίλια, να φροντίζουν αιώνια μέσα στα πρόσκαιρα. Αυτό γίνεται με τα λόγια σου, τις πράξεις σου και μέσα από τη συναναστροφή σου με άλλους. Ας δούμε κάποια παραδείγματα.

Όταν Υψώνεις τα Χέρια Σου

Ο Δαυίδ καταλάβαινε πολύ καλά πόση δύναμη έχει να φέρνεις το υπερφυσικό μέσα στο φυσικό επίπεδο. Έλεγε:

Ας κατευθυνθεί η προσευχή μου μπροστά σου σαν θυμίαμα·
η ύψωση των χεριών μου [κάτι φυσικό, σωματικό]
ας γίνει σαν εσπερινή θυσία [κάτι υπερφυσικό, πνευματικό].
Ψαλμός 141:2

Ο Δαυίδ είχε αντιληφθεί έναν πνευματικό νόμο, που μας τον αποκάλυψε αιώνες αργότερα ο Παύλος:

Ούτε να παριστάνετε τα μέλη σας όπλα αδικίας στην αμαρτία· αλλά,
να παραστήσετε τον εαυτό σας στον Θεό ως ζωντανούς μέσα από
τους νεκρούς, και τα μέλη σας όπλα δικαιοσύνης στον Θεό.
Ρωμαίους 6:13

Σε μια μάχη, ο Ααρών και ο Ουρ κράτησαν τα χέρια του Μωυσή ψηλά και μ' αυτόν τον τρόπο διαπέρασαν το χώρισμα φυσικού-πνευματικού κόσμου, μέχρι που οι εχθροί τους έφυγαν. Ο Μωυσής κάποτε ύψωσε ένα ραβδί μπροστά στην Ερυθρά Θάλασσα, οι ιερείς κινούσαν χειρόβολα από τον θερισμό μπροστά στον Θεό, ο Ιησούς ύψωσε τα πέντε ψωμιά και τα δύο ψάρια, και ο Θεός ύψωσε τον μόνο Του Γιο πάνω σ' έναν σταυρό, και διαπέρασε το πέπλο που μας χώριζε, με το ίδιο Του το σώμα. Ο Θεός χρησιμοποιεί τα υψωμένα χέρια μας ως πνευματικά όπλα ενάντια στον εχθρό. Έτσι διαπερνάς το χώρισμα. Και μπορείς να το κάνεις κάθε μέρα.

Το γεγονός ότι υψώνουμε τα χέρια μας όταν λατρεύουμε τον Θεό δεν είναι απλώς ένα στυλ λατρείας, ούτε κάποια επίδειξη της πνευματικότητάς μας. Ο Παύλος έλεγε στον Τιμόθεο, ως νεαρό ποιμένα, να παρακινεί τους άντρες να υψώνουν τα χέρια τους στον Κύριο, κάθε φορά που συναθροίζονταν:

> *Περισσότερο από οτιδήποτε άλλο, θέλω οι άνδρες να προσεύχονται σε κάθε τόπο—να μην υψώνουν οργισμένοι τις γροθιές τους στους εχθρούς, αλλά να υψώνουν καθαρά χέρια στον Θεό.*
>
> Α' Τιμόθεο 2:8 (MSG)

Γιατί αναφέρεται συγκεκριμένα στους άντρες ο Παύλος; Γιατί λέει στον Τιμόθεο να παρακινεί ειδικά τους άντρες στις συναθροίσεις του να υψώνουν τα χέρια τους όταν προσεύχονται; Διότι καταλαβαίνει ότι είναι ένας πρακτικός τρόπος για να διαπερνάς τη μεμβράνη που χωρίζει το φυσικό από το πνευματικό. Ο Θεός χρησιμοποιεί τα αδύναμα στοιχεία αυτού του κόσμου για να ντροπιάζει τα δυνατά. Ο Κύριος όρισε ότι η δοξολογία—σε όλες τις μορφές της—σταματάει τον εχθρό. Όταν οι άντρες μάθουν να χρησιμοποιούν τα πνευματικά τους όπλα αντί για τη σωματική τους δύναμη, θα αποκτήσουν μεγάλο πλεονέκτημα στον πνευματικό πόλεμο. Επιπλέον, αν οι άντρες δώσουν το παράδειγμα, θα τους ακολουθήσει και η υπόλοιπη οικογένεια. Ας δούμε κι έναν άλλο τρόπο που φέρνουμε την πραγματικότητα του ουρανού στη γη.

Όταν Υψώνεις τη Φωνή Σου

Έχει συνειδητοποιήσει ότι είναι προδιαγεγραμμένο (έχει οριστεί ως νόμος στο πνευματικό επίπεδο) ότι η δοξολογία προς τον Θεό, από το στόμα πνευματικών νηπίων, μπορεί να ακινητοποιήσει τον εχθρό και να σβήσει τις κατηγορίες του;

> *Από στόμα νηπίων και θηλαζόντων ετοίμασες αίνεση, ένεκα των εχθρών σου, για να καταργήσεις τον εχθρό και τον εκδικητή.*
>
> Ψαλμός 8:2

Το ενδιαφέρον είναι ότι στο πρωτότυπο κείμενο, αυτό το εδάφιο έχει τη λέξη «δύναμη», ενώ όταν αναφέρεται ο Ιησούς σ' αυτό το εδάφιο, χρησιμοποιεί τη λέξη «αίνεση». Τι σημαίνει αυτό; Όταν υψώνουμε αίνεση, δηλαδή δοξολογία, από τη γη (το φυσικό επίπεδο), αυτό ξεκλειδώνει δύναμη από το πνευματικό επίπεδο. Η δύναμη του ουρανού είναι στη διάθεση όσων απλώς δοξάζουν τον Κύριο. Ο ουρανός είναι έτοιμος να στείλει στρατό ενάντια στον εχθρό όταν υψώνουμε τον Κύριο. Ο Δαυίδ λέει επίσης:

Η ΔΙΑΜΟΡΦΩΣΗ από τον *Abba*

Οι όσιοι θα αγάλλονται με δόξα·
θα αγάλλονται επάνω στα κρεβάτια τους.
Οι εξυμνήσεις τού Θεού θα είναι στον λάρυγγά τους,
και δίστομη ρομφαία στο χέρι τους·
για να κάνουν εκδίκηση στα έθνη, παιδεία στους λαούς·
για να δέσουν τούς βασιλιάδες τους με αλυσίδες·
και τους ενδόξους τους με σιδερένια δεσμά·
για να εκτελέσουν επάνω τους τη γραμμένη κρίση.
Αυτή η δόξα θα είναι σε όλους τούς οσίους του.
Αλληλούια.

Ψαλμός 149:5-9

Ο Δαυίδ, παρότι ζούσε στην Παλαιά Διαθήκη, είχε καταλάβει κάτι που πολλοί πιστοί αγνοούν στην Καινή Διαθήκη. Μπορεί να κάθεσαι στον καναπέ σου ή να ξαπλώνεις στο κρεβάτι σου και να ψάλλεις στον Κύριο, και ο Θεός θα χρησιμοποιήσει τη φωνή της λατρείας σου για να πολεμήσει τις μάχες σου και να συντρίψει τον εχθρό! Οι εξυμνήσεις του Θεού στο στόμα σου γίνονται δίστομη ρομφαία στα χέρια του Θεού. Μιλάμε για κάτι φυσικό [ένα τραγούδι] που μετατρέπεται σε κάτι πνευματικό [μια ρομφαία]. Άλλος ένας τρόπος να διαπεράσεις το πέπλο.

Ο Ιωσαφάτ έβαλε τους ψαλτωδούς μπροστά από τον στρατό, ο Ιησούς του Ναυή βάδιζε γύρω από την Ιεριχώ, με το πρόσταγμά του ύψωσαν τη φωνή τους, και διαπέρασαν το πέπλο που χώριζε το φυσικό από το πνευματικό επίπεδο. Ο Ηλίας προσευχήθηκε ένθερμα για βροχή και άνοιξε τους ουρανούς. Ο Ιησούς μίλησε σε μια άκαρπη συκιά και αυτή ξεράθηκε από τη ρίζα της. Ο Παύλος και ο Σίλας δοξολογούσαν τον Θεό τα μεσάνυχτα, διαπέρασαν το πέπλο, έγινε σεισμός και τα δεσμά της φυλακής άνοιξαν. Η φωνή σου είναι η διεύθυνσή σου στη διάσταση του πνεύματος, και ταυτόχρονα είναι η αιχμή που μπορεί να τρυπήσει το πέπλο ανάμεσα στον ουρανό και τη γη. Θα το ξαναπώ: η φωνή σου είναι η αιχμή που διαπερνάει τη μεμβράνη ανάμεσα στον ουρανό και τη γη. Πάμε να δούμε έναν άλλο τρόπο που η πνευματική σου μεταμόρφωση θα επηρεάσει και άλλους ανθρώπους πέρα από σένα.

Τι Είπαμε Μέχρι Τώρα;

Ο Μωυσής είπε στον Φαραώ, «Άφησε τον λαό μου να φύγει». Χρειάστηκε να το πει αρκετές φορές, αλλά τελικά ο λαός Ισραήλ λαφυραγώγησε την Αίγυπτο και δεν υπάρχει καμία φυσική εξήγηση γι' αυτό. Ο Νάθαν επέπληξε με αυστηρότητα τον Δαυίδ, «Εσύ είσαι ο άνθρωπος», και ο Δαυίδ γέμισε με ένα πνεύμα μετάνοιας. Ο Ιησούς μιλούσε στους δαιμονισμένους, τα πονηρά πνεύματα έφευγαν, και οι άνθρωποι ελευθερώνονταν. Διαπερνούσε τον βασανισμό τους! Ο Παύλος μίλησε στον δεσμοφύλακα των φυλακών στους Φιλίππους, και έτσι άνοιξε η πόρτα για να μπει αυτός και η οικογένειά του στη βασιλεία του Θεού.

Σου έχει συμβεί να μιλάς με κάποιον για τα πράγματα του Θεού, και ενώ μιλάτε, ο Θεός να χρησιμοποιεί τα λόγια του άλλου για να σου μιλήσει; Ξέρεις ότι ο Θεός πολλές φορές χρησιμοποιεί τα δικά σου λόγια για να αγγίξει άλλους; Τα λόγια σου και οι συζητήσεις σου για τον Θεό ανοίγουν την πόρτα σε πολλούς ανθρώπους στη διάσταση του πνεύματος. Ήξερες ότι έχεις τη δύναμη να διαπεράσεις την αόρατη μεμβράνη που τυφλώνει τους ανθρώπους για να μη δουν την πνευματική πραγματικότητα της αγάπης του Θεού; Τι θα γινόταν αν συνειδητοποιούσες ότι το μόνο που χρειάζονται για να πλησιάσουν τον Θεό, είναι να έρθει κάποιος και να τρυπήσει αυτό το πέπλο; Γι' αυτό μας αρέσει με την Τσίκι να ρωτάμε τα άτομα που μας σερβίρουν αν θέλουν να προσευχηθούμε γι' αυτούς όταν προσευχόμαστε για το φαγητό μας. Αυτό ανοίγει την καρδιά τους στην αλήθεια της αγάπης του Θεού. Έχουν ανοίξει δυνατές συζητήσεις και προσευχές από αυτό το μικρό «τρύπημα», που προϋποθέτει συζητήσεις για τον Θεό και συνεργασία με το Άγιο Πνεύμα και τα χαρίσματά Του. Είναι ένας ωραίος τρόπος για να εξασκείς την πνευματική επιρροή σου. Θα σου δείξω άλλη μια εξωτερική έκφραση της εσωτερικής σου μεταμόρφωσης.

Τα Χαρίσματα του Πνεύματος

Τα χαρίσματα του Πνεύματος είναι άμεσα διαθέσιμα σε κάθε πιστό που ξεκινά μια κουβέντα και ψάχνει για μια γέφυρα μέσα στις καρδιές των ανθρώπων. Οι λόγοι γνώσης, λόγοι σοφίας, προφητείες, θεραπείες και όλες οι άλλες φανερώσεις του Πνεύματος είναι λίγο πιο πέρα, στην άλλη πλευρά του πέπλου, και είναι έτοιμα προς χρήση. Άπλωσε το χέρι

Η ΔΙΑΜΟΡΦΩΣΗ από τον *Abba*

να υπάρχει λάδι στα λυχνάρια και να κρατούν τα κεριά αναμμένα, ώστε ποτέ να μη σβήσει το φως μέσα στον ιερό χώρο. Αυτή η υπηρεσία δεν είναι παθητική. Κανένα κερί δεν καίει επ' αορίστου, επειδή κάποιος το άναψε μια φορά. Αυτά τα εδάφια με έκαναν να αναρωτηθώ, «Υπήρξε κάποιο περιστατικό στη Βίβλο, όπου βλέπουμε τη φωτιά να σβήνει ή τη λυχνία να μην είναι σωστά φροντισμένη;». Ναι. Ο Ιησούς στην Καινή Διαθήκη προειδοποιεί τις επτά εκκλησίες στη Μικρά Ασία ότι τους έχουν διαφύγει κάποια πράγματα, και ότι αν δεν τα φροντίσουν—δηλαδή, αν δεν μετανοήσουν και επιστρέψουν στην πρώτη τους αγάπη—ο Κύριος θα «μετακινήσει τη λυχνία τους από τον τόπο της» (Αποκάλυψη 2:5). Δυστυχώς, καμία από εκείνες τις επτά εκκλησίες δεν υπάρχει σήμερα. Δεν ξέρουμε ακριβώς τους λόγους, αλλά είναι προφανές ότι το φως τους έσβησε.

Πιστεύω ότι ο Κύριος λέει ότι το έργο του Πνεύματος μέσα μας, δηλαδή η διαμόρφωσή μας από τον *Abba*, δεν είναι κάτι προαιρετικό για την Εκκλησία, και είναι κάτι παραπάνω από αναγκαίο για την πνευματική μας αύξηση. Πρέπει να υπάρχει μια καθημερινή προσμονή για τη ζωή στο Πνεύμα. Οι ελιές πρέπει να συμπιέζονται, ώστε να βγαίνει λάδι. Η πίεση είναι απαραίτητη. Ναι, η αγάπη του Θεού είναι χωρίς προϋποθέσεις. Αυτή τη στιγμή δεν συζητάμε για το αν ο Θεός μας αγαπάει ή όχι, αλλά για τα εκατομμύρια ορφανών ανθρώπων που δεν ξέρουν ποιος είναι ο δρόμος για να γυρίσουν στο σπίτι του Πατέρα.

Το Άγιο Πνεύμα είναι το λάδι, η φλόγα, το κερί που διαχέει την αποκάλυψη του Κυρίου (τον νου, το θέλημα και το σχέδιό Του) μέσα στο πνεύμα μας.

> *Λύχνος τού Κυρίου είναι το πνεύμα τού ανθρώπου.*
> Παροιμίες 20:27

Για να μείνει αναμμένο το κερί, θα πρέπει να ζούμε με προσμονή. Όπως είπαμε στο προηγούμενο κεφάλαιο, κάθε μέρα καλούμαστε να διαπερνάμε τη μεμβράνη που φαίνεται να διαχωρίζει τον φυσικό από τον πνευματικό κόσμο.

Πώς Διαπερνάμε το Χώρισμα Μεταξύ Πνευματικού-Φυσικού

Το γεγονός ότι η Βίβλος χρησιμοποιεί τόσες φυσικές μεταφορές όπως τα κεριά, τη φλόγα ή το φως για να περιγράψει την πνευματική πραγματικότητα, μας δείχνει ότι αυτοί οι δύο κόσμοι δεν απέχουν τόσο πολύ ο ένας απ' τον άλλο όσο νομίζουμε. Σκέψου ότι υπάρχει μια τεράστια ελαστική μεμβράνη, σαν πολύ λεπτός τοίχος, που χωρίζει τον φυσικό από τον πνευματικό κόσμο. Η πραγματικότητα της γης είναι από τη μία πλευρά της μεμβράνης, και η πραγματικότητα του ουρανού είναι λίγα εκατοστά παραπέρα, αλλά από την άλλη πλευρά. Φαντάσου ότι με λίγη προσπάθεια, μπορείς να σπρώξεις το χέρι σου μέσα απ' τη μεμβράνη, να πάρεις κάτι από την πλευρά του ουρανού και να το φέρεις πίσω στο φυσικό επίπεδο. Κατά μία έννοια, διαπερνάς τη μεμβράνη που είναι σαν πέπλο, και παίρνεις κάτι που κανονικά είναι φυλαγμένο για κάποια άλλη στιγμή.

Αυτό σημαίνει ότι προσμένουμε την κίνηση του Πνεύματος. Ξέρουμε ότι είμαστε πολίτες δύο βασιλείων και ζούμε ταυτόχρονα σε δύο διαστάσεις. Ζούμε ως φυσικοί άνθρωποι, αλλά ταυτόχρονα είμαστε καθισμένοι μαζί Του στα επουράνια διαμέσου του Ιησού Χριστού (Εφεσίους 1:20). Η ζωή μας είναι κρυμμένη με τον Χριστό μέσα στον Θεό (Κολοσσαείς 3:3), και ταυτόχρονα, είμαστε «ζωντανές επιστολές που γνωρίζονται και διαβάζονται από όλους τους ανθρώπους» (Β' Κορινθίους 3:1-3). Ο Παύλος περιγράφει τους δύο κόσμους ως εξής:

Για τον λόγο ότι, εμείς δεν ατενίζουμε σ' αυτά που βλέπονται, αλλά σ' αυτά που δεν βλέπονται· επειδή, αυτά που βλέπονται είναι πρόσκαιρα [ο φυσικός κόσμος], ενώ αυτά που δεν βλέπονται είναι αιώνια [ο πνευματικός].

Β' Κορινθίους 4:18

Ο Ιησούς μας έδειξε πώς να φέρνουμε την πνευματική πραγματικότητα μέσα στον φυσικό κόσμο. Θεράπευε αρρώστους, έδιωχνε δαιμόνια, ανέσταινε ακόμα και νεκρούς, και έλεγε, «Η Βασιλεία του Θεού πλησίασε (είναι κοντά, είναι διαθέσιμη)». Μας έδωσε το παράδειγμα μια πνευματικής επανάστασης με πνευματικά όπλα, όχι φυσικά. Άρα, ξεκινάμε να πολεμάμε διαπερνώντας πρώτα τη μεμβράνη που χωρίζει τον φυσικό και τον πνευματικό κόσμο. Πώς το κάνουμε αυτό; Εν συντομία, κάθε φορά που φέρνεις την πραγματικότητα της διάστασης του Πνεύματος στο φυσικό επίπεδο, φέρνεις τα

> **Κάθε φορά που φέρνεις την πραγματικότητα της διάστασης του Πνεύματος στο φυσικό επίπεδο, φέρνεις τα αιώνια μέσα στα πρόσκαιρα.**

Η ΔΙΑΜΟΡΦΩΣΗ από τον *Abba*

σου μέσα απ' το πέπλο, πάρε αυτό που χρειάζεσαι απ' το Άγιο Πνεύμα, και φέρε την αγάπη του Θεού από το πνευματικό στο φυσικό επίπεδο. Άσε τους ανθρώπους γύρω σου «να γευθούν και να δουν ότι ο Κύριος είναι αγαθός» (Ψαλμός 34:8).

Πριν από κάποιες βδομάδες, ήμουν μαζί με την Τσίκι σε ένα ταϋλανδέζικο εστιατόριο και, ως συνήθως, η σερβιτόρα μας έφερε τα μενού, συστήθηκε και έφυγε. Είπα στην Τσίκι, «Έχει ιδιαίτερη προφορά η κοπέλα. Αναρωτιέμαι από πού είναι». Η Τσίκι είπε ότι της θύμιζε προφορά από την Ανατολική Ευρώπη. Μετά αλλάξαμε θέμα, αλλά όταν επέστρεψε η κοπέλα για να μας φέρει νερό, τελείως αυθόρμητα της είπα, «Μήπως είσαι από Μολδαβία;». Η Τσίκι με κοίταξε λες και ήμουν εξωγήινος. Δεν είχαμε αναφέρει ποτέ τη Μολδαβία και δεν είμαι και σίγουρος ότι μπορώ να σου δείξω πού είναι στον χάρτη. Η σερβιτόρα έμεινε άναυδη. Μου είπε, «Μα, πώς το ξέρατε; Ποτέ κανείς δεν μαντεύει ότι είμαι από τη Μολδαβία—νομίζουν από Ρωσία, αλλά ποτέ από Μολδαβία».

Δεν ήξερα από πού ήταν η κοπέλα, αλλά όταν άνοιξα το στόμα μου, το Άγιο Πνεύμα μου έδωσε τα λόγια και μας βοήθησε να συνδεθούμε μαζί της υπερφυσικά. Όσο ήμασταν εκεί, η Μαρινέλα περνούσε από τραπέζι μας και μας μιλούσε. Μέσα από έναν απλό λόγο γνώσης—που μου δόθηκε υπερφυσικά—άνοιξε η πόρτα για μια θεϊκή ευκαιρία. Ήταν μια απλή κουβέντα, που όμως τη βοήθησε να δει ότι το βλέμμα του Θεού ήταν πάνω της και να δεχθεί την αγάπη Του.

Αν θέλεις να συνεργαστείς με τον Θεό με τον πιο φυσικό-υπερφυσικό τρόπο, διάβασε το βιβλίο μου, *The Gifts of the Spirit For a New Generation* (*Τα Χαρίσματα του Πνεύματος για μια Νέα Γενιά*). Το Άγιο Πνεύμα ενδιαφέρεται πολύ περισσότερο για κάθε Μαρινέλα σ' αυτόν τον κόσμο, απ' ότι εγώ και εσύ. Το μόνο που χρειάζεται είναι κάποιους διαθέσιμους συνεργάτες που θέλουν να «τρυπήσουν» το πέπλο. Μπορεί να σκέφτεσαι, «Εγώ φοβάμαι να κάνω κάτι τέτοιο». Το καταλαβαίνω. Αν δεν έχουμε μάθει να ζούμε σύμφωνα με το Πνεύμα μόνοι μας, θα μας φανεί περίεργο να κάνουμε τα έργα του Ιησού που διαβάζουμε στον Λόγο Του, ή ακόμα και να προσευχηθούμε για τον σερβιτόρο μας σ' ένα εστιατόριο. Αλλά θα σου δώσω ένα κλειδί: Πρέπει να μάθεις να διαπερνάς το πέπλο προς τον ουρανό κάθε μέρα. Γιατί; Διότι δεν υπάρχει εσωτερική πνευματική μεταμόρφωση που δεν εκδηλώνεται τελικά εξωτερικά.

Kerry Wood

Μια Παγκόσμια Επανάσταση

Η πρόκληση που αντιμετωπίζουμε στη λεγόμενη «μετα-χριστιανική» εποχή της Δύσης είναι ότι ομαλοποιήσαμε τον Χριστιανισμό. Χάσαμε κάθε χροιά επανάστασης που ήρθε να πυροδοτήσει μέσα μας ο Ιησούς. Άκου τα λόγια Του:

Φωτιά ήρθα να βάλω στη γη· και τι θέλω, αν έχει ήδη ανάψει;
Κατά Λουκά 12:49

Παρασυρθήκαμε από την ιδέα της επιτυχίας όπως την εννοεί ο κόσμος, γι' αυτό μας αρκεί να «παίζουμε την εκκλησία», αντί να κάνουμε μαθητές, αλλά ο Ιησούς έχει φωτιά στα χέρια Του.

Πρέπει να ανακτήσουμε το όνειρο του Ιησού, να γεμίσει όλη τη γη με τα καλά νέα ότι οι ορφανοί μπορούν να γίνουν και πάλι γιοι. Ας μην ξεχνάμε ότι όταν ο Κύριος λέει «όλη η γη» εννοεί κάθε άνθρωπο. Παρότι ο Ιησούς διακόνησε μόνο σε ακτίνα πενήντα χιλιομέτρων από τη γενέτειρά Του, είχε πάντα στην καρδιά Του ότι το έργο του Πατέρα Του ήταν μια παγκόσμια αποστολή. Κάθε βήμα που έκανε ο Ιησούς και κάθε λέξη που είπε, ήταν για να ετοιμάσει τους μαθητές Του να ξεκινήσουν μια παγκόσμια επανάσταση. Άκου τι προσευχήθηκε για μας ο Ιησούς:

Και δεν παρακαλώ μονάχα γι' αυτούς [τους μαθητές Του], αλλά και για εκείνους που θα πιστέψουν σε μένα διαμέσου τού λόγου τους.
Κατά Ιωάννη 17:20

Μετά την ανάστασή Του, μας ανέθεσε μια αποστολή...

Δόθηκε σε μένα κάθε εξουσία στον ουρανό και επάνω στη γη. Καθώς, λοιπόν, πορευτείτε, να κάνετε μαθητές όλα τα έθνη, βαπτίζοντάς τους στο όνομα του Πατέρα και του Υιού και του Αγίου Πνεύματος, διδάσκοντάς τους να τηρούν όλα όσα παρήγγειλα σε σας· και προσέξτε, εγώ είμαι μαζί σας όλες τις ημέρες, μέχρι τη συντέλεια του αιώνα. Αμήν.
Κατά Ματθαίο 28:18-20

Η πρόθεσή Του πάντα ήταν και πάντα θα είναι η ίδια: Θέλει οι μαθητές Του να είναι επαναστάτες, πρωτοπόροι, ριψοκίνδυνοι, σκαπανείς, και το Άγιο Πνεύμα εργάζεται ασταμάτητα για να μεταφέρει τα σχέδια του Πατέρα, τη χαρά του Γιου και τη δύναμή Του μέσα σου, ώστε όλη η κτίση να δει τη φανέρωση των γιων του Θεού.

Το Άγιο Πνεύμα εργάζεται ασταμάτητα για να μεταφέρει τα σχέδια του Πατέρα, τη χαρά του Γιου και τη δύναμή Του μέσα σου, ώστε όλη η κτίση να δει τη φανέρωση των γιων του Θεού.

Ας Πάρουμε το Κάλεσμα στα Σοβαρά

Πώς κατάφερε το όραμα του Ιησού για τον κόσμο να πιάσει τόσο έντονα φωτιά στις καρδιές της αρχικής Του ομάδας; Πώς γίνεται να ήταν τόσο πρόθυμοι να σκορπιστούν στην Αφρική, την Ινδία, την Ασία και την Ευρώπη για να μεταφέρουν αυτά τα καλά νέα της επανάστασης στους άσωτους γιους και κόρες; Δεν πιστεύω ότι ήταν η ύλη των μαθημάτων Του, η μέθοδος της διδασκαλίας Του, ή η προσωπικότητά Του. Το ίδιο Άγιο Πνεύμα που γέμιζε τον Κύριο, Τον παρακινούσε με σπλαχνικότητα, και Τον έχριζε για να θεραπεύει, να γιατρεύει και να ελευθερώνει, είναι το ίδιο Άγιο Πνεύμα που μεταμορφώνει εσένα και εμένα σε επαναστάτες αγάπης, που ζουν για να ελευθερώνουν τους αιχμαλώτους.

Πού πήγε το πάθος για τα έθνη, για να πούμε στους ορφανούς ότι μπορούν να γυρίσουν πίσω στο σπίτι του Πατέρα; Το Άγιο Πνεύμα ψάχνει τους γιους και τις κόρες Του που έχουν μάθει να ενώνουν τη φυσική με την πνευματική διάσταση, ώστε να φέρουν ένα μέρος του ουρανού στη γη. Είθε να ακούσουν πολλοί το κάλεσμα του Θεού για την προσωπική τους μεταμόρφωση. Και επιπλέον, είθε πολλοί να δώσουν προσοχή σ' αυτό το κάλεσμα, να λάβουν μέρος στην αποστολή του Πατέρα και να φέρουν πίσω στο σπίτι όσους ζουν ως ορφανοί. Όπου κι αν πάμε, είτε πάμε στο απέναντι σπίτι ή στην άλλη άκρη του κόσμου, ας διακηρύξουμε τα καλά νέα ότι ο Πατέρας μας είναι η προσωποποίηση της άπειρης αγάπης που δίνεται στους άλλους, και ότι η αγκαλιά Του είναι ορθάνοιχτη. Είθε να συνεχίσουμε να κάνουμε βήματα για τη δική μας μεταμόρφωση, και να προσκαλέσουμε πολλούς άλλους στην ίδια ζωή με το Άγιο Πνεύμα.

Τι Είπαμε Μέχρι Τώρα;

Ο Ιησούς ήρθε στη γη και ντύθηκε την ανθρώπινη φύση για να εγκαινιάσει, όχι μια νέα θρησκεία, αλλά μια επανάσταση γιων. Ήρθε για να ενεργοποιήσει τη ριζοσπαστική επιστροφή των γιων στον Πατέρα. Ήρθε για να επαναφέρει τις καρδιές των πατέρων στους γιους, και των γιων στους πατέρες—και συγκεκριμένα, να επιστρέψει τις καρδιές των ορφανών στον Πατέρα.

Ένας από τους πιο βασικούς κανόνες όλων των επαναστατών, είναι να επαναδιατυπώσουν υπάρχοντες όρους. Ο Ιησούς έδωσε νέα διάσταση στον Μωυσή, στον Νόμο, στις εντολές, στη ραβινική διακονία, και στη σημασία των όρων «άγιος», «καθαρός», «ακάθαρτος» και «βέβηλος».

Ένα από τα κλειδιά της προσωπικής, πνευματικής μας μεταμόρφωσης, είναι το πόσο ανοιχτοί είμαστε στον επαναπροσδιορισμό της αλήθειας και της πραγματικότητας. Το έργο του Πνεύματος είναι να επαναπροσδιορίσει την εικόνα που έχουμε για τον Θεό και τον εαυτό μας, ως Πατέρα και γιους Του. Αυτή είναι η Διαμόρφωση από τον *Abba*.

Η προσωπική μας μεταμόρφωση δεν είναι απλώς για την προσωπική μας άνεση, αλλά για να είμαστε ελεύθεροι να προσφέρουμε σε άλλους. Κάθε φορά που φέρνουμε την πραγματικότητα της Πνευματικής διάστασης στο φυσικό επίπεδο, φέρνουμε τα αιώνια στα πρόσκαιρα, και κάνουμε την αγάπη του Πατέρα διαθέσιμη σε άλλους. Αυτό το κάνουμε με τα λόγια μας, με τις πράξεις μας, και με τη συναναστροφή μας με άλλους.

Για τον Ιησού, αυτή η αποστολή είχε πάντα παγκόσμιες προεκτάσεις. Η επιθυμία Του ήταν και είναι να γεμίσει τη γη με τη γνώση της δόξας του Κυρίου, και το κάνει δίνοντας το Πνεύμα Του στους γιους και τις κόρες Του.

ΠΡΟΣΕΥΧΗ

Πατέρα, προσεύχομαι να με διδάξεις να προσμένω το Πνεύμα Σου στη ζωή μου. Δίδαξέ με, Άγιο Πνεύμα, πώς να διαπερνάω τη μεμβράνη που χωρίζει τον φυσικό από τον πνευματικό κόσμο, ώστε να έρχεται η Βασιλεία του Θεού. Δίδαξέ με πώς να μένω ενωμένος με Σένα, και πώς να παραμένω ευαίσθητος στην παρουσία Σου. Δίδαξέ με πώς να προσέχω τους ανθρώπους αντί να τους προσπερνώ. Δίδαξέ με να τους βλέπω όπως τους βλέπεις Εσύ. Σου ζητώ να συνεχίσεις να ανάβεις τη φωτιά μέσα στην καρδιά μου, και να μου δίνεις το θάρρος να δίνω ό,τι μου δίνεις. Κάνε με έναν επαναστάτη μέσα στο θρησκευτικό σύστημα που συντηρεί το κατεστημένο. Άγιο Πνεύμα, σου δίνω τον χώρο να δώσεις νέες διαστάσεις στους όρους που θέλεις στη ζωή μου. Σου ζητώ να μου πεις τι σημαίνει να είμαι μαθητής, να είμαι γιος, να τηρώ τις εντολές Σου, να αγαπώ τα λόγια Σου. Σου ζητώ να μου δείξεις ποιος είμαι μέσα από τα μάτια του Πατέρα. Καθώς μορφώνεις τη ζωή και τον χαρακτήρα του Abba μέσα μου, κάνε με ένα εργαλείο που θα βοηθήσει άλλους. Θέλω να είμαι εύχρηστος στην επανάστασή Σου να φέρεις πολλούς γιους στη δόξα. Σε εμπιστεύομαι. Σε αγαπώ. Σου ανήκω. Αμήν.

ΓΙΑ ΟΜΑΔΙΚΗ ΣΥΖΗΤΗΣΗ

1. Υπό ποια έννοια μπορούμε να πούμε ότι ο Ιησούς ήταν ένας επαναστάτης για το θρησκευτικό κατεστημένο της εποχής Του; Γιατί Τον μισούσαν οι Φαρισαίοι;

2. Πώς άλλαξε ο Ιησούς τους όρους της σχέσης μας με τον Θεό, σε σχέση με το τι ήξεραν οι Ιουδαίοι εκείνη την εποχή;

3. Ποια η διαφορά του «τηρώ τις εντολές» (αγαπώ, φυλάω, προσέχω) στην Καινή Διαθήκη από την Παλαιά;

4. Γιατί είναι τόσο σημαντικό να διαπεράσουμε από το φυσικό στο πνευματικό επίπεδο, αν θέλουμε να φέρουμε ορφανούς πίσω στον Πατέρα;

5. Με ποιους τρόπους μπορούμε να διαπεράσουμε το φαινομενικό πέπλο και να κάνουμε τη Βασιλεία των Ουρανών διαθέσιμη εδώ και τώρα;

Υπόμνημα

«Forgotten God: Reversing Our Tragic Neglect of the Holy Spirit» (Colorado Springs, David C. Cook, 2009), και «Remembering the Forgotten God» (Colorado Springs: David C. Cook Publishing, 2010) του Francis Chan.

«Paul, The Spirit and the People of God» του Gordon Fee (Grand Rapids: Baker Academic, 1996), 90.

Όπου και προηγουμένως.

Θα βρεις την ιστορία του Μεμφιβοσθέ στο Β' Σαμουήλ 4 και Β' Σαμουήλ 9.

Υπάρχει πολύς κόσμος στις Αραβικές χώρες σήμερα που θεωρούν ότι η Αμερική είναι «ο διάβολος». Πιστεύουν (χάρη στα ψέματα που ακούν) ότι οι Αμερικανοί είναι ικανοί να σκοτώσουν όποιον Άραβα συναντήσουν. Οι Ιουδαίοι (στους πιο ορθόδοξους κύκλους) πιστεύουν ότι οι Αμερικανοί και οι Χριστιανοί μισούν τους Εβραίους, και ότι με την πρώτη ευκαιρία οι Αμερικανοί θα σφάξουν τους Εβραίους. Όλο αυτό μου ακούγεται εξωφρενικό, αλλά υπάρχει κόσμος που πραγματικά το πιστεύει.

Πόλη καταφυγής: Σύμφωνα με τους νόμους της παλιάς διαθήκης, αν σκότωνες ή ακρωτηρίαζες κάποιον, οι στενοί συγγενείς του είχαν το δικαίωμα να σε εκδικηθούν αν σε έβρισκαν. Γι' αυτό ο Θεός, μέσα στο έλεός Του, όρισε κάποιες πόλεις ως καταφύγια, όπου μπορούσε να πάει και να κρυφτεί ένας εγκληματίας. Αν έκανες κακό σε κάποιον, μπορούσε ο ίδιος ή η οικογένειά του να έρθουν και να σε βρουν εκεί, αλλά θα έπρεπε να μπουν σε μια πόλη γεμάτη ληστές, κακοποιούς και φονιάδες. Και να τολμούσες να πας σε μια τέτοια πόλη, ήξερες ότι πας μόνος σου.

Από το λεξικό της Βίβλου, «Unger's Bible Dictionary» του Merrill F. Unger (Chicago: Moody Press, 1979).

Αξίζει να σημειώσουμε ότι ο Παύλος ποτέ δεν αποκαλεί την Εκκλησία «ανθρώπους των Γραφών» (γραφικούς) ή «ανθρώπους του Λόγου» (λογικούς ή ρηματικούς), αλλά πνευματικούς, δηλαδή «ανθρώπους του Πνεύματος».

«Theological Dictionary of the New Testament» των Gerhard Kittel και Gerhard Friedrich (εκδότες), (Grand Rapids: Eerdmans, 1985), 467. Δεν είναι απόλυτα ξεκάθαρο σε τι αναφέρεται ο Παύλος: αν η σύγκριση γίνεται μεταξύ πνευματικών αληθειών και πνευματικών ανθρώπων, μεταξύ της πνευματικής πραγματικότητας και των πνευματικών λόγων, ή μεταξύ πνευματικών πραγμάτων. Αυτό που γνωρίζουμε ξεκάθαρα με βάση τα συμφραζόμενα είναι ότι οι άνθρωποι που δεν έχουν το Πνεύμα, δεν έχουν πρόσβαση στις σκέψεις του Πνεύματος, και ότι τα λόγια του Πνεύματος είναι το μέσο με το οποίο γίνεται η σύγκριση ή μετάδοση τους. Δες επίσης το βιβλίο, «GOD's Empowering Presence: The Holy Spirit in the Letters of Paul» του Gordon Fee, (Peabody, MA: Hendrickson, 1994), 104-105.

Όσοι ξέρουν από μηχανολογικά, αντιλαμβάνονται ότι όταν ένα όχημα στρίβει δεξιά ή αριστερά, οι τροχοί από τη μία πλευρά του οχήματος στρίβουν με διαφορετική ταχύτητα από τους υπόλοιπους, κι έτσι το διαφορικό διευκολύνει τη σβέλτη κίνηση στις στροφές. Το Άγιο Πνεύμα συγχρονίζει τα σχέδια, τις σκέψεις και το θέλημα του Θεού στο πνεύμα μας, και μας κάνει σβέλτους στον επαναπροσδιορισμό της πορείας μας σύμφωνα με τα σχέδια του Θεού. Δεν χρειάζεται να ζούμε με τον μόνιμο φόβο ότι μπορεί να είμαστε έξω από το «τέλειο» θέλημα του Θεού. Το Πνεύμα Του ξέρει πώς να μας βοηθήσει να κάνουμε μικρές, ανεπαίσθητες αλλαγές.

Ο Γκόρντον Φι, διακεκριμένος Πεντηκοστιανός θεολόγος και μελετητής, χρησιμοποιεί έναν ιδιαίτερο τρόπο γραφής, με κεφαλαίο «Π», κάθετη παύλα και μικρό «π» όταν αναφέρεται στο έργο του Αγίου Πνεύματος μέσα στο πνεύμα του ανθρώπου, διότι οι εκφράσεις του Παύλου στα ελληνικά υποδηλώνουν ότι οι δύο εργάζονται σε ενότητα και συμφωνία. Θεώρησα, λοιπόν, ότι η γραφή «Π/πνεύμα» μπορεί να εκφράσει αυτή την ιδέα και στα αγγλικά.

Αξίζει να σημειώσουμε ότι η επιστολή του Παύλου στους Ρωμαίους είναι, στην ουσία, η θεολογική του διατριβή, καθώς δεν είχε συναντήσει ξανά τους Ρωμαίους πιστούς, άρα αυτή ήταν η αρχή της σχέσης του μαζί τους και της στήριξής του απ' αυτούς. Ο Παύλος τους μιλάει για το γεγονός ότι και οι Εβραίοι και οι εθνικοί λυτρώνονται, αλλά και εκπληρώνουν τη δικαιοσύνη του Νόμου και γίνονται ένα, η διαδικασία που μας οδηγεί σ' αυτή τη μεταμόρφωση, σε προσωπικό επίπεδο, είναι η «*Κραυγή προς τον Abba*» (Ρωμαίους 8), η οποία απελευθερώνει τον άνθρωπο από την εξουσία της αμαρτίας. Όταν γράφει στους Γαλάτες πιστούς, ασχολείται με το ζήτημα των Ιουδαϊστών που βάζουν τους πιστούς στον πειρασμό να υποταχθούν ξανά στον Νόμο του Μωυσή. Και στις δύο περιπτώσεις, η απάντησή του είναι η ίδια: τώρα πια είμαστε γιοι και μεταμορφωνόμαστε από μέσα προς τα έξω δια του Πνεύματος, γιατί, λοιπόν, να γυρίζουμε πίσω στις βρεφικές μεθόδους του Νόμου; Ο Νόμος ήταν ένας παιδαγωγός για να μας βοηθήσει να γίνουμε γιοι, και όχι το αντίστροφο.

«Word Studies in the New Testament» του Marvin R. Vincent, (Peabody, MA: Hendrickson, 1985).

«Frames of Mind: Theory of Multiple Intelligence» του Howard Gardner, (New York: Basic Books, 1993).

«Presence: Human Purpose and the Field of the Future», του Michael Ray από τη συνέντευξή του στον Peter Senge, (New York: Crown Publishing/Random House, 2004), 30.

Η μελέτη του Αμερικάνικου Κέντρου Ελέγχου Ασθενειών CDC-Kaiser Permanente Adverse Childhood Experience (ACE) είναι μια από τις μεγαλύτερες έρευνες σχετικά με την κακοποίηση, την παραμέληση της παιδικής ηλικίας, τις δυσκολίες μέσα στην οικογένεια και τη σύνδεσή τους με την υγεία και ευεξία στην ενήλικη ζωή. Η αρχική μελέτη ACE διεξήχθη στο ίδρυμα Kaiser Permanente από το 1995 έως το 1997, σε δύο φάσεις συλλογής δεδομένων. Συμμετείχαν πάνω από 17.000 μέλη ενός ασφαλιστικού οργανισμού (HMO) στη Νότια Καλιφόρνια, οι οποίοι υπεβλήθησαν σε σωματικές εξετάσεις και συμπλήρωσαν εμπιστευτικά ερωτηματολόγια σχετικά με τις εμπειρίες της παιδικής τους ηλικίας και την κατάσταση της υγείας και της συμπεριφοράς τους στην ενήλικη ζωή τους.

Για περισσότερες πληροφορίες σχετικά με τη μελέτη, δείτε: «Relationship of Childhood Abuse and Household Dysfunction to

Many of the Leading Causes of Death in Adults» του Vincent J Felitti και λοιπών, στο American Journal of Preventive Medicine 14, no. 4 (May 1998): 245–258 ή μέσω των ιστοσελίδων του Centers for Disease Control and Prevention, «About the CDC-Kaiser ACE Study» CDC, τελευταία ενημέρωση στις 14 Ιουνίου 2016, πρόσβαση στις 11 Νοεμβρίου 2017, https://www.cdc.gov/violenceprevention/acestudy/about.html.

Η σχέση δόσης-απόκρισης είναι ένας τρόπος μέτρησης της σχέσης μεταξύ της ποσότητας μιας ουσίας ή κάποιου είδους έκθεσης (π.χ σε ακτινοβολία), που ορίζεται ως «δόση», και των συνολικών επιπτώσεων αυτής (που ορίζονται ως «απόκριση»). Θα λέγαμε ότι είναι η καταγραφή των αντιδράσεων στη φυσιολογία με κάθε αλλαγή της ποσότητας της δόσης, και η αποτύπωσή τους μέσω γραφήματος.

"How Childhood Trauma Affects Health Across a Lifetime" της Nadine Burke Harris, TEDMED 2014, δημοσιεύθηκε τον Σεπτέμβριο 2014, πρόσβαση στις 15 Νοεμβρίου 2017, https://www.ted.com/talks/nadine_burke_ harris_how_childhood_trauma_affects_health_across_a_lifetime.

Όπου και προηγουμένως.

Μην προσπεράσεις το γεγονός ότι η ιστορία της λύτρωσης του ανθρώπου από τον Θεό ξεκινά σε έναν πλούσιο κήπο όπου δεν λείπει τίποτε, και καταλήγει σ' έναν κήπο (Γένεση 2:8-10 και Αποκάλυψη 22:1-2). Η πιο καθοριστική απόφαση της Ιστορίας συνέβη στον κήπο της Γεθσημανή και ο θρίαμβος του τέλους φανερώθηκε στον κήπο του τάφου του Ιωσήφ από την Αριμαθαία. Μέσα στον Λόγο του Θεού, οι κήποι πάντα συμβολίζουν το ύψιστο θέλημα και σχέδιο του Θεού για τον άνθρωπο. Σκέψου το.

«The Shack: Where Tragedy Confronts Eternity» (Η Καλύβα: Εκεί όπου η Τραγωδία Συναντά την Αιωνιότητα) του William Paul Young και Brian Robison (Newbury Park, CA: Windblown Media, 2007). Στο επόμενο μυθιστόρημά του με τίτλο «Cross Roads» χρησιμοποιεί τον ίδιο συμβολισμό για την ψυχή του ανθρώπου, την οποία ο άνθρωπος εξερευνά με τη βοήθεια ενός οδηγού, που του εξηγεί τι ακριβώς σημαίνουν αυτά που βλέπει μέσα στον εαυτό του.

«Τα Ψέματα που Πιστεύουμε για τον Θεό» είναι το απλό μήνυμα και στα δύο μυθιστορήματα.

«Epigenetics: How Environment Shapes Our Genes» του Richard C. Francis, (New York: W.W. Norton and Co., 2011), xi.

«The Adult Children of Alcoholics» (Deerfield Beach, FL: Health Communications, Inc., 1983) και «The Intimacy Struggle» (Deerfield Beach, FL: Health Communications, Inc. 1993) της Janet G. Woititz.

«Epigenetics: How Environment Shapes Our Genes» του Richard C. Francis, (New York: W.W. Norton and Co., 2011), p. 159.

«Η Καλύβα» του William P. Young, The Shack, 137.

«Paul, The Spirit and the People of God» του Fee, 69.

Μια πολύ ωραία ιδέα για βιβλική μελέτη (προσωπική ή με άλλους), είναι να μελετήσεις τα πενήντα οκτώ «αλλήλους» που αναφέρει ο Παύλος στα γραπτά του. Αυτό από μόνο του θα διευρύνει την αντίληψή σου και θα δεις ότι ο Τριαδικός Θεός μας που έχει στη φύση Του την έννοια των σχέσεων, δεν ενδιαφέρεται να χτίσει λίγους σουπερ-σταρ, αλλά ένα σώμα αγίων, που ο ένας εξαρτάται από τον άλλο και ζουν συνδεδεμένοι με ενωμένες καρδιές δια του Αγίου Πνεύματος.

«The Last Word on Power» της Tracy Goss, (New York: Doubleday, 1996), 19.

«Being and Time» του Martin Heidegger, (New York: Harper Collins, 2008), 203- 210. Ο Χάιντεγκερ αντιλαμβανόταν τη γλώσσα ως «το σπίτι του είναι μας». Η συλλογιστική πορεία του Χάιντεγκερ μας οδηγεί στο συμπέρασμα ότι το «είναι» μας μπορεί να διαμορφωθεί μέσα από τις συζητήσεις στις οποίες συμμετέχουμε (είτε μιλώντας, είτε ακούγοντας).

Η Γκος (στο «The Last Word on Power», New York: Doubleday, 1996) λέει ότι: « Η ιδέα ότι μπορείς να αλλάξεις τις πράξεις σου (και τα γεγονότα στον κόσμο γύρω σου) μέσα από τις συζητήσεις σου (τα λόγια και την ομιλία σου) φαντάζει εξωπραγματική για πολλούς ανθρώπους, εν μέρει επειδή ακούγεται πολύ αόριστη σαν ιδέα, και εν μέρει γιατί ακούγεται αντιφατική... ως προς την έννοια της προσωπικότητας του ανθρώπου. Η ψυχολογία υποστηρίζει ότι οι πράξεις πηγάζουν από τα βαθιά ριζωμένα κίνητρά μας... και από ψυχολογικής πλευράς, κανείς δεν μπορεί να αλλάξει ουσιαστικά αυτά τα βαθιά κίνητρα που τον ωθούν, εκτός ίσως αν κοπιάσει για χρόνια με ψυχανάλυση. Από οντολογικής πλευράς, όμως, όλα είναι προφανή και ξεκάθαρα σε μια συζήτηση ή από την ομιλία κάποιου σε μια δεδομένη στιγμή. Αυτό δίνει σε κάθε άνθρωπο την ευκαιρία να ξεκινήσει από την αφετηρία για να κάνει δραστικές αλλαγές στη ζωή του, και παράλληλα, του δίνει τα εργαλεία για να το πετύχει. Αν μάθεις να φέρνεις στο φως τις κρυμμένες πτυχές των λόγων που μιλάς αυτήν την εποχή, και μάθεις να αφομοιώνεις διαφορετικούς και νέους τρόπους ομιλίας, μπορείς να αλλάξεις τον τρόπο που «είσαι», το οποίο με τη σειρά του θα επηρεάσει τι είναι δυνατό ή αδύνατο για σένα. Κάθε φορά που δημιουργείς ένα νέο πλαίσιο, δημιουργείς ένα νέο επίπεδο δυνατοτήτων, που προηγουμένως δεν υπήρχε».

Άρα, μήπως ο Θεός έφτιαξε τον άνθρωπο και όλη την κτίση κατ' αυτόν τον τρόπο επίτηδες; Μήπως μας δημιούργησε μέσα σε έναν κόσμο γεμάτο ήχους (καθώς βαστάζει τα πάντα με τον λόγο Του), γι' αυτό και τα λόγια έχουν στην πραγματικότητα «δημιουργική δύναμη», δηλαδή τη δύναμη να επηρεάζουν, να χτίζουν την εμπιστοσύνη μας και να αλλάζουν την πραγματικότητα της ζωής μας;

Διπλωματικό Κέντρο των ΗΠΑ, "Why Do Diplomats Give Gifts?" Discover Diplomacy, πρόσβαση στις 3 Απριλίου 2018, https://diplomacy.state.gov/discoverdiplomacy/ diplomacy101/people/203502.htm.

«The God I Never Knew» του Robert Morris (Colorado Springs: Water Brook Press, 2011).

«The Beauty of Spiritual Language» του Jack W. Hayford (Nashville: Thomas Nelson, 1996).

«GOD's Empowering Presence» του Fee.

«Prayer Blocks Toxic Thoughts» της Caroline Leaf στο YouTube (Grace Gleanings Ministries), δημοσιεύθηκε στις 23 Ιουνίου

2016, πρόσβαση τον Δεκέμβριο 2017, https:// www.youtube.com/ watch?v=rB07pecRv7U

«How God Changes Your Brain: Breakthrough Findings from a Leading Neuroscientist» των Andrew Newberg και Mark Robert Waldman, (New York: Ballentine Books, 2010).

«The Hayford Bible Handbook» εκδ. του Jack W. Hayford (Nashville: Thomas Nelson, 1995), 793.

«Speech Guided by Faith, Not Will: Study Indicates Language, Thinking Centers of Brain Are Quiet during State of 'Speaking in Tongues'» του Benedict Carey, από το Houston Chronicle, 11 Νοεμβρίου 2006, Religion, 1, πρόσβαση 13 Μαΐου 2009. http:// www.chron.com/CDA/ archives/archive.mpl?id=2006_4227258.

Ένα καλό παράδειγμα του συγγραφικού στυλ του Λουκά, είναι το περιστατικό της μεταστροφής του Παύλου, στο κεφάλαιο 9 των Πράξεων. Ο Λουκάς έθεσε εξαρχής το πρίσμα όλου του βιβλίου του, που είναι η υπόσχεση (κεφάλαιο 1) και η εκπλήρωση (κεφάλαιο 2) της έκχυσης του Αγίου Πνεύματος. Υποθέτει, λοιπόν, ότι ο αναγνώστης έχει καταλάβει ότι αυτό αποτελεί πλέον το φυσιολογικό κατεστημένο της εκκλησίας. Είναι πλέον φυσιολογικό να σώζονται άνθρωποι, να βαπτίζονται στο νερό και να βαπτίζονται στο Πνεύμα (Πράξεις 2:39). Αναφέρει ότι ο Ανανίας στάλθηκε στον Σαύλο στη Δαμασκό, για να επιθέσει χέρια πάνω του ώστε να ανοίξουν τα μάτια του και να βαπτιστεί με Άγιο Πνεύμα μετά την μεταστροφή του (Πράξεις 9). Καταγράφει με λεπτομέρεια ότι έπεσαν λέπια από τα μάτια του Παύλου, αλλά δεν αναφέρει αν έλαβε το βάπτισμα στο Πνεύμα. Γιατί; Διότι στην πρώτη Εκκλησία αυτό ήταν κάτι αναμενόμενο και φυσιολογικό. Αργότερα, ο Παύλος επιβεβαιώνει το γεγονός ότι είναι βαπτισμένος στο Πνεύμα, καθώς λέει στους Κορίνθιους, «Ευχαριστώ τον Θεό μου ότι, μιλάω περισσότερες γλώσσες από όλους εσάς» (Α' Κορινθίους 14:18). Όταν βρήκε κάποιους πιστούς από την Έφεσο, οι οποίοι δεν είχαν βαπτιστεί στο Πνεύμα, με μεγάλη προθυμία διόρθωσε ευθύς αμέσως αυτήν την παραφωνία (Πράξεις 19:1-7). Ο Λουκάς δεν νιώθει την ανάγκη να καταγράψει κάθε περιστατικό που οι άνθρωποι βαπτίζονταν στο Πνεύμα ή μιλούσαν ξένες γλώσσες. Ήταν αυτονόητο και απόλυτα φυσιολογικό.

«The Function of Tongue-Speaking for the Individual: A Psycho-Theological Model» του D. A. Tappeiner, από το Journal of the American Scientific Affiliation 26, (1974): 32. Quoting from the MMPI: Minnesota Multi-Phasic Personality Indicator.

Για περαιτέρω μελέτη: Διάβασε το Prayer that Enlarges Millions του Jack W. Hayford στο βιβλίο «Prayer is Invading the Impossible (Alachua, FL: Bridge-Logos Publishers, 1977), 159-172.

MMPI: Minnesota Multi-Phasic Personality Indicator, 1973.

Όπου και προηγουμένως.

«The Function of Tongue-Speaking for the Individual» του Tappeiner, 32.

«The Therapeutic Value of Speaking in Tongues» του Raymond T. Brock, Paraclete Journal 23, no. 1 (1989): 24.

«The Function of Tongue-Speaking for the Individual» του Tappeiner, 32.

«Tongue Speaking: An Experiment in Spiritual Experience» του Morton T. Kelsey, (Garden City, NY: Doubleday, 1968).

«The Beauty of Spiritual Language» του Hayford. Κάποιοι χωρίζουν τα εννέα χαρίσματα σε τρεις κατηγορίες (Α' Κορινθίους 12): αποκάλυψης, λόγου και δύναμης. Άλλοι χρησιμοποιούν τις κατηγορίες: διάκρισης, διακήρυξης και δύναμης. Ο Χέιφορντ μιλάει ξεκάθαρα για: αποκάλυψη, μεταδοτικότητα και δύναμη.

Ο Ιησούς είπε, «Κανένας δεν έρχεται προς τον Πατέρα, παρά μόνον διαμέσου εμού» (Κατά Ιωάννη 14:6). Αυτό αφορά ακόμα και τους Εβραίους της Παλαιάς Διαθήκης που πέθαναν κρατώντας την πίστη τους. Αυτό επιβεβαιώνεται και από το γεγονός ότι οι άγιοι της Παλαιάς Διαθήκης, όταν πέθαιναν, πήγαιναν στον «Κόλπο του Αβραάμ» ή αλλιώς στον «Παράδεισο», και εκεί αναπαύονταν και περίμεναν τον Μεσσία, που θα ερχόταν να λυτρώσει την ανθρωπότητα με το αίμα Του. Μετά την ανάσταση του Ιησού, όλοι αυτοί που περίμεναν τόσο καιρό στον Παράδεισο, έκαναν μια τελευταία βόλτα στην παλιά πόλη της Ιερουσαλήμ προτού πάνε στην Νέα (Κατά Ματθαίο 27:52). Κανείς δεν πάει στον Πατέρα, παρά μόνο μέσα από τον Ιησού.

Όταν τα παιδιά μου ήταν μικρά, μας έπαιρνε πολύ περισσότερη ώρα να πάμε κάπου 5 ή 6 άτομα, απ' όταν ήμασταν με 1 ή 2 παιδιά! Και άμα πηγαίναμε μονοήμερες εκδρομές, υπολόγιζα μισή ώρα επιπλέον ανά παιδί.

Εφόσον η προσευχή στο Π/πνεύμα (δηλαδή η προσευχή/ομιλία «σε γλώσσες») δεν απευθύνεται στους ανθρώπους, δεν απαιτεί διερμηνεία. Είναι διαφορετικό από το μήνυμα που δίνεται σε γλώσσες σε μια δημόσια συνάθροιση (με το «χάρισμα γλωσσών»), το οποίο πρέπει να διερμηνεύεται, «ώστε όλη η εκκλησία να δοξάζει τον Θεό και να οικοδομείται» (Α' Κορινθίους 14:5). Στον πολυμαθή φίλο μου, Φιλ Στρίκλαντ, χρωστάω αυτή τη διευκρίνιση.

«GOD's Empowering Presence» του Fee, 148.

Substance Abuse and Mental Health Services Administration, «Results from the 2012 National Survey on Drug Use and Health: Summary of National Findings», NSDUH Series H-46, (SMA) 13-4795, Rockville, MD: Substance Abuse and Mental Health Services Administration, 2013). https://www.samhsa.gov/data/sites/default/files/NSDUHresults2012/NSDUHresults2012.pdf

«Transforming Mission: Paradigm Shifts in Theology of Mission» του David J. Bosch, (Maryknoll, NY: Orbis Books, 2011) 389-390.

«Ministry in the Image of God: The Trinitarian Shape of Christian Service» του David Seamands, (Downers Grove: InterVarsity Press, 2005) 157-178.

«The Church in the Power of the Spirit: A Contribution to Messianic Ecclesiology» του Jürgen Moltmann, μεταφρ. Margaret Kohl (Minneapolis: Fortress Press, 1993).

Είναι πολύ πιθανό οι ποιμένες και διδάσκαλοι από τα παιδικά μου χρόνια να τα έλεγαν όλα αυτά. Απλώς είτε δεν άκουγα, είτε δεν είχα αυτιά για να ακούσω.

«Encounters with God: An Approach to the Theology of Jonathan Edwards» του Michael J. McClymond, (Oxford: Oxford University Press, 1998), 56.

«You Have Not Many Fathers» του Mark Hanby, Destiny Publishing, 1995.5

«The Soul of Ministry» του Ray S. Anderson, (Louisville: Westminster John Knox Press, 1997), 154-155.

Δες το «Eternity in Their Hearts» του Don Richardson, μια καταγραφή για το έργο του Αγίου Πνεύματος σε διάφορες κουλτούρες, που ετοίμαζε τις καρδιές τους για τα Καλά Νέα, προτού έρθουν σε επαφή με την Εκκλησία, (Bloomington, MN: Bethany House Publishers, 1981).

«Spiritual Formation: Following the Movements of the Spirit» του Henri J. M. Nouwen, (New York: Harper Collins, 2010), 34.

Αυτή την ιδέα την ενέπνευσε μια ανάρτηση του Ben Hughes, Australia, 2017 στα μέσα κοινωνικής δικτύωσης, την οποία επεξεργάστηκα και προσάρμοσα.

Ο Ιησούς συνδέει το «όποιος φυλάξει τις εντολές» με τον ερχομό του Πατέρα και του Υιού στη ζωή του... αυτό θα το αναλύσουμε στο τελευταίο κεφάλαιο, «Επαναπροσδιορισμός των Όρων».

«The Divine Mentor: Growing Your Faith as You Sit at the Feet of the Savior» του Wayne Cordeiro (Bloomington, MN: Bethany House, 2007).

"Todd White," Lifestyle Christianity, τελευταία τροποποίηση 2018, πρόσβαση Φεβρουάριος 2018, https://lifestylechristianity.com/about/

«The Boy Crisis: Why Our Boys are Struggling and What We Can Do About It» των Warren Farrell και John Gray, (Dallas: BenBella Books, Inc., 2018).

«Rules for Radicals: A Primer for Realistic Radicals» του Saul Alinsky, (New York: Random House, 1971), xviii.

Υπάρχουν πολλά βιβλία με σχόλια για το Ευαγγέλιο του Μάρκου, που δίνουν αρκετές επεξηγήσεις. Δες συγκεκριμένα το σημείο «Gospel of Mark» στο βιβλίο «Unlocking the Bible» του David Pawson, (Travelers Rest, SC: True Potential Publishing, Inc., 2017), 483-492.

Δες το Κατά Μάρκο 7:24-30. Δεν είναι τυχαίο που ο Μάρκος, αμέσως μετά τα λόγια του Ιησού ότι «καθαρίζονται όλα τα φαγητά», αναφέρει δύο περιστατικά όπου ο Κύριος θεραπεύει εθνικούς. Ο Ιησούς πάει πρώτα στην Τύρο και τη Σιδώνα και ελευθερώνει την κόρη μιας Ελληνίδας Συροφοίνισσας. Έπειτα πηγαίνει στη Δεκάπολη (ένα σύμπλεγμα 10 πόλεων όπου κατοικούσαν, μεταξύ άλλων εθνικών, και Ρωμαίοι στρατιωτικοί που συνταξιοδοτήθηκαν) και ελευθερώνει έναν άνδρα που είχε δύσλαλο και κωφό πνεύμα (Κατά Μάρκο 10:31-37). Ο Πέτρος, μέσα από το Ευαγγέλιο του Μάρκου, θέλει να μας δείξει ότι η διακονία του Ιησού έδειχνε την αγάπη του Θεού σε όλες τις εθνότητες και εθνικότητες εξίσου, άρα ποιος μας δίνει το δικαίωμα να θεωρούμε έναν άνθρωπο ακάθαρτο;

Σκέψου ότι χρόνια μετά την εμπειρία του 10ου κεφαλαίου των Πράξεων στο σπίτι του Κορνήλιου, και μετά την ομολογία του Πέτρου στους πρεσβύτερους της Εκκλησίας της Ιερουσαλήμ (Πράξεις 15:7,8), ο Πέτρος εξακολουθούσε να εμφανίζει την τάση να γυρίζει πίσω στις θρησκοληπτικές νοοτροπίες τήρησης των Ιουδαϊκών νόμων περί διαχωρισμού, παρά την αποκάλυψη του Ιησού, γι' αυτό και ο Παύλος τον επέπληξε δημόσια «κατά πρόσωπο» (Γαλάτες 2:11-12).

Τηρέω: δίνω προσοχή, προστατεύω και φυλάω κάτι με επιμέλεια και φροντίδα, τηρώ. («Theological Dictionary of the New Testament» των Kittel και Friedrich, 1174-75).

Δείτε τα άλλα δύο βιβλία της τριλογίας:

ΤΟ ΘΕΜΕΛΙΟ ΤΟΥ ΑΒΒΑ:

Η πραγματική ελευθερία από το ορφανό πνεύμα είναι εφικτή μόνο μέσα από μια σωστή οπτική για τον Θεό.

Ο ΡΟΛΟΣ ΤΟΥ ΑΒΒΑ:

Δες τον εαυτό σου μέσα από τα μάτια του Πατέρα και ακολούθησε την πορεία από το ορφανό πνεύμα προς στην καρδιά ενός αληθινού γιου.

Σχετικά με τον Συγγραφέα

Το πάθος του Κέρι Γουντ είναι η αυθεντική χριστιανική ζωή μέσα από τη δύναμη του Πνεύματος. Μέσα στα πάνω από τριάντα πέντε χρόνια της ποιμενικής διακονίας του, εστίασε την προσοχή του στην τοπική εκκλησία, στο έργο της προσευχής και σε πρωτοβουλίες που φέρνουν αλλαγή στην κοινωνία. Ίδρυσε και χρηματοδότησε την ίδρυση εκκλησιών στην Αμερική και σε άλλες χώρες και έχει μιλήσει σε συνέδρια ηγεσίας, μαζικές συναθροίσεις και τοπικές εκκλησίες σε πάνω από είκοσι χώρες, αλλά και στην Αμερική. Έχει πλούσιο συγγραφικό υλικό για διακονία, έχει δημοσιεύσει άρθρα, οπτικοακουστικά μαθήματα και προγράμματα Βιβλικών σπουδών.

Στους ρόλους του ως ηγέτης τοπικής εκκλησίας, καθηγητής σε Βιβλικό Κολέγιο και μέλος του Συλλόγου Μελέτης της Πεντηκοστής, ο Κέρι έχει δεσμευτεί να συνεργάζεται με το Άγιο Πνεύμα στη μεσιτική προσευχή, στη διδασκαλία του Λόγου, στην πενταπλή ενίσχυση της Εκκλησίας, στην εκπαίδευση ηγετών και στην ίδρυση εκκλησιών. Στόχος του είναι η συνεργασία με το έργο του Αγίου Πνεύματος μέσα από τα χαρίσματα και το βάπτισμα στο Άγιο Πνεύμα. Η φιλοσοφία της ζωής και της διακονίας του είναι ότι πρώτα «είμαστε» και έπειτα «κάνουμε». Η πληρότητα του Θεού μέσα μας πρέπει να είναι η αφετηρία κάθε έργου μας.

Ο Κέρι κατέχει Διδακτορικό Διακονίας (Ποιμενικού Έργου) και Μεταπτυχιακό Θεολογίας από το Πανεπιστήμιο «The King's University» στο Λος Άντζελες, Μεταπτυχιακό Βιβλικής Λογοτεχνίας από τη Θεολογική Σχολή «Assemblies of God Theological Seminary» και Πτυχίο Χριστιανικής Διακονίας από το Πανεπιστήμιο «Southwestern Assemblies of God University».

Ο Κέρι είναι παντρεμένος με τη (Δρα) Άννα (Τσίκι) Γουντ, και έχει τέσσερα ενήλικα παιδιά, τον Ρόμπερτ, τον Τζόφρεϊ, την Όντρεα και τη Λόρεν.

www.DrKerryWood.com

www.TableofFriends.com

www.ingramcontent.com/pod-product-compliance
Lightning Source LLC
LaVergne TN
LVHW011948060526
838201LV00061B/4256